westermann

fit fürs abi

Oberstufenwissen

Erziehungswissenschaft

fit fürs abi

Oberstufenwissen

Erziehungswissenschaft

Autor/-innen:

Nina Czerwinski: Unterrichtet u. a. Erziehungswissenschaft an einem Gymnasium und koordiniert als Mitglied der erweiterten Schulleitung die Schulentwicklungsarbeit ihrer Schule.

Eva Heidemann: Unterrichtet u. a. Erziehungswissenschaft an einem Gymnasium und ist in der Lehreraus- und -fortbildung tätig.

Daniel Nagler: Unterrichtet u. a. Erziehungswissenschaft an einem Gymnasium und ist als zertifizierter Lerncoach und in der Lehrerfortbildung tätig.

Cora Ruhrmann: Unterrichtet u. a. Erziehungswissenschaft an einem Gymnasium und ist in der Lehrerausbildung tätig.

Dana Zelmanski: Unterrichtet u. a. Erziehungswissenschaft an einer Gesamtschule und ist in der Lehrerfortbildung tätig.

westermann GRUPPE

www.westermann.de

Druck [3] / Jahr 2020

Redaktion: lüra-Klemt & Mues Gbr
Kontakt: lernhilfen@ westermanngruppe.de
Umschlaggestaltung und Innenlayout: Janssen Kahlert Design & Kommunikation, Hannover
Umschlagfoto: Getty Images istock (baoma)
Druck und Bindung: Westermann Druck GmbH, Braunschweig

ISBN 978-3-7426-**0155**-1

Vorwort

Sie bereiten sich gerade auf eine Klausur oder die schriftliche oder mündliche Abiturprüfung im Fach Erziehungswissenschaften bzw. Pädagogik/Psychologie vor. Vor Ihnen liegen wahrscheinlich zahlreiche Arbeitsblätter, Materialien und Mitschriften aus dem Unterricht, vielleicht ein Lehrwerk und Nachschlagewerke. Angesichts der Fülle der Informationen fragen Sie sich: Was ist wirklich wichtig für die kommende Prüfung/Klausur? Wie kann ich mein Wissen in der Prüfung am besten in einen Zusammenhang bringen? Wie arbeite ich für Theorien anderer Fachrichtungen die pädagogische Perspektive heraus?

Auf **www.westermann.de/fit-fuers-abi** finden Sie kostenlose Videos mit Prüfungstipps und vieles mehr. Klicken Sie einfach mal rein!

Der Band **Fit fürs Abi Oberstufenwissen Erziehungswissenschaften** möchte Sie bei der Vorbereitung unterstützen und Ihnen helfen, einen roten Faden für Ihre Vorbereitung zu finden. Er bietet Ihnen:

Dieses Symbol am Rand zeigt an, dass hier die pädagogische Perspektive für eine Theorie dargestellt wird.

- einen schnellen Überblick über die wichtigen Theorien, verbunden mit einer kritischen Einschätzung und der pädagogischen Perspektive, die aus der Theorie abzuleiten ist,
- einen Überblick über Meilensteine der Pädagogik und Erziehungswissenschaft – auch im historischen Kontext,
- zahlreiche knapp gefasste, tabellarische Übersichten für das schnelle Wiederholen zentraler Begriffe und Thesen,
- Positionsvergleiche von unterschiedlichen Theorien, die Sie im Unterricht kennengelernt haben,
- die Möglichkeit, größere Zusammenhänge zu erkennen und damit besonders für den AFB III in der Klausur oder Prüfung vorbereitet zu sein,
- Ansatzpunkte für begründete Stellungnahmen zu Fragen rund um Bildung und Erziehung,
- exemplarische Trainingsaufgaben mit Analysen eines Sachtextes und eines Fallbeispiels sowie prüfungsrelevante Beispielaufgaben und Musterlösungen zu allen drei Anforderungsbereichen,
- Tipps für das Erreichen höherer Punktzahlen.

Berücksichtigung der offiziellen Prüfungsvorgaben

Analysehilfen zu abiturrelevanten Textsorten

Das Glossar am Ende des Buches erklärt kurz und knapp die Fachbegriffe, die in Klausuren und Prüfungen immer wieder auftauchen. Fürs Nachschlagen und Lernen unterwegs gibt es das **Glossar auch als App fürs Smartphone**. Auf **www.westermann.de/fit-fuers-abi** finden Sie u. a. kostenlose Videos mit Prüfungstipps, insbesondere auch zur mündlichen Prüfung.

Die App erklärt wichtige Fachbegriffe nicht nur für das Fach Erziehungswissenschaften, sondern auch für acht weitere Abiturfächer. Digitale „Karteikarten“ erleichtern das Lernen. Einfach im Apple App Store oder im Google Play Store „Fit fürs Abi“ eingeben und kostenlos herunterladen.

Mit diesem Band gehen Sie gut vorbereitet in die Prüfung.
Wir wünschen Ihnen dafür viel Erfolg!

1 Grundlagen: Begriffe und Konzepte

Bevor die Inhalte der Qualifikationsphase in den weiteren Kapiteln umfassend argestellt werden, finden Sie auf den folgenden Seiten zur Wiederholung und zum Nachschlagen Grundlagenwissen aus der Einführungsphase.

Folgende **Grundbegriffe aus der Einführungsphase** werden erklärt:

- Pädagogik und Erziehungswissenschaft
- pädagogisches Verhältnis und pädagogischer Bezug
- Menschenbild (anthropologische Grundannahmen)
- Erziehung versus Bildung
- Sozialisation und Enkulturation
- Erziehungsstile
- Erziehungsziele
- Lernbedürftigkeit versus Lernfähigkeit
- Lerntheorien
- Selbststeuerung und Selbstverantwortlichkeit in Lernprozessen

1.1. „Pädagogik" oder „Erziehungswissenschaft"? Eine Begriffsklärung

Im Schulalltag werden die Begriffe „Pädagogik" und „Erziehungswissenschaft" häufig synonym gebraucht. Man spricht von „Pädagogikunterricht", im Stundenplan und in den Lehrplänen heißt es aber meist „Erziehungswissenschaft". Ursprünglich bezeichnete „Pädagogik" die theoretische und praktische Auseinandersetzung mit Fragen der Kinder- und Jugenderziehung. Aktuell werden „pädagogisch" und „Pädagogik" als generelle Bezeichnung für die Erziehung und Ausbildung unterschiedlicher Personengruppen verwendet. Gleichzeitig wird mit „Pädagogik" auch das wissenschaftliche Arbeitsgebiet bezeichnet, das sich mit Fragen von Erziehung und Ausbildung befasst.

Pädagogik meint als Oberbegriff **heute das praktische erzieherische Handeln und auch die wissenschaftliche Reflexion von Erziehungsprozessen**. Wer den Begriff „Erziehungswissenschaft" verwendet (auch für das Fach in der Schule), der betont, dass es um systematische Untersuchungen und die an

wissenschaftlichen Erkenntnissen orientierte Reflexion pädagogisch relevanter Aspekte in der Erziehung und Ausbildung geht.
Wer pädagogisch (erzieherisch) handelt, muss deshalb noch lange keine Erziehungswissenschaft betreiben. Und wer sich mit Erziehungswissenschaften auseinandersetzt, muss deshalb noch nicht (gut oder richtig) erziehen können. Im Unterricht der „Erziehungswissenschaft“ geht es vorrangig also um eine an wissenschaftlichen Erkenntnissen orientierte Auseinandersetzung. Dabei werden immer wieder pädagogische Situationen, Aufgaben und Berufsfelder aufgegriffen und analysiert. Natürlich erhofft man sich dadurch, dass Schülerinnen und Schüler die im Unterricht erworbenen Kenntnisse und Fähigkeiten auch in einer späteren Praxis berücksichtigen.

Was bedeuten „pädagogisches Verhältnis“ und „pädagogischer Bezug“?

Die Begriffe „pädagogisches Verhältnis“ und „pädagogischer Bezug“ wurden besonders von **Hermann Nohl** (1879–1960), einem deutschen Pädagogen und Philosophen, geprägt. Sie umschreiben, wie das Verhältnis zwischen einer erziehenden Person und dem/der Erzogenen, also Heranwachsenden, im Idealfall gestaltet sein sollte: Nohl sieht als Grundlage von Erziehung das leidenschaftliche Verhältnis eines erwachsenen, tunlichst reifen Menschen (z. B. Lehrer, Eltern) zu einem jungen Menschen, der noch im Werden begriffen ist. Der Erwachsene, so Nohl, soll sich dem jungen Menschen um seiner selbst willen zuwenden und diesen in dem Bemühen unterstützen, eine eigenständige Persönlichkeit zu werden. „Leidenschaftlich“ meint hier: engagiert, persönlich, empathisch. Grundlage eines jeden erzieherischen Handelns ist die Beziehung zwischen zwei Menschen. Dabei soll der Erziehende Nähe, Distanz und Respekt vor dem Eigenwesen des Heranwachsenden zeigen und zu diesem eine positive emotionale Bindung aufbauen. Teil des Verhältnisses ist immer auch ein Einwirken des Kindes/Jugendlichen auf den Erziehenden. Manipulation bzw. das Erzwingen einer Verhaltensweise durch den Älteren schließen sich so aus.

Kern des pädagogischen Verhältnisses: Die Interessen des Kindes.

Die Begriffe und die damit verbundenen Vorstellungen einer engen Beziehung wurden immer wieder fehlinterpretiert bzw. als Erklärung für Übergriffe missbraucht. Misstrauisch sollte man dort werden, wo behauptet wird, Erziehung (auch durch Lehrkräfte) erfordere eine „liebende Beziehung“. Das mag für Eltern gelten, aber nicht für professionelle Erzieher/-innen. In Abgrenzung dazu bedeutet „liebevoll“ eher zugewandt und annehmend, weniger „liebend“. Für ein angemessenes, gelingendes „pädagogisches Verhältnis“ sind in ausgewogenem Verhältnis **Nähe, Distanz und Respekt** entscheidend, vor allem jedoch, dass die Beziehung so gestaltet wird, dass sie für die Entwicklung des Kindes bzw. Jugendlichen förderlich ist. Das ist besonders in Einrichtungen der Früherziehung eine anspruchsvolle und wichtige Aufgabe.

Anthropologische Grundannahmen: Von welchem Menschenbild geht pädagogisches Denken und Handeln aus?

Wer pädagogisch handelt, hat – bewusst oder unbewusst – eine Vorstellung davon, was den Menschen ausmacht. Theorien über Erziehung sind entscheidend geprägt und festgelegt durch ein Menschenbild, auf dem sie beruhen.

Menschenbilder sagen etwas darüber aus, was der Mensch und was seine Bestimmung sei. Sie verbinden immer empirische, also durch Beobachtung gewonnene, und normative Elemente, die bestimmte Erwartungen und Standards beinhalten. Ein Menschenbild enthält zudem Annahmen darüber, auf welche Weise sich Menschen zu einer erwachsenen, eigenverantwortlichen Persönlichkeit entwickeln. Beschreibungen eines Entwicklungsverlaufs umfassen meist Aussagen über durchlaufene Lebensphasen, aus denen sich u. a. pädagogische Aspekt ableiten lassen.

Beispiel

Der Mensch im Naturzustand ist frei.
→ Rousseau, s. S. 134

Wenn z. B. Rousseau angibt, dass alles (auch der Mensch) gut sei, „wie es aus den Händen des Schöpfers kommt", und dann erst alles „unter den Händen des Menschen" verderbe, dann folgen für sein Verständnis von Erziehung und des Verhältnisses von Erziehendem zu Heranwachsendem ganz andere Konsequenzen, als z. B. bei dem tiefgläubigen Pietisten Hermann-August Francke (1663 – 1727), der an die durch die Erbsünde bestimmte abgründige Sündigkeit jedes einzelnen Menschen glaubte und in der Erziehung den reinigenden Weg zur Buße sah.

Das Menschenbild pädagogischer Theorien ist immer wesentlich geprägt durch die Aspekte, die es in den Vordergrund stellt. Daraus können sich unterschiedliche Konsequenzen für Erziehung ableiten. Richtet sich der Fokus z. B. auf die psychosoziale Entwicklung (Erikson) oder auf die kognitive Entwicklung (Piaget), ergeben sich daraus andere Annahmen über Entwicklungsverläufe.

Intelligenz: Sammelbegriff für die kognitive Leistungsfähigkeit/das individuelle Lernpotenzial eines Menschen.

Grundlegend für das Menschenbild pädagogischer Theorien ist die Annahme, dass Menschen veränderbar und bildbar sind und dass der Einzelne in der Lage ist, Selbstbestimmung und Bildung zu erreichen. Will man das **Ausmaß der Bildungsfähigkeit** einschätzen, werden je nach theoretischem Ansatz weitere Konzepte herangezogen, z. B. Intelligenz. Je nachdem, ob man diese für angeboren oder für erwerbbar hält, weisen die Theorien in völlig unterschiedliche Richtungen: Nimmt man Intelligenz als mit der Geburt festgelegt und stabil gegeben an, dann sind nur geringe Einflussmöglichkeiten auf kognitive Entwicklung anzunehmen. Die aktuelle Forschung nimmt jedoch an, dass sich Intelligenz in einem Wechselspiel zwischen Umweltfaktoren, z. B. dem sozioökonomischen Umfeld, und genetischen Anlagen entfaltet. Wenn man demnach annimmt, dass sich Lernen durch Erfahrungen und in individuellen Sozialisationszusammenhängen darauf auswirkt, ob und wie sich Anlagen entfalten, so führt dies zu einer deutlich stärkeren Bedeutung pädagogischen Handelns.

Mögliche theoretische Grundannahmen	
Pädagogischer Pessimismus:	Die menschliche Entwicklung(sfähigkeit) ist weitgehend genetisch vorherbestimmt.
Pädagogischer Optimismus:	Menschliche Fähigkeiten kommen erst durch gute Sozialisationsbedingungen und Förderung zur Entfaltung.
Pädagogischer Realismus:	Pädagogische Einwirkung hat Grenzen, denn menschliche Entwicklung(sfähigkeit) ist sowohl von genetischer Ausstattung als auch von Bedingungen des Aufwachsens abhängig, wobei das Verhältnis zwischen Anlage und Umwelt umstritten ist.

Anthropologie: Wissenschaft vom Menschen – mit biologischen, philosophischen, pädagogischen sowie theologischen Fragestellungen.

Die systematische anthropologische Untersuchung der menschlichen Entwicklung hat das Konzept der **Erziehungsbedürftigkeit** des Menschen hervorgebracht. Rein biologisch betrachtet, sind Kinder nicht in der Lage, emotional und materiell für sich selbst zu sorgen. Säuglinge würden, auf sich allein gestellt, nach der Geburt nicht überleben. Arnold Gehlen (1904 – 1976, Philosoph, Anthropologe und Soziologe) prägte angesichts der geringen Ausstattung mit überlebenssichernden Instinkten den Begriff **„biologisches Mängelwesen".** Historische Fallbeispiele von „verwilderten" Kindern/„Wolfskindern" und Berichte über unterversorgte und vernachlässigte Kinder werden angeführt, um zu zeigen, dass Kinder sich ohne Versorgung und Erziehung nicht so entwickeln können, dass sie selbstbestimmt und handlungsfähig an der menschlichen Gesellschaft teilhaben können. Aus dieser Unfähigkeit ergibt sich unter Gesichtspunkten des Überlebens die **Notwendigkeit der Fürsorge** und unter Gesichtspunkten der Teilhabe an der Gesellschaft die Anforderung, ein Kind in seiner Entwicklung zu unterstützen und es zu erziehen.
Medizinisch begründet wird diese Grundeinsicht durch Erkenntnisse über die Entwicklung des menschlichen Gehirns. Es verfügt über eine extrem hohe **Neuroplastizität,** das heißt, dass sich bis ins hohe Alter neue Strukturen vernetzen können, die zu einer Erweiterung von Wissen und Fähigkeiten führen. Was ein Gehirn braucht, um auszureifen und sich weiterzuentwickeln, sind begünstigende Umweltbedingungen, Anregung und stets neue Herausforderungen.

1.2 Grundbegriffe: Erziehung, Bildung und Sozialisation

Erziehung

Erziehung ist eine planvolle und zielgerichtete Einwirkung auf das Verhalten eines Kindes oder Jugendlichen mit der Absicht, dieses dauerhaft zu verändern bzw. zu festigen. Die Art der Veränderung hängt von den gesellschaftlich gegebenen Normen und Werten ab.
Als **Prozess** beinhaltet „erziehen"
① jemanden, der erzieht **(Person 1)**
② indem er beabsichtigte, **zielgerichtete Handlungen** durchführt, die
③ das Kind **(Person 2)**
④ bzw. sein **Verhalten** dauerhaft ändern sollen.
Von außen betrachtet, kann man durchaus von einer **wechselseitigen Beeinflussung** sprechen, denn jeder Erziehungsakt erfolgt durch Interaktion bzw. Kommunikation zwischen mindestens zwei Menschen.

Erzieherische **Handlungen** sind insofern **sozial,** als sie sich auf andere Menschen beziehen. Die angestrebten **Veränderungen** gelten Haltungen, Einstellungen, Kenntnisse, Kompetenzen, Fertigkeiten, Interessen etc., je nach dem, was davon das Verhalten eines Individuums beeinflusst. Veränderung meint „Erhaltung" oder „Verbesserung" von Verhalten, aber auch die Verringerung nicht erwünschter Verhaltensweisen. Beschrieben wird beides durch **Erziehungsziele,** also gesellschaftlich verhandelte und festgelegte Wertvorstellungen für das Verhalten des Individuums. Wichtige Erziehungsziele von Schule sind: Mündigkeit, Freiheit und Moralität. Prozesse, die als Folge von Erziehung im Erzogenen ablaufen, also z. B. psychische Auseinandersetzungen, werden vom Begriff „Erziehung" nicht erfasst.
Vor allem die geisteswissenschaftliche Pädagogik unterscheidet zwischen **intentionaler** (beabsichtigter) und **funktionaler** (nicht beabsichtigter, durch äußere Einflüsse erfolgender) **Erziehung.**

Bildung

Das Konzept „Bildung" spielt in der öffentlichen Diskussion in Deutschland gegenwärtig eine große Rolle. Bildung wird als Schlüssel zu so ziemlich allem verstanden, was man in der Zukunft zu verbessern hofft: zu schulischer Höchstleistung, zu gesellschaftlicher Integration, zu (volks)wirtschaftlichem Erfolg. Oft wird Bildung hier gleichgesetzt mit Schul- bzw. Berufsbildung.

In die pädagogische Fachsprache eingeführt hat den Begriff im Geiste der Aufklärung um 1800 herum **Wilhelm von Humboldt** (1767 – 1835, preußischer Staatmann und Bildungsreformer). Im Sinne des Humanismus beschrieb er den Entfaltungsvorgang eines Individuums, seine umfassende Persönlichkeitsentwicklung mit dem Ziel individueller Handlungsfähigkeit und Welterschließung. Bildung, so Humboldt, sei immer zunächst Selbstzweck und orientiere sich nur zweitrangig an den Bedürfnissen der Gesellschaft. Der Begriff bezeichnet sowohl den **Prozess (des Sich-Bildens)** als auch das **Ergebnis (das Gebildetsein).** Die aktuelle pädagogische Diskussion betrachtet Bildung als lebenslangen Prozess.

Eine pädagogische Perspektive auf Bildung bietet die Bildungstheorie von Wolfgang Klafki. Er unterscheidet zwischen materialer und formaler Bildung und formuliert die **Bildungsziele** Selbstbestimmungsfähigkeit, Mitbestimmungsfähigkeit und Solidaritätsfähigkeit, womit er auch auf gesellschaftliche Verantwortung des gebildeten Individuums verweist.

Humanismus: Philosophische Richtung, die ab dem 13. Jh. das Bildungsideal der griechisch-römischen Antike wiederbelebt. Humanistische Bildung befähigt den Menschen zur Freiheit. Er beherrscht seine Triebe, kann über sich selbst verfügen und sich in eine Beziehung zur Welt setzen.

Wolfgang Klafki (1927 – 2016), Erziehungswissenschaftler und Didaktiker. Klafki beeinflusste die Bildungsreformdebatte zu Beginn der 1970er-Jahre durch seine strukturierten Anforderungen an Unterricht und Curricula.

Sozialisation

Sozialisation beschreibt den **Prozess der Eingliederung** eines Einzelnen in die Gesellschaft. Menschen sind auf das Zusammenleben mit anderen angewiesen. Wollen sie Teil einer Gruppe oder Gemeinschaft sein, müssen sie die geltenden Normen und Werte zumindest kennen und akzeptieren. Hurrelmann bezeichnet diesen Vorgang deshalb als „produktive Realitätsverarbeitung“.

Enkulturation, im Sinne von Integration in die gegebene Kultur, ist ein Teil des Sozialisationsprozesses, bei dem sich die Aufwachsenden zunehmend in die sie umgebende Gesellschaft einfinden. Kultur ist in Abgrenzung zur Natur das, was der Mensch gestaltet hat, um in der ihn umgebenden Umwelt leben zu können. Dazu gehören z. B. Sprache und Schrift, Kunst, Architektur, aber auch soziale Praktiken oder religiöse Vorstellungen.

produktive Realitätsverarbeitung
→ Hurrelmann, s. S. 103 ff.

psychosoziale Entwicklung
→ Erikson, s. S. 31 + 87

Enkulturation als Funktion von Schule
→ Fend, s. S. 191

Die oben umrissenen Konzepte stehen in einem Verhältnis zueinander: Erziehung leistet einen Beitrag zur umfassenden Persönlichkeitsentwicklung des Menschen. Sie ist insofern Teil des Bildungsprozesses, aber auch der Sozialisation.

Erziehungsstile – empirisch beobachtbare Verhaltensweisen oder Modelle pädagogischer Menschenbilder?

Die Beschreibung von Erziehungsstilen kann zum einen aus der **Beobachtung von Erziehungswirklichkeit** entwickelt werden, zum anderen könnten aber auch aus zugrundeliegenden Menschenbildern bestimmte **Annahmen** von Erziehungsverhalten abgeleitet werden, die man dann **in ihrer Wirkung beobachtet**.

Kurt Lewin (1890 – 1947): Sozialpsychologe, Begründer der Feldtheorie, die Verhalten immer in einem Umfeld zu beschreiben versucht (Gruppendynamik).

Das typologische Konzept von Erziehung nach Kurt Lewin unterscheidet zwischen drei Typen des Erzieherverhaltens: dem autoritären Erziehungsstil, dem demokratischen Erziehungsstil und dem Laissez-faire-Erziehungsstil (laissez-faire, frz. = machen lassen). Er untersuchte zunächst **Führungsstile** im Umgang mit Erwachsenen, später auch **Erziehungsstile** im Umgang mit Kindern und Jugendlichen. Dabei beobachtete er, wie sich das Verhalten der Gruppenleiter auf das Verhalten und die Arbeitsergebnisse der Erwachsenen und der jungen Menschen auswirkte.

Überblick

Erziehungsstile nach Kurt Lewin

autoritär	Die Erziehenden geben die Ziele vor und begründen diese auch nicht. Die Heranwachsenden erhalten klare Rückmeldungen über das Erreichen der Ziele, die nicht verhandelbar sind. Folge: Große Auftragsklarheit, aber eigene Initiative und Austausch kaum möglich.
demokratisch	Die Erziehenden geben Ziele vor und begründen diese gegenüber den Heranwachsenden. Auf Nachfragen reagieren sie interessiert und wägen ab, ob sich das Ziel auch anders erreichen lässt. Die zu Erziehenden erhalten wertschätzende Rückmeldungen über das Erreichen der Ziele. Folge: Heranwachsende verstehen, warum Ziele angestrebt werden, eigene Initiative und Austausch sind möglich.
laissez-faire	Die Erziehenden interagieren nur in sehr geringem Umfang mit den Kindern und Jugendlichen und machen kaum Vorgaben. Die Heranwachsenden sind selbst gefordert, Ziele zu entwickeln. Folge: Sie erhalten wenig Orientierung, was sie überfordern kann.

>>

Im Interesse einer Erziehung zur Mündigkeit eignet sich der demokratische Erziehungsstil mit seinem partizipativen (beteiligungsorientierten) Menschenbild am besten.

Reinhard Tausch (1921 – 2013)/**Anne-Marie Tausch** (1925 – 1983), Psychologen, führten statistische Methoden in die Psychologieforschung ein.

Die Psychologen Tausch und Tausch beobachteten das Verhalten Erziehender unter zwei **Fragestellungen:**

- Ist es eher geringschätzend und ablehnend (emotionale Kälte) oder zugewandt und wertschätzend (emotionale Wärme)?
- Zeigt der Erziehende Kontrolle und Dirigierung (maximale Lenkung) oder wird kam eingegriffen oder angeregt (minimale Lenkung)?

Mithilfe eines Achsenkreuzes versucht man, die Antworten auf diese Fragen quantitativ zu erfassen:

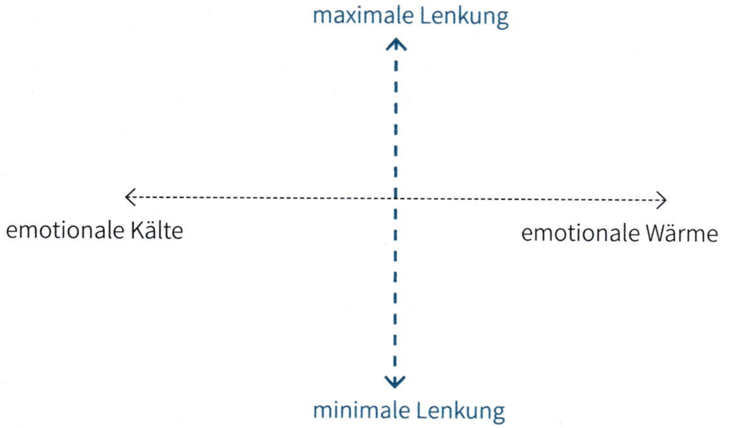

Achsenkreuz (Tausch/Tausch) zur Beurteilung von Erziehungsverhalten

Auch diesem Versuch, Erziehungsstile zu kategorisieren, liegen bestimmte Wertvorstellungen zugrunde: Für das pädagogische Verhältnis wird davon ausgegangen, dass emotionale Zugewandtheit für Entwicklung förderlich ist. Emotional zugewandte Erziehende können auch Vorgaben machen und Orientierung anbieten. Tausch und Tausch schlagen einen **wertschätzenden Umgang** und das **Vertrauen** in die Problemlösefähigkeit von Individuen vor.

Erziehungsstile – Ergänzung nach Tausch/Tausch	
autoritativ	Die Erziehenden wissen um die Bedeutung von Orientierung für Kinder, die v. a. in jungen Jahren Regeln und Grenzen brauchen. Basis des Erziehungsverhaltens sind emotionale Zugewandtheit, die klare Kommunikation von Zielen, altersangemessene Erwartungen, Wärme und Anteilnahme und elterliche Kontrolle, ob das Kind die Erwartungen erreicht. Kontrolle ist dann positiv zu bewerten, wenn sie in einer anteilnehmenden Atmosphäre erfolgt.
antiautoritär	Die Erziehenden lehnen unnötige Ausübung von Autorität ab. Anders als beim Laissez-faire-Erziehungsstil ist aber eine sehr starke emotionale Zugewandtheit vorhanden.

>> Überblick

Erziehungsziele

Erziehungsziele sind Ergebnis gesellschaftlicher Aushandlungen im Austausch mit individuell praktizierter Erziehung. Sie bilden gesellschaftliche Wertvorstellungen ab. In Deutschland werden Erziehungsziele für öffentliche Einrichtungen wie Kindertagesstätten und Schulen auf der Ebene der Bundesländer festgelegt. Diese im Grundgesetz festgelegte Zuständigkeitsregelung ist begründet durch die Erfahrungen mit der nationalen Gleichschaltung der Erziehung im

Föderalismus: Die Hoheit über Bildung und Kulturpolitik liegt bei den Bundesländern.

Nationalsozialismus, die man in der Zukunft um jeden Preis verhindern wollte. Heute ist politisch umstritten, ob Föderalismus in der Bildungspolitik noch sinnvoll ist. Eltern dürfen frei von staatlichen Eingriffen individuelle Erziehungsziele verfolgen, solange sie nicht das Kindeswohl gefährden.

Beispiel

Das Konzept der „Bildung für nachhaltige Entwicklung“ entstammt einer Kampagne, die durch die Vereinten Nationen (UN – United Nations) initiiert wurde. Den hier formulierten Erziehungszielen im schulischen und außerschulischen Bereich fühlt sich auch Deutschland verpflichtet und die Regierung hat Fördermittel bereitgestellt, um sie zu erreichen. Ziel der Kampagne ist, dass alle Individuen ein Verständnis für Nachhaltigkeit entwickeln. Dieses Ziel wurde durch verschiedene Kompetenzen operationalisiert:

- Empathie für andere zeigen können
- Gemeinsam mit anderen planen und handeln können
- Interdisziplinär Erkenntnisse gewinnen und handeln
- An kollektiven Entscheidungsprozessen teilhaben können
- Die eigenen Leitbilder und die anderer reflektieren können
- Sich und andere motivieren können, aktiv zu werden
- Risiken, Gefahren und Unsicherheiten erkennen und abwägen können
- Selbstständig planen und handeln können
- Vorausschauend Entwicklungen analysieren und beurteilen können
- Vorstellungen von Gerechtigkeit als Entscheidungs- und Handlungsgrundlage nutzen können
- Weltoffen und neue Perspektiven integrierend Wissen aufbauen
- Zielkonflikte bei der Reflexion über Handlungsstrategien berücksichtigen können

Die Kompetenzen sollen insgesamt zu einem nachhaltigen Umgang mit Ressourcen beitragen, also zu einem Handlungsprinzip, dass die Regenerationsfähigkeit eines Systems beachtet.

1.3 Lernbedürftigkeit und Lernfähigkeit des Menschen

Menschliche **Entwicklung** wird durch drei Faktoren bedingt:

- **endogene Faktoren:** Genetische Anlage (z. B. körperliche Gestalt, Gesundheitszustand, Aktivität, Reizempfindlichkeit), die durch Epigenetik (Reifung und Entwicklung von Genen im Laufe der Lebensspanne) entfaltet wird.
- **exogene Faktoren:** Umwelteinflüsse, die auf das Individuum einwirken.
- **autogene Faktoren:** Kräfte, mit denen das Individuum selbst Entwicklungsprozesse herbeiführt. Dazu zählen die Fähigkeit zur Selbststeuerung, Eigeninitiative, Eigenaktivität und die Erforschung der Umwelt. Durch Selbststeuerung kann das Individuum als aktives Wesen „von sich aus“ Entwicklungsprozesse herbeiführen.

Durch „Reifung“ und „Lernen“ werden exogene bzw. endogene Faktoren in Gang gesetzt und führen zu Entwicklungsfortschritten.

- **Reifung:** In der Regel die Abfolge von Wachstum und Veränderung, die anlagebedingt (durch endogene Faktoren) erfolgt.
- **Lernen:** Erwerb umweltbeeinflusster und -bedingter Verhaltensmuster und Fähigkeiten. Der Mensch ist mit der Fähigkeit zur Eigenaktivität ausgestattet und kann deshalb Reize verarbeiten, sich an verschiedene Umweltbedingungen anpassen und diese selbst mitgestalten.

Lernen und Reifung hängen zu einem gewissen Teil voneinander ab und beeinflussen sich wechselseitig. Während der (endogen angelegte) Reifeprozess bis ins Erwachsenenalter abnimmt, muss sich Lernen über die gesamte Lebensspanne entfalten.

Es ist die Aufgabe von Pädagogen, Menschen in ihrer Entwicklung zu unterstützen und ihre Lernfähigkeit im Sinne der Entwicklung zur Mündigkeit aufrechtzuerhalten, zu fördern und zu erweitern. Unterstützung der Entwicklung und Förderung der Lernfähigkeit sind notwendig, weil Menschen lern- und erziehungsbedürftig sind.

Lerntheorien: Orientierung für pädagogisches Denken und Handeln?

Wie Kinder und Jugendliche sich entwickeln, hängt wesentlich ab von den drei oben genannten Faktoren – im Besonderen auch davon, ob und wie sie **lernen**, Verhaltensmuster und Fähigkeiten zu erwerben. Wie Menschen lernen, war und ist deshalb von zentralem Interesse für Pädagogik, Psychologie und Erziehungswissenschaften.

In der Geschichte der Pädagogik standen hier als Methode vor allem die Beobachtung und einfache Lernversuche im Vordergrund, z. B. in Erziehungstagebüchern, in denen Verhalten und Reaktionen von Kindern und Jugendlichen auf erzieherische Interventionen dokumentiert wurden. So hat z. B. der Schweizer Pädagoge Johann Heinrich Pestalozzi (1746 – 1827) das Lernverhalten seines eigenen Kindes und später seiner Schulkinder genau dokumentiert. Zu Beginn des 20. Jahrhunderts versuchte man zunehmend, mit Lern-Experimenten zu erforschen, wie Lernen zu Verhaltensänderung führt. Grundlegende Informationen erhoffte man sich dabei von Experimenten mit Tieren, deren Ergebnisse dann oft auf menschliches Verhalten übertragen wurde.

Die **behavioristischen Lerntheorien** (Pawlow, Skinner: klassisches und operantes Konditionieren, teils auch Bandura: Lernen am Modell) beruhen wesentlich auf Experimenten, die zunächst mit **Tieren** und in der Regel in **Laborsituationen** durchgeführt wurden. Ziel der Experimente war nur die Untersuchung, wie es zur Veränderung von Verhalten, also zum Lernen kommt.

Behaviorismus: Forschungsrichtung, die sich nur mit objektiv beobachtbarem Verhalten beschäftigt, welches man auch messen kann.

Diese Experimente gaben wesentliche Informationen über das Lernverhalten von Tieren. Diese Informationen direkt auf Menschen zu übertragen, ist aber problematisch, denn Laborsituationen und experimentelle Settings/Situationsanordnungen untersuchen in der Regel das Verhältnis zwischen zwei Variablen (z. B. Häufigkeit einer Belohnung und einer darauf erfolgenden Ausführung einer Tätigkeit) und schließen daraus, ob ein Ursache-Wirkungs-Verhältnis zwischen ihnen besteht. Andere Umweltbedingungen, Vorerfahrungen, Prägungen, Werte und kulturellen Gegebenheiten und Weiteres, das zur Reaktion geführt haben kann, werden zunächst nicht berücksichtigt. Bei der Übertragung von Ergebnissen von Tier-Experimenten auf Menschen ist deshalb zu prüfen, ob diese nicht aufgrund externer (anderer, bisher nicht berücksichtigter) Variablen anders handeln.

Die in Forschungen untersuchten oder beobachteten Lernvorgänge entsprechen nicht unbedingt pädagogisch verantwortbaren und sinnvollen Zielen und Werten. Es ist möglich, menschliches Verhalten durch unterschiedliche Interventionen zu beeinflussen und zu steuern, aber nicht jede Intervention ist ethisch vertretbar oder zielführend. Dass – im Experiment – eine Intervention zu einem erwünschten Verhalten führt, bedeutet nicht, dass man sie auch einsetzen darf. Pädagogen müssen ihre Interventionen legitimieren und begründen können, ob und warum sie entwicklungsförderlich für das Individuum ist.

Die klassischen Lerntheorien

Konditionierung ist eine Form des Lernens, in der Ereignisse, Stimuli (Reize) und Verhalten miteinander verknüpft werden. Konditionierung kann in klassischer und operanter Form erfolgen.

Iwan Petrowitsch Pawlow (1849–1936): Verhaltensforscher

Die **klassische Konditionierung** ist eine Verknüpfung von Reizen mit Reaktionen. Ausgangspunkt ist ein **unkonditionierter Stimulus (Reiz)**, z. B. ein Eis, das eine **unkonditionierte Reaktion**, z. B. Speichelfluss, auslöst. Wenn dann ein neutraler Reiz, der keine spezifische Reaktion nach sich zieht, (z. B. die Klingel des Eiswagens) mehrfach gekoppelt wird an den unkonditionierten Reiz (Eis), der die unkonditionierte Reaktion (Speichelfluss) auslöst, dann lässt sich nach einiger Zeit beobachten: Auch wenn nur die Klingel des Eiswagens ertönt, löst dies schon den Speichelfluss aus. Die Klingel ist zu einem bedingten Reiz geworden, der Speichelfluss zu einer konditionierten Reaktion.
Wenn die Personen beim Erklingen der Klingel über längere Zeit keine Verknüpfung mit Eis herstellen kann, kann es zu einer **Extinktion** (Löschung) des Gelernten kommen.

Behavioristische Lerntheorien erfassen nicht die Komplexität und Vielschichtigkeit menschlicher Lernprozesse. Lernen lässt sich nur beschreiben und fördern, wenn man auch die „inneren Prozesse" des Lernenden kennt und fördert, z. B. seine Präferenzen, Einstellungen, individuellen Voraussetzungen.

Bei der **operanten Konditionierung** folgt auf ein gezeigtes Verhalten eine **positive oder negative Verstärkung**, sodass durch diese Konsequenzen dieses Verhalten häufiger bzw. weniger häufig auftreten soll. Positive Verstärker (z. B. Lob, Belohnung, Zuwendung) erhöhen bei konsequenter und dauerhafter Verabreichung die Auftretenswahrscheinlichkeit einer Reaktion. Negative Verstärkung ist das Ausbleiben eines unangenehmen Ereignisses auf eine Handlung (wenn man z. B. die Hausaufgaben erledigt hat, bekommt man **keine** Strafarbeit).
Zu unterscheiden davon sind Formen der Bestrafung:

- Bestrafung durch aversive Reize, wenn auf ein Verhalten eine unangenehme Reaktion (Bestrafung) erfolgt.
- Bestrafung durch Entziehen positiver Reize: Auf ein Verhalten folgt weder ein unangenehmes noch ein angenehmes Ereignis (wenn z. B. unangemessene Äußerungen einfach ignoriert werden).

Ziel bei allen Formen der Konditionierung ist immer, die Auftretenswahrscheinlichkeit eines gezeigten Verhaltens zu erhöhen bzw. zu verringern.

B. F. Skinner (1904 – 1990): Psychologe und Verhaltensforscher, strikter Behaviorist

Es ist zu überlegen, welche **Verstärker** bzw. **Bestrafungen** mit pädagogischen Werten und Zielen vereinbar sind.
Auch der Einsatz von **Belohnungen** ist kritisch zu prüfen, da diese z. B. manipulativ eingesetzt werden können. **Lob** kann die intrinsische Motivation zu bestimmten Handlungen sogar reduzieren, da auf Dauer immer Lob erwartet wird oder die eigene Fähigkeit zur Bewertung von Handlungen reduziert wird und das Individuum sich infolgedessen stark an äußeren Bewertungen orientiert.
Bei der operanten Konditionierung gehen Planung und Steuerung von Lernprozessen vom Erziehenden aus, der auch die Lernziele vorgibt. Es ist deshalb zu prüfen, ob dies im Sinne der Erziehung zur Mündigkeit sinnvoll ist und ob die angestrebten Lernziele entwicklungsförderlich für die zu Erziehenden sind.

intrinsische Motivation: Motivation aus sich selbst heraus, nicht durch äußere Anreize geschaffen.

Menschen **lernen** auch **durch Beobachtung** und können so die Fertigkeiten und das Wissen anderer übernehmen. Durch das **Lernen am Modell** kann also völlig neues und auch komplexes Wissen oder Verhalten erlernt werden. Lernen ist nicht von vorhandenen Reiz-Reaktions-Verbindungen abhängig. Damit Beobachtungslernen stattfinden kann, muss der Beobachtende die Modellsituation aufmerksam beobachten, das beobachtete Verhalten behalten können, sowie fähig und motiviert sein, es auszuführen.

kognitive Lerntheorie
→ Piaget, s. S. 54

Albert Bandura (geb. 1925): Psychologe, Begründer der kognitivistischen Lerntheorie

Modelllernen erfolgt in zwei Phasen:

- **Aneignungsphase:** zuerst Aufmerksamkeit für ein bestimmtes Modell und Beobachtung, dann Speicherung des beobachteten Verhaltens im Gedächtnis.
- **Ausführungsphase:** Nachahmung des Beobachteten, Wiederholung und Sicherung und Motivation, wenn das neue Verhalten verstärkt wird.

So kann das Durchführen einer Turnübung vermittelt werden, indem eine Person diese vorführt und die Lernenden das Gezeigte nachmachen. Auch Angst vor bestimmten Situationen oder vor bestimmten Menschen kann bei anderen beobachtet und dann imitiert werden.
Bandura geht davon aus, dass die meisten Verhaltensweisen durch Beobachtung von Modellen erlernt werden, da so neue und komplexe Vorgänge schnell und einfach vermittelt werden. In seinen Experimenten (u. a. „Rocky", eine Untersuchung zur Imitation von aggressivem Verhalten) verbindet er Erkenntnisse über kognitive Prozesse zu Beobachtung und zu operanter Konditionierung.
Er untersuchte z. B., ob und wann ein Modell imitiert wird (kognitive Perspektive: Gewinnung von Hypothesen über die Verarbeitung von Reizen) und erhöhte die Imitationsbereitschaft der Lernenden durch Verstärkung (operante Konditionierung), um Lernen sichtbar zu machen.
Die Wahrscheinlichkeit, dass ein Modell imitiert wird, ist abhängig davon, ob das Verhalten auch gut wahrnehmbar und ungestört dargeboten wird, aber auch von Kognitionen des Beobachters hinsichtlich der sozialen Rolle des Modells. Hier kann relevant sein, ob das Modell dem Betrachter sozial ähnlich ist, das gleiche Geschlecht hat, oder ob das Modell als attraktiv eingeschätzt wird.
Die Theorie des Beobachtungslernen verknüpft zahlreiche Aspekte und versucht, der komplexen Verarbeitung von Reizen gerecht zu werden und zahlreiche Bedingungsfaktoren zu benennen. Im Einzelfall ist es nicht leicht, den Lernerfolg des Beobachtungslernens vorauszusagen, aber im Ausgleich dazu kann die Theorie eine Vielzahl von Bedingungsfaktoren benennen, die man variieren könnte, um den Lernerfolg zu erhöhen.

Im Sinne der Mündigkeit ist es für Lernende bedeutsam, sich ihrer eigenen (teilweise unbewussten) Lernprozesse durch Beobachtungslernen bewusst zu werden. Dies trifft besonders auf Einstellungen zu, die durch die Beobachtung von Bezugspersonen internalisiert werden.

internalisieren: verinnerlichen, sich zu eigen machen

Die Auseinandersetzung mit Beobachtungslernen ist auch hilfreich, wenn die Lernenden selbst ihre Lernprozesse planen und anderen etwas vermitteln wollen. Sie können so anhand verschiedener Anhaltspunkte prüfen, warum die Imitation des Dargebotenen gelingt oder nicht gelingt.

Lernen kann man nur selbst!? Selbststeuerung und Selbstverantwortlichkeit in Lernprozessen

Lern**bereitschaft** ist abhängig vom **Selbstkonzept** des Lernenden. Diese Vorstellungen über die eigene Person bilden sich im sozialen Raum durch Bewertungen und Beziehungsbotschaften anderer und die individuelle Verarbeitung dieser Informationen. **Wertvorstellungen** anderer werden – bewusst oder unbewusst – **verinnerlicht** und das Individuum versucht diesen zu entsprechen oder verhält sich teilweise aus Protest gegenteilig.
Das Selbstkonzept kann sich sehr stark auf die **Lern- und Leistungsmotivation** auswirken. Die von einem Elternteil oder wichtigen Bezugspersonen vertretene Haltung (z. B. „Mathe konnte ich nie – es macht nichts, wenn du das auch nicht kannst!") kann vom Kind ins Selbstkonzept übernommen werden und zu einer geringen Motivation im Bereich der schulischen Mathematik führen, die die Entdeckung der eigenen Kompetenzen eher verhindert.
Ein positives Selbstkonzept kann intrinsische, also selbstgesteuerte Leistungsbereitschaft fördern und ermöglicht es Lernenden so, selbst Verantwortung für Lernvorgänge zu übernehmen oder sich selbst Aufgaben zu stellen.

Im Sinne der Mündigkeit ist es bedeutsam für Lernende, die Veränderbarkeit und Erweiterbarkeit des Selbstkonzepts durch eigene Reflexion zu erfahren und zu erkennen. Wenn Heranwachsende selbst Lernprozesse planen und anderen etwas vermitteln wollen, werden sie auch mit Selbstkonzepten der Lernenden konfrontiert und können Faktoren erkennen, die den Lernerfolg behindern oder fördern.
Ziel pädagogischen Handelns sollte sein, dass Kinder bzw. Schüler/-innen ein **lernförderliches Selbstkonzept** entwickeln. Dies ist pädagogisch möglich, indem Erziehende den Lernenden bereits vorhandene Kompetenzen deutlich machen und die Kompetenzentwicklung unterstützen.

Lernen in neurobiologischer Sicht

Die neurobiologische Lernforschung geht davon aus, dass jedes Gehirn Erfahrungen unterschiedlich verarbeitet. Eine Information kann sich nur mit bereits vorhandenen, in der Gehirnstruktur abgebildeten Informationen verbinden. Aus der Erkenntnis folgen **konstruktivistische Lernannahmen,** die besagen, dass jede Wahrnehmung von jedem Individuum individuell und unterschiedlich konstruiert wird.

Aus der Erkenntnis, dass Wahrnehmung sich zwischen den Individuen unterscheidet, lässt sich ableiten, dass für verschiedene Menschen **verschiedene Lernarrangements** förderlich sein können. Aus pädagogischer Perspektive ist

deshalb die **Diagnostik der individuellen Lernvoraussetzungen** für eine effektive Entwicklungsförderung wichtig.
Konsequenzen ergeben sich auch für die **Rolle der Lehrenden**: Diese sollten nicht für alle Lernenden die gleichen Lernziele und Lernwege vorgeben. Lernen gelingt besser, wenn die Lernenden die Anregungen als anschlussfähig an bereits Gelerntes erleben.

Überblick

Planung und Beurteilung von erzieherischem Handeln: Kriterien

Dieses Kapitel wiederholte die Grundbegriffe, die Gegenstand der Einführungsphase sind, auf die jedoch bei der Bearbeitung von klausurrelevanten Aufgabenstellungen zurückgegriffen werden muss. Wichtig sind für die Beurteilung erzieherischen Handels zwei unterschiedliche Perspektiven, die auf Klaus Beyer (geb. 1941, Fachdidaktiker für Pädagogik) zurückgehen:

- Die **technologische Perspektive** fragt nach den Mitteln und Bedingungen, die notwendig sind, um Erziehungsziele zu erreichen.
- Die **axiologische Perspektive** fragt, ob Erziehungsziel und Erziehungshandeln sich an Werten und Normen orientiert.

Sachurteil – Beurteilung unter technologischen Fragestellungen:

- Sind die Erziehungsziele erreichbar?
- Versprechen die Handlungsoptionen einen Erfolg?
- Wie wirken sich die Bedingungen der Erziehungsverhaltens auf die Entwicklung des Kindes bzw. den angestrebten Lernerfolg aus?
- Wie wird sich das Erziehungsverhalten auswirken? Sind „Nebenwirkungen“ zu bedenken? Verstärken sie ggf. die Entwicklung bzw. den Lernerfolg, behindern sie sie oder bleiben sie ohne Wirkung?

Werturteil – Beurteilung unter axiologischen Fragestellungen:

- Sind die Erziehungsziele normativ gewünscht/sinnvoll?
- Sind die Handlungsoptionen normativ gewünscht/sinnvoll?
- Halten sich die Bedingungen im normativen Rahmen?
- Wird sich das Erziehungsverhalten normativ wünschenswert auswirken? Sind „Nebenwirkungen“ zu bedenken?

2 Entwicklung und Sozialisation im Kindesalter

Dieses Kapitel gibt einen Überblick über zentrale Theorien, die die Lebensphase „Kindheit" (0 – ca. 12 Jahre) beschreiben. Es stellt wichtige Forschungsansätze und -ergebnisse vor sowie maßgebliche Persönlichkeiten bzw. Fachwissenschaftler, die diese vorangetrieben haben.

Die **zentralen Fragestellungen** lauten:
- Auf welche Weise und in welchem zeitlichen Rahmen entwickeln Kinder Fähigkeiten?
- Welche Faktoren prägen individuelle Verhaltensausprägungen und Merkmale der Persönlichkeit? Fokusthemen hier: psychische und kognitive Entwicklungsphasen, Sprache und Moral.
- Welchen Einfluss haben Sozialisationsfaktoren, also Familie, Gleichaltrige und/oder Gesellschaft, auf die individuelle Entwicklung?
- Wie wirkt sich die Nutzung analoger, v. a. aber digitaler Medien auf die kindliche Entwicklung aus?

Folgende Fragestellungen helfen, die **pädagogische Perspektive** der vorgestellten Theorien und Ansätze herauszuarbeiten:
- Wie kann das Wissen über innere Entwicklungsprozesse in pädagogischem Denken und Handeln Berücksichtigung finden?
- Wie sind pädagogische Prozesse so anzulegen, dass sie die Entwicklung von Kindern unterstützen und fördern?
- Unter welchen Rahmenbedingungen stößt pädagogische Förderung an ihre Grenzen?

Nach wie vor ist der bekannteste Ansatz zur Erklärung der kindlichen Entwicklung das psychosexuelle Modell von Sigmund Freud.

2.1 Sigmund und Anna Freud: Tiefenpsychologisches Modell der psychosexuellen Entwicklung des Kindes

Kurzsteckbrief: Personen und Forschungsanliegen

- Sigmund Freud (1856 – 1939), Neurologe, gilt als **Begründer der Psychoanalyse.** Freud entwarf grundlegende Theorien über Bedingtheiten der Psyche sowie therapeutische Behandlungsformen für Menschen mit seelischen Erkrankungen. Bahnbrechend war die **Theorie zur Entstehung von Neurosen.** Seine Tochter Anna Freud (1895 – 1982) entwickelte den tiefenpsychologischen Ansatz weiter und setzte weitreichende Impulse für die Analyse der kindlichen Psyche.
- Freuds Ansatz geht auf die Arbeit mit Menschen zurück, die seelisch bedingte Verhaltensauffälligkeiten mit teils auch schwerwiegenden körperlichen Symptomen zeigten, jedoch ohne feststellbare organische Ursachen. Er interessierte sich für die Ursachen dieser Erkrankungen, die sich durch die Behandlung nicht klären bzw. heilen ließen.
- Mithilfe der Methode der freien Assoziation als Technik der Psychoanalyse identifizierte Freud (ohne Hypnose) unbewusste Prozesse, für die er bald eine gewisse Regelhaftigkeit annahm.

Grundannahmen

Bedeutung des Unbewussten

Um das Seelenleben bzw. das Leiden seiner Patienten zu verstehen, ermutigte Freud sie, assoziativ über in der Vergangenheit Erlebtes und Gefühltes zu erzählen. Es zeigte sich übereinstimmend, dass starke **Triebkräfte** ihr Handeln und Denken beeinflussten. Freud leitete daraus die zentrale Annahme ab, dass weniger bewusste als vielmehr unbewusste psychische Prozesse Verhalten, Motive und Ängste von Menschen bestimmen. Ausgehend davon ordnete er die Bereiche der Psyche, indem er sie in einem topologischen, also räumlich aufgebauten Modell verortete, das einem Eisberg glich.

Im **topologischen Modell** weist Freud den Vorstellungen, Erinnerungen und Verhaltensweisen verschiedene psychische Bereiche zu:

- Das **Bewusste** umfasst Gedanken, Gefühle und Wünsche.
- Das **Vorbewusste** kann etwa Ängste, Einstellungen und Erfahrungen enthalten, die stets bewusstseinsfähig sind, d. h. relativ leicht bewusst gemacht werden können.
- Das **Unbewusste** beinhaltet Triebe und verdrängte Konflikte.

Topologisches Modell (Eisbergmodell) nach Freud

Wichtigkeit frühkindlicher Erfahrungen

Gerade für den Blick auf Erziehungssituationen ist die Annahme wichtig, dass frühkindliche Erfahrungen im Unbewussten bewahrt bleiben, die weitere Entwicklung (mit-)bestimmen und Verhaltensweisen bis ins Erwachsenenalter beeinflussen.
Im weiteren Verlauf seiner Forschungen differenzierte Freud seine modellhafte Beschreibung der Psyche weiter aus.

Der „psychische Apparat"

Psychische Instanzen: Ich, Es und Über-Ich

Die Instanzen „Ich", „Es" und „Über-Ich" bilden ein Strukturmodell der Psyche, welches als hypothetisches Konstrukt zu verstehen ist. Die hier angenommenen „psychischen Schichten" sind im Gehirn nicht im medizinischen Sinne lokalisierbar. Aber die Kontinuität der Beschreibbarkeit bestätigt die Grundannahmen. Gänzlich unbewusst verlaufen die Prozesse des „Es", während „Ich" und „Über-Ich" bewusste wie unbewusste Anteile aufweisen.

Arbeit des „gesunden Ich"

Die Hauptaufgabe des „Ich" ist Selbstbehauptung durch Kontrolle der Instanzen: Es muss Triebbedürfnisse aufschieben oder an gegebener Stelle angemessen zulassen und sich gleichzeitig von den Forderungen des „Über-Ich" unabhängig machen. Nur wer die elterlichen Moralvorstellungen kritisch beurteilen kann, kann sich möglicherweise selbst verändern. Dies ist nicht leicht, da das internalisierte „Über-Ich" nur bedingt bewusst zugänglich ist.

verinnerlichte/
eingeprägte

Das „Es“ (Forderungen: Triebe, Bedürfnisse, Wünsche)
... ist von Geburt an angelegt, umfasst alle Triebbedürfnisse des Menschen, folgt dem **Lustprinzip** (→ Triebbefriedigung).
Triebe sind nach Freud festgelegte Energiequellen, er klassifiziert:

- **Libido** als Selbsterhaltungs- und Sexualtrieb (auch: Eros) und
- **Thanatos** als Destruktions- oder Todestrieb (manifestiert v. a. als Aggressivität).

Das „Ich“ (Kontrolle: Vermittlungsinstanz)
... bildet sich aus dem „Es“ heraus, steuert Wahrnehmung, Bewegungsabläufe und Speicherung/Verarbeitung von Erinnerungen.
Aufgabe des „Ich“: Aus dem „Es“ aufbrechende Triebbedürfnisse mit den realen Bedingungen in Einklang bringen = **Realitätsprinzip**.

Das „Über-Ich“ (Forderungen: Gewissen, geprägt von kulturellen Normen)
... umfasst verinnerlichte, handlungsleitende Normen und Werte. Ursprung: elterliche Weltvorstellungen oder Erwartungen, weitergegeben durch Gebote/Verbote bzw. Belohnung/Bestrafung.
→ Kinder bilden ein „**Ich-Ideal**“ aus, sie wollen die Erwartungen von sich aus erfüllen.
Hinweis: Auch elterliche Orientierungen sind gesellschaftlich geprägt und Heranwachsende zudem außerfamiliären, z. B. pädagogischen, Einflüssen und Erwartungen ausgesetzt.

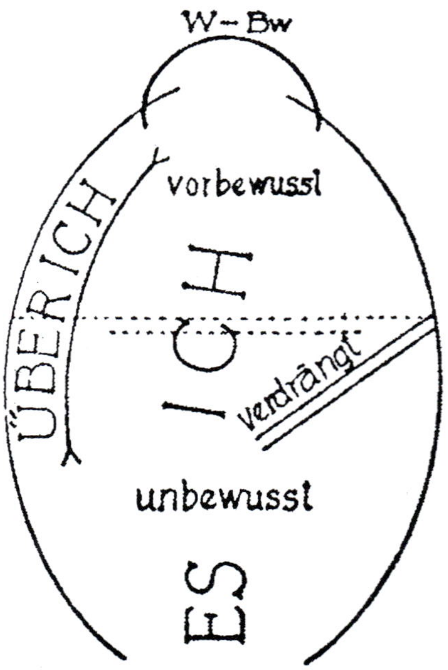

Originalillustration von S. Freud. Aus: Neue Folge der Vorlesungen zur Einführung in die Psychoanalyse, 31. Vorlesung

Eine „gesunde" psychische Entwicklung gelingt, wenn das „Ich" so handeln kann, dass es den Anforderungen von „Es", „Über-Ich" und Realität gleichermaßen genügt, indem es „versöhnend" zwischen den Instanzen vermittelt. Eine solche individuelle Balance kann aus der Sicht der Psychoanalyse als **Identität** verstanden werden.

Wie Angst entsteht

Kann keine Balance zwischen den Instanzen hergestellt werden, reagieren Menschen mit Angst. Je nach Ursache des Ungleichgewichts unterscheidet man:

- **Angst vor der Realität:** Das „Ich" fürchtet die gesellschaftlichen Folgen, die mit der Befriedigung seiner Bedürfnisse verbunden sind (z. B. gesellschaftliche Ausgrenzung, juristische Strafe).
- **Angst vor dem Gewissen:** Verstöße gegen die Forderungen des „Über-Ich" werden mit Schuldgefühlen und Selbstvorwürfen beantwortet.
- **Neurotische Angst:** Die Furcht vor dem Verlust der Kontrolle über das „Es", vor dem Durchbruch der libidinösen Impulse, führt zu Verhaltensanomalien und seelischen Ausnahmezuständen.

Angst ist zuerst einmal nur ein Signal, sie warnt vor einer bedrohlichen Situation: Fühlt sich das „Ich" von Impulsen überfordert, muss es reagieren. Es kann eine realistische Lösung suchen und die Bedrohung überwinden oder eine Forderung zurückweisen, um die Angst abzubauen. In diesem Falle hatte diese eine positive Wirkung.

Das „Ich" kann die Angst aber auch verringern oder ihr ausweichen, indem es beängstigende Erlebnisse abwehrt oder sie **ins Unbewusste verdrängt,** um bedrohliche Konflikte zu umgehen oder Verletzungen oder Kränkungen zu vermeiden. Dies bedeutet jedoch nicht, dass sie verschwinden. Die Gefahr besteht darin, dass abgewehrte Triebimpulse nicht gelöscht werden, sondern **latent**, also verborgen bestehen bleiben und unkontrolliert ausbrechen können.

Struktur und Aufgabe von Abwehrmechanismen

Nachfolgend sind unterschiedliche **Abwehrmechanismen** knapp zusammengefasst. Auch die Beispiele sind stark verkürzt, sie deuten nur eine Tendenz an:

- **Identifikation:** Abwehr von Angst durch Gleichsetzung des Selbst mit einer anderen Person oder Figur: Beispiel: Einen berühmten Sportler zu verehren, lenkt von eigener Unsportlichkeit ab.
- **Projektion:** Übertragung eigener Schwächen/unangenehmer Eigenschaften auf andere Personen, um sie an diesen zu bekämpfen. Es können auch unerfüllte Wünsche übertragen werden. Beispiel: Nicht die eigene Leistung ist schlecht, sondern der Unterricht bzw. die Lehrkraft. Man glaubt, von einem offen desinteressierten Menschen geliebt zu werden, weil man sich Liebe so sehr wünscht.

- **Rationalisierung:** Begründung unangemessener Wünsche oder unangepasster Verhaltensweisen als „vernünftig", um sie erhalten zu können. Beispiele: Gesundheitliche Probleme infolge von Fehlernährung werden genetisch, übertriebene Sauberkeitserwartungen mit Hygienestandards begründet.
- **Reaktionsbildung:** Abwehr der Angst durch Wendung in ihr Gegenteil. Beispiel: Unerwiderte Liebe wird zu Hass.
- **Regression:** Zurückkehren zu einer früheren Entwicklungsphase, in der Triebwünsche nicht ausreichend befriedigt wurden. Beispiele: „Frustfraß" oder nächtliches Einnässen in Stresssituationen.
- **Sublimierung:** Verarbeitung nicht zugelassener Bedürfnisse durch kulturelle Ersatzhandlungen. Beispiele: Kunst, Musik. Sublimierung ist durchaus positiv zu bewerten. Sie kann z. B. auch genutzt werden, um aggressives Verhalten in nicht-destruktive Strategien zu verändern.
- **Verschiebung:** Ausweichen auf ein anderes Objekt für die Bedürfnisbefriedigung, wenn das eigentlich gewünschte unerreichbar ist. Beispiel: Wer es nicht wagt, dem Chef entgegenzutreten, lässt den Ärger an anderen aus.
- **Widerstand:** Strikte Ablehnung der Aufdeckung verdrängter Bedürfnisse. Beispiel: Möglicherweise auch aggressive Verleugnung persönlicher Eigenschaften/Verhaltensweisen.

Das Phasenmodell der psychosexuellen Entwicklung

Zusammenhang Triebentwicklung und Phasenmodell

Die Triebenergie, verankert im „Es", ist jedem Menschen mitgegeben. Biologisch betrachtet könnte man sagen, dass die Natur durch die Libido sein Überleben sichert. Der Mensch strebt nach Abfuhr dieser Energie, indem er die damit verbundenen Bedürfnisse erfüllt (z. B. Nahrungsaufnahme, Fortpflanzung). Im Laufe der kindlichen Entwicklung stehen entwicklungsbedingt verschiedene Körperregionen im Zentrum der Triebabfuhr bzw. des Lustgewinns, in dieser Reihenfolge: Mund, After und Genitalien. Man spricht von **erogenen Zonen.** Die Reaktionen der Umwelt auf das in diesen Phasen gezeigte Verhalten des Kindes sind entscheidend für dessen weiteren Entwicklungsverlauf und bestimmen sein Verhalten teils auch noch im Erwachsenenalter.
Freud beschreibt **Entwicklung** als ein Wechselspiel zwischen Progression und Regression: Bekommt ein Kleinkind ein Geschwisterchen, kann es wieder in die Säuglingsphase zurückfallen.
Übermäßige Erfüllung der Triebbedürfnisse oder strenge Triebversagung können ihm zufolge **Fixierungen** hervorrufen, ein Festhalten an Verarbeitungsweisen, Verhaltensstrategien oder Objekten einer Entwicklungsphase. Orale Triebfrustration kann beispielsweise zu übermäßigem Ess- oder Trinkverhalten oder zu Nagelkauen im Erwachsenenalter führen.

Zu Beginn des 20. Jahrhunderts entwickelte Freud folgende Vorstellung von **Entwicklungsphasen,** die später von anderen Wissenschaftlern ausdifferenziert bzw. verändert wurden:

- **Die orale Phase (0 – 1 Jahr)**
  In der oralen Phase dominiert das „Es", der reine Überlebenstrieb des Säuglings. Die mit Triebenergie besetzte Zone ist der Mund, zentrales Thema das „Einverleiben". Das Saugen an der Mutterbrust oder ersatzweise an anderen Gegenständen, wie z. B. einem Schnuller, erzeugt Lustgewinn. Die Triebwünsche des Kindes richten sich auf den Mund, aber auch auf die Haut als Sinnesorgan. Es will berührt werden und braucht körperliche Nähe.
  Die gegen Ende der Phase zu bewältigende Entwicklung ist die Entwöhnung von Mutterbrust oder Fläschchen, die einen Zugewinn an Autonomie hervorbringt. Tiefgreifende orale Vernachlässigung (z. B. Nahrungsgabe strikt nach Uhrzeit oder unzuverlässig) kann zu einem lebenslangen Streben nach Ersatzbefriedigung für orale Triebbedürfnisse führen. Unbewusst bleibt die Angst erhalten, zu wenig zu bekommen. Eine übermäßige Triebbefriedigung kann Passivität im Erwachsenenalter bedingen.

In jeder Phase sind Entwicklungsaufgaben zu bewältigen.

- **Die anale Phase (2 – 3 Jahre)**
  Mit zunehmender Körperwahrnehmung gewinnt der Anus (After) an Aufmerksamkeit. Präzise müsste man über eine „anal-urethale" Phase sprechen, denn es geht hier um das Auslassen und Zurückhalten aller Ausscheidungen. Zu bewältigen ist die Kontrolle über die Ausscheidungen, verbunden mit einer ersten Ich-Entwicklung: Indem das Kind lernt, analen Lustgewinn auf bestimmte Zeiten und Orte zu regulieren, lernt es, nach dem Realitätsprinzip abzuwägen und autonom über seine Ausscheidungen zu bestimmen.
  Da das Interesse auch an den eigenen Ausscheidungen groß ist, gerät das Kind zwangsläufig in Konflikt mit seiner Umwelt, die erwartbar mit Verboten, nicht selten auch mit Strafen reagieren wird. Zudem verfolgen Eltern das Anliegen, ihr Kind zur Sauberkeit zu erziehen. Das Kind lernt, dass es Widerstand leisten und den Gang aufs Töpfchen verweigern kann. Wird dieser Konflikt von Seiten der Eltern eher autoritär strafend gelöst und Sauberkeit rigide erzwungen, kann das Kind bestrebt sein, seinen Besitz nicht herzugeben. Noch die erwachsene Persönlichkeit kann, aus Sicht der Tiefenpsychologie, Schwierigkeiten haben, sich von etwas zu trennen, Geiz entwickeln oder möglicherweise auch übertriebenen Ehrgeiz bis hin zu Zwanghaftigkeit.

Ich Entwicklung

Bedeutung der Sauberkeitserziehung

- **Die phallische (ödipale) Phase (4 – 5 Jahre)**
  Zunehmend rückt die Wahrnehmung und Erkundung der eigenen (und fremder) Genitalien in den Mittelpunkt. Freud fokussiert hier auf die Wahrnehmung des Phallus (Penis) und schreibt Mädchen zu, dass sie das Fehlen desselben als Defizit wahrnähmen (sog. Penisneid). Zentral ist zunächst der Lustgewinn des Kindes über das Spiel an den Genitalien, damit verbunden rückt aber auch die Erkenntnis des Geschlechtsunterschieds und die Frage nach der Geschlechtsrolle in den Blick. Freud hat dafür ein etwas kompliziertes Erklärungsmodell geschaffen, welches er im Rückgriff auf die griechische Mythologie als **Ödipuskonflikt** bezeichnete.

Wissen

Der neugeborene Ödipus wurde von seinem Vater Laios, König von Theben, ausgesetzt, weil diesem prophezeit worden war, er werde durch die Hand des eigenen Sohnes sterben. In Korinth von Ersatzeltern großgezogen, erfuhr Ödipus viele Jahre später von seinem Schicksal. Um das Unheil zu vermeiden, kehrte er nicht dahin zurück, wo er seinen Vater vermutete, sondern ging nach Theben. Dort tötete er im Streit einen alten Mann: Laios. Wenig später heiratete Ödipus dessen Witwe Iokaste, also seine leibliche Mutter. Die Sage endet tragisch: Iokaste erhängt sich und Ödipus nimmt sich das Augenlicht.

- Freud erklärte die familiäre Situation so: Jeder Junge verliebe sich in seine Mutter, jedes Mädchen in seinen Vater. Das gleichgeschlechtliche Elternteil werde als **Konkurrenz** erlebt. Verkürzt: Das Kind richte auf den andersgeschlechtlichen Elternteil einen Liebes-, auf den gleichgeschlechtlichen einen Todeswunsch. Es empfinde Neid und Hass, aber zugleich auch Angst, weil es naturgemäß die Eltern als ungleich stärker als sich selbst erlebe. Diesen Konflikt überwinde das Kind, indem es sich mit dem gleichgeschlechtlichen Elternteil identifiziere. Freud unterstellt, dass dies auch aus Angst vor Sanktionen, also Strafen, geschehe.

Über-Ich Entwicklung

- Zentral ist in dieser Phase die **Überwindung des Ödipuskonflikts** durch die Ausbildung einer **Geschlechtsidentität**. Dies gelingt, indem Frustrationstoleranz entwickelt wird und das Kind lernt, Ambivalenzen auszuhalten und Gefühle wie Neid und Eifersucht zu beherrschen. Infolgedessen entsteht auch Leistungsbereitschaft, weil Bedürfnisse aufgeschoben werden können, um Ziele zu erreichen. Erstmals erfährt jetzt das „Über-Ich“ durch moralische Erwartungen eine starke Ausprägung, weshalb man auch von **Gewissensbildung** spricht. Problematische Erfahrungen in dieser Lebensphase können sich später als Beziehungsängste niederschlagen.

- **Die Latenzphase (6 – 12 Jahre)**
  Freud nahm an, dass die kindliche Sexualität in dieser Zeit ruhe, denn er konnte kein Zentrum des Lustgewinns identifizieren. Seine Beobachtungen sind jedoch immer vor dem Hintergrund der sehr restriktiven (Sexual-)Erziehung seiner Zeit zu sehen. Das Kind prägt seine kulturellen und sozialen Fähigkeiten stärker aus und das Leistungsstreben erhöht sich. Es löst sich zudem langsam von den Eltern.

- **Die genitale Phase (13 – 18 Jahre)**
  Während der Pubertät gewinnt die Sexualität durch hormonelle und körperliche Veränderungen wieder an Gewicht. Sexualität ist in dieser Altersphase nicht mehr egozentrisch, sondern sie wird vom Individuum abgelöst und Bestandteil von Paarbeziehungen. Sie dient in erotischen Partnerschaften der Lustgewinnung, aber auch der Kommunikation. Zudem lösen sich Jugendliche zunehmend von ihren Eltern.

Als wichtige pädagogische Aufgabe muss – mit Blick auf dieses Modell – die **Ich-Stärkung** gesehen werden. Erziehung bedeutet in diesem Sinne die Ermöglichung einer angemessenen Gestaltung der Entwicklung und insbesondere auch die **Prävention,** also die Verhinderung seelischer Fehlentwicklungen. Verfolgt man die pädagogischen Ziele der Mündigkeit und ethisch begründeten Verhaltens, dann muss ein Individuum imstande sein, seine Voreinstellungen auf Seiten des „Über-Ich" kritisch infrage zu stellen, um eine gewisse Autonomie seines Handelns zu erreichen. Ein Mensch muss lernen zu entscheiden, ob es wirklich „gut" oder „böse" ist, was sein Gewissen ihm vorschlägt.

Erziehungsfehler oder traumatische Erlebnisse können bewirken, dass die Instanzen nicht in die notwendige Balance gebracht werden können. Verdrängtes arbeitet in der Tiefe der Psyche, Abwehrmechanismen machen vielleicht angemessenes Verhalten in Übereinstimmung mit der Realität unmöglich. Ängste dominieren die Psyche. Ein schwaches „Ich" führt dazu, dass ein Mensch die Realität verleugnet oder verzerrt wahrnimmt.

Blick auf frühe Kindheit als Entwicklungsphase

Freuds größter Verdienst ist, dass **die kindlichen Triebimpulse** erkannt und in ihrer Wirkung ernstgenommen wurden. Auch dem Eltern-Kind-Verhältnis wuchs durch die Annahmen Freuds eine hohe Bedeutung zu. Zeitgebunden herrschte ein autoritärer, sehr rigider Erziehungsstil, der z. B. sexuelle Bedürfnisse strikt unterdrückte. Untersuchungen zum Verhältnis zwischen Autorität und Familie konnten nachweisen, dass derart erzogene Persönlichkeiten zu Härte gegenüber sich selbst und anderen Menschen neigen. Insbesondere vor dem Hintergrund des Nationalsozialismus richtete sich der Blick in den Nachkriegsjahren auf die Folgen dieses rigiden, versagenden Erziehungsstils. In den

Erziehung im Nationalsozialismus
→ Adorno, s. S. 144

folgenden Jahrzehnten veränderten sich die Vorstellungen im westlichen Kulturkreis deutlich.
Das pädagogische Umfeld sollte kindliche Bedürfnisse akzeptieren und die Möglichkeiten zu deren **Befriedigung** schaffen. Eltern und Erzieher sollten die Bedürfnisse der Kinder anerkennen und mit ihnen über ihre Gefühle sprechen. In Kenntnis der tiefenpsychologischen Theorie müssen Erziehende die kindliche Sexualität in ihren Eigenheiten anerkennen. Sie müssen den Kindern helfen, **Frustrationstoleranz** aufzubauen, und die **Fähigkeit zur Sublimierung**, d. h. zur Umlenkung der Triebenergie, in sozialverträgliche Verhaltensweisen zu stärken.

Selbstreflexion des Erziehers

Da erzieherisches Handeln maßgeblich die Über-Ich-Bildung beeinflusst, sollten Pädagogen auf den Aufbau eines begründeten und transparenten Normen- und Wertesystems achten und auf autoritär-strafendes Verhalten verzichten. Regeln müssen für das Kind nachvollziehbar sein. Sanktionen müssen unmittelbar mit dem Fehlverhalten zu tun haben, weil sie sonst nicht verstanden werden. Ein sinnhaftes, berechenbares Regelsystem fördert die Gewissensbildung unter Vermeidung von Angst und Schuldgefühlen.

Kritische Würdigung

Freuds Anliegen war ein therapeutisches, kein pädagogisches: Er bildete seine Theorie im Umgang mit Kranken aus, um diese zu heilen. Dennoch hat Freuds Ansatz große Wirkung auf die Pädagogik gehabt. Entscheidend ist dabei seine Einsicht, dass bestimmte psychische Prozesse unbewusst ablaufen, den Menschen aber in hohem Maße beeinflussen.
Freuds Vorstellungen waren natürlich an den herrschenden Zeitgeist gebunden. Kritisch zu sehen ist heute, dass seine Theorie zu weiten Teilen auf Spekulationen beruht und nicht empirisch/wissenschaftlich zu belegen ist: Es kann nicht als gesichert gelten, dass die seelische Entwicklung eines jeden Individuums das tiefenpsychologische Phasenmodell durchläuft. Zudem wurde Freud bereits zu Lebzeiten die einseitige Ausrichtung am männlichen Geschlecht vorgeworfen.

Zentrale Probleme:
- Die Rolle bewusster bzw. **kognitiver Prozesse** wird zugunsten unbewusster Bedürfnissteuerung **abgeschwächt** dargestellt.
- Der Mensch wird als **egoistisches Wesen** charakterisiert, das sich nur am individuellen Lustgewinn orientiert.
- **Moralisches Handeln** wird auf ein Verhalten im Einklang mit Über-Ich-Forderungen **reduziert**.

2.2 Erik H. Erikson: Die psychosoziale Entwicklung im Kindesalter – das epigenetische Prinzip

Kurzsteckbrief: Person und Forschungsanliegen

Zentrale Erkenntnis: Probleme der Aufrechterhaltung der Ich-Identität bei erheblichen sozialen Veränderungen.

- Erik Homburger Erikson (1902 – 1994) war Psychoanalytiker und Hochschulprofessor mit Lehrtätigkeiten an verschiedenen amerikanischen Universitäten.
- Im Rahmen seines beruflichen Werdegangs hatte er Kontakt zu Sigmund und Anna Freud und besuchte Kurse über Montessori-Pädagogik.
- Als Erikson die Lebensläufe von Sioux- und Yoruk-Indianern untersuchte, welche nach einem abrupten Übergang in die „weiße" US-amerikanische Kultur Anpassungsschwierigkeiten zeigten, sowie von Kriegsveteranen, die nicht mehr in ein „geregeltes Leben" zurückfanden, erkannte er die Grenzen der Erklärungskraft der Triebtheorie nach Freud. Erikson interessierte, wie Menschen mit veränderten (sozialen) Anforderungen zurechtkommen.

Grundannahmen

Menschenbild und Entwicklungsziel

Erikson verstand Entwicklung nicht als im Menschen selbst angelegten, psychischen Prozess mit vorbestimmtem Ablauf, sondern ihn interessierte die Wechselwirkung mit der Umwelt: Ein Mensch entwickelt sich nur im Kontext sozialer Beziehungen. Psychisch gesund ist eine Persönlichkeit, die imstande ist, sich selbst sowie ihr Umfeld angemessen wahrzunehmen und Prozesse aktiv zu gestalten und die in einer inneren Balance mit sich und der Welt steht.

Entwicklung folgt nach Erikson dem **epigenetischen Prinzip.** „Epigenese" bedeutet Neubildung. Gemeint ist, dass die psychische Reifung als Prozess steter Neubildungen zu betrachten ist, die jedoch nur auf der Basis von Vorausgegangenem erfolgen können. Sie verläuft zudem niemals geradlinig, sondern ist von **Krisen (Konflikten)** begleitet, die zu bewältigen sind.

nicht unbedingt Negativ gemeint

Wissen

Innere Entwicklungspotenziale reiben sich an den Möglichkeiten und Grenzen der umgebenden Gesellschaft/Kultur. Dieser Konflikt löst nach Erikson Entwicklungskrisen aus. Der Begriff „Krise" hat hier keine negative Bedeutung: Krisen beschreiben nach Erikson potenzielle Gefährdungen in den jeweiligen Entwicklungshöhepunkten, die zunächst als entwicklungsfördernd betrachtet werden.

Zusammengefasst könnte man sagen, dass der Mensch in seinen Erfahrungen **inneren Entwicklungsgesetzen** gehorcht, die einen **wechselseitigen Austausch mit der Umwelt** ermöglichen und dass sich seine Persönlichkeit mit seiner Bereitschaft und seinen Fähigkeiten herausbildet, sich in zunehmend komplexeren sozialen Umfeldern zu bewegen. Dieser soziale Prozess rückt das **Verhalten der Bezugspersonen** in den Blick, denn sie tragen zu dessen Gelingen oder Misslingen bei. Eriksons Modell ist insofern pädagogisch bedeutsam, als Bezugspersonen ihr Verhalten reflektieren und so gestalten sollten, dass es der kindlichen Entwicklung förderlich ist.

Eigenreflektion des Verhaltens von Erziehern

Pädagogische Handlungsmöglichkeiten auf der Grundlage des psychosozialen Entwicklungsmodells

Universalität und Irreversibilität kennzeichnen auch die Modelle von Freud und Piaget.

Die Entwicklung vollzieht sich nach Erikson in **acht Stufen**, die jeweils den Höhepunkt eines Entwicklungskonflikts umfassen. Diese **Konflikte (= Krisen)** sind angelegt, treten aber erst zu einem bestimmten Zeitpunkt in die kritische Phase ein und werden hier dann bearbeitet und gelöst. Die Abfolge der Phasen ist bei jedem Menschen gleich – also **universell** – und, da sie einer ganz bestimmten Reihenfolge gehorcht, auch nicht umkehrbar – also **irreversibel**.
Die Phasen bauen aufeinander auf, erreichte Entwicklungsfortschritte bleiben dem Individuum erhalten. Die Bewältigung einer Krise ist zwar keine notwendige Voraussetzung für das Erreichen der nächsten Entwicklungsphase, verbessert aber die Chancen zur positiven Bearbeitung der Folgekrise. Im Umkehrschluss erschwert es eine Nicht-Bewältigung, anstehende Herausforderungen und Entwicklungsschritte zu meistern. Beispielsweise wird ein Kind, das ein festes Urvertrauen entwickelt hat, also Vertrauen in sich und seine Umwelt, eher Autonomiebestreben äußern und seine Umgebung angstfrei erkunden.

Nachfolgend sind die Entwicklungsstufen vorgestellt, die sich auf die Kindheit beziehen. Zur Jugendphase vgl. S. 85 – 130.

1. Stufe: Urvertrauen gegen Misstrauen (0 – ca. 18 Monate)

Die erste Aufgabe ist die Bewältigung der Krise „Urvertrauen gegen Urmisstrauen“. Naturgemäß steht, in Anlehnung auch an Freuds Konzept der oralen Phase, die **Mutter-Kind-Beziehung** im Vordergrund. Der Säugling ist vollständig abhängig von der Mutter, lernt aber zunehmend, von ihr abzulassen, z. B. weil ihm während des Zahnungsprozesses die Brust entzogen wird oder die Mutter sich häufiger auch vom Kind entfernt. Beides muss das Kind aushalten. Urvertrauen zeigt sich, wenn das Entfernen der Mutter zugelassen wird, ohne mit Angst und Wutzuständen zu reagieren. „Vertrauen“ meint ein Sich-Verlassen-Können auf die Zuneigung und Zuverlässigkeit der Bezugsperson: Sie wird zurückkommen. Ist diese Entwicklungsphase durch Vernachlässigung oder Unberechenbarkeit der Bezugspersonen geprägt, kann sich ein Gefühl des Misstrauens herausbilden. Die bedeutet nicht, dass es keine Versagungen geben darf.

Nicht die Quantität etwa von Nahrungsversorgung und Pflege ist entscheidend, sondern die **Beziehungsqualität** mit Liebe und Zuneigung. So ist es nach Erikson zunächst besonders Aufgabe der Mutter, für die einfühlende Bedürfnisbefriedigung zu sorgen und dem Kind so das Gefühl des „Angenommenseins“ zu vermitteln. Frustrationen und Entsagung sind ihm jedoch dosiert und eingebettet in einfühlende Mitteilungen zuzumuten. Erst ein grundlegendes Urvertrauen ermöglicht es, mit Misstrauenserfahrungen umgehen zu können.

2. Stufe: Autonomie gegen Scham und Zweifel (ca. 1,5 – 3 Jahre)

Dem ersten **Loslösen von der Mutter** folgen weitere Emanzipationsbemühungen. Das muskuläre System des Kindes reift, es lernt laufen und ist in der Lage, die unmittelbare Umwelt zu erforschen und sich selbst von den Bezugspersonen zu entfernen. In Anlehnung an Freud benennt auch Erikson „Festhalten“ und „Loslassen“ als bestimmende Modalitäten, bezieht sie aber – über die Sauberkeitserziehung hinausgehend – auf das kindliche Autonomiebestreben. Das Kind lernt, dass das, was es gern tun möchte, vom Umfeld nicht gewünscht ist. Wird es an einer Handlung nicht nur gehindert, sondern wird diese „böse“ oder „schlecht“ genannt, entsteht ein innerer Konflikt, der mit Scham und Zweifeln einhergeht. Solche Konflikte (Krisen) fördern die Entwicklung, denn das Kind lernt, seinen Willen nicht immer durchsetzen zu können und die Eltern als ebenfalls autonome Personen anzuerkennen. Es lernt, seine Triebe und Bedürfnisse zu kontrollieren. Wenn es in zunehmend größere Gemeinschaften hineinwächst, muss es sich auch an bestimmten Regeln orientieren.

sich selber & Eltern als autonome Menschen wahrnehmen

Das „Auf-eigenen-Beinen-Stehen“ sollte in dieser Phase gefördert werden. Das Kind sollte in seinen Wünschen zunächst bestärkt werden, wenngleich auch konsequent aufzuzeigen ist, welches Verhalten nicht toleriert wird. Gebote und Verbote helfen Kindern, ihren Alltag zu strukturieren. Grenzen sollten jedoch sinnvoll und ausgewogen gehandhabt werden. Ein Übermaß an Regeln bzw. Verboten oder gar rigide Strafen sind zu vermeiden.

3. Stufe: Initiative gegen Schuldgefühl (ca. 3 – 6 Jahre)

In Anlehnung an die phallische Phase (bei Freud) siedelt auch Erikson in diesem Alter die **Gewissensbildung** an, ebenfalls verknüpft mit der Überwindung des Ödipuskonflikts. Mit den hierbei erlebten Gefühlen von Konkurrenz und Neid gegenüber dem gleichgeschlechtlichen Elternteil entstehen Schuldgefühle. Teil des inneren Konflikts ist zugleich die Erkenntnis, dass dieser Elternteil mächtiger ist, als das Kind selbst. Das Kind bewältigt diesen, indem es den Neid in Bewunderung verwandelt und im gleichgeschlechtlichen Elternteil ein Vorbild sieht. Erweiternd bezieht Erikson andere Kinder bzw. Geschwisterkinder in diesen Konflikt mit ein, denn auch in diesen Beziehungen werden Rivalitäten ausgelebt.

Das Kind antizipiert erstmals Folgen seines Handelns und kann dessen Auswirkungen – im Rahmen der kindlichen Urteilsfähigkeit – abschätzen. Es kann für sein Handeln verantwortlich gemacht werden.

„Initiative“ definiert Erikson als Drang, etwas zu tun, sich einer Aufgabe zu widmen und Herausforderungen anzunehmen. In Abhängigkeit von dem Vorbild, das die Eltern geben, lernt ein Kind, in bestimmten Bereichen Initiative zu zeigen und sie in anderen zu unterlassen, weil es damit Schuldgefühle verbindet. Es lernt jedoch zunehmend auch, **Schuldgefühle auszuhalten** und konstruktiv zu bewältigen. Dies ist eine Grundlage für die Ausbildung des Gewissens.

Das elterliche Verhalten in dieser Entwicklungsphase beeinflusst das Verhalten des Kindes nachhaltig: Es muss zu Initiativen ermutigt werden, Interesse erfahren, aber auch lernen, mit Zurückweisungen umzugehen. Empfindet ein Kind in Bezug auf seine Wünsche und Handlungen zu viele Schuldgefühle, wird es Initiativen unterlassen. Folge kann die übertriebene Hemmung einer Person sein, Dinge anzugehen. Auf der anderen Seite bewirkt zu viel Initiative bei geringer Ausprägung von Schuldgefühlen Rücksichtslosigkeit.

Eltern und Erzieher in frühpädagogischen Einrichtungen sollten dem Kind eine verantwortliche Teilnahme am Geschehen ermöglichen, es in seinen Zielen und Handlungen bestärken sowie das Ausleben der Initiative durch eine anregungsreiche und sichere Umwelt ermöglichen. Bemühungen des Kindes sollten bestärkt und kleine Erfolge deutlich gemacht werden. Fehlschläge und „Versagen“ sind unvermeidlich und müssen durch Ermutigung ausgeglichen werden. Gleichzeitig sollten klare Regeln formuliert werden, in deren Rahmen sich das Kind ausleben kann, sowie die Anwendung sachlich begründeter und angemessener Konsequenzen bei deren Überschreitung.

4. Stufe: Werksinn gegen Minderwertigkeitsgefühl (ca. 6 – 12 Jahre)

Nach Erikson entwickelt das Kind in dieser Stufe seine Initiative weiter aus. Es geht aber nicht länger „nur" um die Freude an Aktivitäten oder darum, den Eltern zu gefallen, sondern das Kind will **etwas leisten**, d. h. etwas tun, das auch für andere wichtig und nützlich ist. Es bemüht sich um Anerkennung. Erikson spricht hier von „Werksinn" und hält diese Phase für besonders wichtig für die psychosoziale Entwicklung des Kindes.

Kinder, die nun die Schule besuchen, bekommen Rückmeldung zu ihrer Leistung und setzen sich entsprechend neue Ziele, die sie erreichen möchten oder müssen. Neben den von der Schule vorgegebenen Maßstäben bewerten Kinder ihre Leistung mit Blick auf eigene, sich verändernde Bewertungsmaßstäbe oder im Vergleich zu Gleichaltrigen. Zwangsläufig wird sichtbar, wenn jemand gesetzten Anforderungen nicht oder im Vergleich zu anderen „schlechter" gerecht wird. Das Gefühl, Ansprüchen nicht genügen zu können, nennt Erikson **Minderwertigkeitsgefühl**. Häufen sich solche negativen Erfahrungen, kann das Selbstwertgefühl leiden und ein Kind verliert das Vertrauen in seine Fähigkeiten, es erlebt sich als weniger selbstwirksam und findet nur schwer Anschluss an die Gleichaltrigengruppe. Aber dennoch sind Erfahrungen, die Minderwertigkeitsgefühle wecken, auch entwicklungsfördernd, da ein Kind nur so lernt, **seine eigenen Leistungen realistisch einschätzen** und zunehmend auch ohne äußere Rückmeldung beurteilen zu können.

Entwicklungsförderung durch „Negativerfahrungen"

Jetzt müssen neue Betätigungsfelder eröffnet und alte Erfahrungsräume erweitert werden, um Interessen, Motive und Fähigkeiten auszuloten. Zielvereinbarungen und Leistungsvergleiche fördern die Weiterentwicklung, trotz oder gerade wegen der Gefahr des Scheiterns. Insbesondere für schulische Anforderungen ist auf individuelle Gestaltung der Anforderungen zu achten, was keinesfalls bedeutet, Misserfolge zu verhindern. Kritik ist notwendig, sie sollte jedoch konstruktiv sein und Kinder in einen Lösungsprozess einbeziehen. Weiterhin muss sich Kritik auf das Verhalten des Kindes beziehen und nie auf die Person. Etikettierungen sind zu vermeiden, um das **Selbstwertgefühl** des Kindes nicht zu beschädigen.

Kinder finden so heraus, was sie gut können (und was nicht). Daraus ziehen sie die Kraft, auch negative Ereignisse zu verarbeiten und sich auch nach Rückschlägen weiterhin als selbstwirksam zu erfahren.

Operator Vergleichen: Gemeinsamkeiten, Ähnlichkeiten und Unterschiede nach selbstgewählten oder vorgegeben Gesichtspunkten (Vergleichsaspekten) ermitteln.

Vergleich der Entwicklungsmodelle von Freud und Erikson

Vergleichsaspekte	Psychosexuelle Entwicklung (Freud)	Psychosoziale Entwicklung (Erikson)
Ausgangspunkt von Entwicklungsprozessen	Entwicklung vorangetrieben durch Triebimpulse als Energiequellen des Verhaltens und durch physiologische Reifung, Verhalten beeinflusst durch Triebbedürfnisse, die auf äußere Einschränkungen treffen	epigenetisches Prinzip: Entwicklung angelegter Fähigkeiten im Austausch mit der Umwelt in sozialen Beziehungen Gegenseitigkeit: das soziale Bezugsfeld stellt Erwartungen an das (veränderte) Verhalten eines Menschen
Phasenmodell	fünf Phasen, kindliche Entwicklung bis zur Adoleszenz	acht Stufen, gesamter Lebenslauf
sozialer Kontext	Familie (elterliche Reaktionen)	erweiterter Sozialraum: Familie, Schule, Arbeitswelt
Methoden der Erkenntnisgewinnung	Einzelfallanalyse	kulturvergleichende Analyse
Fokus	pathologische Entwicklungsverläufe	Idealentwicklung einer psychisch gesunden Persönlichkeit

Kritische Würdigung

Eriksons Entwicklungsmodell hat eine psychisch gesunde Persönlichkeit im Fokus, pädagogische Kategorien wie Mündigkeit und Moralität werden nicht thematisiert. Grundlegend kritisiert werden kann die Vorstellung einer Entwicklung in relativ klar abgrenzbaren Stufen sowie Eriksons Fokussierung auf die US-amerikanische Gesellschaftsstruktur der 1950er-Jahre.

Wie Freud wird auch Erikson wegen fehlender Wissenschaftlichkeit seines Ansatzes kritisiert (z. B. empirische Nachprüfbarkeit). Zudem blendete er die kognitiven Aspekte menschlicher Entwicklung in seiner Theorie aus. Eriksons Vorstellungen von Gesellschaft müssen im historischen Kontext bewertet werden. Sie waren sehr idealisiert und entsprechen kaum mehr der modernen Realität: Suchbewegungen der Jugendphase bleiben heute charakteristisch für den gesamten Lebenslauf, die Identitätsentwicklung wird stark medial beeinflusst.

Individualisierung → s. S. 91
Identitätsdiffusion → s. S. 88

Überdauert hat der Aspekt der „sozialen Seite“ bzw. des interaktionistischen Charakters von Entwicklung sowie die konstruktive Sicht von Krisen in Entwicklungsverläufen. Die von Erikson identifizierten entwicklungsfördernden bzw. -hemmenden Einwirkungen wirken nach: Neuere psychoanalytische Konzeptionen legen größeres Gewicht auf die Entwicklung des Ichs und der Persönlichkeit sowie die Sozialbeziehungen eines Menschen.

2.3 Bindungstheorie: Grundlagen und pädagogische Bedeutung

Kurzsteckbriefe: Personen und Forschungsanliegen

- **John Bowlby** (1907 – 1990) war britischer Psychoanalytiker und Kinderarzt und arbeitete zeitweise an einer Schule für verhaltensgestörte Kinder.
- **Mary Ainsworth** (1913 – 1999) war Entwicklungspsychologin. Auf der Grundlage der Erkenntnisse Bowlbys entwickelte sie in den 1970er-Jahren den „Test zur Fremden Situation" zur Verhaltensbeobachtung von einjährigen Kindern.

- Während die traditionelle Psychoanalyse die **„Bindung"** des Kindes an die Mutter als Triebimpuls zur Befriedigung körperlicher Bedürfnisse versteht, interpretieren Bindungstheoretiker diese **als emotionales Grundbedürfnis** und erforschen dessen Entwicklung.
- Dass das Verlangen, sich an eine Bezugsperson zu binden, über den Wunsch nach Nahrung hinausgeht, folgerte Bowlby aus den Untersuchungen Harry Harlows zum Bindungsverhalten von Rhesus-Affen. Weiter beeinflussten ihn u. a. die Forschungen von René Spitz über kindlichen Hospitalismus.
- **Klaus und Karin Grossmann**, aktuelle Vertreter der Bindungsforschung in Deutschland, beschäftigen sich vorrangig mit der Entwicklung von Bindungsverhalten, dem Zusammenhang von psychischer Stabilität im Lebenslauf und frühkindlicher Bindungssicherheit und mit Bindung als Voraussetzung für nachhaltige Bildungsprozesse, insbesondere mit Blick auf Bildungsprozesse im Kindergarten.

Grundannahmen

Die Bindungstheorie hebt hervor, dass mit dem Augenblick der Geburt eines Kindes die emotionale Bedürfnisbefriedigung durch bedeutende Bindungspersonen entscheidend ist. Das angeborene Bedürfnis nach Bindung äußert sich in bestimmten Verhaltensweisen des Kleinkindes, wie z. B. Weinen, Rufen, Nachlaufen und Klammern. Sichtbar wird ein solches Verhalten vorrangig, wenn sich Kinder in fremden Umgebungen befinden, unsicher oder ängstlich sind. Entscheidend ist, wie die Bezugsperson auf das unweigerlich gezeigte Verhalten des Kindes reagiert. Angemessene Reaktionen auf gezeigtes kindliches

Verhalten erfasst Mary Ainsworth mit der Kategorie **Feinfühligkeit**. Die Mutter, die einfühlsam und unmittelbar auf kindliche Signale reagiert, nimmt kindliche Bedürfnisse angemessen wahr und gibt dem Kind (nur), wonach es verlangt. Neuere Ansätze verweisen darauf, dass auch Väter entsprechende Bindungspersonen sein können, Bindungsverhalten auch zu mehreren Personen entstehen kann und kein biologisch verwandtschaftliches Verhältnis vorliegen muss. Nähe und Zuneigung müssen jedoch nicht von sich aus als entwicklungsfördernd eingeordnet werden. Fordert das Kind sie gar nicht ein, können sie störend sein.

Zusammenhang Bindung und Exploration

Neben dem angeborenen Bindungssystem existiert ein **Explorationssystem**. Diese beiden Systeme bedingen sich wechselseitig: Neben dem Wunsch nach Nähe und Zuneigung existiert der Wunsch, die Umgebung zu erkunden. Je sicherer sich ein Kind dem Schutz und der Verlässlichkeit der Bindungsperson ist, desto freier erforscht es seine Umgebung.

Die Metapher vom „sicheren Hafen“, welchen das Kind verlassen, aber bei Bedarf ansteuern kann, kann das feinfühlige Verhältnis zwischen Bezugsperson und Kind verdeutlichen. Indem die feinfühlige Bezugsperson sowohl dem Bedürfnis nach Nähe als auch nach Distanz und Erkundung der Umwelt nachkommt, trägt sie zur Förderung der Selbstbestimmung des Kleinkindes bei.

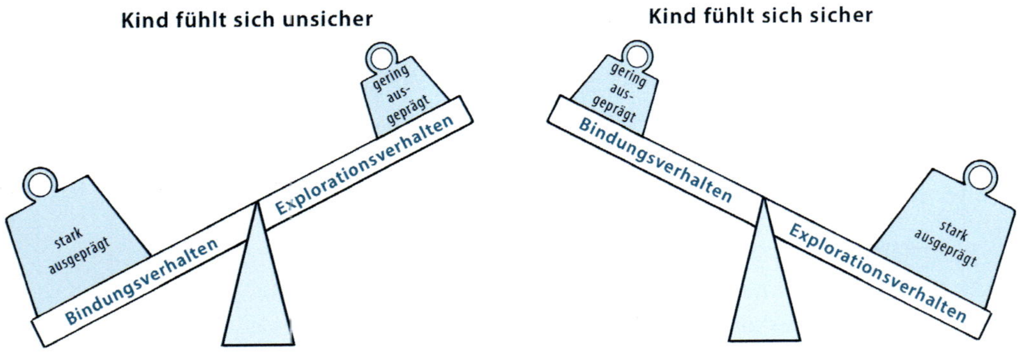

Zusammenhang zwischen Bindungs- und Explorationsverhalten

Bindungsmuster und elterliches Verhalten

Anhand der Erfahrungen, die ein Kind im ersten Lebensjahr mit dem Verhalten der Bindungspersonen macht, entwickelt es ein inneres Modell von Bindung. Aus den verinnerlichten Erfahrungen leitet es bestimmte Erwartungen an das Verhalten seiner Bezugspersonen ab und richtet sich danach aus. Im Laufe der Zeit bilden sich entsprechende Bindungsmuster heraus, die das Verhalten eines Kindes auch in Abwesenheit der Bindungsperson bestimmen: Inwieweit kann es Nähe und Zuneigung erwarten? Kann es diese zulassen?

Es werden folgende **Bindungsmuster** unterschieden, die sich als bestimmte kindliche Verhaltensweisen äußern:

- **Sichere Bindung:**
  Kinder weinen, wenn sie von der Bindungsperson getrennt werden. Sie lassen sich verhältnismäßig schwer von Fremden trösten, können die Bindungsperson aber wieder freudig begrüßen und „auftanken“, um anschließend ihre Umgebung zu erkunden. Diese Kinder bilden auch in späteren Lebensphasen ein Gefühl **psychischer Sicherheit** aus.

Qualität von Bindung entscheidet über psychische Sicherheit

- **Unsicher-ambivalente Bindung:**
  Kinder zeigen noch heftigere Trennungsreaktionen, wenn sie von der Bindungsperson verlassen werden und suchen bei deren Rückkehr ihre Nähe, bei gleichzeitiger aggressiver Abwehr von körperlichem Kontakt. Weiterhin lassen sie sich nur schwer beruhigen.
- **Unsicher-vermeidende Bindung:**
  Kinder zeigen distanziertes Verhalten gegenüber der Bindungsperson. Sie vermeiden so bisher erfahrene Zurückweisungen ihres Bindungsbedürfnisses. Es wird weder reagiert, wenn die Bindungsperson sich entfernt, noch, wenn sie zurückkommt. Hier hat sich jedoch (durch Messung des Cortisolgehalts im Blut) gezeigt, dass diese Kinder unter erhöhtem Stress stehen. Zu vermuten ist darum, dass der Ausdruck des Wunsches nach Nähe und Zuneigung eher unterdrückt wird.

Cortisol: Stresshormon

- **Desorganisierte Bindung:**
  Kinder zeigen höchst unsicheres Verhalten, sind hin- und hergerissen in ihren Reaktionen und zeigen inkonsistentes Verhalten. Sie können sich zwischen Nähesuchen und Weglaufen nicht entscheiden, wenn ihre Bezugsperson in der Nähe ist oder wiederkehrt. Sie unterbrechen einmal angefangene Handlungen bis hin zum Erstarren.

Diese Bindungsmuster führten die Forscher auf bestimmte **elterliche Verhaltensweisen** im ersten Lebensjahr zurück:

Mütter von Kindern mit …	… verhielten sich (vorwiegend) so:
sicherem Bindungsmuster	⦿ reagierten sofort auf kindlichen Wunsch nach Nähe und nahmen es auf ⦿ ließen es herunter, wenn es das wollte ⦿ förderten seinen Erkundungsdrang
vermeidendem Bindungsmuster	⦿ zeigten eine Ablehnung der Bindungswünsche des Kindes ⦿ kamen dem Wunsch nach Nähe eher ungeduldig und hastig nach und setzten es früh wieder ab ⦿ bestärkten das Kind in seinem Explorationsverhalten, mischten sich aber häufig ins Spiel des Säuglings ein und machten Vorgaben
unsicher-ambivalentem Bindungsmuster	⦿ zeigten unvorhersehbare Reaktionen auf das kindliche Bindungsverhalten ⦿ richteten die Nähe zum Kind eher an ihren eigenen Bedürfnissen aus oder wenn es zeitlich „passte“ ⦿ reagierten ebenso zufällig auf das kindliche Explorationsverhalten ⦿ griffen z. T. ängstlich ins Spiel der Säuglinge ein

Versuchsaufbau „Fremde Situation“

Mit dem **Setting der „Fremden Situation“** entwickelte Mary Ainsworth ein standardisiertes Verfahren, um die verschiedenen Muster von kindlichem Bindungsverhalten zu klassifizieren.
Die Mutter und das Kind befinden sich hierbei in einem ihnen unbekannten Raum, der mit altersangemessenen Spielsachen ausgestattet ist. Die Mutter sitzt abseits des Spielzeugs, während das Kind vor dem Spielzeug platziert wird. In acht Schritten von je maximal drei Minuten Dauer wird das Bindungs- und Explorationsverhalten der Kinder beobachtet. Anhand der Beobachtungen des kindlichen Verhaltens werden die entsprechenden Bindungsmuster klassifiziert.

Das anfängliche Bindungsverhalten des Kindes ist zunächst Ausdruck der Beziehung zu entsprechenden Bezugspersonen. Im Laufe der frühen Kindheit werden diese Erfahrungen dann zu Persönlichkeitsmerkmalen. So wirken sich sichere frühkindliche Bindungserfahrungen maßgeblich auf die psychische Gesundheit aus und bestimmen das Gefühl der **psychischen Sicherheit** in späteren Lebensphasen. Sicher gebundene Kinder verhalten sich auch im weiteren Lebenslauf bindungssicher. Als Jugendliche und Erwachsene bauen sie häufiger Freundschaften auf und verhalten sich weniger aggressiv gegenüber

Gleichaltrigen. Jugendliche mit unsicherem Bindungsmuster ziehen sich bei auftretenden Problemen häufig zurück, während ihre Altersgenossen mit sicheren Bindungserfahrungen eher aktive Lösungsstrategien anstreben und sich aktiv Unterstützung suchen. Insgesamt weisen sicher gebundene Kinder auch später ein größeres Selbstvertrauen und Selbstwertgefühl auf und sind in der Lage, Fähigkeiten, Gefühle und Bedürfnisse besser zu regulieren.

Überblick

Kindliches Verhalten in der „Fremden Situation"

Phasen/Setting	Typ A (unsicher-vermeidend)	Typ B (sicher)	Typ C (unsicher-ambivalent)
Mutter und Kind gemeinsam im Raum	Spiel und kaum Beachtung der Mutter	Spiel und Rückversicherung der Anwesenheit der Mutter	„Klammern" bei jedem Entfernungsversuch vom Spielort
Mutter verlässt den Raum	keine Reaktion, spielt weiter	beunruhigte Suche nach der Mutter	ängstliches Trennungsverhalten
Spiel mit der fremden Person	spielt ohne Weiteres mit fremder Person	kein Trösten möglich, Spiel möglich, wenn Kind sich beruhigt hat	kein Trösten und kein Spiel möglich
Rückkehr der Mutter	keine Reaktion oder Annäherung	freudiges Begrüßen, suchen der Nähe und Beruhigung	Aufnehmen von Körperkontakt
Weitere Reaktionen	weiteres Spielen ohne Reaktion auf Mutter	weiteres Spielen mit Rückversicherung bei Mutter	keine Beruhigung, häufig Widerstand gegen Körperkontakt

Bindungsverhalten im Kindergarten und in der Kita

Eine erste räumliche und zeitlich längere Trennung von der Familie findet meist im Übergang zur Kindertagesstätte statt. Die Kinder sollten in der Lage sein, dort angstfrei ihre Umgebung zu erkunden. Dies gelingt umso besser, je sicherer sich ein Kind an diesem neuen Ort fühlt. Bei einer frühen Außer-Haus-Betreuung müssen die betreuenden Personen zwangsläufig die Rolle von Bezugspersonen übernehmen, um den Kindern so viel Sicherheit vermitteln zu können, dass diese ihre neue Umwelt „explorieren" können.

Auswirkungen sicherer Erzieherin-Kind-Bindung

Analog zur familiären Bindungsqualität wirkt sich auch die Feinfühligkeit der Erzieherinnen auf die soziale und kognitive Entwicklung des Kindes aus. Kinder mit Erzieherinnen, die eine starke Beziehung zum Kind aufgebaut haben, zeigten sich in Untersuchungen kontaktfreudiger und geselliger, wiesen ein positiveres Sozialverhalten auf und waren in der Lage, komplexe Spiele mit Gleichaltrigen zu gestalten.

Es gibt zwei Annahmen in Bezug auf das professionelle Setting: Kinder, die durch familiäre Erfahrungen ein sicheres Bindungsmuster herausgebildet haben, werden sich auch in Folgesituationen eher sicher binden können, wie z. B. an die Erzieherin der Kita. Kinder, die keine sichere Bindung kennen, binden sich besonders an Erzieherinnen, um aktiv eine neue Möglichkeit der sicheren Bindung zu suchen. Wissenschaftlich wird keine dieser Annahmen bestätigt. Kompetenzen frühpädagogischer Fachkräfte auf Grundlage der Erkenntnisse der Bindungsforschung:

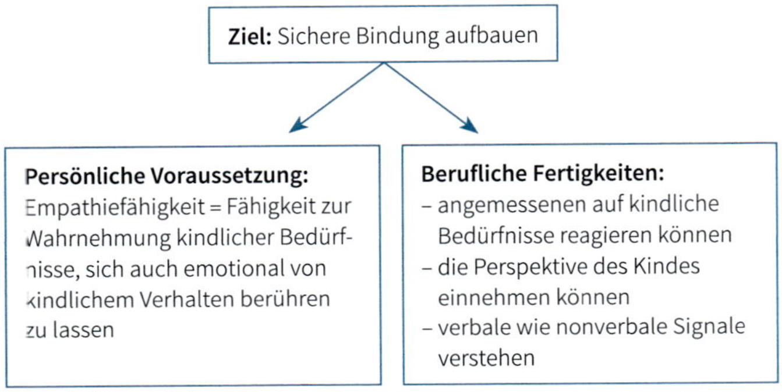

Anforderungen an Erzieher-innen in der Frühpädagogik

Ein Leitsatz zur pädagogischen Relevanz der Bindungstheorie und deren Gewinn für pädagogisches Handeln lautet: **Ohne Bindung** gibt es **keine Bildung**. Ausbildung, Verfestigung und Aufrechterhaltung der psychischen Sicherheit eines jungen Menschen gelingen nur mit der Zuwendung zuverlässig verfügbarer und einfühlungsfähiger Erwachsener. Diese müssen eine sichere Basis sowie einen angstfreien und anregungsreichen Handlungsraum für kindliche Erkundungsprozesse schaffen.

Auch im schulischen Kontext zeigt sich die Teilhabe an Lernsituationen und die Konzentration auf Lernprozesse abhängig von der Qualität des Miteinanders. Bei guter Beziehung zur Lehrperson verhalten sich Kinder nachweislich prosozialer, empathischer und weniger aggressiv.
Dies verlangt besonders in weiterführenden Schulen „bindungspsychologische Unterstützung“ der Kinder. Unterrichtssituationen und Leistungsdruck können die Beziehung zwischen Lehrerkräften und Lernenden gefährden. Lehrer-Schüler-Interaktionen, die sich auch auf Zeiten außerhalb des Unterrichts, AGs, Projekte etc. ausdehnen, können dazu beitragen, gemeinsam positive Erfahrungen anzusammeln, die beide Parteien für belastende Situationen wappnen und an die angeknüpft werden kann.

Tipp

Das Wissen zur Bindungstheorie lässt sich in vielen Kontexten anwenden. Für eine Stellungnahme/Erörterung zur Frage, ob und ab welchem Lebensalter Kinder fremdbetreut werden sollten oder nicht, stellen die Erkenntnisse Argumente bereit: Die Bindungstheorie wird hier häufig ideologisierend von beiden Seiten herangezogen. Befürworter einer frühkindlichen Betreuung außer Haus bestätigen eine erfolgreiche Übernahme der Bindungsverantwortung durch Erzieherinnen. Gegner beharren auf der exklusiven Rolle der Mutter und unterstellen Andersdenkenden rein ökonomische Motive zulasten der Kinder. Letztendlich gibt es zur Frage, ob die Erzieherin-Kind-Bindung an die Intensität familiärer Bindungserfahrungen heranreichen kann, noch keine generelle und wissenschaftlich/empirisch abgesicherte Antwort.

Kritische Würdigung

Kritik an der Bindungstheorie bezieht sich auf die ältere Forschung durch Bowlby und Ainsworth: Ihnen wurde vorgeworfen, die Rolle des Vaters im Bindungsprozess vernachlässigt zu haben.
Die Kausalkette „Feinfühligkeit → sichere Bindung → gesunde Entwicklung" sollte differenziert betrachtet werden. Die Annahme einer sehr frühen Festlegung von Bindungsmustern durch Beziehungsqualität ist mit Blick auf lebenslange Entwicklungsverläufe zumindest in Frage zu stellen. Auch ein sicheres Bindungsmuster ist noch keine Garantie für die positive Entwicklung eines Kindes und umgekehrt können Menschen aus Familien mit unsicherer Bindungsqualität durchaus eine gefestigte Persönlichkeit entwickeln.

2.4 Das Konzept der Entwicklungsaufgaben nach Hurrelmann

Kurzsteckbriefe: Personen und Forschungsanliegen

- **Robert James Havighurst** (1900 – 1991), Soziologe und Erziehungswissenschaftler, formulierte 1948 erstmalig das **Konzept der Entwicklungsaufgaben.** Havighurst sieht die **gesamte Lebensspanne** eines Menschen als Entwicklungszeitraum. Er teilt sie in neun Abschnitte (sensitive Perioden) mit jeweils altersentsprechenden Entwicklungsanforderungen ein. Diese Anforderungen entstehen durch:
  - gesellschaftliche und kulturelle Erwartungen (Entwicklungsnormen, z. B. Schulpflicht),

- biologische Veränderungen (physische Reife, z. B. Pubertät),
- die Persönlichkeit des Individuums (individuelle Zielsetzungen).

Sie beeinflussen sich wechselseitig. Havighurst unterscheidet Entwicklungsaufgaben, die zeitlich begrenzt sind (motorische Entwicklung) von solchen, die unter veränderten Anforderungen immer wiederkehren (Aufbau sozialer Beziehungen).

- **Klaus Hurrelmann** (geb. 1944) ist seit 2009 Professor und erforscht sozial-, bildungs- und gesundheitspolitische Themen. Hurrelmann war ferner an der Durchführung unterschiedlicher empirischer Studien über das Jugendalter beteiligt.
- Orientiert an R. J. Havighurst (1900 – 1991) formuliert Hurrelmann eine sozialwissenschaftlich orientierte Theorie der Sozialisation im Jugendalter, bei dem die Bewältigung von **Entwicklungsaufgaben** eine entscheidende Rolle spielt. Er nimmt gesellschaftliche und kulturelle Erwartungen in den Blick, die die individuelle Entwicklung beeinflussen. Fraglich ist auch, auf welche Weise sich das Individuum in diese einfügt.

Entwicklungsaufgaben nach Hurrelmann

Zwei Dimensionen von Entwicklungsaufgaben:
- Integration,
- Individuation.

Hurrelmanns Verständnis von Sozialisation geht von einem Individuum aus, das sich aktiv mit den eigenen sowie den Kontextbedingungen seines Heranwachsens auseinandersetzt und Entwicklungsaufgaben bewältigt. Er betont, dass Entwicklungsaufgaben zwei Dimensionen haben:

- Auf der **soziokulturellen Ebene** sind gesellschaftliche Anforderungen zur Übernahme entsprechender Mitgliedsrollen **(Integration)** zu erfüllen.
- Auf der **psychobiologischen Ebene** ist die individuelle Persönlichkeitsbildung **(Individuation)** zu leisten.

Besonderheiten heutiger Entwicklungsaufgaben

Gleichzeitig verweist er darauf, dass

- Entwicklungsaufgaben **keine universelle Gültigkeit** für alle Gesellschaften oder ihre Subkulturen haben (so wird politische Beteiligung nicht in allen Gesellschaften gewollt),
- sie sich in der **zeitlichen Begrenztheit** ihrer Bearbeitung unterscheiden (die Ablösung von den Eltern ist punktuell, während die Aufgabe des Beziehungsaufbaus zu Partnern und Freunden lebenslang bestehen bleibt),
- ihre **Bearbeitung** im Vergleich zu früher **nicht mehr normiert** ist, sondern individuell höchst unterschiedlich verlaufen kann (so gibt es Jugendliche, die bereits während der Schulzeit mit Nebenjobs Geld verdienen, während andere noch mit Ende Zwanzig ökonomisch von ihren Eltern abhängig sind).

Gerade der letzte Aspekt verdeutlicht die Komplexität der Bearbeitung: Weil die Art und Weise der Bewältigung offen ist, sind keine allgemeingültigen, normierten Erwartungen verfügbar, an denen man sich orientieren könnte. Das verlangt Menschen jeden Alters ein hohes Maß an Selbststeuerung ab. Doch aller zunehmenden Individualität des Prozesses zum Trotz sind die prinzipiellen Entwicklungsaufgaben universell.

Die psychosoziale Entwicklung im Kindesalter

Dieser Abschnitt geht nur knapp auf die Aspekte der Theorie ein, die die Kindheit betreffen. Eine ausführlichere Darstellung findet, verknüpft mit dem Jugend- und Erwachsenenalter, im folgenden Kapitel Berücksichtigung (s. S. 85 – 130).

Hurrelmann teilt Kindheit in folgende **Lebensphasen** ein:

- Kleinkindalter (2 – 3 Jahre),
- frühe Kindheit (4 – 6 Jahre),
- mittlere Kindheit (7 – 10 Jahre),
- späte Kindheit (11 – 14 Jahre).

Juristisch gesehen endet die Kindheit in Deutschland mit der Vollendung des 14. Lebensjahres. Gesellschaftliche Ansprüche an immer jüngere Menschen und die immer früher einsetzende Pubertät verweisen jedoch auf eine Ausdehnung des Jugendalters und gleichzeitig auf eine immer kürzer werdende Lebensphase Kindheit.

Unter pädagogischer Perspektive fragt sich, welche Unterstützungsmöglichkeiten es für Heranwachsende gibt, ihre Entwicklungsaufgaben zu bewältigen. Beachtet werden sollte auch, dass Probleme im Kindesalter auch sozial verursacht werden können und ob bzw. inwieweit im pädagogischen Umfeld Entwicklungsdruck erzeugt wird (z. B. schulische Anpassungserfordernisse). Für erzieherisches Handeln in Familie und Institutionen bedeutet dies, Bewältigungsmöglichkeiten für Kinder im Rahmen ihrer Entwicklungsaufgaben zu schaffen. Im Interesse der Selbstwirksamkeit müssen Kinder lernen und bemerken können, dass sie ihre Aufgaben selbst angehen müssen und können.

Hurrelmann ordnet die Entwicklungsaufgaben in vier Bereiche, die Gültigkeit für alle Lebensphasen haben: Binden, Qualifizieren, Konsumieren und Partizipieren. Mit Blick auf das Kindesalter sollte besonders auf Aspekte geachtet werden, die auf der Folgeseite dargestellt sind.

Überblick

Herausforderungen bei der Bearbeitung der Entwicklungsaufgaben im Kindesalter

Bereiche	Anforderung an Kinder	Herausforderung bei der Bearbeitung im Kindesalter	Pädagogische Möglichkeiten in Elternhaus und Schule
Qualifizieren	– Ausbilden von kognitiven und sozialen Fähigkeiten, um sich Wissen und Fachkenntnisse aneignen zu können. – Ausbilden von Werksinn als Voraussetzung zur Erbringung von Leistung	– frühe Vorbereitung auf Schule zulasten kindlicher Freiräume für die persönliche Entwicklung – Erleben von Leistungsdruck im Grundschulalter	– kindliche Interessenvielfalt bedienen (institutionell z. B. durch Ganztagsangebote in Grundschulen) – kindliches Spiel als Möglichkeit der Ausbildung kognitiver und sozialer Fähigkeiten ansehen (→ Verzicht auf Verschulung der Früherziehung)
Binden	– Aufbau von Bindungsverhalten und Einübung der Geschlechterrolle (Voraussetzung zu Ablösung vom Elternhaus u. Geschlechtsidentität)	ggf. Trennung der Eltern oder gelockerte Familienkonstellationen: – Wunsch nach Zugehörigkeit gefährdet – familiäre Ablöseprozesse sind dem Jugendalter vorgelagert – Kinder erfahren sich als Last, ohne Einfluss auf den Prozess	– Kommunikation (in der Familie) sichern – Probleme ansprechen, nicht „vertuschen" – Rolle von Kindern/Eltern im Trennungsprozess klären → Druck vom Kind nehmen – Kampf um Anerkennung vermeiden
Konsumieren	– erster, verantwortungsbewusster Umgang mit Geld und Konsumgütern – realistische Einschätzung eigener Bedürfnisse sowie Stärken und Schwächen – Aufbau von Entlastungsstrategien (inkl. Nutzung von Medien und Freizeitangeboten)	– zu frühe Konfrontation mit kommerziellen Anreizen (Mode, Spielzeug, Handys etc.) – Verknappung von Spiel-/Freizeitflächen für Kinder – zu einfacher Zugang zu (digitalen) Medien (→ Gefahr ungefilterter Aufnahme, Überreizung, gesteigerter Erwartungshaltung)	– Mediennutzung kontrollieren und inhaltlich begleiten – Kinder als „digital natives" respektieren (z. B. durch Mediennutzung in der Grundschule)
Partizipieren	– Beteiligung am gesellschaftlichen und politischen Geschehen – Aufbau eines (eigenen) Normen- und Wertesystems – Ausbildung der Fähigkeit, eigene Bedürfnisse in der Öffentlichkeit zu vertreten, bei gleichzeitiger Beachtung des sozialen Zusammenhalts	– ggf. Ausgrenzungserfahrungen bei Kindern aus ökonomisch schwächeren Elternhäusern (→ erschwerte Teilhabe am Alltag und an Freizeitaktivitäten der Mitschüler) – generelles Empfinden fehlender Einflussmöglichkeiten	– Kindern Mitspracherecht einräumen (institutionell z. B.: Kinderparlamente) – kostenfreie Angebote (institutionell z. B.: AG-Angebote, Kooperation mit Vereinen, Ausflüge)

2.5 Entwicklungsprozesse in systemischer Sicht

anthropologische Begründung der Notwendigkeit von Familie

Während sich die frühen Ansätze der Entwicklungsforschung vornehmlich auf das einzelne Individuum konzentrierten, berücksichtigen bereits die soziologisch orientierten Ansätze, dass ein Individuum sich nicht nur aus sich selbst heraus entwickelt, sondern dass auch sein Umfeld Einflüsse ausübt. Ein systemischer Ansatz betrachtet das Gesamtsystem genauer, in dem ein Mensch sich bewegt.

Kurzsteckbrief: Person und Forschungsanliegen

- Helm (Wilhelm Paul) Stierlin (geb. 1926), Psychiater und Psychoanalytiker, Begründer der **Systemischen Familientherapie.**
- Objekt der Analyse ist nicht der einzelne Mensch, sondern das gesamte System, in dem er sich bewegt (z. B. die Familie, die Schulklasse), einschließlich der vorhandenen Subsysteme und der gegebenen Beziehungen zwischen allen Beteiligten.

Grundannahmen

- Prinzip der **Zirkularität:** Die Handlungen aller Mitglieder eines Systems beeinflussen sich wechselseitig.
- „Rückgrat“ eines Systems ist das **Netzwerk der Interaktionen.** Es gibt, oft unausgesprochen, „Spielregeln“ dafür. Ein Hauptaugenmerk gilt darum der Frage, was sich zwischen den einzelnen Mitgliedern abspielt und wie diese miteinander umgehen. Für die Analyse von Kommunikationsprozessen müssen alle Ebenen betrachtet werden, also z. B. die inhaltliche Sachebene und die Beziehungsebene.

Interaktion: Wechselseitige Einflussnahme, z. B. auch durch Kommunikation.

- Die systemische Betrachtung geht davon aus, dass unterschiedliche Teilnehmer über ebenso **verschiedene Realitäten** verfügen und es nicht nur eine, „richtige“ Wirklichkeit gibt. Zudem entwickelt jeder Mensch im Laufe seines Lebens unterschiedliche Sichtweisen, die sich auf die bestehenden sozialen Beziehungen innerhalb des Systems auswirken – und umgekehrt.
- **Ressourcenorientierung:** Im systemischen Ansatz werden keine Defizite betrachtet, sondern vorhandene Fähigkeiten und Ressourcen. Diese stecken oft sogar in problematischen Verhaltensweisen.
- Jedes einzelne Mitglied eines Systems (Kinder, Eltern, Großeltern, Geschwister) bestimmt mit über das gesamte Beziehungsgefüge. Ist die **Balance** gestört, wird oft nur ein Familienmitglied „auffällig“, nicht selten ein Kind.

Beispiel

Jedes Verhalten, auch wenn es für den Einzelnen destruktiv ist, hat eine Auswirkung auf das System. Es kann sein, dass eine „Auffälligkeit" eine systemstabilisierende Veränderung im Familiensystem bewirkt:
So kann der Junge, der regelmäßig von zu Hause ausreißt und durch hohen Drogenkonsum oder durch völliges schulisches Versagen auffällt, dazu beitragen, dass die Eltern ihren Ehestreit zurückstellen, um sich gemeinsam um die Probleme des Sohnes zu kümmern. Die Beteiligten leiden unter der Störung, aber letztendlich rettet sie vielleicht den Zusammenhalt in der Familie.

Das System der „Familie" und Entwicklungsprozesse im Kindesalter

Begriff „Familie"

„Familie" steht im Alltagsverständnis für etwas Einheitliches, Privates, für einen (Rückzugs-) Ort, in dem die einzelnen Mitglieder Zuwendung und Schutz erfahren (sollten). War es früher die ökonomische Notwendigkeit, die die Familie zusammenhielt, z. B. die Bewirtschaftung eines gemeinsamen Hofes, ist es heute eine starke **emotionale Verbundenheit**, die so in keiner anderen Beziehungskonstellation zu finden ist.

Ausdifferenzierung des Familienbegriffs

Im Verlauf der letzten Jahrzehnte hat das gesellschaftliche Konzept „Familie" begonnen, sich zu wandeln. Neben der traditionellen Kleinfamilie mit weiblichem und männlichem Elternteil gibt es inzwischen in den westlichen Gesellschaften vielfältige Formen des sozialen Zusammenlebens von Erwachsenen und Kindern: Neben der sog. „Patchworkfamilie", in der auch Kinder, ggf. beider Lebenspartner, aus anderen Beziehungen leben, gibt es auch Konstellationen mit Adoptivkindern, die rechtlich den Status eine leiblichen Kindes haben, oder mit Pflegekindern, die nur vorübergehend in die soziale Obhut einer Familie gestellt sind, zudem nimmt die Zahl der Alleinerziehenden zu und auch gleichgeschlechtliche Partnerschaften oder Ehen mit Kindern. Auch der Lebensalltag verändert sich fortlaufend: Ein oder beide Elternteile sind berufstätig, oft in unterschiedlichem zeitlichem Umfang, die tradierten Rollenvorstellungen öffnen sich für individuelle Lebenskonzepte. Gerade Familien sind Systeme, die sich fortlaufend verändern und entwickeln. Neben der körperlichen und geistigen Entwicklung der einzelnen Mitglieder können Berufs- oder Schulwechsel, Umzüge, Krankheiten und Todesfälle das System in regelmäßigen Abständen vor Veränderungsprozesse stellen. Trennungen und/oder Aufnahme eines neuen Partners/Kindes in eine bestehende Familienkonstellation verlangen von den Mitgliedern, sich auf diese Veränderungen einzulassen.

soziologische Definition von Familie

Unabhängig von ihrer äußeren Form und inneren Lebenspraxis zeigen sich Gemeinsamkeiten in allen familiären Zusammensetzungen, die helfen zu definieren, was (im Unterschied zu einem Ehepaar) eine Familie ist. So gibt es immer **einen oder mehrere Erwachsene**, die das (gemeinsame) **Ziel der Versorgung und des Erziehens** mindestens **eines Kindes** haben. Unabhängig davon, ob die Elternschaft biologischer oder sozialer Natur ist, besteht in der Regel eine starke emotionale Verbundenheit aller Mitglieder miteinander.

Es gilt also: Familie ist eine **Intimgruppe,** in der sich das Zusammenleben durch persönliche Verbundenheit und ein Zusammengehörigkeitsgefühl auszeichnen muss und den Kindern muss eine zuverlässige Betreuung gewährleistet sein. Hierbei sind **Erziehung und Sozialisation der Kinder** zentrale Funktionen, die der Familie zugeschrieben werden können.

Wendet man die o. g. Grundannahmen auf das System Familie an, konkretisieren sich einige Aspekte. Die jeweils „eigene Wirklichkeit“ beeinflusst die subjektiven Ansichten über die anderen Familienmitglieder und die Beziehungen untereinander. So sieht der Vater das Verhältnis zwischen den Geschwistern anders als die Mutter und auch die Kinder nehmen die jeweiligen Elternteile und ihre Interaktion unterschiedlich wahr. Alle haben Erwartungen und entsprechende Forderungen aneinander.

Beispiel

Problematisch wird es, wenn sich das Selbstverständnis eines Familienmitglieds verändert oder Widersprüche überdeckt werden. So kann die Wiederaufnahme der Arbeit durch die Mutter von ihrem Mann oder den Kindern als fehlendes Interesse an der Familie gedeutet werden und sich unausgesprochen verfestigen. Gleichzeitig werden dem Mann neue Aufgaben zugeteilt (z. B. das Abholen der Kinder aus der Tagesstätte). Verantwortung muss neu verhandelt werden.

Rollen der Familienmitglieder

Zu klären ist die Rolle des Einzelnen im Gesamtverband: Welche Aufgaben werden den einzelnen Mitgliedern zugesprochen, welche übernehmen sie? Gibt es eine gleichberechtigte Arbeitsteilung oder herrscht ein traditionelles Rollenverständnis vor? Wird Kindern Mitspracherecht in Familienangelegenheiten eingeräumt?

Regeln im Familiensystem

Familiensysteme haben explizite und auch implizite Regeln, die Integration ins System fördern oder den Ausschluss provozieren bzw. festlegen, welches Verhalten anerkannt und welches sanktioniert wird. Probleme entstehen, wenn Regeln unklar sind oder von den Mitgliedern unterschiedlich ausgelegt oder übergangen werden.

soziale und ökonomische Umwelt

Die Umwelt beeinflusst das System Familie und die innerfamiliären Beziehungen. Die gesellschaftliche Auffassung von „intakter Familie" prägt das Selbstverständnis ihrer Mitglieder ebenso wie der soziale und ökonomische Status der Familie.

Die Funktionen von Familie für die kindliche Entwicklung

anthropologische Begründung der Notwendigkeit von Familie

Die frühkindliche Entwicklung erfolgt zuallererst im engen Bereich der Familie. Kommt ein Kind auf die Welt, ist es auf den Schutz, die Pflege und die Betreuung einer sozialen Lebensgemeinschaft angewiesen. Diese grundlegende Aufgabe kommt der Familie zu. Gleichzeitig zeichnet sich das Neugeborene im Verlauf seiner Entwicklung durch eine hohe Lernfähigkeit aus. So prägen die in der Familie vorherrschenden sozialen Beziehungs-, Interaktions- und Kommunikationserfahrungen das Kind im hohen Maße. In der Familie macht das Kind erste soziale Erfahrungen und bildet erste Verhaltens- und Interaktionsmuster aus, die sich im weiteren Entwicklungsverlauf zu Persönlichkeitsmerkmalen verfestigen.

Sozialisation: Prozess der Einordnung in die Gesellschaft unter Übernahme von Normen und Werten.

Sozialisation in der Familie meint vorrangig den Erwerb grundlegender „menschlicher" Fähigkeiten. Kinder bilden hier

- Sprachfähigkeit,
- bewusstes planvolles Handeln,
- die Erkenntnis, seine Umwelt beeinflussen zu können,
- ein Verhältnis zu sich und zu anderen aus.

Weiterhin macht das Kind erste gesellschaftliche Erfahrungen und übernimmt zunächst die Werte und Normen des primären Umfelds. Familie ist somit **primäre Sozialisationsinstanz** und bildet sozusagen das Fundament, auf dessen Basis sich das Kind dann in immer größeren Umfeldern bewegen kann.
Im Zuge dessen kommen der Familie noch weitere Funktionen zu. Sie ist im entscheidenden Maße für die **soziale Verortung des Individuums** verantwortlich und weist dem Kind abhängig von ihren sozialen bzw. ökonomischen Voraussetzungen oder der gelebten kulturellen Einbettung einen Platz im Gesellschaftsgefüge zu. Nachgewiesenermaßen hat keine andere Sozialisationsinstanz – im Positiven, wie im Negativen – so starken Einfluss auf den einzelnen Menschen. Familie sichert täglich grundlegende Bedürfnisse nach Zuneigung und Anerkennung. Sie ist ein Ort der Entspannung, ein Gegengewicht zum öffentlichen Leben. Hier kann im Idealfall jedes Mitglied „so sein, wie es will", Gefühle offen zeigen und diese ausleben.

Probleme und Herausforderungen der Sozialisation in der Familie

Solange eine Familie ihre Funktion so wahrnimmt, dass sie das Kindeswohl nicht gefährdet, unterliegt sie als Intimgruppe nicht der staatlichen Kontrolle.

Wohl aber wird sie durch kulturelle und gesellschaftliche Einflüsse geprägt und maßgeblich durch das gesellschaftliche Leben aller Mitglieder beeinflusst. Daraus ergeben sich für die Entwicklung, Sozialisation und Bildung von Kindern in der Familie besondere Herausforderungen:

- Neben Generationskonflikten und ungünstig verlaufenden Ablöseprozessen können gestörte familiäre Beziehungen die gesunde Entwicklung von Kindern gefährden.
- Unsichere Arbeitsverhältnisse, problematische Vereinbarkeit von Kindern und Beruf oder eine erhöhte Mobilität erschweren es Familien mitunter, gemeinsam Zeit zu verbringen. Dies gilt v. a. in Familien, in denen beide Eltern berufstätig sind, und für Alleinerziehende. Es lässt sich nicht nachweisen, dass „unvollständige" Familienformen nachteilig für die kindliche Entwicklung sind.
- Abhängig von der sozialen Situation einer Familie können Kinder soziale Ausgrenzung oder ungleiche Chancen erfahren.
- Fälle von körperlicher und psychischer Gewalt in der Familie oder Formen der Vernachlässigung können ebenfalls zu gestörten Entwicklungsverläufen bei Kindern führen.
- Weitere Probleme können auftreten, wenn Kinder mit elterlichen Erwartungen überfordert werden und denen nicht gerecht werden können oder wenn Eltern ihre eigenen Wünsche und Konflikte auf ihre Kinder projizieren.

Die Familie als Bildungsinstitution

Die Familie ist der erste Bildungsort für Kinder. Hier wird die Basis für die Bewältigung aller später folgenden, institutionellen Bildungserfahrungen gelegt. Bildungsfördernde familiäre Erfahrungen sind solche, die die individuelle Entwicklung des Kindes mit Blick auf die spätere Lebensführung positiv beeinflussen bzw. fördern.
Bildung in der Familie schließt jene innerfamiliären Prozesse mit ein, die der Weitergabe kultureller Lebensformen zwischen den Generationen dienen. Die Familie ermöglicht einem Kind den ersten Zugang zur Welt und legt damit den Grundstein für weitere Bildungs- und Entwicklungsprozesse.
Auch wenn in Deutschland der Schulerfolg von Jugendlichen immer noch stark von der sozialen (und damit auch familiären) Herkunft abhängt, so zeigen sich hier doch Veränderungen: Die soziale Herkunft ist immer noch ein starker Faktor hinter dem Bildungserfolg, doch der Zusammenhang ist heute deutlich schwächer als noch 2010 – was einer diesbezüglichen OECD-Studie folgend besonders mit einer besseren sozialen Mischung in der Schule und einem positiveren Schulklima zusammenhängt.

Wichtigstes Moment eines gelingenden Bildungswegs ist die Qualität der Bindung. Die Aufgabe der Eltern ist es zunächst, als **Beziehungspartner** zur Verfügung zu stehen und für Sicherheit und Verlässlichkeit zu sorgen. Darüber hinaus gestalten sie das häusliche Lernumfeld, schaffen Anregungen und Lerngelegenheiten. Bildung in der Familie hängt also größtenteils von den **Ressourcen** ab, die der Familie zur Verfügung stehen, zentral von der gemeinsam verbrachten Zeit. Singen, Vorlesen und Basteln fallen unter die häufig ausgeführten Eltern-Kind-Aktivitäten sowie gemeinsame Erledigungen im Haushalt. Darüber hinaus beeinflussen Eltern gerade in frühen Jahren die sozialen Kontakte ihrer Kinder, nehmen einen Betreuungsplatz in Anspruch (oder lehnen ihn ab) und beeinflussen die Wahl der Grundschule. Sie entscheiden maßgeblich über die Nutzung außerfamiliärer Bildungs- und Freizeitangebote, über den Besuch von (Sport-) Vereinen und beeinflussen auch auf diesem Weg die kindliche Entwicklung und die Bildungserfahrungen. Die Durchführung und Gestaltung gemeinsamer Eltern-Kind-Aktivitäten unterscheiden sich in Abhängigkeit vom elterlichen Bildungsstand und von kulturell geprägten Vorstellungen maßgeblich.

Bindung
→ Bowlby, S. 47

Bezogene Individuation in der Familie

Individuation: Individuelle Persönlichkeitsentwicklung.

Nicht jede Veränderung im System Familie kann als Entwicklung angesehen werden. Deshalb bedarf es Kriterien gelungener Entwicklung des Systems Familie: Die Individuation der einzelnen Mitglieder bei gleichzeitiger Aufrechterhaltung familiärer Bindungen kann als ein Maßstab für familiäre Entwicklungsprozesse gelten. Die solcherart auf die Familie **bezogene Individuation** gesteht es allen Mitgliedern zu,

- die eigenen Ziele zu verfolgen,
- die eigenen Erwartungen deutlich zu machen,
- das Bewusstsein zu haben, dass sich diese von denen der anderen Mitglieder unterscheiden dürfen,
- jederzeit Eigeninitiative ergreifen zu können, bei gleichzeitiger Verantwortungsübernahme für das eigene Handeln,
- Rechte zu äußern und Pflichten wahrzunehmen.

Das Heranwachsen von Kindern innerhalb der Familie bringt notwendigerweise Veränderungen mit sich, aber nicht jede Veränderung bedeutet dabei eine Entwicklung. Diese zeigt sich in Veränderungsprozessen, die autonomes Verhalten bei gleichzeitiger Aufrechterhaltung der Sicherheit in der Familie gewährleisten. Aufgabe der Eltern ist es, Freiheit zu gewähren und zugleich ein sicheres System zu erhalten. In einem altersangemessenen Rahmen trägt dazu eine „demokratische Partnerschaft" der Familienmitglieder bei: Klare Vereinbarungen gewährleisten zunehmende Selbstständigkeit und Persönlichkeitsentwicklung (Individuation) der Heranwachsenden aus dem System Familie heraus, während zugleich der Prozess des Vereinbarens von Regeln das System Familie mitgestaltet. Familien, die eine bezogene Individuation der Mitglieder ermöglichen, zeichnen sich aus durch

- Aushandeln von Wahrnehmungs- und Beziehungsrealitäten,
- Kompromissbereitschaft,
- Möglichkeiten der Veränderung und die Bereitschaft der Mitglieder dazu.

Familien, die diese Merkmale aufweisen, werden in der systemischen Familientherapie als **gesunde Triaden** bezeichnet. Prozesse der bezogenen Individuation können aber durch **ungünstige Familienkonstellationen** auch verhindert werden:

Triade: Beziehungssystem zwischen drei Personen, in der ersten Lebensphase = Konstellation Vater – Mutter – Kind.

- **Die ausstoßende/vernachlässigende Familie:** Familiäre Unterstützung und Sicherheit werden dem Kind zu früh versagt. Ausstoßende Familien vernachlässigen ihre Kinder sozial, emotional und psychisch – sei es aufgrund unsicherer Familienverhältnisse, eines ohnehin vernachlässigenden Erziehungsstils oder infolge eines falschen Verständnisses kindlicher Selbstständigkeit.
- **Die symbiotische/verstrickte Familie:** Ablöseprozesse von Kindern werden durch Abgrenzung nach außen erschwert, die Kinder möglichst lange im Umfeld der Familie gehalten. Verstrickende Bindung in Familien verhindert die Auseinandersetzung der einzelnen Mitglieder. Individuelle Wünsche und Bestrebungen werden als hinderlich für die Aufrechterhaltung der Familie gesehen. Kinder und Jugendliche aus solchen Familien zeigen sich anfällig für psychosomatische Störungen, insbesondere Essstörungen.
- **Die ambivalente Familie:** Die Eltern stellen widersprüchliche bzw. inkonsistente Anforderungen, worauf Kinder verunsichert reagieren.
  Auswirkungen auf das kindliche Verhalten zeigen sich z. B. in Form von Gewaltbereitschaft, Suchtverhalten und Orientierungslosigkeit.

Kritische Würdigung

Die systemische Sichtweise auf (familiäre) menschliche Beziehungen erweitert auch das pädagogische Denken und Handeln. Institutionelle pädagogische Kontexte, in denen die veränderte Sichtweise zum Tragen kommt, sind die sozialpädagogische Familienhilfe, Beratung und weitere (sozial-)pädagogische Arbeitsfelder.

Aber auch Lehrpersonen können unter Berücksichtigung der Erkenntnisse systemischen Denkens ihre Sichtweise auf „Probleme“ einzelner Schüler erweitern: Jede Handlung eines Individuums im System verfolgt einen Sinn. So gilt es auch in destruktiven Verhaltensweisen das Sinnstiftende in dieser Handlung zu erkennen. Ein Kind ist nach diesem Verständnis dann nicht „einfach von sich aus“ gewalttätig, sondern zeigt in bestimmten Situationen ein Verhalten, das von anderen Beteiligten als gewalttätig gedeutet wird. Was traditionelle Ansätze als Merkmal eines Einzelnen diagnostiziert haben, wird aus systemischer Sichtweise als Teil eines Interaktionssystems interpretiert. Anders als traditionelle Sichtweisen, die die psychische Gesundheit des Einzelnen zur Voraussetzung zur Verhaltensveränderung machen, zeigt sich unter systemischer Betrachtung ein optimistischerer Blick auf Möglichkeiten der Verhaltensänderungen. Das Verhalten des Einzelnen kann sich ändern, wenn sich der Kontext ändert. Gleichzeitig wird dem System die Möglichkeit zur Veränderung zugesprochen – und auch nur dem System. Systeme sind von außen nicht veränderbar, sondern können nur zur Veränderung angeregt werden. So bedeutet das Einnehmen einer systemischen Sichtweise auf den gewalttätigen Schüler, ihm die Möglichkeit zur Veränderung seines Verhaltens zuzubilligen und z. B. als (Beratungs-)Lehrer gemeinsam mit ihm einen Rahmen zu schaffen, in dem sich die Verhaltensänderung einstellen kann.

2.6 Jean Piaget: Die kognitive Entwicklung des Kindes

Kurzsteckbrief: Person und Forschungsanliegen

- Jean Piaget (1896 – 1980) war Biologe, Entwicklungspsychologe und Epistemologe (Erkentnistheoretiker).
- Viele Jahrzehnte seines Lebens hat er mit der Erforschung der geistigen Entwicklung von Kindern und Jugendlichen verbracht. Er beschäftigte sich mit der Frage, wie der Mensch zu Erkenntnissen und Wissen über die Welt kommt.

Grundannahmen

Entwicklungspsychologie: Wissenschaft, die die Entwicklung des Menschen in verschiedenen Lebensabschnitten untersucht.
Epistemologie: Lehre von den Grundlagen des Wissens und von Erkenntnisprozessen.

- Für Piaget ist der enge Zusammenhang von **Handeln und Denken** grundlegend. Die handelnde Auseinandersetzung des Kindes mit seiner gegenständlichen und sozialen Umwelt führt sowohl zu Erkenntnis als auch aufgrund entstehender Denkstrukturen zu neuen Möglichkeiten des Handelns. Dabei ist es aktiv und erfindungsreich. Es **konstruiert** sich seine **Welt**, sein **Denken** und **Wissen** selbst. Dieser Sicht liegt ein konstruktivistisches Menschenbild zugrunde.

- Die Grundlage für diesen Kognitions- und Konstruktionsprozess ist die angeborene Tendenz zur **Organisation** und **Adaption**, d. h., die Erfahrungen im Umgang mit der Umwelt in einem ständigen inneren Anpassungsprozess zu strukturieren, sie zu organisieren und zu systematisieren.
- Eine Form der Organisation ist die Bildung von sogenannten **kognitiven Schemata**. Das Kind fasst seine Umwelteindrücke zu allgemeinen Regeln und Mustern des Verhaltens und Denkens zusammen, die das Kind dazu anregen, das damit verbundene Wissen anzuwenden. In der Vernetzung dieser Aktivitäten (Schemata) entwickelt sich eine übergeordnete **kognitive Struktur**.
- Die kognitive Struktur formt, erweitert und verändert sich dann wiederum durch den fortschreitenden Adaptionsprozess in Beziehung zur Umwelt. Piaget unterscheidet dabei zwei **Adaptionsleistungen des Kindes:**
  - **Assimilation:** Die Umwelteindrücke werden an die bestehenden kognitiven Schemata angepasst, d. h. in die vorhandene Struktur integriert.
  - **Akkommodation:** Wenn es nicht gelingt, die Umwelteindrücke problemlos in die vorhandenen Schemata zu integrieren, führen diese irritierenden Erfahrungen zu Veränderungen, in denen die kognitiven Schemata an den neuen Gegenstand oder die Situation angepasst werden.

Konstruktivismus: Weitgehend ergebnisoffenes Voranschreiten des erkenntnistheoretischen Prozesses = jedes Individuum schafft sein Wissenssystem selbst.

Kognition: Wahrnehmungs- und Erkenntnisprozesse.

Entwicklungsfaktoren

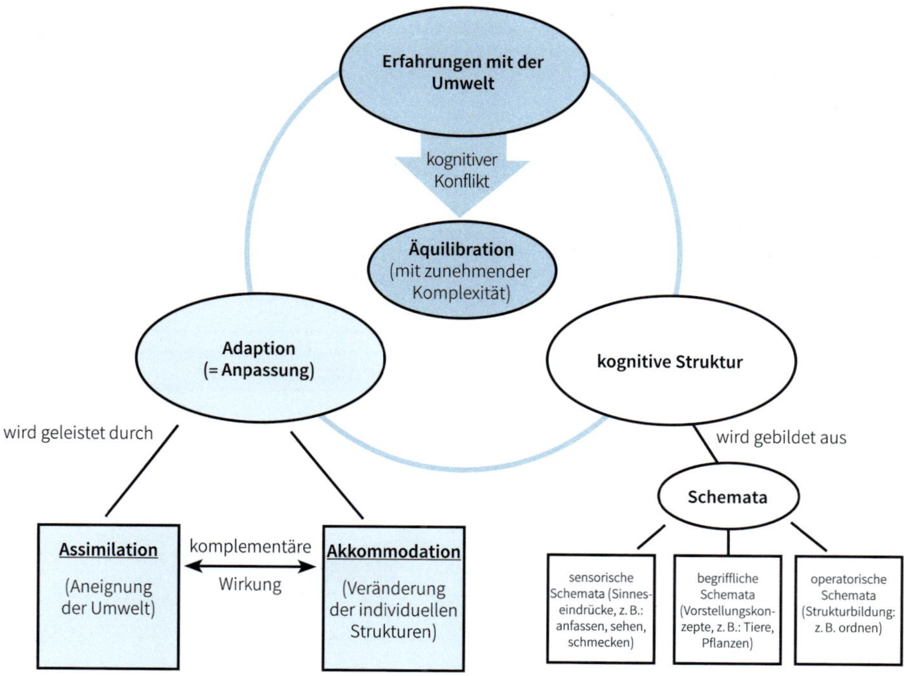

- Den Übergang von der Assimilation zur Akkommodation bezeichnet Piaget als **Äquilibration** (Findung von Gleichgewicht). Aus der Erfahrung eines Ungleichgewichts, eines Widerspruchs oder kognitiven Konfliktes entsteht der Impuls zur inneren Umstrukturierung der Verhaltens- und Denkmuster und zum Aufbau einer immer komplexer werdenden kognitiven Struktur.

Entwicklungsverlauf

- Dieser Aufbau vollzieht sich in **Entwicklungsstufen**, die **irreversibel** (nicht umkehrbar) sind und von denen jeweils die frühere Stufe eine Voraussetzung für die folgende ist.

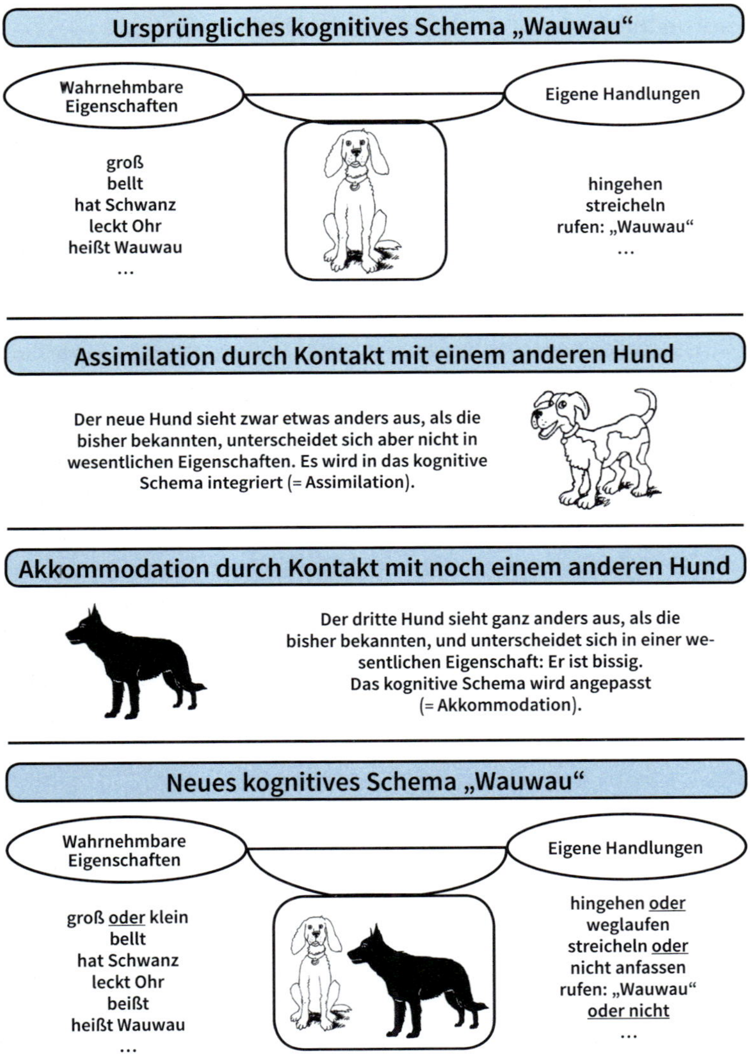

Veränderung kognitiver Schemata durch Assimilation und Akkommodation

Visualisierung nach Piaget

Entwicklungsstufen

Piaget beschreibt vier zentrale Stufen in der Entwicklung des menschlichen Denkens, wobei jede Stufe auf den Leistungen der vorangegangenen aufbaut und sich daraus ableitet. Diese Stufen werden nach Piagets Ansatz von allen Kindern, wenn auch mit unterschiedlicher Geschwindigkeit, so doch in der gleichen Reihenfolge durchlaufen.

epigenetisches Prinzip
→ Erikson, s. S. 31

1. Die sensomotorische Stufe (0 – ca. 2 Jahre)

Ausgangspunkt der sensomotorischen Entwicklungsstufe bilden schon im frühsten Säuglingsalter die angeborenen **Reflexe** wie der Greif-, Saug- oder Schluckreflex, die **geübt**, **koordiniert** und bei einem angenehmen Ergebnis **aktiv wiederholt** werden. Der Säugling gebraucht diese sensorischen und motorischen Fähigkeiten, um seine Umgebung wahrzunehmen und schrittweise zu erforschen. Denken im eigentlichen Sinne ist hier noch nicht möglich. Das Kind „weiß“ etwas, indem es dies tut. Im Alter von acht bis zwölf Monaten entdeckt das Kind sodann die **Mittel-Zweck-Wirkung** und es verbindet verschiedene Verhaltensmuster miteinander, um ein bestimmtes Ziel zu erreichen (z. B. durch Strampeln ein Glöckchen klingeln lassen) oder einfache Probleme zu lösen (z. B. durch Suchen ein verstecktes Spielzeug finden). Hier zeigt sich die wachsende Fähigkeit, Gegenstände der Umgebung im Bewusstsein zu erfassen, auch wenn sie nicht mehr unmittelbar wahrgenommen werden **(Objektpermanenz).** Etwa vom ersten Lebensjahr an beginnt das Kind **aktiv zu experimentieren**, indem es völlig neue Verhaltensweisen nach dem Prinzip Versuch und Irrtum ausprobiert. Gegen Ende dieser Entwicklungsstufe ist das Kind dann in der Lage, nicht mehr alles praktisch ausprobieren zu müssen, sondern vielmehr zum **verinnerlichten Handeln** überzugehen und überlegt zu handeln. Es kann sich gedanklich mit einem Problem auseinandersetzen und das Ergebnis seiner Handlung geistig vorstellen. Das Kind wird damit unabhängig vom Ausprobieren der Handlung, um eine Lösung zu entdecken. Dies charakterisiert den Übergang zu einer neuen Form des Denkens.

Betätigung der Reflexe

Handeln aus Gewohnheit

aktive Wiederholungen

Mittel-Zweck-Handeln

aktives Experimentieren

verinnerlichtes Handeln

2. Die präoperationale Stufe (ca. 2 – 7 Jahre)

Mit der Entwicklung der Vorstellungsfähigkeit fängt das Kind an, zwischen realen und bloß vorgestellten Gegenständen und Situationen zu unterscheiden. Es begreift jetzt, dass ein Gedanke oder ein geistiges Bild stellvertretend für eine Erfahrung oder Handlung gebraucht werden kann, d. h. als **Symbol**. In dieser Zeit beginnt auch die Sprachentwicklung des Kindes. Es verwendet Zeichen und Wörter, die symbolisch an die Stelle von Personen, Gegenständen und Handlungen treten können. Auch erste mathematische Grundbegriffe wie Zahlen, Mengen oder Größenverhältnisse werden schrittweise erfasst. Wird auf dieser Entwicklungsstufe auch ein neues Denkniveau erreicht, so ist das kindliche Denken jedoch

symbolisches Denken

anschauliches Denken

noch immer stark auf **Anschauung** angewiesen, d. h. das Kind kann nur mit solchen Denkvorgängen etwas anfangen, die anschaulich sind. Die Anschauung ist dabei durch **Zentrierung** gekennzeichnet, sodass sich die Aufmerksamkeit des Kindes nur auf einen Gegenstand oder auf ein Merkmal richtet. Infolgedessen ist das Kind noch nicht imstande, mehrere Aspekte einer Situation gleichzeitig zu berücksichtigen und etwa die Vorstellung zu entwickeln, dass die Wassermenge unverändert bleibt, wenn man Wasser von einem breiten Glas in ein schmales, höheres Glas umschüttet (Invarianzproblem). Die Anschauung ist außerdem durch **Egozentrismus** charakterisiert. Der kindliche Egozentrismus ist eine Denkperspektive, bei der das Kind davon ausgeht, dass die Welt so ist, wie das Kind selbst sie auch wahrnimmt. Das bedeutet, das Kind kann seine Umgebung nur aus seiner eigenen Perspektive betrachten und ist nicht in der Lage, sich in die Sichtweise eines anderen Menschen hineinzudenken. Dieser Bezogenheit auf die eigene Sichtweise entspringt auch das für diese Stufe so dominierende **magische Denken**, bei dem das Kind die Vorstellung besitzt, dass durch Wünschen und Gedankenkraft Dinge bewegt und Ereignisse verändert werden können. Eine andere Ausprägung des egozentrischen Denkens ist das **animistische Denken**. Animismus ist eine Form des Anthropomorphismus (Tendenz zur Vermenschlichung), wonach das Kind annimmt, dass alle Dinge lebendig und beseelt mit menschlichen Gefühlen und Wünschen sind. Die Beseelung der Umwelt hat für das Kind dann eine **zweckgerichtete Deutung** von Vorgängen zur Folge. Alles in der Welt geschieht so immer mit einer bestimmten Absicht oder einem Zweck für und in Bezug auf die eigene Person. Das Kind denkt hier finalistisch.

zentriertes Denken

egozentrisches Denken

magisches Denken

animistisches Denken

finalistisches Denken

3. Die konkret-operationale Stufe (ca. 7 – 11 Jahre)

Die Überwindung des magischen, animistischen und finalistischen Denkens hin zu einem **realistischen Denken** zeigt das Erreichen einer neuen Entwicklungsstufe an. Ihr Beginn fällt zusammen mit dem Beginn der Schulzeit, womit eine entscheidende Lernphase einsetzt. In kommunikativen und sozialen Interaktionen, in denen das Kind mit seiner Auffassung auf die der anderen, v. a. der Gleichaltrigen, trifft, lernt das Kind, die Perspektive eines anderen Menschen einzunehmen. Das Kind verliert so seine egozentrische Eingrenzung und **löst sich von der zentrierten Anschauung**. Weil es nunmehr in der Lage ist, sich auf verschiedene Aspekte einer Situation oder eines Gegenstandes zu konzentrieren und sie zu kombinieren, erkennt es auch die Invarianz (Unveränderlichkeit) bestimmter Mengen oder Eigenschaften (was an Breite des Glases beim

realistisches Denken

dezentriertes Denken

Umschütten von Wasser weggenommen wird, wird durch die Höhe wieder ausgeglichen). Die Einsicht in die Invarianz geht einher mit der Fähigkeit des **reversiblen Denkens**, d. h. das Kind kann eine Reihe von Schritten denken und dann geistig wieder rückgängig machen (wenn es etwa in Gedanken das Wasser in das breite Glas zurückschüttet und sich dann wieder die ursprüngliche Höhe ergibt). Ebenso lernt es, Reihen (Seriation) und Klassen (Klassifikation) zu bilden. Das Kind versteht Beziehungen, es kann Gegenstände systematisch nach ihrer Größe oder Klassenzugehörigkeit ordnen und in Gedanken erste logische Vorgänge (Operationen) mit Hilfe von Schlussfolgerungen durchführen. Mit diesen Fähigkeiten hat das Kind schließlich den Einstieg in das **logische Denken** geschafft. Die Logik ist dabei jedoch noch immer an konkrete Situationen und Sachverhalte gebunden, deshalb konkret-operational.

reversibles Denken

logisches Denken

4. Die formal-operationale Stufe (ab ca. 11 Jahre)

Die letzte Entwicklungsstufe erreicht das Kind in der Adoleszenz, wenn es sich von konkreten Situationen und der Vorstellung von konkreten Sachverhalten lösen und **abstrakte Gedankengänge** begreifen kann. Jetzt fällt es dem jugendlichen Kind zunehmend leichter, mit abstrakten Symbolen umzugehen (z. B. einem x als Buchstabe anstelle von konkreten Zahlen bei mathematischen Aufgaben) oder die Bedeutung grammatikalischer Regeln zu verstehen und auf andere zu erlernende Sprachen anzuwenden. Weiterhin zeigt sich dies in der zunehmenden Fähigkeit, Hypothesen (zunächst unbewiesene Annahmen) über mögliche Problemlösungen aufzustellen, sie systematisch durchzuprobieren, dabei Vorheriges einzubeziehen und Zukünftiges vorauszusagen. In diesem Zusammenhang beginnt das jugendliche Kind **hypothetisch-deduktiv zu denken** (wie z. B. beim Pendelproblem). Diese Fähigkeit zum logisch-schlussfolgernden Problemlösen ist eine **wissenschaftliche Denkweise**, die sich nicht nur auf mathematische oder naturwissenschaftliche Prinzipien bezieht, sondern auch auf allgemeine Probleme des täglichen Lebens. Schließlich entwickelt sich auf diesem Entwicklungsniveau auch das **Metadenken**, d. h. das Nachdenken über das Denken selbst (z. B. Reflexion des eigenen Lernverhaltens). Allgemein lässt sich sagen, dass eine größere Beweglichkeit des Denkens entsteht und dass ein Operieren mit mehreren kognitiven Schemata gleichzeitig möglich ist.

abstraktes Denken

hypothetisch-deduktives Denken

wissenschaftliches Denken

Metadenken

Beispiel

Piagets Pendelproblem

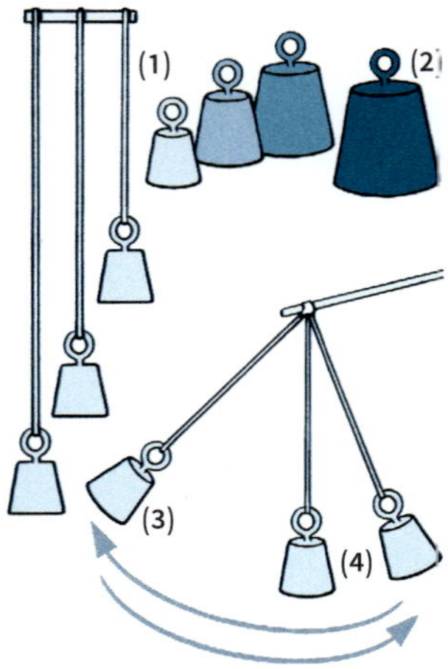

Frage: Wovon hängt die Geschwindigkeit ab, mit der ein Pendel von einer Seite zur anderen schwingt?

Ein jugendliches Kind im formal-operationalen Stadium, das hypothetisch-deduktiv denken kann, überlegt, welche Variablen ausschlaggebend sind für die Lösung des Problems. Dazu stellt es zuerst die Hypothese auf, dass vier Variablen einen Einfluss haben könnten: (1) die Schnurlänge, (2) das Gewicht des Pendels, (3) die Starthöhe des Pendels und (4) die Kraft, mit der das Pendel angestoßen wird. Dann prüft es systematisch die Wirkung jeder Variable auf die Schwingungszeit, indem es eine Variable nach der anderen variiert und dabei die anderen drei konstant hält und schließlich alle Variablen gemeinsam ausprobiert. Letztlich findet es so heraus, dass nur die Länge der Schnur entscheidend ist; das Gewicht und die Höhe des Startpunktes spielen keine Rolle.

Animismus: Glaube an Geister mit menschlicher Gestalt.
Finalismus: Überzeugung, dass Geschehen einem Ziel folgt.
deduktiv: Den Einzelfall aus dem Allgemeinen ableitend, die Anwendung aus der Regel.

Entwicklungsstufen der kognitiven Entwicklung nach Piaget

Stufe	Ungefähres Alter	Merkmale
sensomotorisch	Säuglingsalter 0–2 Jahre	Erwerb von sensomotorischer Koordination, Reflexe werden zu Handlungsschemata, Entwicklung von praktischer Intelligenz und Objektpermanenz
präoperational	Kindergartenalter 2–7 Jahre	Erwerb des Vorstellungs- und Sprechvermögens, Symbolisierungsfähigkeit, zentriertes und egozentrisches Denken, magische, animistische und finalistische Deutungen
konkret-operational	Schulalter 7–11 Jahre	Logisches Nachdenken über konkrete Sachverhalte, Erwerb der Fähigkeiten der Invarianz, Dezentrierung, Reversibilität, Reihenbildung und Klassifikation
formal-operational	Adoleszenz ab 11 Jahre	Logisches Lösen von abstrakten Problemen, hypothetisch-deduktives Denken, wissenschaftliche Denkweise, Metadenken

Trotz kritischer Einwände (s. Folgeseite.) können aus Piagets Entwicklungstheorie allgemeine pädagogische Leitlinien abgeleitet werden, die für die Erziehungspraxis relevant sind:

- Ein zentraler Grundgedanke Piagets ist die Aktivität des Kindes. Nur die **aktive und konstruktive Auseinandersetzung** mit der Umwelt ermöglicht den Aufbau von Wissen. Pädagogisch folgt, dass die Lernumgebung so anregend gestaltet ist, dass Aktivität möglich ist. Solche Anregungen findet das Kind in konkreten Materialien (z. B. Spielzeug, Bilderbücher,

Bastelwerkzeug) oder auch in Alltagssituationen, die es zum **Fragen und Experimentieren** veranlassen. In der Schule bieten beispielsweise Freiarbeit und Projektarbeit Anlässe, aktiv und experimentierend tätig zu werden.

Aktivität und Wissenskonstruktion

- Für die kognitive Entwicklung sind soziale Erfahrungen in Form von **Interaktion** mit anderen Menschen unerlässlich. Im familiären und außerschulischen Umfeld ist hier besonders das **Spiel** von grundlegender Bedeutung (z. B. Rollenspiele und Gemeinschaftsspiele). Im schulischen Lernkontext bieten sich dafür v. a. **kooperative Arbeitsformen** (z. B. Partner- und Gruppenarbeit) an.

Interaktion und soziale Lernaspekte

- Da Piaget zufolge das Denken von den Entwicklungsgesetzen, d. h. insbesondere den einzelnen Entwicklungsstufen abhängt, muss immer die Art des kindlichen Denkens in den jeweiligen Altersstufen berücksichtig werden. Durch genaues Beobachten der Handlungen und durch die Fähigkeit, dem Kind bzw. Schüler zuzuhören, kann herausgefunden werden, auf welchem Niveau sich das Kind befindet. Darauf kann dann reagiert und ein **individuelles Lernangebot** gestellt werden.

Individualisierung

- Für die **Rolle des Erziehenden** kann damit zusammengefasst werden, dass es für den Erziehenden notwendig ist, sich auf die Sichtweise des Kindes einzulassen **(Kindorientierung).** Weiterhin muss er für eine **vorbereitete Umgebung** sorgen und **vielfältige Anreize** zur Auseinandersetzung schaffen. Zu guter Letzt muss er in der Rolle des teilnehmenden Beobachters bei benötigter Hilfe das Kind **unterstützen**, selbst Lösungen zu finden.

Rolle des Erziehenden
→ Montessori-Pädagogik, s. S. 148

Kritische Würdigung

Piagets Theorie der kognitiven Entwicklung gehört zu den einflussreichsten entwicklungspsychologischen Theorien über kindliches Denken. Auf der Grundlage späterer Forschungsergebnisse hat sie aber auch einige kritische Einwände erfahren.

Haupteinwände sind:

- Piagets Stufenmodell stellt die Entwicklung des Denkens als einheitlich und zusammenhängend dar. Ergebnisse späterer Forschungen zeigen jedoch, dass die Denkentwicklung bei Kindern viel heterogener verläuft und eine deutlich höhere Variabilität aufweist, als von Piaget angenommen. Piagets Erwartung, dass alle Probleme gleicher Struktur etwa im gleichen Lebensalter gelöst werden können, ist in einer Reihe von Experimenten widerlegt worden. Das Stufenmodell Piagets hat sich in dieser Striktheit als überholt erwiesen.

- Die kognitiven Fähigkeiten verschiedener Altersgruppen sind nicht ganz zutreffend beschrieben. Piaget unterschätzte dabei v. a. die Fähigkeiten von Kindern im Säuglingsalter und überschätzte die Kompetenzen von Kindern im Jugendalter. So konnte mit modernen Forschungsmethoden z. B. beobachtet werden, dass bereits Kinder im Alter von drei Monaten über die Fähigkeit zur Objektpermanenz verfügen. Das formal-operationale Denken hingegen entwickelt sich langsamer als von Piaget angenommen.
- Die Einflüsse aus der sozialen Umwelt auf die Denkentwicklung (Lernen durch Beobachtung, Anleitung, Übung usw.) werden grundsätzlich zu wenig beachtet, obwohl Piaget soziale Interaktionen als Auslöser für Äquilibrationsprozesse anerkannte. Ebenso bleibt unberücksichtigt, dass kulturell bedingte Lebensbedingungen die kognitive Entwicklung unterschiedlich beeinflussen.
- Kritische Einwände gab es auch hinsichtlich der Methode Piagets (Beobachtung, Interviews und Experiment mit sehr kleinen Stichproben, u. a. seinen drei Kindern).

Äquilibration: Herstellung des Gleichgewichts/der inneren Balance

2.7 Lawrence Kohlberg: Moralische Entwicklung

Kurzsteckbrief: Person und Forschungsanliegen

- Lawrence Kohlberg (1927 – 1987) war amerikanischer Entwicklungspsychologe und Moralphilosoph.
- Beeinflusst durch Auseinandersetzungen mit der NS-Herrschaft und ihrer Folgen im Zweiten Weltkrieg formulierte er in den 1950er-Jahren eine **Theorie der Moralentwicklung,** die sich auch auf Piaget stützt und sich gegen den Behaviorismus und die Psychoanalyse wendet. Sein Anliegen war die Erforschung der Motive und Begründungen moralischen Denkens und Handelns.

Behaviorismus: Verhaltenslehre, die u. a. lerntheoretische Gesetzmäßigkeiten zur Erklärung des Verhaltens anwendet. → Watson, Skinner

Grundannahmen

- Kohlberg bezieht sich auf **Piaget.** Er teilt dessen Auffassung, dass der Verlauf der **Moralentwicklung** beim Menschen **eng an die Entwicklung des Denkens gebunden** ist. Die prinzipiellen Gesetzmäßigkeiten der kognitiven Entwicklung gelten so auch für die moralische Entwicklung. Für das Verständnis von Moral, d. h. die Einsicht in Gut und Böse, muss der Mensch demzufolge einen bestimmten kognitiven Entwicklungsstand erreicht haben.

Psychoanalyse: Wissenschaft, die das Erleben und Verhalten als ein Zusammenwirken von bewussten und unbewussten seelischen Prozessen erforscht. → Freud

- Weiter gilt für Kohlberg, dass sich das moralische Denken nicht einfach durch die schlichte Übernahme von vorgegebenen Werten und Normen entwickelt, sondern in Übereinstimmung mit Piaget in aktiver **Auseinandersetzung mit der sozialen Umwelt**. Dabei sieht Kohlberg besonders solche Umwelterfahrungen als zentral an, bei denen der Heranwachsende durch **Kommunikation und soziale Interaktion** mit Erwachsenen und Gleichaltrigen mit unterschiedlichen Auffassungen und verschiedenen Wertorientierungen konfrontiert wird, sodass die Übernahme anderer Perspektiven und die eigene **Reflexionsfähigkeit** angeregt werden.

Entwicklungsverständnis
→ Piaget, s. S. 57. f.

Einflussfaktoren

- In der Entwicklung dieser Reflexionsfähigkeit bilden sich bestimmte kognitive Denkmuster bzw. Denkstrukturen aus, die dann in moralischen Abwägungs- und Entscheidungssituationen als **Fähigkeit zur moralischen Urteilsbildung** eingesetzt werden. Solche Denkmuster lassen sich nach Kohlberg mit Hilfe der **Dilemma-Diskussion** erfassen, d. h. über konstruierte Geschichten mit problematischen Entscheidungsfragen (z. B. Heinz-Dilemma), zu denen Heranwachsende Stellung nehmen.

Untersuchungsmethode

- Für die **Moralentwicklung** können typische Denkmuster, die sich je nach Entwicklungsstand des Kindes, Jugendlichen oder Erwachsenen unterscheiden, in **sechs Stufen** zusammengefasst werden. Dabei nimmt Kohlberg an, dass diese Moralstufen logisch aufeinander aufbauen, allgemeingültig und irreversibel (nicht umkehrbar) sind und in ihrer Ausprägung die unterschiedlichen Formen des moralischen Denkens abbilden.

Entwicklungsverlauf

Kohlbergs Heinz-Dilemma

Beispiel

Soll Heinz das Medikament stehlen?
Eine todkranke Frau litt an einer besonderen Krebsart. Es gab ein Medikament, das nach Ansicht der Ärzte ihr Leben hätte retten können, und zwar ein Radiumderivat, das ein Apotheker der Stadt erst kurz zuvor entdeckt hatte. Das Medikament war teuer in der Herstellung, der Apotheker verlangte jedoch das Zehnfache seiner eigenen Kosten. Er kaufte das Radium für 200 Dollar, verlangte aber für eine kleine Dosis 2000 Dollar. Heinz, der Ehemann der kranken Frau, borgte von all seinen Bekannten, um die Summe zusammenzubringen, brachte es jedoch nur auf insgesamt 1000 Dollar, die Hälfte also der tatsächlichen Kosten. Er sagte dem Apotheker, dass seine Frau sterben würde, und bat ihn, den Preis zu reduzieren oder ihn die Differenz später zahlen zu lassen. Der Apotheker lehnte jedoch ab mit dem Nachsatz: „Ich habe das Medikament entdeckt, und ich will Geld damit verdienen.“ […]

Kohlberg, Lawrence: Die Psychologie der Moralentwicklung. Suhrkamp Verlag, Frankfurt 1996, S. 495.

>>

Kohlberg fragte Kinder und Jugendliche, ob Heinz das Medikament hätte stehlen sollen.

>> Beispiel

Antworten von Kindern und Jugendlichen zum Heinz-Dilemma

Stufe1: „Nein, ich meine, er sollte auf keinen Fall einbrechen. Er könnte ins Gefängnis kommen. Er sollte einfach nicht stehlen."

Stufe 2: „Ja, er sollte das Medikament stehlen. Der Apotheker ist habgierig, und Heinz braucht das Medikament nötiger als der Apotheker das Geld. Wenn ich an Heinz' Stelle wäre, ich würde es tun und das restliche Geld vielleicht später zahlen."

Stufe 3: „Ja, wenn jemand stirbt und wenn man diesen Menschen wirklich liebt, dann ist dies eine berechtigte Entschuldigung, aber nur unter diesen Umständen – wenn man das Medikament auf keine andere Weise kriegen kann."

Stufe 4: „Ja, wenn er bereit ist, die Konsequenzen aus dem Diebstahl zu tragen (Gefängnis usw.). Er sollte das Medikament stehlen, es seiner Frau verabreichen und sich dann den Behörden stellen."

Stufe 5: „Ja, ein Menschenleben ist unbegrenzt wertvoll, während ein materielles Objekt – in diesem Fall das Medikament – das nicht ist. Das Recht der Frau auf Leben rangiert vor dem Recht des Apothekers auf Gewinn."

Stufe 6: „Nein, Heinz steht vor der Entscheidung, ob er berücksichtigen will, dass andere Menschen das Medikament ebenso benötigen wie seine Frau. Er sollte nicht nach den besonderen Gefühlen für seine Frau handeln, sondern auch den Wert aller anderen Leben bedenken."

Beitrag von Eckensberger/Reinshagen: Antworten zum Heinz-Dilemma. In: Dieterich, Michael (Hrsg.): Handbuch Psychologie & Seelsorge. Brockhaus Verlag, Wuppertal (1980), 6. Aufl. 2000, S. 170.

Stufen der Moralentwicklung

Nach Kohlberg vollzieht sich die Moralentwicklung als eine Folge von sechs Stufen, die vom **präkonventionellen** über das **konventionelle** zum **postkonventionellen Niveau** führen. Die Niveaus werden dabei nach der übernommenen **sozialen Perspektive** unterschieden, die von **egozentrisch** über **soziozentrisch** zu **universalistisch** reicht. Das erste Entwicklungsniveau wird bereits von Kindern unter neun Jahren erreicht, das zweite von den meisten Jugendlichen und Erwachsenen. Nur wenige Erwachsene über dem 20. Lebensjahr erreichen nach Kohlberg jemals das dritte Niveau.

1. **Die präkonventionelle Moral**

   Auf der ersten Stufe des moralischen Denkens dominiert die eigene Perspektive. Es wird nur auf die **Folgen für das eigene Wohlergehen** geblickt. Wenn eine Handlung belohnt wird, dann ist sie richtig, wenn sie bestraft wird, dann ist sie falsch – ungeachtet des Wertes oder der Bedeutung der Handlung. Das Kind ist somit gehorsam aus **Angst vor Bestrafung**.

   Stufe 1:
   Orientierung an Strafe und Gehorsam

   Auch auf der zweiten Stufe geht es um die eigenen Bedürfnisse. Hier sind zwar erste Ansätze von Gegenseitigkeit zu erkennen, diese dienen aber der **Befriedigung der eigenen Interessen** nach dem Motto „Eine Hand wäscht die andere". Diese beiden Entwicklungsstufen sind charakteristisch für Kinder.

   Stufe 2:
   Naiv-instrumentelle oder egoistische Orientierung

2. **Die konventionelle Moral**

   Die dritte Moralstufe ist als Beginn des konventionellen Niveaus gekennzeichnet durch das **Bemühen um gute Sozialbeziehungen**. Der Heranwachsende nimmt eine wechselseitige Perspektive ein und passt seine individuellen Interessen den gemeinsamen Interessen der Gruppe an. Moralisches Verhalten wird gezeigt, um anderen zu helfen oder um sie zu erfreuen und um dann **Bestätigung und Anerkennung** zu erfahren.

   Stufe 3:
   Orientierung am Ideal des „guten Kindes"

   Die vierte Stufe ist dadurch bestimmt, dass sich der Heranwachsende nunmehr als **gesellschaftliches Mitglied** eines größeren Systems (z. B. Staat, Religionsgemeinschaft) begreift. Allgemeine Verhaltensregeln, Autoritätspersonen und geltende Ordnungs- und Rechtssysteme werden um ihrer selbst willen anerkannt.

   Stufe 4:
   Orientierung an Gesetz und Ordnung

3. **Die postkonventionelle Moral**

   Mit der fünften Stufe wird das postkonventionelle Niveau erreicht. Auf dieser Stufe wird moralisches Denken und Handeln vor dem Hintergrund vernünftiger Überlegungen und von der gesamten Gesellschaft gebilligter Werte und Normen überprüft. Die Moral orientiert sich hier am **sozialen Vertrag** und am **Gemeinwohl**.

   Stufe 5:
   Sozialvertragliche Orientierung

   Die sechste Stufe ist die der **universellen ethischen Prinzipien**, bei denen es sich um selbstgewählte Prinzipien der Gerechtigkeit, Gleichheit und Solidarität handelt. An diesen wird jetzt die **eigene Gewissensentscheidung** ausgerichtet (etwa alle Menschen haben gleiche Rechte und die Würde des Einzelnen ist stets zu achten).

   Stufe 6:
   Orientierung an universellen ethischen Prinzipien

Überblick

Stufenmodell der Moralentwicklung nach Kohlberg

Moralniveau	Präkonventionelle Moral	Konventionelle Moral	Postkonventionelle Moral
Moralstufe	**Stufe 1:** Orientierung an Strafe und Gehorsam **Stufe 2:** Naiv-instrumentelle oder egoistische Orientierung	**Stufe 3:** Orientierung am Ideal des „guten Kindes“ **Stufe 4:** Orientierung an Gesetz und Ordnung	**Stufe 5:** Sozialvertragliche Orientierung **Stufe 6:** Orientierung an universellen ethischen Prinzipien
Moralkriterium	Lustgewinn	Konformität	Autonomie
Motive moralischen Denkens und Handelns	▸ Gehorsam ▸ Folgen der Handlungen ▸ Befriedigung von Bedürfnissen	▸ Persönlicher Nutzen ▸ Wohlwollen der Eltern ▸ Autoritätspersonen	▸ Gesetze, Normen der Gesellschaft ▸ allgemeine moralische Prinzipien ▸ eigenes Gewissen
soziale Perspektive	egozentrische Perspektive	soziozentrische Perspektive	universalistische Perspektive
Bewertung	instrumentelle Moral	angepasste Moral	autonome Moral

Kohlbergs Just-Community-Konzept

- Basierend auf der Grundannahme, dass sich der Heranwachsende durch die **aktive Auseinandersetzung mit der sozialen Umwelt** entwickelt, vertritt Kohlberg die weiterreichende Auffassung, dass nun auch die **Aufgabe von Erziehung** darin bestehen muss, passende **Lebensbedingungen zu schaffen**, die sich fördernd auf die Moralentwicklung auswirken.
- Als Konsequenz aus diesem zentralen Grundgedanken hat er ein **Konzept für eine Moralerziehung** entwickelt, das nicht nur auf die kognitive Förderung des moralischen Urteilsvermögens (Dilemma-Geschichten) abzielt, sondern auf die praktische und anwendungsbezogene Förderung moralischer Urteils- und Handlungsfähigkeit: das sogenannte **Just-Community-Konzept**.
- „Just Community“ heißt wörtlich übersetzt „gerechte Gemeinschaft“ und meint die Gründung einer auf direkter Demokratie basierenden Gemeinschaft in einer Institution, etwa einer Schule. Der Gestaltung einer **Schule als demokratische Gemeinschaft** liegen wesentliche **Prinzipien** zugrunde:
  - **Teilhabe** an allen demokratischen Treffen (Vollversammlungen) der Gemeinschaft (Lehrer und Schüler),
  - **Konsensverfahren** bei allen zu treffenden Entscheidungen, um gemeinsam vereinbarte Regeln und Normen im Sinne eines auf Gerechtigkeit (Fairness) zielenden Sozialvertrags zu sichern,

Mit dem Ziel, die Theorie der Moralentwicklung auch in die Praxis umzusetzen, hat Kohlberg selbst zusammen mit seinen Mitarbeitern in den 1980er-Jahren „Just-Community-Schools“ in den USA gegründet.

- **Gleichberechtigtes Mitspracherecht** und **Verantwortung** für alle Mitglieder der Gemeinschaft,
- Konfrontation mit und Aushandlung von **moralischen Konflikten**, um sich in die Perspektiven anderer an der sozialen Interaktion Beteiligter hineinversetzen (role taking) und unter dem Aspekt der Fairness und Moralität reflektieren zu können.

role-taking
→ Mead, s. S. 69

- Diese Prinzipien der „gerechten Gemeinschaft" schaffen sodann die entwicklungsfördernden Rahmenbedingungen, unter denen moralische und soziale Grundsätze im konkreten Lebensumfeld der Heranwachsenden erfahrbar und lebbar gemacht werden. **Schule** wird somit zu einem **Erfahrungs- und Experimentierfeld moralisch-demokratischen Lernens**.

Kritik an Kohlberg

Die Entwicklungstheorie von Kohlberg hat die Forschungen über drei Jahrzehnte angeführt und Anregungen für viele Untersuchungen und Kritiken gegeben. Die mit Kohlbergs Ansatz verbundenen Kritikpunkte lassen sich wie folgt zusammenfassen:

- Generell werden Stufenmodelle „einpfadiger Entwicklung" kritisch gesehen.
- Kohlbergs Studien fokussierten auf „westlich-maskuline" Betrachtungs weisen, neben der Gerechtigkeitsmoral müsse auch eine (feminine) Fürsorgemoral beachtet werden, bei der Gefühle und soziales Engagement im Vordergrund stehen.
- Ein kritischer Einwand richtet sich auf den mäßigen Zusammenhang zwischen moralischem Urteilen und dem tatsächlichen moralischen Handeln.
- Des Weiteren wird in neueren Forschungen der Entwicklungsverlauf widerlegt. Entgegen der Annahme von Kohlberg sind moralische Regeln und Gebote für Kinder schon sehr früh autoritäts- und sanktionsunabhängig gültig.
- Durch weitere Forschungen ist hervorzuheben, dass sowohl der Entwicklungsverlauf als auch das erreichbare Moralniveau kulturabhängig sind, weshalb die Theorie nicht universell sein und keine Allgemeingültigkeit beanspruchen kann.
- Insbesondere aber richtet sich die Kritik auf die Ausblendung von frühkindlichen Prägungen, geschlechtsspezifischen Unterschieden sowie von psychodynamischen Aspekten, wie z. B. empathische Gefühle oder das Unbewusste.

Trotz der Kritik hat Kohlbergs Ansatz eine wesentliche Bedeutung für die Sozialisationstheorie: Er demonstriert, wie die Herausbildung moralischen Denkens und die Entwicklung des damit zusammenhängenden sozialen Handelns erklärt und gefördert werden können. Daraus folgt:

Aufgabe der Erziehung

- Zur Förderung der Moralentwicklung muss Erziehung grundsätzlich vielfältige **Erfahrungs- und Verarbeitungsprozesse stimulieren**, die es dem Heranwachsenden möglich machen, seine kognitive und soziale Entwicklung selbst voranzutreiben.

kognitive und soziale Lernaspekte

- Neben der allgemeinen **Förderung der kognitiven Entwicklung** bilden die Grundlage dafür soziale Interaktionserfahrungen, die die **Entwicklung der sozialen Perspektive** anregen und dann soziales Handeln hervorbringen (z. B. Rollen- und Gemeinschaftsspiele oder kooperative Lernformen).

Unterrichtsmethode

- Die Entwicklung der kognitiv-moralischen Urteilsfähigkeit kann v. a. im Schulunterricht über **Dilemma-Diskussionen** (reale und hypothetische Dilemmata) optimal gefördert werden.

Rolle des Erziehenden

- Die konsequenteste Umsetzung des Ansatzes von Kohlberg ist aber der zentrale Grundgedanke, auch die **Lebenswelt** der Heranwachsenden pädagogisch so zu gestalten, dass die moralische Urteilskompetenz aktiv gefordert und weiterentwickelt wird. Dazu gehört die **Schaffung demokratischer Familien- und Schulstrukturen**, die mehr Mitbestimmung, aber auch mehr Mitverantwortung ermöglichen.

Überblick

Anregungs- und Hemmungsbedingungen für die stufenweise Höherentwicklung des moralischen Urteilens

Stufenunabhängige Bedingungen

Anregungsbedingungen	Hemmungsbedingungen
Gelegenheiten zur Rollenübernahme Partizipation an Entscheidungen Einnahme von Positionen mit eigener Verantwortung Offene Konfrontation mit sozialen Problemen und Konflikten	Verdrängung/Verleugnung von Widersprüchen Machtorientierte, standardisierte Kommunikation

Übergangsbedingungen vom präkonventionellen zum konventionellen Niveau

Anregungsbedingungen	Hemmungsbedingungen
Stabile emotionale Akzeptanz durch die Eltern Soziale Wertschätzung durch (Autoritäten) Lehrer und Gleichaltrige Erfahrungen von Handlungskonsequenzen für andere	Inkonsistente Autoritäten Ungerechtfertigte Gehorsamsanforderungen Instrumenteller Missbrauch von Macht Erfahrung von Machtausübung und Liebesentzug

Übergangsbedingungen vom konventionellen zum postkonventionellen Niveau

Anregungsbedingungen	Hemmungsbedingungen
Konfrontation mit sich widersprechenden Rollen/Normen Erfahrung mit Verantwortung Erfahrung mit Partizipation Selbstständigkeit	Konfrontation mit ungeordneten sozialen Strukturen oder völlig unverträglichen Standards Fehlen jeder Verantwortung

Eckensberger, L. H.: Die Entwicklung des moralischen Urteils. In: Bach, J./Rothgang, G.-W. (Hrsg.): Entwicklungspsychologie. Kohlhammer Verlag, 3. überarbeitete und erweiterte Aufl. 1998, S. 76.

2.8 George Herbert Mead: Symbolischer Interaktionismus

Kurzsteckbrief: Person und Forschungsanliegen

- George Herbert Mead (1863 – 1931) war Psychologe, Soziologe und Philosoph.
- Bei dem von Mead begründeten Ansatz des symbolischen Interaktionismus handelt es sich um eine **sozialpsychologische Handlungstheorie**, die sich um die Wende des 20. Jahrhunderts in den USA entfaltete. Dabei konzentrierte er sich auf die Frage, wie die menschliche **Identität** zustande kommt und welchen Einfluss die Gesellschaft auf sie hat.

Grundannahmen

Menschenbild

- Mead bestimmt den Menschen als ein **soziales Wesen**, das sich durch **Interaktion** und zwischenmenschliche **Kommunikation** mit seiner Umwelt lernend und handelnd auseinandersetzt.
- Der Mensch kommuniziert dabei mittels **Symbolen**, d. h. Worten, Gesten, Mimik, Tönen und Handlungen, die Ausdruck dessen sind, was er denkt und fühlt. Symbole, die dann für Menschen die gleiche Bedeutung haben und die gleichen typischen Reaktionen auslösen, nennt Mead **signifikante Symbole**, wobei er die **Sprache** als eines der wichtigsten betrachtet, da insbesondere über Sprachsymbole **Erfahrungen und Verhaltenserwartungen** gegenseitig verfügbar gemacht werden.
- Wichtig für Mead ist, dass ein gegenseitiges Verstehen durch diese signifikanten Symbole dadurch möglich wird, weil der Mensch die **Fähigkeit zur Empathie** besitzt, sodass er sich in einer sozialen Interaktion in die Perspektive bzw. Rolle des Gegenübers hineinversetzen und sowohl dessen Verhalten als auch die Reaktion auf das eigene Verhalten und die eigene Reaktion auf das Verhalten des Gegenübers einschätzen kann. Die Fähigkeit, von der Perspektive des anderen aus zu denken und sie im gemeinsamen Handeln zu übernehmen, nennt Mead **role-taking** (Rollenübernahme), und die persönliche Ausgestaltung der Rolle bezeichnet er als **role-making** (Rollendarstellung).

Schritt 1 ↓ Schritt 2

Instanzen der Persönlichkeit

- Über die Prozesse von role-taking und role-making kommt es in der Persönlichkeitsstruktur eines Menschen zu einer Herausbildung verschiedener **Instanzen**, durch die sich die **Identitätsentwicklung** vollzieht. Mead spricht hierbei von „I“, „Me“ und „Self“:

Es
→ Freud, s. S. 24

- Das **„I“** (Ich) ist dabei die psychische Instanz und steht für den Teil der Persönlichkeit, der unbewusst das Innere steuert. In ihm kommen sinnliche und körperliche Bedürfnisse und Triebimpulse spontan zum Ausdruck. Das „I“ ist unbeeinflusst von Sozialisation.

Über-Ich
→ Freud

- Das **„Me“** (Mich) hingegen erwächst aus der Sozialisation. Es ist die kontrollierende soziale Instanz, d. h. die von der Gesellschaft und ihren Normen beeinflusste, sozial geschaffene Seite der Persönlichkeit. Es präsentiert die Vorstellung von dem, was andere von einem erwarten oder das Bild, wie andere die eigene Person wahrnehmen und darauf reagieren.
- Das **„Self“** (Selbst) ist die handelnde Instanz, die **Ich-Identität**, die entsteht, sobald mittels der reflexiven Intelligenz des Menschen, dem Bewusstsein (Mind), die Instanzen „I“ und „Me“ in Balance zueinandergebracht (**Identitätsbalance**) und zu einem **einheitlichen Selbstbild** zusammengeführt werden.

Entwicklungsverlauf

Entwicklung „Self“ → nur möglich durch das kindliche Spiel

Die Entwicklung des „Self“ ist dabei das Ergebnis eines langwierigen **Sozialisationsprozesses**, der sich nach Mead, ausgehend von der kindlichen Interaktion mit der sozialen Umwelt, v. a. im Zusammenhang der **Spielentwicklung von Kindern** entfaltet. Für ihn ist die Spielentwicklung zweiphasig. Er unterscheidet zwischen dem nachahmenden Spiel im frühen Kindesalter und dem Wettkampfspiel im mittleren Kindes- und Jugendalter: „play“ und „game“.

Spielformen „play“:
- Rollenspiele
- Fantasiespiele
- Konstruktionsspiele

- Im **„play“** (freies Rollenspiel) lernt das Kind zuerst, sich aus der Perspektive der wichtigsten Bezugspersonen zu sehen und durch spielerische Nachahmung einfache Rollen und Haltungen zu übernehmen, etwa im Mutter-Vater-Kind-Spiel. In dieser ersten Phase der Identitätsentwicklung orientiert sich das Kind nur an den **signifikanten Anderen,** d. h. an konkreten Personen (Mutter, Vater, Geschwister), die eine besondere Nähe zum Kind haben.

Spielformen „game“:
- Gesellschaftsspiele
- Sportspiele
- Wettkampfspiele

- Im **„game“** (regelorientiertes Gesellschaftsspiel) lernt das Kind, komplexere und organisierte Rollen und Haltungen einzunehmen, etwa in Mannschaftsspielen wie Fußball oder Baseball. In dieser zweiten Phase der Identitätsentwicklung erwirbt das Kind die Fähigkeit, sich nun nicht mehr nur an einer Rolle oder einer einzigen Bezugsperson zu orientieren, sondern die Rollen und Haltungen aller am Spiel beteiligten Mitspieler gleichzeitig einzubeziehen. Zudem ist es in der Lage, sowohl die eigene Sichtweise sowie die Folgen des eigenen Handelns als auch das Verhalten der anderen und die damit verbundenen Folgen für die jeweilige soziale Gruppe oder Gemeinschaft zu berücksichtigen. Diese Berücksichtigung solch einer allgemeinen Perspektive nennt Mead die Einnahme der Position des **generalisierten Anderen**, d. h. des verallgemeinerten Anderen. Der generalisierte Andere kann dabei eine Sportmannschaft sein bzw. später dann ganz allgemein die gesamte Gesellschaft mit ihren Werten und Normen.

Identitätsbegriff
→ Erikson: dauerhafte Ich-Identität, s. S. 87

- Erst innerhalb dieses Erfahrungs- und Tätigkeitsprozesses, in dem das heranwachsende Kind die organisierten Haltungen der gesellschaftlichen Gruppe aufnimmt und verallgemeinert sowie seine eigenen Handlungen darauf ausrichtet, kommt es Mead zufolge zur **Entwicklung einer vollständigen Identität**.

Ungeachtet der Kritik an Meads Ansatz (s. u.) ist aber insgesamt festzuhalten, dass insbesondere seine Ausführung zum kindlichen Spiel einen wesentlichen Beitrag für die heutige Sozialisationstheorie geleistet hat. Aus pädagogischer Perspektive betrachtet folgt daraus:

- Der zentrale Grundgedanke von Mead ist, dass sich Kinder und Jugendliche im Spiel aktiv mit ihrer sozialen Umwelt auseinandersetzen. Es bietet besondere Erfahrungen sozialen Lernens, die als Voraussetzung für die Integration in die Gesellschaft und als Bedingung der Selbstentwicklung gelten. Das Spiel nimmt im Kindes- und Jugendalter demzufolge einen großen pädagogischen Stellenwert ein. Die allgemeine Aufgabe von Erziehung muss es deshalb sein, vielfältige **Spielsituationen zu schaffen** wie auch **individuelle Erlebnis- und Gestaltungsmöglichkeiten zu bieten**, mit denen Kinder und Jugendliche ihre Empathie (Fühlen und Mitfühlen) und ihren Intellekt (Sprache und Denken) anregen, spielerisch betätigen und ausbilden können.

Aufgabe der Erziehung

Pädagogisches Handeln ↓

Rolle des Erziehenden

- Der **Entwicklungs- und Integrationsprozess** der Kinder und Jugendlichen muss dabei von den Erziehenden schrittweise **begleitet und unterstützt werden**, das heißt konkret, indem sie mitspielen, erklären, beobachten, mit Ideen anregen, Material bereitstellen, Spiel- und Handlungsräume anbieten, Freiheiten gewähren und Zuwendung geben, aber auch Spiel- und Interaktionsprozesse steuern, Regeln vorgeben und Grenzen setzen.

Sozialisationsinstanzen

- Als wichtigste erzieherische Vermittler in diesem Prozess sieht Mead, ausgehend von den Entwicklungsphasen „play“ und „game“, die Sozialisationsinstanzen **Familie**, **Kindergarten** und **Schule,** d. h. kindliche Lebenswelten, als bedeutsam an. Der **Peergroup** (Gleichaltrigengruppe) kommt dann in der Zeit der Adoleszenz ein hoher Stellenwert zu.

Kritische Würdigung

Einflussfaktoren

- Die Kritik an Mead hat außer wissenschaftlich-methodischen Bedenken aufgrund der Entstehungszeit der Ausführungen (etwa der Mangel an historischer Perspektive) hervorgehoben, dass Mead bei seiner Analyse der Identitätsbildung soziale Zusammenhänge und damit gesellschaftliche Zwänge bzw. Abhängigkeiten, in die Menschen mit ihren Handlungen eingebunden sind (wie z. B. materielle Bedingungen, sozioökonomische

Strukturen, Machtunterschiede), nicht oder in nicht ausreichender Art berücksichtigt hat. Von daher stellt sein Ansatz ein eher idealisiertes Bild vom Verhältnis zwischen Individuum und Gesellschaft dar.

2.9 Gerd E. Schäfer: Bildungsprozesse im Kindesalter

Kurzsteckbrief: Person und Forschungsanliegen

- Gerd E. Schäfer (geb. 1942) war Professor für Allgemeine Erziehungswissenschaft und Pädagogik der frühen Kindheit.
- Zu seinen Forschungsschwerpunkten gehörten im Bereich der Frühpädagogik u. a. **frühkindliche Bildungsprozesse, ästhetische Bildung** und das **Spiel.** Ein wichtiges Anliegen war ihm hierbei, aus einer pädagogischen Perspektive heraus einen Bildungsansatz zu begründen, der sich an den jeweils individuellen Voraussetzungen und Möglichkeiten orientiert und fragt, welche Erfahrungen für Kinder in welcher Weise entwicklungsfördernd sind.

Frühpädagogik: Fachrichtung der Erziehungswissenschaft, die sich mit der Altersgruppe der unter Sechsjährigen sowie mit den damit verbundenen Aufgaben der Erziehung befasst und synonym mit den Begriffen **Elementarpädagogik** und **Vorschulpädagogik** verwendet wird.

Grundannahmen

Menschenbild

- Als Grundlage seines Bildungsansatzes entfaltet Schäfer in Auseinandersetzung mit älteren Ansätzen, dabei v. a. Piagets Äquilibrationsmodell der kognitiven Entwicklung sowie aktuellen Ergebnissen der modernen Tiefenpsychologie, der Säuglings- und der Wahrnehmungsforschung sein **Bild eines sich aktiv bildenden Kindes**, das sich seine Um- und Mitwelt gemäß seinen individuellen Voraussetzungen und Möglichkeiten selbst aneignet. Erste Erfahrungen bilden dabei die Ausgangspunkte der kindlichen Weltwahrnehmung und -verarbeitung. Daraus entwickeln sich verschiedene Formen des Selbst- und des Weltverständnisses, die die Basis des kindlichen Bildungsprozesses ausmachen.

Wilhelm von Humboldt (1767 – 1835): Gelehrter, Schriftsteller und Staatsmann, der sich bereits früh mit Fragen der Erziehung und Bildung befasst hat. Er gilt noch heute als einer der bedeutendsten Schul- und Bildungs reformer.

- Der kindliche Bildungsprozess wird in diesem Zusammenhang von Schäfer in Anlehnung an Wilhelm von Humboldt als ein kindlicher **Selbstbildungsprozess** aufgefasst. Ein so verstandener Bildungsprozess beinhaltet zwei Perspektiven: einerseits die eigenaktive Aneignung der Um- und Mitwelt und andererseits die Entwicklung des Selbst als Kern der Persönlichkeit. Neben der Weltaneignung entwickelt das Kind ein Bild von sich in dieser Welt und somit seine Individualität. Dieser Selbstbildungsprozess ist Schäfers Auffassung folgend als grundlegender Bildungsprozess zu begreifen, der **ganzheitlich** ist und **von Geburt an** stattfindet.

Aufgaben und Forderungen frühkindlicher Bildung

Aus diesem Verständnis ergeben sich wichtige Grundeinsichten frühkindlicher Bildung, die sowohl spezifische Aufgaben des kindlichen Selbstbildungsprozesses betonen als auch Forderungen zur Unterstützung enthalten:

- Grundsätzlich ist der **Elementarbereich als eigener Bildungsbereich** aufzufassen, der sich am Kind und dessen Tätigkeiten ausrichten muss.
- Tätig setzt sich das Kind **kreativ und forschend** mit seiner sachlichen Umwelt und der sozialen Mitwelt auseinander. Es gewinnt neue Erfahrungen über sich und die Welt, die es in den kognitiven Strukturen aufnimmt und neu zusammensetzt.
- Das Kind ist wesentlich auf äußere Sinneseindrücke und sinnliche Wahrnehmungen angewiesen: **Ästhetische Bildung** öffnet ihm ein Verständnis der Welt, das dann mithilfe von inneren Bildern, Fantasien und Geschichten organisiert und in einem komplexen Prozess zu einem Gesamtbild verknüpft wird.

Ästhetik: Wissenschaft vom sinnlich Wahrnehmbaren.

- Wichtig ist, dass Erfahrungen aus der Sicht des Kindes **bedeutungshaft** sein bzw. einen Sinn ergeben müssen. Zentral sind hier die damit verbundenen **Emotionen**, weil diese ein Kind von Geburt an in die Lage versetzen, eine **Beziehung** zu den Dingen und Mitmenschen seiner Umwelt aufzubauen und mit ihnen zu interagieren.
- Gerade die **Beziehung zu Mitmenschen** ist für die frühkindliche Selbstbildung unerlässlich. Das Kind benötigt Personen, die auf seine Erfahrungen und Tätigkeiten eingehen, sie in Worte fassen und sie auch auf unterschiedliche Weise spiegeln. So kann das Kind die Bedeutung von Handlungen und Verhaltensweisen seiner Mitmenschen einschätzen und mit der eigenen Bedeutung vergleichen. Der Prozess der Selbstbildung ist demnach immer auch ein sozialer Prozess, der abhängig ist vom sozialen und kulturellen Umfeld.
- Die **Verantwortung für gelingende Bildungsprozesse** liegt daher nicht allein bei dem Kind, sondern erfordert gleichermaßen die **Unterstützung der Erwachsenen**. Sie sollten die Umwelt so gestalten, dass ein Kind erfahrungsgeleitet und aus eigener Kraft die Fragen und Probleme, die sich ihm in seinem Lebensumfeld stellen, wahrnehmen und so aufbereiten kann, dass es dafür selbst Lösungen findet. Währenddessen müssen Erwachsene das kindliche Bedürfnis nach Eigenständigkeit aushalten und soweit mittragen, dass das Kind seine Möglichkeiten, d. h. seine **Selbstbildungspotenziale** (etwa sinnliche Erfahrung, Fantasie, Spiel und Gestaltung), ausschöpfen und weiterentwickeln kann.

Rolle des Erziehenden
→ Montessori-Pädagogik, s. S. 148

Vom Spiel zur Sprache

intermediär: In der Mitte liegend.

Von zentraler Bedeutung für die Förderung des Bildungsprozesses ist das Spiel, da es dem Kind die **Erfahrung der Welt** sowie die **Konstruktion des Wirklichkeitssinns** ermöglicht. Es eignet sich die äußere Welt nach Maßgabe seiner individuellen Fähigkeiten an: Ist es etwa zu klein, um selbst zu kochen, so kocht es im Spiel für seine Puppen; hat es Angst vorm Arzt, wird es selbst zum Arzt; fühlt es sich klein und schwach, so spielt es Riese und Monster. Schäfer definiert Spiel als einen **intermediären Bereich**, in dem die verschiedenen Aspekte der Ich-Welt-Auseinandersetzung zueinander in Beziehung gesetzt werden. So betrachtet, wird Spiel zum Bildungsgeschehen, das dazu beiträgt, die Welt und die Wirklichkeit besser verstehen zu können. Die wesentlichen bildenden Momente liegen dabei in der **Art und Weise der Welterfahrung**, die das Spielen ermöglicht:

Bildungswert des Spiels

- Das Spiel ist eine freiwillige und eigenständige Tätigkeit, bei der sich das Kind frei von äußeren Zwecken seiner Um- und Mitwelt zuwendet. Es ist für das Kind immer mit einem Sinn verbunden, d. h. kein Kind spielt „sinnlos“.
- Im Spiel werden alle Formen körperlich-sinnlicher Erfahrung, szenischer oder bildhafter Vorstellungen, subjektiver Fantasien, sprachlichen oder nichtsprachlichen Denkens sowie des sozialen Austauschs und der Verständigung integriert und in einem zusammenhängenden Prozess gestaltet.
- Beim Spielen folgt das Kind seinem individuellen Rhythmus. Dabei gestaltet sich dieses als zeitliche Ordnung, in der es einen Anfang und ein Ende gibt, Phasen für Höhepunkte und Aufregung, für Entspannung oder des körperlichen Tätigseins, des Alleinseins oder Zusammenkommens mit anderen.
- Für das Spiel sucht sich das Kind Spielräume in seiner Umgebung, die vielfältige Anregungen und Herausforderungen zur spielerischen Auseinandersetzung bieten.
- Im Spiel interagieren Gleichaltrige, aber auch Erwachsene. Es zeigen sich verschiedene Wahrnehmungs-, Auffassungs-, Handlungs- und Denkmöglichkeiten, denn die einzelnen Spielbeteiligten müssen sich gegenseitig verständigen.
- Das Spiel ermöglicht es, sich in der Auseinandersetzung mit seinen unterschiedlichen (auch widersprüchlichen) Lebenserfahrungen schöpferisch zu betätigen. In einem so verstandenen Sinne ist das Spiel die „Arbeit des Kindes“. Es erwirbt nicht nur einzelne Kompetenzen, sondern erlebt vielsinnliche, komplexe Erfahrungen.

Basierend auf diesen Grundannahmen weist Schäfer dem Spiel **drei** für den Bildungsprozess **wesentliche Funktionen** zu:

Funktionen des Spiels für den Bildungsprozess

- Das Spiel fördert die kognitive Entwicklung. Es öffnen sich spielend Handlungsfelder, in denen das Kind mit Neugier ausprobieren und erfinden kann.
- Das Spiel fördert die emotionale Entwicklung. Beim Spielen werden Gefühle und emotionale Beziehungen zu anderen Mitmenschen ausgedrückt, die verarbeitet und zum Teil bewältigt werden. So bekommt das Spiel auch eine selbstheilende Funktion für das Kind.
- Das Spiel fördert die soziale und moralische Entwicklung. Es werden einfache Spielregeln aufgestellt, durch die das Kind ein regelkonformes Verhalten lernt. Auch abstrakte Regeln und soziale Konventionen werden schrittweise erlernt.

Entwicklung des Spielens

Spielen ist dabei untrennbar mit der Entwicklung der Fähigkeiten und Fertigkeiten, letztendlich der gesamten Persönlichkeit eines Kindes verbunden. **Gespielt wird von Beginn an** mit den altersangemessenen Möglichkeiten. So spielt ein Säugling zunächst mit den eigenen Fingern, seinem Körper und übt seine motorische Geschicklichkeit. Später kann er in Eltern-Kind-Dialogen mimische Gebärden (z. B. Lächeln) oder Lautäußerungen nachahmen (Spiel des Mitziehens). In zunehmender Auseinandersetzung mit seiner Umwelt imitiert er zunehmend das, was er wahrnimmt. Etwas später ist das Kleinkind dann in der Lage, das Wahrgenommene auch mit zeitlicher Verschiebung zu imitieren. Damit entsteht die Möglichkeit, mit dem Erfahrungswissen aus der Vergangenheit, welches das Kind als Muster in sich gespeichert hat, zu spielen und mit Hilfe von Imagination und Fantasie in individueller Weise zu neuen inneren Bildern zusammenzusetzen, zu erproben und zu simulieren (Als-ob-Spiele). Mit dieser Fähigkeit sind die wichtigsten Entwicklungsschritte durchlaufen, die laut Schäfer dann zu dem nächsten Schritt der **Entstehung eines sprachlichen Selbst** führen.

Entwicklung der Sprache

Beginnt ein Kind zu sprechen, hat es bereits einen langen Entwicklungsweg hinter sich. Der **Übergang von inneren Bildern zur Sprache** ist ein Prozess. Dieser ergibt sich nur in Handlungszusammenhängen (z. B. im Spiel), in denen das Kind sein Erfahrungswissen herausheben, in Beziehung setzen und dann in Worte fassen kann. Nachdem es zuerst gelernt hat, Sprache ästhetisch wahrzunehmen (z. B. Lautkombinationen in der Muttersprache oder unterschiedliche Satzmelodien), muss es im Verlauf der weiteren Entwicklung seine Wahrnehmungserfahrungen einordnen, mit Bedeutung versehen und strukturieren, damit seine Worte später einmal auch etwas bezeichnen können.

Beim Erlernen der Sprache entsteht eine Welt der von Erwachsenem und Kind geteilter Bedeutungen. Ausgangspunkt dafür sind gemeinsame Erlebnisse, Verhaltensspiegelung sowie Verständigung auf der Grundlage von Empathie (auf Seiten der Erwachsenen) und Nachahmung (auf Seiten des Kindes). So lernt das Kind, über die eigene Erfahrung hinauszugehen und auch Erfahrungen anderer über Sprache zu verstehen. Und mit zunehmendem Ausdrucksvermögen ist es nicht mehr nur auf sein eigenes Weltverständnis beschränkt, sondern gewinnt Zugang zum Wissen der sozialen Gemeinschaft.

Schäfers Bildungsansatz greift als einer der ersten in Deutschland die frühkindliche Bildungsdebatte auf und setzt sich mit kindlichen Bildungsprozessen auseinander. Für ihn ist die Selbstfindung und Beteiligung des Kindes an seiner sozialen Gemeinschaft und Kultur der wesentliche Gedanke seines Bildungsverständnisses. Die prinzipielle **Aufgabe frühkindlicher Bildung** sieht Schäfer daher auch in der **Unterstützung des Erfahrungslernens**, das v. a. auf dem vom Kind erlebten Alltag beruht.

Rolle der Erziehenden

Zur Förderung des Bildungsprozesses braucht ein Kind vertraute Menschen, die seinen Alltag begleiten sowie Gelegenheiten und Herausforderungen zur spielerischen Auseinandersetzung schaffen. Dabei ist es auf die einfühlsame Unterstützung der Erwachsenen angewiesen, die seine Erfahrungen mit ihm teilen. Sie müssen es ihm ermöglichen, sich über seine Erfahrungen, Gefühle und Gedanken austauschen zu können. Dazu müssen Erwachsene **vielfältige Sprechanlässe bieten** und kindliches Handeln sprachlich begleiten.

→ Reggio-Pädagogik, s. S. 152

Die „hundert Sprachen“, in denen das Kind im Sinne der **Reggio-Pädagogik** denkt und sich ausdrückt, erwachsen aus den Möglichkeiten, mit ihrer Hilfe etwas eigenständig zu gestalten. Das Kind als forschendes Wesen, das mit seiner Neugier zum Experimentieren, Entdecken und Gestalten angeregt werden will, bringt seine Empfindungen mit Worten, Bildern oder im darstellendem Spiel zum Ausdruck. Diese zentralen Prinzipien der Reggio-Pädagogik stehen in enger Beziehung zu Schäfers theoretischen Grundannahmen zu Bildungsprozessen im Kindesalter und verdeutlichen damit, dass sein Ansatz auch in der erzieherischen (institutionellen) Alltagspraxis umgesetzt werden kann.

Übersichten zur Sprachentwicklung

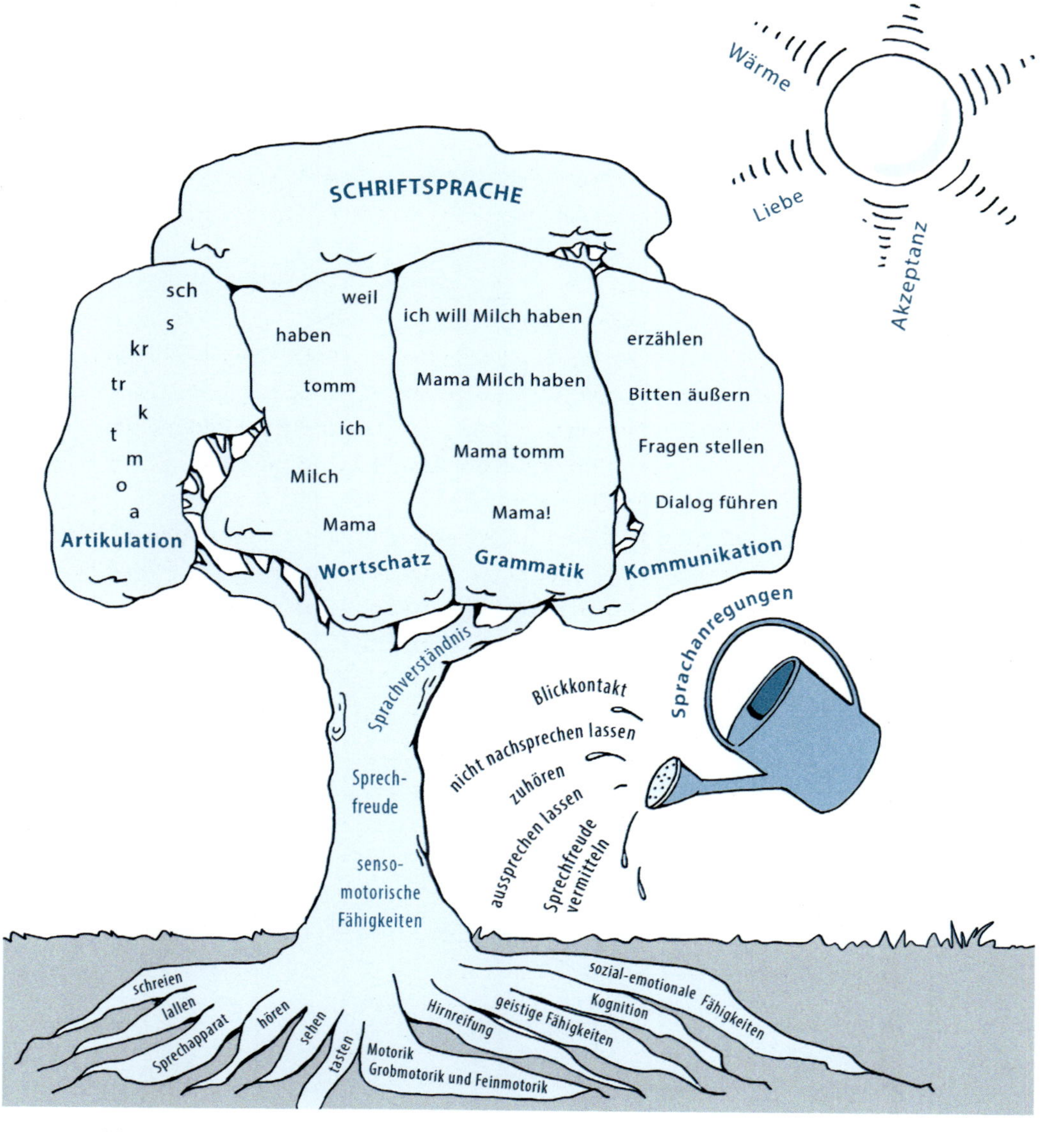

Der Sprachbaum

Wendlandt, Wolfgang: Sprachstörungen im Kindesalter. Materialien zur Früherkennung und Beratung. Georg Thieme Verlag, Stuttgart, 5. vollständig überarb. Aufl., 2006, S. 11. Illustration hier nachempfunden.

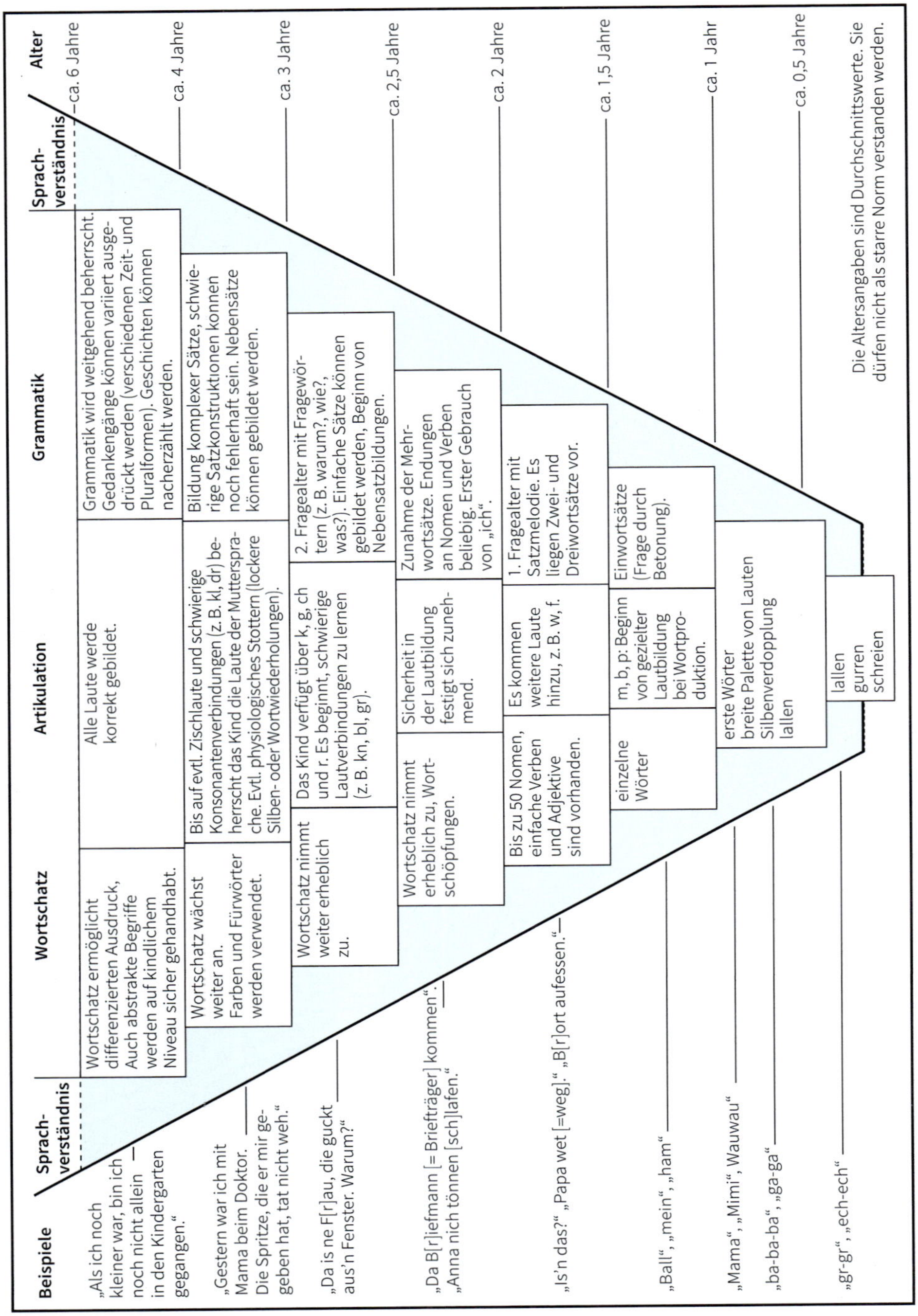

Überblick über den zeitlichen Ablauf der Sprachfähigkeiten

Wendlandt, Wolfgang: Sprachstörungen im Kindesalter. Materialien zur Früherkennung und Beratung. Georg Thieme Verlag, Stuttgart, 5. vollständig überarb. Aufl., 2006, S. 31.

2.10 Medien und Medienerziehung

Medien

Die Medien sind Teil der gegenständlichen und sozialen Umwelt. Oft als **tertiäre Sozialisationsinstanz** bezeichnet, prägen sie von früher Kindheit an die Lebenswelt der Kinder und Jugendlichen. Der Begriff Medien kommt dabei vom lateinischen Wort „medium“. Darunter versteht man ein Mittel oder etwas Vermittelndes, durch das bestimmte Informationen mit technischer Unterstützung übertragen, gespeichert, wiedergegeben oder in verarbeiteter symbolischer Form einer oder mehreren an der Kommunikation beteiligten Personen präsentiert werden. Medien dienen somit der zwischenmenschlichen Kommunikation.

Medienbegriff

Unter **Kommunikation** ist wiederum ein Austausch von Informationen zwischen Personen (Sender und Empfänger) gemeint, die sich etwas mitteilen wollen. Unterschiedliche Kommunikationsmodelle haben Sie in der Regel im Rahmen des Deutschunterrichts besprochen.

Tipp

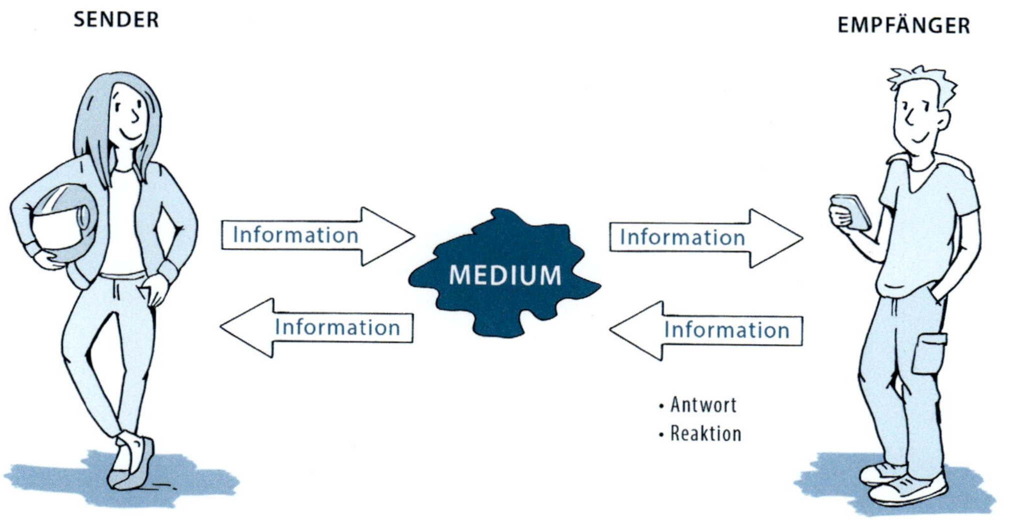

Schema: Übertragung von Informationen

Zur **Kategorisierung von Medien** erfolgt zunächst die Einteilung in zwei unterschiedliche Kommunikationsformen: Medien zur Individualkommunikation und Medien zur Massenkommunikation.

- Als **mediale Individualkommunikation** bezeichnet man die Formen der Kommunikation, bei denen ein Austausch zwischen einzelnen Personen stattfindet und alle Teilnehmer der Kommunikation zugleich Sender und Empfänger sind (z. B. persönliche Gespräche, Briefe, Telefonate, SMS oder E-Mails).
- Unter **medialer Massenkommunikation** versteht man die Formen der Kommunikation, bei denen Informationen von einem Sender über sogenannte Massenmedien (wie z. B. Radio, Bücher oder Fernsehen) sehr viele Empfänger gleichzeitig erreichen können und kein bzw. nur ein eingeschränkter Austausch mit dem Empfänger stattfindet.

Die Vielzahl an Medien zur Individual- und Massenkommunikation lassen sich dann je nach Schwerpunkt in **zwei weitere Medienbereiche** unterteilen:

- **Analoge Medien**, bei denen der kommunikative Austausch nur in eine Richtung möglich ist. Sie lassen sich ansehen und bedienen, aber reagieren nicht auf den jeweiligen Nutzer.
  Beispiele: Printmedien (Bücher, Zeitungen, Zeitschriften), Audio- und VHS-Kassetten, Schallplatten usw.
- **Digitale Medien** erlauben, je nach Anwendung, interaktive Nutzungen. Informationen lassen sich erfassen, aufzeichnen/speichern, verarbeiten, versenden und darstellen.
  Beispiele: Computer- und Konsolenspiele, digitales Radio und Fernsehen, diverse Devices (z. B. Smartphones, Tablets, E-Reader) usw.

Medien lassen sich auch danach unterscheiden, welche **Sinneskanäle** des Nutzers sie ansprechen:

- **auditive** Medien wie z. B. Radio, Audiokassette, CD, MP3,
- **visuelle** Medien wie z. B. Printmedien und Fotos,
- **audiovisuelle** Medien wie z. B. Fernsehen, Video|MP4, DVDs sowie
- **interaktive** Medien wie z. B. Computer, Smartphones, Tablets.

Technikeinsatz

Auch im Zusammenhang der Kommunikationsformen können Medien klassifiziert werden:

- **Primäre Medien** (Sprache, Mimik, Gestik): Anwesenheit der Kommunikationspartner ist vorausgesetzt.
- **Sekundäre Medien** (Bücher und Zeitungen): Sender benötigt adäquate Technik, um das Medium bereitzustellen.
- **Tertiäre Medien** (Telefon, Fernseher, Computer): Sowohl Sender als auch Empfänger benötigen Technik.
- **Quartäre Medien** (Internet, E-Mail, SMS): Sender und Empfänger benötigen technische Hilfsmittel und zudem eine elektronische Verbindung (z. B. via Internet).

Im Hinblick auf die kindliche Frühpädagogik im Elementarbereich ist es sinnvoll, den Medienbegriff allgemeiner zu fassen, da hier die erforderlichen Voraussetzungen für den Aufbau einer Medienkompetenz geschaffen werden. So gehören die Auseinandersetzung mit Mimik und Gestik, das Deuten von Symbolen und der Umgang mit Bildern und Büchern genauso zur Medienerziehung wie das Reden über, Beschäftigen mit und Gestalten von auditiven, visuellen und interaktiven Medien.

Medienkompetenz und Medienerziehung

Mediatisierung: Einfluss der Mediennutzung auf die Kommunikation/ Interaktion und die damit zusammenhängenden Folgen für Alltag und Leben, Wissensbestände, Identitäten und Beziehungen der Menschen sowie für Kultur und Gesellschaft.

Medien, insbesondere **digitale Medien** und ihre technischen, kommunikativen wie interaktiven Angebote, nehmen in der Lebenswelt von Kindern und Jugendlichen einen immer wichtigeren Stellenwert ein. Im Zuge der **Mediatisierung aller Lebensbereiche** sind sie für die Heranwachsenden von Anfang an fester und funktionsträchtiger Bestandteil ihres Alltags:

- Sie liefern Informationen, präsentieren Wissensinhalte, vermitteln Sichtweisen und bieten Orientierung (Sach-Auseinandersetzung).
- Sie ermöglichen es, sich zu anderen in Beziehung zu setzen und sich mit Gleichaltrigen auszutauschen (Sozial-Auseinandersetzung).
- Sie schaffen Bedingungen für individuelles und gemeinschaftliches Handeln, indem sie selbstbestimmte Freiräume gewähren, in denen sich die Heranwachsenden über das Ausleben ihrer Interessen positionieren und in eigener Gestaltung aktiv und kompetent beteiligen können (Selbst-Auseinandersetzung).

Medienkompetenz

Medien bieten vielschichtige Möglichkeiten und Anlässe für die **Auseinandersetzung mit der Umwelt**, wobei Kinder und Jugendliche je nach Entwicklungsstand, Alter und Bedürfnislage die verschiedenen Medien unterschiedlich nutzen. Um Kinder und Jugendliche alters- und entwicklungsangemessen sowie mit der notwendigen Rücksicht auf individuelle Bedürfnisse an Medien heranzuführen und mit Medientätigkeiten vertraut machen zu können, wird **Medienkompetenz** zu einer grundlegenden Voraussetzung für die Verwirklichung von Bildungs- und Partizipationschancen, für die Persönlichkeitsentwicklung und für ein selbstbestimmtes Leben.

Dieter Baacke (1933 – 1999): Erziehungswissenschaftler und Medienpädagoge.

Medienkompetenz wird dabei in Anlehnung an den Medienpädagogen Dieter Baacke inhaltlich so bestimmt: Kinder und Jugendliche sind als aktiv Gestaltende ihrer eigenen Lebensführung und als aktiv Handelnde im Umgang mit genutzten Medien aufzufassen. Da die technisch-medialen Möglichkeiten zunehmen, steigen auch die Anforderungen an die Fähigkeiten der Mediennutzer, mit diesen Medien umzugehen. Nach Baacke setzt sich Medienkompetenz darum aus **vier Dimensionen** zusammen:

- **Medienkritik**: Die kritische Auseinandersetzung soll eine Person in die Lage versetzen, entscheiden und unterscheiden zu können, welches Medium für welche Tätigkeit geeignet ist (z. B. Telefonanruf oder SMS). Dazu gehört aber auch, Medien und ihre Auswirkungen auf das eigene Handeln zu reflektieren, mit Medien verbundene problematische gesellschaftliche Prozesse ethisch zu bewerten und folglich eine kritische Distanz einzunehmen (z. B. Datenschutz und Persönlichkeitsrechte im Internet).
- **Medienkunde** meint das allgemeine Wissen über Medien (z. B. Funktionsweise des Internets) sowie die Kompetenz, Geräte zum Einsatz von Medien zu nutzen (z. B. Computer bedienen zu können).
- **Mediennutzung** ist einerseits die Fähigkeit, Medien interaktiv und produktiv zu nutzen (z. B. Facebook, Nutzung von E-Mails, YouTube-Videos). Andererseits geht es aber auch um die Fähigkeit, Medieninhalte sinnvoll auswählen zu können.
- **Mediengestaltung** schließlich ist die Fähigkeit zur innovativen Weiterentwicklung des Mediensystems, die aber über einfache digitale Interaktionsformen wie z. B. E-Mails hinausgeht und Design- und Programmierkenntnisse verlangt (z. B. Entwicklung von Webseiten und Apps).

Diese vier Teilbereiche der Medienkompetenz stehen in engem Zusammenhang zueinander und bedingen sich gegenseitig. Erst wenn in allen pädagogischen Institutionen die Möglichkeit besteht, eine Medienkompetenz in allen genannten Dimensionen zu vermitteln bzw. zu erwerben, kann davon ausgegangen werden, dass Kinder und Jugendliche in der digitalen Welt selbstbestimmt handeln und ihr Leben souverän führen können. Deshalb ist auch die Pädagogik auf allen Ebenen, von der Familie über den Kindergarten bis in die Schule und zur außerschulischen Kinder- und Jugendarbeit, gefordert, die Vermittlung von Medienkompetenz zu fördern. Um Medienkompetenz zu erwerben, benötigen Kinder und Jugendliche Freiräume zur Nutzung und zum Ausprobieren von Medienangeboten. Aber erst die **Grenzen**, die die **Medienerziehung** setzt, schaffen die Freiräume, die für den Erwerb von Medienkompetenz genutzt werden können:

Mit **Medienerziehung** bezeichnet man zum einen die Erziehung zur Handhabung von und zum kritischen Umgang mit Medien und zum anderen die Erziehung durch Medien (z. B. mit Bild- und Tonträgern).

- In der **Familie** ist es Aufgabe der Eltern, Regeln und Rahmenbedingungen für Mediennutzung aufzustellen. Sie sollten auf die Auswahl geeigneter Medien und auf die rezipierten Inhalte ebenso Bezug nehmen wie auf die Nutzungszeit. Wichtig ist es, das Kind angemessen zu unterstützen (z. B. Handyvertrag ab zehn Jahren, Anschaffung eines Computerspiels, passwortgeschützte Internetseiten, computerfreie Tage, Aufklärung über Chatrooms). Dabei ist es wichtig, im häuslichen Umfeld eine vertrauensvolle Atmosphäre herzustellen, gemeinsam mit dem Kind über besuchte Internetseiten zu sprechen und am virtuellen Leben des Kindes teilzuhaben.

- Im **Kindergarten** brauchen Kinder zunächst eine Fülle von realen Erfahrungen (ästhetische Bildung, Spielen und Gestalten), um die Erfahrungen, die durch Medien vermittelt und im kindlichen Alltag mit Medien gesammelt werden, überhaupt in ihrem Wirklichkeitsgehalt erfassen zu können. Eine Aufgabe der Medienerziehung ist es hier, Kindern bei der Verarbeitung ihrer Medienerfahrungen zu helfen, z. B. durch Malen, Basteln, Rollenspiele und Erzählungen. Über ausgewählte Projekte können Kinder dann die Gelegenheit bekommen, Medien kindgerecht als Gestaltungs- und Kommunikationsmittel einzusetzen (z. B. mit dem Handy eigene Produkte wie etwa Foto-, Film- und Tonaufnahmen zu erstellen).

Bildungsprozesse im Kindesalter
→ Schäfer, s. S. 72

- Der Medienerziehung in der **Schule** kommt eine besondere Rolle zu. Medienbildung kann hier auf Alltagsbeispiele zurückgreifen, die an den Bedürfnissen und der Lebenswelt der Heranwachsenden ansetzen. Kenntnisse zum Umgang mit Medien (z. B. Computer- und Internetnutzung, interaktive Smartboards) und die kritisch überprüfende Reflexion über Medieninhalte (z. B. Netzrecherche für Referate) können in jedem Unterrichtsfach vermittelt und angeregt werden. Auch internetgestützte Projekte, Lernplattformen oder Entertainmentprogramme lassen sich in den Schulalltag integrieren. Zur flächendeckenden Förderung der Medienkompetenz bedarf es dazu allerdings notwendiger Bedingungen seitens der Hard- und Software als auch der Fortbildung des betreuenden pädagogischen Personals.
- Auch in der **außerschulischen Kinder- und Jugendarbeit** bietet die Medienerziehung viele Möglichkeiten. In Form von Serviceeinrichtungen (z. B. Medienzentren) oder Projekten leistet sie einen wertvollen Beitrag zur Medienkompetenzvermittlung. Charakteristisch für sie ist, dass Medienerziehung hier im Freizeitbereich angesiedelt ist und auf freiwilliger Teilnahme beruht. Zudem ist die Anzahl der Teilnehmer meist geringer als in der Schule. So können medienbezogene Themen weitaus offener und engagierter behandelt werden. Je nach pädagogischer Profession der betreuenden Sozialpädagoginnen und Sozialpädagogen können Medienangebote dabei ihren Schwerpunkt im spiel- und erlebnispädagogischen Bereich, im kulturellen, im politischen oder auch im berufspädagogischen Bereich haben. Eingesetzt werden Medien zur Auseinandersetzung mit der eigenen Lebenswelt, zur Selbsterkundung, für die Äußerung politischer Vorstellungen oder zur Erweiterung der sozialen Handlungsmöglichkeiten.

Überblick

Einordnung: Sozialisationstheorien

psychologische Theorien	soziologische Theorien
Persönlichkeitstheorien, z. B.: Sigmund und Anna Freud: Theorie der psychosexuellen Entwicklung (psychischer Apparat: Ich – Es – Über-Ich)	Strukturtheorien: z. B. Talcott Parsons: struktur-funktionale Theorie (Sozialisation als Abstimmung zwischen Kultur, Gesellschaft und Individuum)
Entwicklungstheorien: Jean Piaget: Theorie der kognitiven Entwicklung (Entwicklungsstufen) Erik H. Erikson: Theorie der psychosozialen Entwicklung (Stufenmodell)	Handlungstheorien: z. B. George H. Mead: Theorie des symbolischen Interaktionismus (I – Me – Self, role – taking vs. role – making)

Modelle zur Beschreibung der Entwicklung in der Kindheit

Freud: Phasen der psychosexuellen Entwicklung
- Orale Phase (0 – 1 Jahr)
- Anale Phase (2 – 3Jahre)
- Phallische Phase (4 – 5 Jahre)
- Latenzphase (6 – 12 Jahre)
- Genitale Phase (13 – 18 Jahre)

Piaget: Stufen der kognitiven Entwicklung
- sensomotorische Stufe (0 – 2 Jahre)
- präoperationale Stufe (2 – 7 Jahre)
- konkret-operationale Stufe (7 – 11 Jahre)
- formal-operationale Stufe (ab ca. 11 Jahre)

Erikson: Stufen der psychosozialen Entwicklung in der Kindheit
- Urvertrauen vs. Misstrauen (0 – 1,5 Jahre)
- Autonomie vs. Scham/Zweifel (1,5 – 3 Jahre)
- Initiative vs. Schulgefühle (3 – 6 Jahre)
- Werksinn vs. Minderwertigkeitsgefühl (6 – 12 Jahre)

Hurrelmann: Entwicklungsaufgaben des Jugendalters
- Qualifizieren – intellektuelle und soziale Kompetenz
- Binden – eigene Geschlechtsrolle und Fähigkeit zu einer Partnerschaft
- Konsumieren – Fähigkeit zur Nutzung des Warenmarktes
- Partizipieren – Entwicklung eines Norm-/Wertesystems, gesellschaftliche Teilhabe

Kohlberg: Stufen der Moralentwicklung
präkonventionelle Moral:
- Stufe 1: Orientierung an Strafe und Gehorsam
- Stufe 2: naiv-instrumentelle oder egoistische Orientierung konventionelle Moral:
- Stufe 3: Orientierung am Ideal des guten Kindes
- Stufe 4: Orientierung an Gesetz und Ordnung
  postkonventionelle Moral:
- Stufe 5: Sozialvertragliche Orientierung
- Stufe 6: Orientierung an universellen ethischen Prinzipien

Parameter frühkindlicher Bildungsfähigkeit

Bowlby: Bindungstheorie
These: Die Intensität und Qualität der Bindung, die ein Kleinkind zu seinen wichtigsten Bezugspersonen (Mutter, Erzieher/-in) erlebt, beeinflusst seine Bildungsfähigkeit. Die Bindung entsteht in Abhängigkeit von der Art der Zuwendung durch den Erwachsenen. Wird sie als sicher erlebt, bestärkt sie die Neugier des Kindes auf die Welt und seinen Willen und Mut, diese zu erkunden (Explorationsverhalten).

Schäfer: Bildungsprozesse im Kindesalter
These: Das Kind gestaltet seine Selbstfindung und Welterkundung im Rahmen einer sozialen Gemeinschaft sowie der gegebenen Kultur selbst (Erfahrungslernen). Dabei benötigt es angemessene Unterstützung durch Erwachsene.

Entwicklung, Sozialisation und Identität im Jugend- und Erwachsenenalter

3

In diesem Kapitel geht es um die Anforderungen, Kennzeichen und Bedingungen der Lebensphase Jugend sowie die zentralen Forschungsansätze bzw. Theorien dazu.

Die **zentralen Fragestellungen** lauten:
- Was macht diese Lebensphase so besonders?
- Wie wird man zum Jugendlichen bzw. Erwachsenen (gemacht)?
- Wie bildet sich in dieser Lebensphase die Identität weiter aus und welche Rolle spielen dabei die Faktoren „Individuum", „Familie", „Gruppe" und „Gesellschaft"?
- Kann ein Mensch auch mehrere Identitäten haben?
- Welche Entwicklungsaufgaben müssen Jugendliche bewältigen?
- Woran lassen sich Gelingen bzw. Scheitern des Identitätsbildungsprozesses erkennen und wie kann man es erklären?
- Was geschieht, wenn der Prozess nicht richtig gelingt?

Folgende Fragestellungen helfen, die **pädagogische Perspektive** der vorgestellten Theorien und Ansätze herauszuarbeiten:
- Lässt sich Identitätsbildung durch Erziehung fördern?
- Wie können Ablösungsprozesse begleitet werden?
- Kann unter den aktuell gegebenen Gesellschaftsstrukturen ein positives Umfeld geschaffen werden?
- Wie ist die umfassende Digitalisierung von Kommunikation, z. B. durch soziale Medien, zu bewerten und ggf. zu gestalten?

3.1 Grundlegende Begriffe und Konzepte

Im vorangegangenen Kapitel wurden Aspekte von Entwicklungsprozessen in der Kindheit dargestellt. Auch für das Jugend- und Erwachsenenalter lassen sich Muster erkennen, wobei man unter pädagogischen Gesichtspunkten stets die Einzigartigkeit eines jeden Menschen und die Individualität einer jeden Persönlichkeitsentwicklung beachten muss. Systematisierte Stufenmodelle von Entwicklung sind nur idealtypische Beschreibungen, denn in der Realität ist

Entwicklungstheorien beschreiben Veränderungen des Individuums in Abhängigkeit vom erreichten Lebensalter. Sie nehmen dabei die inneren Prozesse sowie die Umweltbedingungen in den Blick.

eine Entwicklung nicht durch abrupte Phasen-Umbrüche gekennzeichnet. Veränderungen entstehen allmählich, über längere Zeiträume hinweg. Dennoch stellen die Theorien Erklärungsmodelle für die Analyse und das Verständnis einer Situation und Verhaltensoptionen für ggf. therapeutisches, aber auch pädagogisches Handeln bereit.

Sozialisationstheorien betrachten alle gesellschaftlichen Faktoren, die die individuelle Entwicklung beeinflussen.

vgl. der „signifikante Andere"; der „generalisierte Andere"
→ Mead, s. S. 75

Die Forschung hat ihren Fokus im Verlauf der vergangenen Jahrzehnte zunehmend geweitet. Für die Persönlichkeitsentwicklung eines Menschen spielen innere Voraussetzungen des Individuums eine Rolle, aber maßgeblich auch dessen spezifische soziale und materielle Umweltbedingungen. **Sozialisationstheorien** haben den Blick auf die individuelle Entwicklung um die Betrachtung des sozialen und gesellschaftlichen Umfelds erweitert. Während traditionelle Ansätze, wie von **Talcott Parsons** (1902 – 1979), das Individuum beim Hereinwachsen in die gesellschaftlichen Strukturen als eher passives Wesen betrachten, gehen aktuelle, in diesem Kapitel vorgestellte Ansätze wie etwa von **Klaus Hurrelmann** oder **Wilhelm Heitmeyer** zumeist von einer aktiven Haltung während der Interaktion mit der Umwelt aus.
Um die Untersuchungen zu systematisieren, ordnet man die Einflussbereiche zu **Sozialisationsinstanzen**, also Einheiten, die diesen Prozess begleiten und auf das Individuum Einfluss nehmen, wie z. B. die Familie, Freunde, Ausbildungsstätten etc. Zudem werden Phasen unterschieden:

- In der **primären Phase** der Sozialisation, während der Kindheit, werden erste Regeln des Zusammenlebens vermittelt. Die maßgebende Instanz für diese frühen Sozialisationsprozesse ist zumeist die Familie, in der auch viele Tendenzen für die Persönlichkeitsentwicklung grundgelegt werden.
- In der **sekundären Phase** treten vermehrt institutionalisierte Sozialisationsinstanzen wie Schulen, Vereine etc. hinzu.

Identität
→ Erikson, s. S. 87
→ Keupp, s. S. 91

Im Laufe seines Heranwachsens bildet jeder Mensch ein Bild von sich selbst heraus. Dieses **Selbstbild** wird auch mit der jeweiligen Umgebung bzw. Gesellschaft abgestimmt, woraus eine individuelle soziale Verortung erwächst. **Identitätstheorien** beleuchten das Wechselspiel zwischen individuellen Gestaltungsmöglichkeiten und den gesellschaftlich gegebenen Kontextbedingungen sowie Parametern, die zur Ausbildung von Identität beitragen. Veränderte gesellschaftliche Bedingungen etwa erzeugen neue Anforderungen und Erwartungen. Aktuell ist z. B. zu fragen, inwieweit der exzessive Gebrauch digitaler Medien sich auf die Persönlichkeitsentwicklung Heranwachsender auswirkt.

3.2 Erik H. Erikson: Die psychosoziale Entwicklung im Jugend- und Erwachsenenalter

Kurzsteckbrief, s. S. 31.

Grundannahmen

epigenetisches Prinzip
→ Erikson, s. S. 31

Auch Eriksons Verständnis der Entwicklungsphasen des Jugend- und Erwachsenenalters liegt das Prinzip der Epigenese zugrunde. Jede der acht Phasen in Eriksons Modell der Persönlichkeitsentwicklung enthält Entwicklungsaufgaben an (positiv aufzufassenden) Krisen. Die Bewältigung einer solchen Krise beinhaltet die Chance auf Fortschritt. Die Thematiken vorangegangener Entwicklungsphasen bzw. Krisen bleiben dabei durchaus in den folgenden präsent und bauen aufeinander auf. Es dominiert die jeweils aktuelle Entwicklungsaufgabe.

Pädagogische Handlungsmöglichkeiten auf der Grundlage des psychosozialen Entwicklungsmodells

Während im Kapitel „Kindheit" die ersten vier Stufen des Modells vorgestellt wurden, wird den weiteren Stufen hier Raum gegeben. Für jede dieser Stufen werden Gegensätze benannt, die jedoch nur graduell zu verstehen sind. In der Regel beinhaltet jede Entwicklung sowie die daraus resultierende Identität Anteile beider Tendenzen.

5. Stufe: Identität gegen Identitätsdiffusion (Adoleszenz)
Ausgelöst wird die Krise des Jugendalters durch die **physische Geschlechtsreife** bzw. durch die damit verbundenen körperlichen Veränderungen, die den Übergang vom Kind zum Jugendlichen charakterisieren. In diesem Alter beschäftigen sich Heranwachsende intensiv mit der Frage nach dem eigenen Sein: Wer ist er, wer will er sein und wie wird er von anderen gesehen? Die Folge ist ein ständiger **Abgleich von Selbst- und Fremdbild** auf der Suche nach einer individuellen sozialen Rolle bzw. Ich-Identität. Während der Pubertät ist die Identitätsentwicklung anstrengende Arbeit.
Erikson beschreibt, dass im Zusammenhang mit diesen Fragen die Errungenschaften der zurückliegenden Kindheitsphasen in das Selbstbild integriert werden müssen. Dabei können durchaus bis dahin gewonnene Selbstdefinitionen in Frage gestellt oder erneut ausgehandelt werden, bis die Identität als stimmig empfunden wird. Aus psychosozialer Sicht muss der Heranwachsende aufrichtige soziale Anerkennung erleben können: Nur so kann er sich rückversichern, dass seinem Selbstbild soziale Akzeptanz entgegengebracht wird, dass es überhaupt als Selbstbild in sozialer Verortung möglich ist.

Identitätsdiffusion: Gefühl der Haltlosigkeit, Unzulänglichkeit und anhaltenden Suche nach einem passenden Selbstbild in sozialer Verortung.

Angesichts des Überangebots an Vorbildern und Möglichkeiten gelingt es jungen Menschen manchmal nicht, ein stabiles Selbstbild zu entwickeln. Dann besteht die Gefahr einer **Identitätsdiffusion:** Der Jugendliche bleibt dann auf der Suche, fühlt sich haltlos. Ein solches Gefühl der Unzulänglichkeit, des Nicht-verankert-Seins äußert sich beispielsweise durch kriminelle Handlungen, das Unvermögen, eine Berufsidentität anzunehmen, oder durch eine übertriebene Identifikation mit einer Gruppe. Zwar gewinnen in der Jugendphase Gleichaltrige einen höheren Einfluss, da sich der Heranwachsende von der Herkunftsfamilie (emotional) abzulösen beginnt. So bietet die **Gleichaltrigengruppe (Peer-Group)** die Chance, inmitten einer Vielzahl an gesellschaftlich akzeptierten, teils widersprüchlichen Handlungsmöglichkeiten und Orientierungsmuster, Halt und Orientierung im Sinne von Zusammenhalt und verbindenden Gemeinsamkeiten zu erleben. Eine zu starke Anpassung an eine Gruppe kann jedoch die Aufgabe gefährden, die eigene Identität selbst aktiv weiterzuentwickeln. Infolge der distanzlosen Überidentifikation mit einer Peer-Group kann sich auffälliges Verhalten bzw. Intoleranz gegenüber andersartigen Selbstentwürfen entwickeln.

regressive Gewalt
→ Heitmeyer, s. S. 121

Erikson sprach sich dafür aus, Jugendlichen ein **Moratorium** einzuräumen. Gemeint ist, sie für eine gewisse Zeitspanne aus den bisherigen Lebens- und Handlungsfeldern zu „entlassen“, damit sie Spielraum für neue Erfahrungen bekommen. Trotz bzw. gerade wegen der vielzähligen Anforderungen in dieser Phase sollen Heranwachsende die Möglichkeit erhalten, sich auszuprobieren, Lebensentwürfe zu erkunden oder eine Zeitlang „auszusteigen“, um zu sich selbst finden zu können. Wie (zeitlich) umfassend dieses Moratorium sein muss, hängt von der individuellen Situation ab.

Zu bedenken ist, dass Erikson seinen Ansatz in den 1950er-Jahren des letzten Jahrhunderts entwickelte. Inzwischen hat sich die Jugendphase gesellschaftlich auf einen längeren Zeitraum ausgeweitet, als Erikson dies noch angenommen hatte. „Jugendlichkeit“ prägt als Idealvorstellung auch die Erwachsenenwelt, was teils zu einer Prokrastination des Erwachsenwerdens führt. Als Beispiele für ein verlängertes Moratorium ließen sich z. B. freiwillige soziale Jahre anführen, ebenso Auslandsaufenthalte, die der Selbstfindung dienen, aber auch in den Alltag integrierte Zeiten im Sportverein, Naturerkundungen etc.

Prokrastination: Aufschieben, Verzögerung.

Ein Moratorium einzuräumen, bedeutet für Eltern oder Lehrkräfte jedoch nicht, sich aus der erzieherischen Verantwortung zurückzuziehen, um Konflikte und die Mühen der Grenzziehung zu vermeiden. Gerade in dieser Phase benötigen Heranwachsende Orientierung und auch den (Rück-)Halt insbesondere der Eltern, selbst dann, wenn sie diese in ihrer Rolle fortlaufend infrage stellen. Rigide Verbote, die das jugendliche Abarbeiten an angebotenen Vorbildern zu unterbinden suchen, wirken entwicklungsstörend, weil sie notwendigen Freiraum verweigern. Wichtig ist es allerdings, immer wieder neu Bezüge zur Realität herzustellen und das jugendliche Reflektieren und Handeln daran rückzubinden. Heranwachsende müssen lernen, auch unangenehme Wahrheiten zu sehen, einzuschätzen und zu verarbeiten bzw. ihr Engagement für bestimmte Dinge auch bei Enttäuschungen nicht aufzugeben. Dafür benötigen sie während der noch etwas instabilen Phase der Identitätssuche erzieherische Begleitung.

6. Stufe: Intimität und Solidarität gegen Isolation (frühes Erwachsenenalter)

Dem jungen Erwachsenen stellt sich die Aufgabe, **intime emotionale Beziehungen** in Gestalt von Freundschaft, Liebesbeziehungen oder sexuellen Bindungen einzugehen. Entsprechende Partnerschaften sind durch ein hohes Maß an gegenseitiger Verantwortung gekennzeichnet, bieten Rückhalt, Vertrautheit und Exklusivität. Allerdings erfordert die gegenseitige Übernahme von Verantwortung ein gewisses Maß an Solidarität der Partnerin/dem Partner gegenüber sowie Selbstsicherheit, um Auseinandersetzungen auszuhalten und auszutragen, und einen gewissen Verzicht auf Unabhängigkeit. Zusammenfassen lässt sich, dass der wesentliche Schritt zum Erwachsensein während dieser Phase in der Übernahme einer höheren Verantwortung für andere Menschen liegt.

Intimität: verantwortungsbewusster Aufbau von (Liebes-) Beziehungen.

Isolation: Unfähigkeit, sich auf intime Beziehungen einzulassen.

Gelingt es einem Individuum nicht, eine solche Bindung einzugehen, besteht Erikson folgend die Gefahr einer Isolation, verstanden als Unfähigkeit, sich auf eine echte intime Beziehung einzulassen. Dies bedeutet nicht das Fehlen sozialer Kontakte. Diese erreichen aber Erikson folgend nicht die Tiefe wechselseitiger Intimität.

Betrachtet man funktionierende Partnerbeziehungen, so nimmt man wahr, dass es darin sehr wohl auch Elemente von Isolation und Zurückweisung gibt, die die Partner aushalten und integrieren müssen. Völlige Intimität zum Idealbild zu erheben, ist vielleicht romantisch, aber eine naive, nicht realisierbare Vorstellung.

Eriksons Entwicklungsmodell ist natürlich geprägt von den gesellschaftlichen Verhältnissen der 1950er-Jahre (v. a. in den USA) und dem Gesellschaftsbild dieser Zeit. Inwieweit (noch heute und in unserer Gesellschaft) der Aufbau einer engen sexuellen Partnerschaft während dieser Phase der persönlichen Reifung eine zentrale Aufgabe ist, kann sicher diskutiert werden. Eriksons Modell ist eine *Beschreibung* von beobachteten Entwicklungsverläufen, es kann aber nicht verstanden werden als pädagogischer Maßstab oder Vorgabe, wie Menschen ihr Leben gestalten sollen. Ausgehend vom Erziehungsideal der „Mündigkeit" liegt jedoch der Gedanke der Moralität nah, der sich damit verbindet, dass ein Mensch auch Verantwortung für andere Menschen übernehmen muss, will er sich in die Gesellschaft integrieren. Insofern ist es Aufgabe der Erziehenden,

Heranwachsenden Zusammenhänge anzubieten, in denen sich ein Verantwortungsempfinden entwickeln und festigen kann. Dies kann privat im Rahmen von sozialem Engagement erfolgen, im Sportverein, z. B. als Trainingsleiter, aber auch in vielfältigen schulischen Zusammenhängen.

Generativität: Verantwortung für nachwachsende Generationen.

Stagnation: Unvermögen, sich um nachfolgende Generation zu kümmern.

7. Stufe: Generativität gegen Stagnation (mittleres Erwachsenenalter)

Generativität beschreibt in diesem Zusammenhang die Fähigkeit bzw. Bereitschaft, Sorge für (eigene) Kinder oder für Mitmenschen zu tragen. Beides trägt zum Fortbestand der Gemeinschaft bei. Eine Ablehnung dieser Art von Verantwortung bezeichnet Erikson als Stagnation. Ursachen dieser Verweigerung können in Problemen in vorangegangenen Entwicklungsphasen liegen, weil das Individuum dann noch vorwiegend mit sich selbst bzw. der Suche nach einer tragfähigen Identität beschäftigt ist.

Positiv gefasst können Phasen der Stagnation dafür sorgen, dass ein Mensch sich selbst nicht völlig in dem Bemühen um andere verliert und sich selbst vernachlässigt.

Jenseits der Fragestellungen und Aufgaben therapeutischer oder sozialpädagogischer Fachkräfte, die heilend oder unterstützend mit Menschen im mittleren Alter arbeiten, richtet sich die pädagogische Perspektive für die Erziehung im Jugendalter eher auf den Aspekt der Vorbereitung späterer Lebensphasen. So müssen Heranwachsende verstehen, dass sie weitreichende Entscheidungen für ihr Leben treffen müssen – und dass eine Entscheidung bisweilen weitere nach sich zieht oder bestimmte Wünsche unmöglich machen kann. Sie müssen lernen können, für sich selbst eine Art Lebensziel zu entwickeln, das sie ggf. auch an andere weitergeben können. Derartige Prozesse gelingen nur durch das Angebot eines Vorbilds, sie sind kaum erzieherisch anzubahnen.

Integrität: Akzeptanz zurückliegender Lebensphasen.

Verzweiflung und Ekel: Ablehnung zurückliegender Erfahrungen, die nicht in den Lebenszyklus integriert werden können.

8. Stufe: Integrität gegen Verzweiflung und Ekel (spätes Erwachsenenalter)

Im späten Erwachsenenalter stellt sich dem Individuum die Aufgabe, sein gelebtes Leben mit allen Phasen als Ganzes zu akzeptieren. Auch was man im Rückblick vielleicht nicht gutgeheißt, muss als Teil des Ganzen angenommen werden. Gelingt dies, spricht Erikson von Integrität.

Ihr stehen Verzweiflung bzw. Ekel gegenüber, für das Empfinden, das eigene Leben nicht oder nicht vollumfänglich akzeptieren zu können. Verzweiflung kann auch auftreten, wenn jemand nicht imstande ist, nach einer Niederlage neu zu beginnen. Mit zunehmendem Alter besteht die Aufgabe demnach darin, auch schwierige Lebenserfahrungen aushalten zu können, um zu einem realistischen Rückblick über die Höhen und Tiefen der eigenen Biografie zu gelangen.

Kritische Würdigung

Neben der schon genannten Kritik an Eriksons Modell (S. 44) werden insbesondere seine Vorstellungen über die Jugendphase diskutiert. Erikson fokussiert (im Jahr 1950) die Identitätsbildung zentral auf das Jugendalter. Diese Vorstellung hat sich in weiterentwickelten Identitätstheorien vollkommen aufgelöst. Identitätsarbeit wird unter den Bedingungen heutiger Gesellschaftsstrukturen als lebenslange Konstruktionsaufgabe angesehen, bei der es immer wieder darum geht, eine Passung von inneren Ansprüchen und äußeren Gegebenheiten herzustellen – dabei aber auch Durchgängigkeit zu erleben.

3.3 Heiner Keupp: Das Konzept der Patchwork-Identität

Kurzsteckbrief: Person und Forschungsanliegen

- Heiner Keupp (geb. 1943) war Professor für Sozialpsychologie der Ludwig-Maximilians-Universität, München.
- Er widmete sich Fragen der **Identitätsbildung** und nahm dabei insbesondere die **Einflüsse gesellschaftlicher Wandlungsprozesse** in den Blick.
- Die Prägung des Begriffs **Patchwork-Identität** wird Keupp zugeschrieben. Gemeint ist eine Verknüpfung verschiedener Identitätsmuster.
- Neben seinem Engagement für die wissenschaftliche Aufklärungsarbeit gegen sexuellen Kindesmissbrauch war Keupp Vorsitzender der Berichtskommission für den 13. Kinder- und Jugendbericht der Deutschen Bundesregierung (2010).

Grundannahme

Während gesellschaftliche Strukturen und Erwartungen noch vor 70 Jahren vergleichsweise homogen waren, haben sich – zumindest in den westlichen Kulturen – die Rahmenbedingungen des Aufwachsens und der Identitätskonstruktion seither dramatisch verändert. Lebenskonzepte weisen eine zuvor nicht dagewesene Vielfalt auf. Exemplarisch genannt seien dafür:

- **Pluralisierung** von Wertorientierungen als das Nebeneinander unterschiedlicher, zum Teil auch widersprüchlicher Werte,
- **Individualisierung** von Lebensentwürfen und -formen, verstanden als die Freisetzung aus vorgegebenen traditionellen Fixierungen,

- ökonomische **Globalisierung** als eine internationale Verflechtung von Märkten und Wirtschaftssystemen mit ihren technischen, kulturellen, sozialen und politischen Implikationen und der Konsequenz komplexerer Ansprüche an das Individuum und
- die umfassende **Digitalisierung der Lebens- und Arbeitswelt.**

Die Offenheit heutiger Gesellschaften hält einerseits beachtliche Chancen und Freiheiten für die Selbstorganisation des Individuums bereit. Andererseits können diese Freiheiten auch einschüchtern und überfordern, zu einem Gefühl von Beliebigkeit, zu Kontrollverlust bzw. fehlendem Halt führen. Die Chance zu freier Selbstgestaltung wird in diesem Verständnis zu einem Gestaltungszwang. Nicht zu vergessen ist, dass viele Lebensentwürfe bestimmte soziale oder materielle Ressourcen, manchmal auch psychische Voraussetzungen fordern, die nicht jeder Mensch hat bzw. leisten kann. Dann entsteht leicht das Gefühl, den Anforderungen nicht genügen zu können. Unter diesen Voraussetzungen ist die Konstruktion einer Identität eine noch größere Herausforderung, als in enger gefassten Gesellschaften. Die Fragestellungen dazu lauten: Wie gelangt das Individuum zu einem sozial abgestimmten, aber auch für sich selbst stimmigen Ich-Bild? Kann das während der Jugendphase gelingen?

Das Konzept der Patchwork-Identität

Heiner Keupp wird die Metapher der „Patchwork-Identität" zugeschrieben. Gemeint ist, dass es in den heutigen Gesellschaftsstrukturen nicht darum gehen kann, dauerhafte „Fundamente", also ein festes und damit letztlich starres Selbstbild zu entwickeln. Vielmehr gilt es, mit Offenheit auf die komplexen und offenen Strukturen zu reagieren. Das bedeutet, dass immer wieder neu Passungsmöglichkeiten zwischen den äußeren und inneren Bedingungen auszuhandeln sind. So kann das Individuum seine Identität immer neu ausbalancieren und deren einzelne Fragmente zu einem Gesamtbild vereinen. Diesen Prozess nennt Keupp die Herstellung von **Kohärenz**. Er beschreibt ihn als zentrale Anforderung, um eine Durchgängigkeit und Stimmigkeit über den „Flickenteppich" der Teil-Identitäten hinweg zu etablieren. Keupp greift in diesem Zusammenhang die Überlegungen Aaron Antonovskys (1923 – 1994) auf, demzufolge sich Kohärenz über das (Ur-)Vertrauen in die eigene Handlungsfähigkeit und im Kontext nachvollziehbarer, gestaltbarer und sinnvoller Lebensbedingungen herstellen lässt.

Kohärenz: Zusammenhang

Mit Blick auf die stete Wandlungsfähigkeit der Umwelt hält Keupp es für erforderlich, dass der Mensch eine **Möglichkeitssinn** entwickelt, in Abgrenzung zum **Wirklichkeitssinn**. Nur im verantwortlichen Zusammenspiel aller

Einzelnen, so Keupp, sei das gesellschaftliche Leben in einer unsicheren Zukunft zu gestalten. Das Individuum sieht er als für sich selbst sorgendes, sich in die Welt einmischendes Subjekt.

Subjekt: Erkenntnisfähiges, handelndes Ich.

Identitätsarbeit hat unter diesen Vorzeichen zwei Dimensionen:

- **eine innere Dimension** mit dem Fokus auf die eigene Person: Synthesearbeit, die die vielfältigen Lebensbezüge verbindet, Herstellen der Gefühle von Durchgängigkeit, Authentizität und eigener Sinngebung.
- **eine äußere Dimension** mit dem Fokus auf die Umwelt: (An-)Passungsarbeit, sodass dem Individuum soziale Anerkennung, Teilhabe und Handlungsfähigkeit zuteilwerden kann.

Synthese: Vereinigung gegensätzlicher Elemente.

Ein Individuum, das über **innere Kohärenz** verfügt, wird sich inmitten der komplexen und vielfach herausfordernden gesellschaftlichen Bedingungen, die es zur kontinuierlichen Integration von Identitätsfragmenten auffordern, dennoch als **Akteur seines Lebens** begreifen können. Dieses Gefühl eigener Wirksamkeit und Gestaltungskraft vermag dazu beizutragen, dass der Einzelne die Komplexität nicht als Überforderung wahrnimmt und seelisch gesund bleibt. Offenheit der Kontextbedingungen kann zudem als Chance betrachtet werden, weil man keinen vorgegebenen Mustern folgen muss. Demgegenüber kann ein von der Situation überfordertes Individuum resignieren, weil es glaubt, nichts bewirken zu können.

Selbstwirksamkeit

Vergleich der Ansätze von Erikson mit Keupp

	Das Modell psychosozialer Entwicklung (Erikson)	**Das Konzept der Patchwork-Identität (Keupp)**
Struktur	Stufenmodell der Entwicklung von Identität	fragmentarisches Konzept für die Identitätsbildung
zentrale Anforderung an das Individuum	Phase 5: Aufbau einer Ich-Identität im Jugendalter, welche im Erwachsenenalter relativ stabil bleibt	Identitätsarbeit als lebenslange Aufgabe, Ziel: Kohärenz der Teil-Identitäten (= Patchwork-Gebilde)
historisch-kultureller Kontext	vorrangig US-amerikanische Gesellschaft der zweiten Hälfte des 20. Jahrhunderts	komplexe, individualisierte, pluralisierte westliche Gesellschaften der Gegenwart

Keupps Gesellschaftsbild mit vielfältigen, fragmentarischen Erfahrungsräumen und Einflüssen beschreibt die Gegenwart sehr realitätsnah. Eine wichtige Voraussetzung für die erfolgreiche Bewältigung von Vielfalt ist **Ambiguitätstoleranz**. Hat ein Heranwachsender die Erfahrung gemacht, dass seine Kenntnisse, Fähigkeiten und Fertigkeiten ausreichen, um in vielen unterschiedlichen Situationen eine Lösung herbeizuführen und sich zu bewähren, wird er Unsicherheit weniger fürchten, als jemand, der sich von der Angst vor dem Scheitern leiten lässt. Um diese Toleranz auszubilden, sind zwei Faktoren wichtig: **Bildung** und **Selbstwirksamkeit.** Bildung ist im konstruktivistischen Sinne ein autonom

Ambiguität: Mehrdeutigkeit

ablaufender Prozess, man kann sie nicht erzwingen. Zudem steht für ihre Vermittlung die Institution Schule bereit. Damit Heranwachsende Selbstwirksamkeit erfahren, müssen dafür in der Familie wie auch im institutionellen Rahmen Formen der Partizipation gefunden werden. Zudem wirken Angebote gesellschaftlichen Engagements unterstützend. Auch Aufklärungsarbeit über die zunehmende Individualisierung der Gesellschaftsstrukturen – z. B. im Schulunterricht – kann dazu beitragen, dass Jugendliche die Bedingungen ihres Aufwachsens reflektieren und die damit verbundenen Konsequenzen bewusster annehmen und aufgreifen können. Institutionelle Angebote wie z. B. Berufsberatungen tragen zur Orientierung bei und eröffnen Perspektiven für die Lebensplanung.

Partizipation: Mitsprache, gesellschaftliche Teilhabe.

3.4 Lothar Krappmann: Das Rollenkonzept des soziologischen Interaktionismus

Kurzsteckbrief: Person und Forschungsanliegen

- Lothar Krappmann (geb. 1936), studierte Philosophie, Theologie, Geschichte und Soziologie. In seiner Doktorarbeit „Soziologische Dimensionen der Identität“ legte er ein Standardwerk vor mit einem vergleichsweise offenen Verständnis von Identität und deren Zusammenhang mit sozialen Rollen.
- In seinen Überlegungen knüpft Krappmann an Forschungen George H. Meads an und arbeitet ein interaktionistisches Rollenkonzept aus.

Grundannahmen

- Mead ging davon aus, dass sich ein Individuum nur im Kontext sozialer Beziehungen entwickeln kann. Das Konzept „Identität“ war noch nicht Teil seines Modells. Krappmann greift diesen Gedanken der **sozialen Bedingtheit der Identitätsentwicklung** als Gedanken auf, definiert aber das soziale Umfeld als dynamisch. Aufgabe des Individuums ist es, sich stetig neu daran auszurichten und sich anzupassen. Individualität ist für ihn nur im Kontext der Gesellschaft denkbar, wobei die gesellschaftlichen Anforderungen durch Widersprüchlichkeiten und Schwierigkeiten geprägt sind.
- Krappmanns Modell setzt voraus, dass Menschen sich innerhalb sozialer Rollen begegnen und innerhalb dieser Bedeutungen bzw. Lösungen aushandeln. Krappmann grenzt sich dabei von traditionellen Rollenkonzepten wie der strukturfunktionalistischen Theorie Talcott Parsons ab.

symbolischer Interaktionismus → Mead, s. S. 69

Wissen

Talcott Parsons (1902 – 1979) begründete die (Sozialisations-)Theorie des Strukturfunktionalismus. Er fragt, welche Funktionen soziale Handlungen in einer Gesellschaft haben. Diese können funktional (integrativ und stabilisierend) auf das System wirken, es aber auch, wenn sie dysfunktional sind, destabilisieren. Rollenhandeln wird aus der Perspektive der Gesellschaft betrachtet: Rollenerwartungen können nur dann optimal erfüllt werden, wenn diese mit den Interpretationen der Individuen möglichst übereinstimmen. Damit Gesellschaft funktioniert, muss das Individuum sich selbst in seiner Rolle kontrollieren. Parsons wollte erklären, wie Einheit und Ordnung in einer Gesellschaft entstehen, indem auch die nachwachsende Generation bestehende Normen und Werte übernimmt.

Krappmann erkennt davon abweichend die Widersprüchlichkeiten und Spielräume, die **soziale Rollenerwartungen** eröffnen. So ist es aus der Sicht des **soziologischen Interaktionismus** kaum denkbar, dass Rollenanforderungen und die Interpretationen des Individuums durchweg übereinstimmen können, schon allein aus dem Grund, dass Menschen mit einer Vielzahl von Rollenanforderungen konfrontiert sind, die sich innerhalb einer Rolle **(Intra-Rollenkonflikt)**, aber auch zwischen verschiedenen zu spielenden Rollen **(Inter-Rollenkonflikt)** widersprechen können. Rollenanforderungen sind ferner nicht eindeutig und klar definiert, und es gilt, die Bedürfnisse des Individuums selbst mit den sozialen Erwartungen zu vereinen. Statt Selbst-Kontrolle rückt Selbst-Verwirklichung in den Fokus.

Interaktionismus:
a Reiz-Reaktions-Modell (Stimulus, Response).
b Menschen leben in einer symbolischen Umwelt, d. h., alle Gegenstände, Personen, Verhaltensweisen o. Ä. haben soziale Bedeutung.

Beispiel

Ein Familienvater kann in Bezug auf seine Rolle widersprüchlichen Erwartungen begegnen. Seine Frau könnte von ihm erwarten, dass er sich nicht in eine Erziehungsmaßnahme einmischt. Seine Mutter fordert in der gleichen Angelegenheit vielleicht Strenge, z. B. das Kind zu täglichen Lernzeiten anzuhalten. Das Kind hingegen erwartet ggf. Nachsicht und Verständnis vom Vater (Intra-Rollenkonflikt).

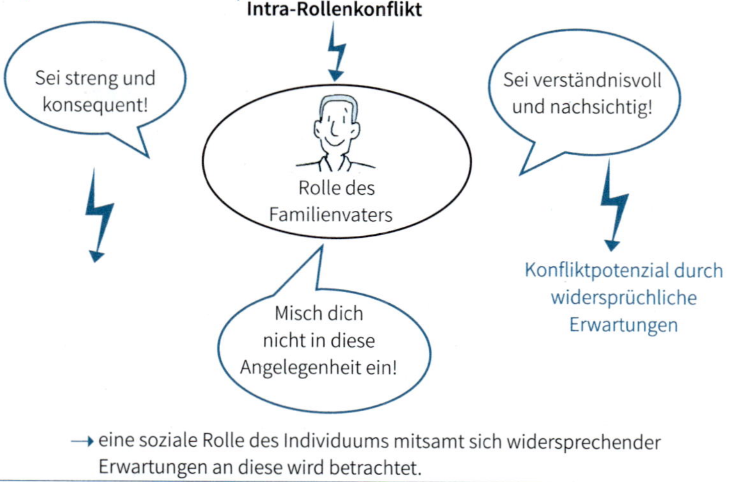

Intra-Rollenkonflikt: Eine soziale Rolle wird mit divergierenden Erwartungen betrachtet.

>>

>>Beispiel

Gleichzeitig ist der Familienvater ehrenamtlich als Vorsitzender eines Vereins engagiert. Die Erwartung an die Rolle als Vereinsvorsitzender, am Wochenende Zeit in das Vereinsleben zu investieren, kann mit der Rolle des Vaters in Konflikt treten. Auch im familiären Bereich könnte etwa von seiner Frau und den Kindern eine Zeitinvestition am Wochenende erwartet werden (Inter-Rollenkonflikt).

Inter-Rollenkonflikt

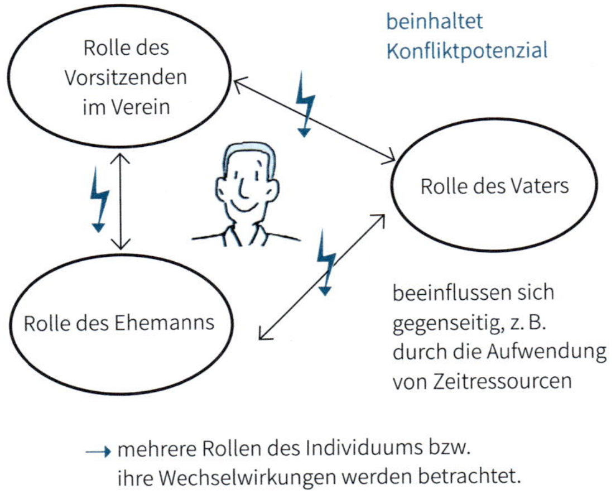

Inter-Rollenkonflikt: Mehrere Rollen des Individuums stehen in Wechselwirkung.

Die Uneindeutigkeit von Rollenanforderungen, die nicht durchgängig klar definiert sind, lässt auch am Beispiel des Familienvaters erklären. So mag z. B. seine Frau von ihm verlangen, die Kinder gesund und ausgewogen zu ernähren und lehnt es in diesem Zusammenhang ab, dass gemeinsam Fast-Food-Restaurants besucht werden. Es ist aber durchaus möglich, dass diese zu besonderen Anlässen wie Geburtstagen etc. von der sonst entgegengebrachten Erwartung, die Kinder nicht in entsprechende Restaurants einzuladen, Abstand nimmt und ein solches Vorhaben sogar von ihrem Mann einfordert. Zudem fließen die eigenen Bedürfnisse des Mannes mit in den Interaktionsprozess ein. Seine Haltungen zu gesunder Ernährung, zum Zeitmanagement am Wochenende und zum Lernverhalten des Kindes können sich wiederum von denen seiner Frau, seiner Mutter oder denen der übrigen Vereinsmitglieder unterscheiden.

>>

Aus der Perspektive des Individuums ist zu fragen: Wie können soziale Rollenanforderungen in Interaktionen ausgehandelt werden? Welche Spielräume bzw. Interpretationsansätze ergeben sich innerhalb komplexer, teils auch widersprüchlicher sozialer Begegnungen? Bedeutungen bzw. situative Lösungen werden über Sprache, Gestik und Mimik der Rollenträger ausgehandelt – vorausgesetzt, die Rollenanforderungen bieten Raum für wechselseitige Interpretationsmuster und die am Interaktionsprozess beteiligten Akteure lassen sich auf Aushandlungsprozesse mit situativer Gültigkeit ein, indem sie prinzipiell kompromissbereit sind. Die Akteure müssen auch die anderen Rollen mitbedenken, in denen sie agieren.

>>Beispiel

So stellt sich einem Familienvater, der sich mit seinem Vorgesetzten über berufliche Ziele und Zeitpläne auseinandersetzt, gleichzeitig die Anforderung, seine Rollen als Vater und Ehemann mit einzubeziehen.

>>

Rollennormen müssen immer interpretiert werden. Basierend auf den zugrundeliegenden Annahmen von Mead über **role-taking** und **role-making** wird das interaktionistische Rollenmodell deutlich: **Ego**, das Ich, antizipiert empathisch, was **Alter**, also der Andere, von ihm erwartet. Im genannten Beispiel etwa ist das eine Investition von Zeit und Arbeitskraft in ein bestimmtes berufliches Projekt. Zudem gilt es, die vorgebrachten Rollenerwartungen, hier vom Vorgesetzten an seinen Arbeitnehmer, mit weiteren Rollenanforderungen und eigenen Bedürfnissen abzustimmen. Das role-taking muss nach Krappmann durch role-making ergänzt werden.

role-taking/role-making → Mead, s. S. 69

>>Beispiel

Um das Beispiel des Arbeitnehmers noch einmal aufzugreifen, könnte der Familienvater beispielsweise darauf verweisen, dass er noch weiteren Anforderungen innerhalb seiner Berufsrolle nachkommen muss, etwa der Mitarbeit in einem anderen Projekt, und es ihm außerdem wichtig ist, am Wochenende einen freien Tag mit seiner Familie zu verbringen. Die zeitliche Frist für seinen neuen Auftrag könnte, vorausgesetzt sein Vorgesetzter ist bereit, die weiteren Bedürfnisse seines Arbeitnehmers zu berücksichtigen und sich auf eine kompromisshafte Lösung einzulassen, als Ergebnis des Interaktions- und Kommunikationsprozesses, verlängert werden.

>>

Das Konzept der Ich-Identität als balancierende Identität

Identität ist Krappmann zufolge keine feste Größe, sondern wird in Kommunikations- und Interaktionsprozessen immer neu mit dem Gegenüber ausgehandelt – abhängig davon, welche Spielräume sich in der Situation und in Interaktion mit dem jeweiligen Gegenüber eröffnen. Ego hat in diesem Aushandlungsprozess eine doppelte Aufgabe zu erfüllen, damit Interaktion gelingen kann:

- **bezogen auf Alter:** Empathisch auf das Gegenüber einzugehen, dessen Erwartungen zu erkennen und sich für erfolgreiche Interaktion auch kompromissbereit zu zeigen.

- **bezogen auf Ego:** Die eigene Besonderheit darzustellen, so Alter ein gewisses Maß an Konsistenz zu bieten, um mit den eigenen Anliegen wahrgenommen zu werden.

Damit balanciert das Individuum, natürlich innerhalb eines sozial vorgegebenen Rahmens, zwischen Erwartungen des Gegenübers und den eigenen Anforderungen. Innerhalb dieses Prozesses werden neben den Implikationen der konkret gegebenen Situation wiederum zwei Ebenen wirksam:

- die **anderen Interaktionsbeteiligungen** des Individuums: Es muss beachten, mit welchen weiteren sozialen Rollenanforderungen es konfrontiert ist, wobei auch Widersprüchlichkeiten und konkurrierende Positionen anderer Interaktionspartner und Kontexte zu bedenken sind. Diese Anforderungen münden – hier bezieht sich Krappmann auf **Erving Goffmann** (1922 – 1982) – in der **horizontalen Dimension** der Identität. Diese **soziale Identität** betrachtet auch die anderen, aktuell gegebenen Rollen des Individuums und fordert von diesem, sich an die damit verbundenen normativen Erwartungen anzupassen. „Sei wie alle anderen“, lautet die Anforderung und mündet in dem von Goffmann als „phantom normalcy“ benannten Phänomen: Das Individuum verhält sich unter dieser Perspektive, „als ob“ es **wie alle anderen** sei.
- die **früheren Interaktionsbeteiligungen** des Individuums: Krappmann entwirft damit neben der aktuell zu berücksichtigenden Perspektive eine biografische, die das Handeln des Subjekts beeinflusst. Frühere Handlungsbeteiligungen wirken sich insofern auf das Aushandeln in neuen Situationen aus, als dass das Individuum bemüht ist, auch hier eine gewisse Kontinuität über die Zeit hinweg zu erreichen. Diese Anforderungen münden in die von Goffmann als **vertikale Dimension** beschriebene Seite der Identität. Diese **personale Identität** fordert vom Individuum zu sein wie kein anderer, gilt es doch die eigene Besonderheit darzustellen. Unter der „phantom uniqueness“ wird das Bestreben des Individuums gefasst, sich zu verhalten, „als ob“ es **einzigartig** sei.

Das Ergebnis des Balanceprozesses dieser beiden Identitäten wird als **balancierende Ich-Identität** beschrieben. Legt das Individuum den Fokus zu radikal auf eine der beiden Komponenten, ist Interaktion nicht mehr möglich. Balanciert es erfolgreich zwischen beiden Ebenen und stellt damit eine Verbindung des Bedürfnisses, sich als einzigartig darzustellen und der Anforderung, soziale Anerkennung zu finden, her, erlebt das Individuum einen gewissen Spielraum, den es autonom ausloten kann.

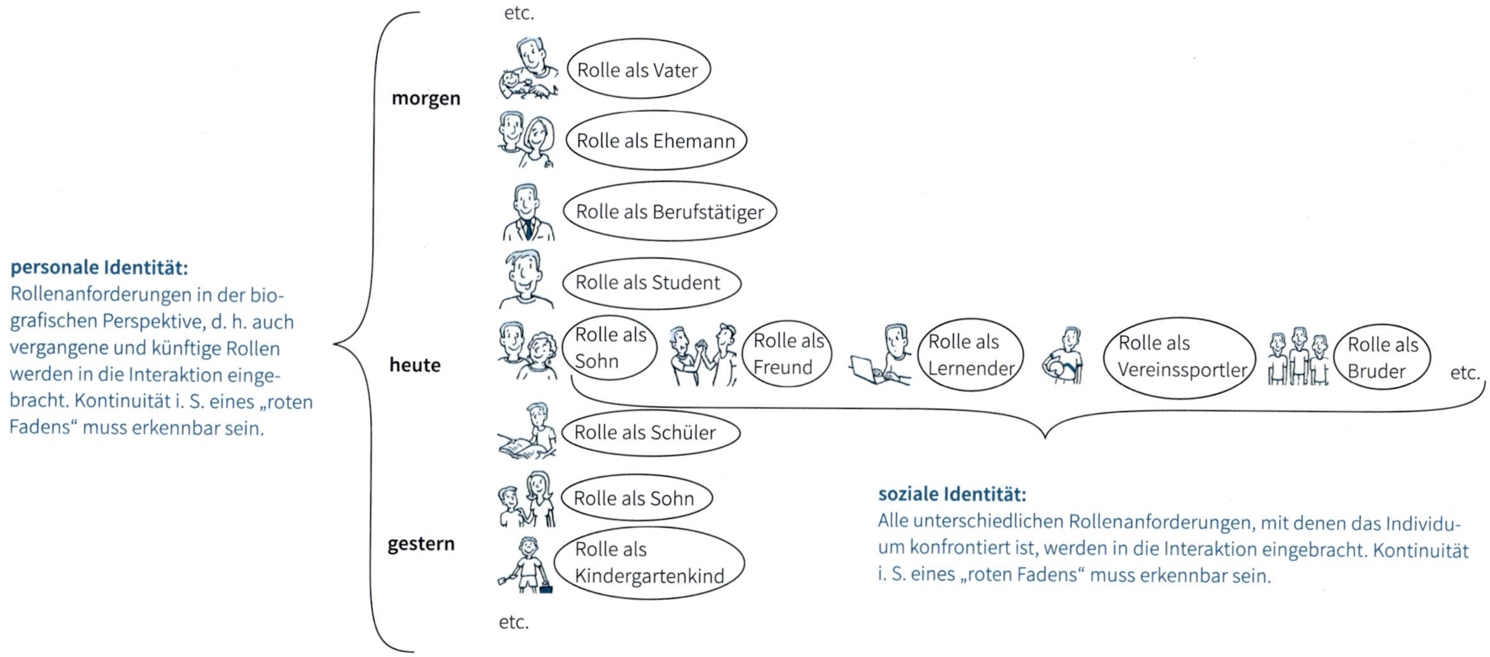

Ich-Identität als balancierende Identität

Um die in modernen Gesellschaften vorherrschende Widersprüchlichkeit und Komplexität unterschiedlicher Erwartungen und Interpretationen in eine Balance zu bringen, muss das Individuum immer wieder neu Konsistenz im eigenen Verhalten und soziale Integration aushandeln. Dennoch kann es nur inmitten solcher komplexen Bedingungen seine eigene Besonderheit darstellen. Gäbe es nur einen erlaubten Weg an zu erfüllenden Erwartungen, den das Individuum – wie alle anderen auch – einhielte, würde dies Einzigartigkeit ausschließen oder aber, wenn das Individuum sich dennoch davon abgrenzte, geriete es leicht in soziale Isolation.

Identitätsfördernde Fähigkeiten

Um im Sinne des interaktionistischen Rollenmodells soziale Anforderungen zufriedenstellend meistern und situative Lösungen aushandeln zu können, sind nach Krappmann vier Grundfähigkeiten erforderlich:

Rollendistanz beschreibt die Fähigkeit, nicht vollständig innerhalb der Erwartungen einer Rolle zu verschwinden, sondern auch die weiteren Rollenanforderungen im Blick zu haben. Jede Rolle, in der das Individuum handelt, wird dabei als eine von weiteren betrachtet, auch wenn Menschen den unterschiedlichen Rollen durchaus eine unterschiedliche Priorität in diesem Gesamtbild zuweisen können.

Beispiel

Frau Müller ist bewusst, dass sie nicht nur die Rolle der Berufstätigen zu erfüllen hat, sondern parallel auch die Rollenanforderungen als Mutter, Ehefrau, Schwester, Tochter, Vereinssportlerin und Laienschauspielerin sowie ihre eigenen Bedürfnisse bedenken muss. Nach einem beruflichen Angebot ihres Chefs überlegt sie, inwieweit sie den weiteren Rollenanforderungen zumindest weitgehend gerecht werden könnte, wenn sie es annimmt.

>>

In Bezug auf den Umgang mit Rollen können Eltern bzw. Erziehende ein Vorbild geben. Sie sollten frühzeitig auf ihre Eingebundenheit in andere Rollen verweisen sowie auf ihre eigenen Bedürfnisse, etwa wenn der Sohn/die Tochter Anliegen an sie heranträgt oder wenn Erziehende sich gegenseitig auf ihre anderweitigen sozialen Verpflichtungen aufmerksam machen. Am Vorbild der Eltern wird dann erlebbar, wie diese sich immer auch von ihren vielfältigen Erwartungen distanzieren.
Auch sekundäre Sozialisationsinstanzen können im Jugendalter unterstützen, dass der Heranwachsende Rollendistanz ausprägt, beispielsweise indem in der Schule unter dem Verweis auf Notwendigkeiten weiterer sozialer Kontexte häusliche Aufgaben über eine Wochenplanarbeit o. Ä. organisiert werden.

Jugendlichen kann so signalisiert werden, dass sie nicht nur in ihrer aktuellen Rolle, z. B. der des Schülers wahrgenommen werden. So werden sie auch selbst ermutigt, ihre vielfältigen Anforderungen als Teile eines Rollengesamtbildes zu betrachten.

Empathie (role-taking): Fähigkeit und Bereitschaft, im Interaktionsprozess die Perspektive des Gegenübers einzunehmen bzw. nachzuvollziehen und daran anknüpfend dessen Reaktionen zu antizipieren. Dieses Einlassen auf die Bedürfnisse und die Situation des Anderen wird durch affektive Faktoren wie das Empfinden von Sympathie bzw. Antipathie sowie durch das Verhältnis der Interaktionspartner zueinander erschwert bzw. erleichtert.

>>Beispiel

Frau Müller offenbart ihrem Trainer im Sportverein, dass sie in den kommenden Monaten nicht am Wochenend-Training teilnehmen möchte. Ihr ist klar, dass aus der Sicht des Trainers diese Mitteilung problematisch ist, da sie eine wichtige Rolle im gesamten Team einnimmt. Dass ihr Trainer zunächst mit Unmut reagieren wird, ist zu erwarten, zumal sie ihn schon seit langer Zeit kennt und weiß, wie wichtig ihm regelmäßige Trainingszeiten sind – ein aus Sicht des Verantwortlichen für das Team nachvollziehbares Anliegen. >>

Die Fähigkeit zur Empathie kann und sollte ebenfalls schon frühzeitig erzieherisch unterstützt werden. Auch wenn bedacht werden muss, dass Heranwachsende in kognitiver Hinsicht erst ab einem gewissen Alter von ihrer eigenen Sichtweise abstrahieren und sich in die Lage eines anderen hineinversetzen können, sollten schon Kinder dazu angeleitet werden, die Perspektive anderer Menschen einzunehmen. Dieser Wechsel kann neben dem alltäglichen Gespräch über die Situation anderer auch explizit durch Methoden wie Rollenspiele etc. unterstützt werden, in denen ein Perspektivwechsel gefordert ist.

Egozentrismus
→ Piaget, s. S. 58

Ambiguitätstoleranz: Um die alltäglichen Widersprüchlichkeiten zwischen unterschiedlichen Rollenanforderungen **(Inter-Rollenkonflikt)** sowie innerhalb einer Rolle **(Intra-Rollenkonflikt)** und die Diskrepanzen mit eigenen Bedürfnissen möglichst gut aushalten und damit sogar konstruktiv umgehen zu können, bedarf es der Fähigkeit der Ambiguitätstoleranz. Diese beschreibt die Einsicht, Rollenprobleme als unumgehbar zu akzeptieren und damit sogar produktiv umgehen zu können. Konflikte können in diesem Verständnis auch als Chance wahrgenommen werden, die eigene balancierende Ich-Identität auszuhandeln und zu stabilisieren. Das Individuum resigniert so nicht gegenüber der herausfordernden Interaktionssituation, sondern ist darauf eingestellt, Spannungen zu verhandeln.

>>Beispiel

Frau Müllers Trainer hat auf ihr Anliegen, den Wochenend-Trainingseinheiten in der nächsten Zeit fernbleiben zu wollen, mit Unverständnis reagiert und sie mitten im Gespräch einfach stehenlassen. Ihr ist dieser Konflikt nicht egal, denn sie schätzt Trainer und Sportteam. Allerdings verzweifelt sie auch nicht daran. Stattdessen versucht sie nun erneut in einem persönlichen Brief, ihre Beweggründe deutlich zu machen. Ihr ist es ohnehin schon seit längerer Zeit ein Anliegen, auf ihre eigenen Bedürfnisse hinzuweisen, und daher nutzt sie den Eklat, um generell ihr Verhältnis zum Sportverein mit dem Trainer neu zu verhandeln. Zu sehr griff das Hobby in den letzten Jahren in ihr sonstiges Privatleben ein – vielleicht liegt in dieser Auseinandersetzung, die zu erwarten war, nun auch die Chance, etwas zu ändern.

>>

Die Einsicht, dass Rollenkonflikte sowie -kollisionen mit eigenen Bedürfnissen unvermeidbar sind, aber durchaus auch produktiv sein können, lässt sich bereits früh fördern. Familien sollten einen offenen und konstruktiven Umgang mit (Rollen-)Konflikten einnehmen und vorleben. Leben sie dies vor, kann das Kind/der Jugendliche erleben, dass derartige Klärungsprozesse positive Auswirkungen nach sich ziehen können. Konstellationen, die keine Streitigkeiten zulassen bzw. austragen wollen, können das produktive Potenzial von Rollenkonflikten kaum vermitteln. Die Peer-Group kann in diesem Zusammenhang eine zentrale Rolle einnehmen, da Konflikte unter Gleichaltrigen in besonderer Weise die Chance bieten, gleichberechtigt ausgetragen zu werden – schwieriger gestaltet es sich, wenn Konflikte zwischen Vertretern klarer Hierarchien entstehen. Ferner gilt es in pädagogischer Hinsicht, Heranwachsende in sozialen Konfliktlagen beim Finden von Lösungen oder auch beim Aushalten von Spannungen zu unterstützen und sie zu beraten.

Identitätsdarstellung: Das Vermögen, anderen gegenüber in Interaktionsprozessen die eigene Persönlichkeit zu verdeutlichen. Das Individuum stellt klar, dass es neben der konkret gegebenen Rollenanforderung noch weitere Erwartungen zu erfüllen hat und darüber hinaus eigene Bedürfnisse mitbringt. Es verweist also beispielsweise auf die Erkenntnis, die die Fähigkeit der Rollendistanz eröffnet. Auf der Ebene der Identitätsdarstellung geht es um das Sichtbarwerden-lassen der ausbalancierten Identitätskomponenten.

>>Beispiel

Frau Müller wird in ihrer Laienschauspielgruppe dafür kritisiert, dass sie den Text des neuen Stückes immer noch nicht auswendig kann. Es wird überlegt, ihr die Rolle zu entziehen. Anstatt sich defensiv zu verhalten – schließlich

>>

>>Beispiel

haben die Schauspielkollegen mit dem Vorwurf an sich Recht – verweist Frau Müller in einem offenen Gespräch mit der Gruppe darauf, was in den letzten Wochen beruflich und auch privat bei ihr an umfangreichen Aufgaben angefallen sei. Sie erklärt, dass sie deshalb ganz bewusst die Prioritäten anders gesetzt habe: Es habe Umstände gegeben, die ihr wichtiger gewesen seien, als den Text zu lernen. Sie werde bis zur nächsten Woche aber in der Lage sein, das Versäumte aufzuholen und sei nicht gewillt, die Rolle, an der ihr sehr viel liege, aufzugeben.

Grundlage dafür, dass Individuen selbstsicher auch auf andere Rollen-Notwendigkeiten verweisen, ist sicherlich ein ausgeprägtes Selbstbewusstsein und Selbstwertgefühl. Zu überlegen ist deshalb, wie Heranwachsende bei der Ausbildung von Ich-Stärke unterstützt werden können. Ein sensibles Eingehen auf ihre Bedürfnisse, die Berücksichtigung der Anliegen des Kindes bzw. Jugendlichen sowie ein demokratischer Erziehungsstil, der es/ihn als Partner mit gleicher Würde – wenn auch nicht gleicher Verantwortung – betrachtet, mögen hier Anstöße geben. Ferner ist es auch hier sinnvoll, dass Erziehende im Sinne ihrer Vorbildfunktion selbst ihre Ich-Identität sichtbar werden lassen. Jugendliche lernen dieses Eintreten für eigene Belange so als etwas Selbstverständliches kennen.

Vergleich der Modelle von Mead und Krappmann

	Symbolischer Interaktionismus (Mead)	**Soziologischer Interaktionismus (Krappmann)**
Identitätsbegriff	„Self“	balancierende Ich-Identität
Teilkomponenten der Identität	„I“ und „Me“	personale und soziale Identität
Unterstützungsfaktoren	„Mind“ als Vermittlungsinstanz zwischen „I“ und „Me“	vier identitätsförderliche Fähigkeiten, um komplexe, widersprüchliche Erwartungen und eigene Bedürfnisse zu synthetisieren
Interaktion über	„role-taking“ und „role-making“	Empathie (role-taking) und eigene Positionierung mithilfe von Rollendistanz, Ambiguitätstoleranz, Identitätsdarstellung
kindliche Identitätsentwicklung	vom „Play” (signifikanter Anderer) zum „Game” (generalisierter Anderer)	Rollenfähigkeiten, im Sozialisationsprozess ausbilden, um widersprüchliche Erwartungen balancieren zu können

3.5 Klaus Hurrelmann: Das Modell der produktiven Realitätsverarbeitung

Kurzsteckbrief, s. S. 43.

Hurrelmanns Sozialisationstheorie nimmt sehr umfangreich die Jugendphase mitsamt ihrer Genese sowie den Kontextbedingungen und Folgen für das Individuum in den Fokus. Darum wird der Ansatz hier breiter dargestellt.

Grundannahmen

- Hurrelmanns **Sozialisationsverständnis** geht von einem Individuum aus, das sich **produktiv (= aktiv)** mit den eigenen sowie den umgebenden Bedingungen seines Heranwachsens auseinandersetzt. Hurrelmann konstatiert, dass die Kontextbedingungen des Aufwachsens sich enttraditionalisiert haben: Freiheitsräume sind größer geworden, als sie es früher waren, und die Jugendphase bildete sich als eigenständige, sich zunehmend ausweitende Lebensphase mit eigenen Anforderungen an die Identitätsbildung heraus.
- Die Charakteristika der Identitätsbildung in der heutigen Jugendphase beschreibt Hurrelmanns Modell durch **zehn Maximen** (Leitsätze). Diese Maximen bestehen nebeneinander, nicht als eine chronologische Abfolge in einem Stufenmodell.
- Hurrelmann hat sein Modell seit den 1980er-Jahren mehrfach überarbeitet, zuletzt im Jahr 2012, um auf jeweils aktuelle sozio-kulturelle Entwicklungen und wissenschaftliche Erkenntnisse reagieren zu können. An diese Maximen anknüpfend formuliert Hurrelmann vier Entwicklungsaufgaben für das Jugendalter.

Die Maximen der produktiven Realitätsverarbeitung

Entwicklungsaufgaben → Havighurst, s. S. 43

Die zehn Maximen der produktiven Realitätsverarbeitung sind als Thesen über die Charakteristika und Anforderungen der Jugendphase zu verstehen und stellen kein Stufenmodell bzw. keine zu durchlaufende Reihenfolge dar. Die Maximen sind nicht alle empirisch hergeleitet, sondern auch als normative, handlungstheoretische Postulate zu verstehen, mit denen es sich auseinanderzusetzen gilt. Mit ihrer Hilfe lassen sich Prozesse im Jugendalter beschreiben und erklären. Sie können zudem für Überlegungen zur (pädagogischen) Förderung Jugendlicher herangezogen werden.
Die hier wörtlich zitierten Maximen sind folgendem Werk entnommen:

Hurrelmann, Klaus/Quenzel, Gudrun: Lebensphase Jugend. Beltz Verlag, Weinheim, 13. Auflage 2016

Erste Maxime

„Wie in jeder Lebensphase gestaltet sich im Jugendalter die Persönlichkeitsentwicklung in einem Wechselspiel von Anlage und Umwelt. Besonders deutlich wird das bei der Herausbildung von männlichen und weiblichen Persönlichkeitsmerkmalen.“ (S. 97)

Anlage: genetische Ausstattung des Individuums

Die **Anlagen** eines Menschen einerseits und **Umweltbedingungen** andererseits bestimmen etwa gleichgewichtig die Persönlichkeitsmerkmale eines Menschen. Beide stehen in einer **Wechselwirkung:** Die Anlage bestimmt mit darüber, wie sich die Umwelt auf eine Persönlichkeit auswirkt. Genetisch bringt jeder Mensch eine biologische Ausstattung mit, die seine körperliche Verfassung, zumindest teilweise auch seine kognitiv-intellektuelle Entwicklung sowie bestimmte psychische Parameter mitbestimmt. Seine Fähigkeiten und Fertigkeiten entwickelt er im Rahmen der verfügbaren u. a. kulturellen und ökonomischen Ressourcen der Familie sowie unter Einfluss der Peer-Group oder von Institutionen, wie z. B. der Bildungseinrichtung Schule.

Umwelt: Soziale und physischen Kontextbedingungen.

Dieses generelle Wechselspiel von Anlage und Umwelt beeinflusst auch die geschlechtliche Einordnung. Zu unterscheiden ist zwischen **Sex** (= biologisches Geschlecht) und **Gender** (= soziale Geschlechtsrolle). Die gesellschaftlich kommunizierten Vorstellungen von Männlichkeit bzw. Weiblichkeit beeinflussen die Ausprägung der eigenen Geschlechtsrolle erheblich.

Zweite Maxime

„Im Jugendalter erreicht der Prozess der Sozialisation, verstanden als die produktive Verarbeitung der inneren und äußeren Realität, eine besonders intensive Phase, der für den ganzen weiteren Lebenslauf ein Muster bildender Charakter zukommt. Die produktive Verarbeitung bezieht sich dabei auf altersspezifische Entwicklungsaufgaben." (S. 99)

Durch die gravierenden körperlichen wie psychischen und sozialen Umbruchprozesse in der Jugendphase ist in dieser Zeit die Anforderung besonders hoch, eine Balance zwischen innerer und äußerer Realität herzustellen. Die **innere Realität** beschreibt dabei psychische Grundstrukturen, die sich gerade in dieser Lebensphase in einem starken Wandel befinden. Unter der **äußeren Realität** werden die konkreten, das Individuum umgebenden, sozialen und psychisch wirksamen Umweltbedingungen gefasst. Beide Komponenten gilt es aufzunehmen bzw. zu verarbeiten und das eigene Handeln damit in Einklang zu bringen. Es eröffnen sich hierbei durchaus gewisse Handlungsspielräume, die aber insofern nicht beliebig sind, als dass der Jugendliche die Gegebenheiten beider Realitäten berücksichtigen muss.

Beispiel

Hegt jemand einen Berufswunsch, der hohe Anforderungen an seine körperliche Fitness stellt, muss er sich fragen, ob er diesen gerecht werden kann. Will jemand z. B. ein Studium an der Sporthochschule aufnehmen, kann er versuchen, seine Fitness durch gezieltes sportliches Training zu verbessern. Allerdings sind der Einflussnahme durch die Anlage natürliche Grenzen gesetzt. Nicht jedes Individuum ist z. B. in der Lage, selbst durch intensives Training ein guter Sprinter zu werden. Die innere Realität, der leidenschaftliche Berufswunsch, muss durch Abgleich mit der äußeren Realität überprüft werden – und umgekehrt.

Eine Entwicklungsaufgabe in der Jugendphase ist es, die innere und äußere Realität wahrzunehmen und aufeinander abzustimmen. Dies bedeutet stetige Arbeit an der eigenen Persönlichkeit, um dieser eine Gestalt (= Identität) zu geben. Die entwickelten Strategien stellen ein Repertoire bereit, auf das im weiteren Leben immer wieder zurückgegriffen werden kann, wenn Anforderungen zu meistern sind.

Dritte Maxime

„Menschen im Jugendalter sind schöpferische Konstrukteure ihrer Persönlichkeit mit einer sich schrittweise erweiternden Kompetenz zur selbstverantwortlichen Lebensführung." (S. 100)

Auch wenn ein Heranwachsender noch nicht das volle Ausmaß an Autonomie und Handlungsfähigkeit entwickelt, ist er zu einer **eigenverantwortlichen Lebensführung** aufgefordert. Diese Eigenständigkeit ist als eine suchende, sich erprobende, aber dennoch aktiv gestaltende Haltung zu erkennen. Sie kennzeichnet einen noch offenen Charakter. Jugendliche reagieren meist sehr schnell auf gesellschaftliche Veränderungen, weil sie selbst noch in Suchbewegungen verhaftet und nicht in Haltungen gefestigt sind.

Vierte Maxime

„Die Lebensphase Jugend ist durch die Herausforderung gekennzeichnet, eine Ich-Identität zu entwickeln. Eine Ich-Identität entsteht aus dem Austarieren von persönlicher Individuation und sozialer Integration, die in einem spannungsreichen Verhältnis zueinander stehen." (S. 101)

Integration: Prozess der Anpassung an die Gesellschaft.

Individuation: Prozess der Entwicklung einer eigenständigen Persönlichkeit, Ablösungsprozess von der Familie. → Hurrelmann, s. S. 44

Über soziale Interaktionsprozesse, in denen Jugendliche sich als handelnde Akteure und auch als Objekte im Austausch mit anderen Individuen wahrnehmen, konstruieren sie ein zunehmend reflektiertes Selbstbild. Es entsteht ein Spannungsverhältnis zwischen **Integration** und **Individuation**. Allerdings ist das Bemühen, diese beiden Seiten erstmals selbst auszubalancieren, eine sehr anspruchsvolle, konfliktanfällige Aufgabe, denn die Ansprüche der Gesellschaft und des Individuums widersprechen sich nicht selten.

Fünfte Maxime

„Der Sozialisationsprozess im Jugendalter kann krisenhafte Formen annehmen, wenn es Jugendlichen nicht gelingt, die Anforderungen der Individuation und der Integration aufeinander zu beziehen und miteinander zu verbinden. In diesem Fall werden die Entwicklungsaufgaben des Jugendalters nicht gelöst und es entsteht ein sich aufstauender Entwicklungsdruck." (S. 103)

Die Balance von Integration und Individuation kann überfordern: Die körperlichen und psychischen Veränderungen laufen nicht immer gleich schnell ab. Gleichzeitig fordert die umgebende Umwelt soziale Anpassungsleistungen: Der Jugendliche muss sich qualifizieren, soll sich an einen Partner binden, ein mündiger Konsument werden und an den gesellschaftlichen Gegebenheiten partizipieren. Ein zumindest zeitweises Scheitern an einer oder mehrerer der parallel verlaufenden Entwicklungsaufgaben ist schnell geschehen, der sog. **Entwicklungsdruck** hoch. Konkret äußern kann er sich z. B. in gesundheitlichen Problemen. Ob der Prozess gelingt, hängt auch von der Unterstützung ab, auf die ein Jugendlicher in dieser Lebensphase zurückgreifen kann.

Entwicklungsdruck: Die verfügbaren Ressourcen bzw. Kompetenzen reichen nicht zur Bewältigung einer Aufgabe aus.

„Um die Entwicklungsaufgaben zu bewältigen und das Spannungsverhältnis von Individuations- und Integrationsanforderungen auszutarieren, sind neben individuellen Bewältigungsfähigkeiten (‚personale Ressourcen') auch soziale Unterstützungsleistungen von den wichtigsten Bezugsgruppen (‚soziale Ressourcen') notwendig. Die Herkunftsfamilie spielt hierbei eine Schlüsselrolle." (S. 104)

Sechste Maxime

Damit der konfliktanfällige Prozess des Ausbalancierens von Integration und Individuation gelingt, müssen eigene Anteile geleistet werden, aber auch Unterstützung von außen. Eine wichtige **personale Ressource** ist eine gewisse psychische Stabilität. Weitere sind z. B. Ehrgeiz oder Neugier. **Soziale Ressourcen** erwachsen aus dem Umfeld, wobei die Herkunftsfamilie hervorzuheben ist. Besonders die Eltern nehmen eine wichtige soziale Vorbildfunktion ein.
Unterstützend wirkt es sich aus, wenn der Jugendliche Spielräume zur Gestaltung seines Entwicklungsweges erhält, anstatt eng geführten Erwartungen der sozialen Umwelt nachkommen zu müssen. Wichtig ist es, als „Leitplanken" strukturierende Mindeststandards zu formulieren, die die Selbstständigkeit fördern, aber dennoch Regeln setzen und die Übernahme von Verantwortung einfordern. Besonders hilfreich ist es, wenn sich die **Unterstützungsangebote** zu einem zuverlässigen **Netzwerk** verbinden.

personale Ressourcen: Fähigkeiten, die im Individuum selbst liegen, wie z. B. Frustrationstoleranz, Leistungsbereitschaft, Wissbegier.

soziale Ressourcen: Unterstützung durch das Umfeld, z. B. die Herkunftsfamilie.

„Neben der Herkunftsfamilie sind Schulen, Ausbildungsstätten, Gleichaltrige und Medien als ‚Sozialisationsinstanzen' die wichtigsten Vermittler und Unterstützer im Entwicklungsprozess des Jugendalters. Günstig für die Sozialisation sind sich ergänzende und gegenseitig anregende Impulse dieser Instanzen." (S. 106)

Siebte Maxime

Institutionelle Sozialisationsinstanzen, z. B. Schule, Sportverein, Jugendfreizeitangebote, unterstützen den Individuations- und Integrationsprozess, indem sie dem Jugendlichen einerseits **Strukturen und Orientierung** bereitstellen, andererseits aber auch **Freiheiten** bieten, die zur Selbstständigkeit anregen. Sie unterliegen der Kontrolle durch die Öffentliche Hand.
Wichtigste informelle Sozialisationsinstanz ist in diesem Alter die **Gleichaltrigengruppe** (Peer-Group). Sie nimmt starken Einfluss auf den Heranwachsenden, der sich zunehmend von der primären Sozialisationsinstanz der Familie ablöst und durch sekundäre Sozialisationsinstanzen beeinflusst wird.
Eine aktuell mächtige Sozialisationsinstanz sind die digitalen Medien, welche starken Einfluss auf Jugendliche ausüben. Probleme entstehen z. B. dann, wenn Instanzen einander widersprechen oder von einer Seite ein unkontrollierter, umfassender Einfluss ausgeübt wird. Auch zu weit gesteckte Spielräume können die Entwicklung erschweren, weil es an Orientierung fehlt.

Achte Maxime

„Die Lebensphase Jugend muss unter den heutigen sozialen und ökonomischen Bedingungen in westlichen Gesellschaften als eine eigenständige Phase im Lebenslauf identifiziert werden. Sie hat ihren früheren Charakter als eine kurze Übergangsphase vom Kind zum Erwachsenen verloren." (S. 107)

Als man zu Beginn des 20. Jahrhunderts damit begann, das Jugendalter als eigenständige Lebensphase zu betrachten, hatte diese noch den Charakter eines zeitlich überschaubaren Übergangs, der nur wenige Jahre umfasste. Heute ist die **Jugendphase** als eine zunehmend lange andauernde Phase in der Biografie eines Menschen anzusehen. Gründe für diese Ausweitung liegen z. B. in verlängerten Ausbildungszeiten (insbesondere im Falle eines Studiums) oder auch darin, dass Heranwachsende nach der Ausbildung noch nicht ins Erwerbsleben eintreten (können) und sich traditionelle Anforderungen an die Übergänge zwischen den Lebensphasen aufweichen – hier ist z. B. die Gründung einer eigenen Familie zu nennen.

Neunte Maxime

„Hoch entwickelte Gesellschaften sind nicht nur durch schnellen sozialen Wandel, sondern auch durch ein großes Ausmaß an sozialer und ethnischer Vielfalt sowie durch immer stärker werdende ökonomische Ungleichheit gekennzeichnet. Diese Merkmale prägen zunehmend auch die Jugendphase und führen zu einer Vielfalt jugendlicher Lebenswelten." (S. 108)

Gesellschaften befinden sich in **ständigen, immer schneller verlaufenden Veränderungsprozessen**, die auch zu einer Ausdifferenzierung von Lebenswelten führen. So tragen z. B. zugewanderte Ethnien zu multikulturellen Gesellschaften mit vielfältigen Verhaltensspielräumen bei. Auch, aber nicht nur infolgedessen existieren **unterschiedliche Lebensstile** nebeneinander und prägen auf ihre Weise das Zusammenleben. **Ökonomische Ungleichheiten** tragen ebenfalls zu gesellschaftlichen Unterschieden bei. Ebenso vielfältig sind die jugendlichen Welten. Von „der (einen) Jugend" kann man in Wahrheit gar nicht mehr sprechen.

Zehnte Maxime

„Die Zugehörigkeit zum weiblichen oder männlichen Geschlecht prägt die Muster der Bewältigung der Entwicklungsaufgaben. In den letzten drei bis vier Jahrzehnten haben sich die Mädchen und jungen Frauen in vielen Bereichen der Lebensführung bessere Ausgangschancen als die Jungen und die jungen Männer erschlossen." (S. 109)

In den zurückliegenden Jahren haben Mädchen bzw. junge Frauen insbesondere im Bildungssektor bessere Erfolge erzielt als Jungen bzw. junge Männer. Gründe hierfür könnten in besseren personalen Ressourcen liegen, wie z. B. Flexibilität, Kreativität, Kommunikationsbereitschaft, Organisationsstärke sowie Leistungsbereitschaft. Zu beobachten ist, dass sich Männer noch immer vorrangig auf eine berufliche Karriere, also ein tradiertes Rollenbild ausrichten, und infolge sich verändernder Geschlechtsrollenerwartungen in ihrer Identität verunsichert sind. Dies könnte dadurch verstärkt werden, dass insbesondere in Kindergärten und Schulen eine Feminisierung zu beobachten ist, die traditionellem männlichen Rollenverhalten nur wenig Raum zubilligt bzw. hinsichtlich heutiger männlicher Identitätsentwürfe kaum Vorbildverhalten erfahrbar werden lässt.

Hinweis: Ursprünglich formulierte Hurrelmann acht Maximen und ergänzte diese dann 2012 um zwei weitere Maximen.

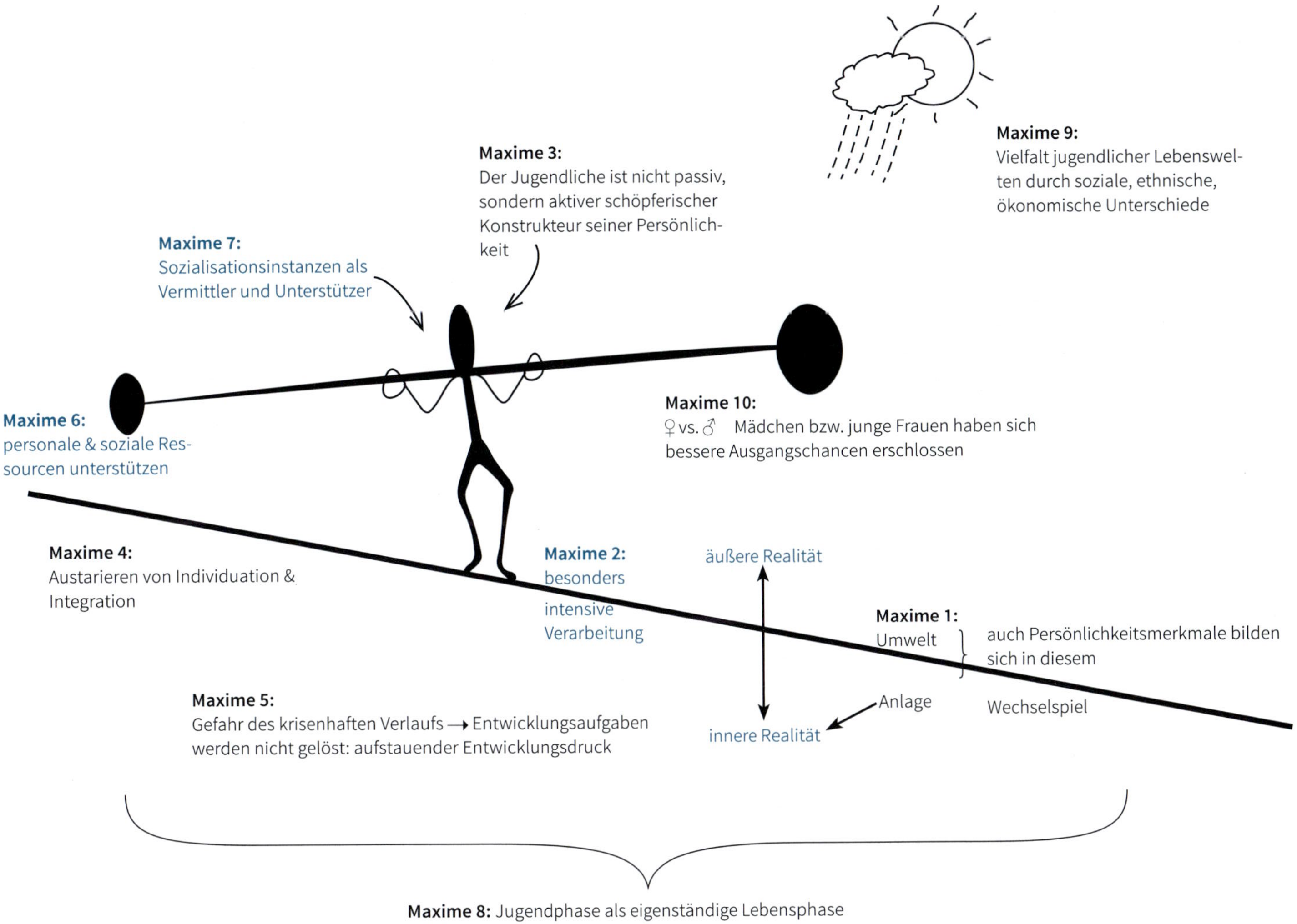

Übersicht: Maximen der sozialisationstheoretischen Jugendforschung

Die vier Entwicklungsaufgaben des Jugendalters

Auch wenn heute kaum noch klar definierte Rollen benannt werden können, deren Übernahme den Eintritt ins Erwachsenenalter markieren, stellen sich dem Jugendlichen doch spezifische Entwicklungsaufgaben. Hurrelmann hat im Jahre 2012 die von ihm begründeten vier Entwicklungsaufgaben des Jugendalters neu gefasst. In den Clustern verschiebt sich der Fokus stärker auf die Eigenaktivität, das biografische Management des Jugendlichen, welches er als Mitglied der Gesellschaft – eingebunden in vielfältige soziale Beziehungen und konfrontiert mit gesellschaftlichen Anforderungen und Widersprüchlichkeiten – verstärkt aufbringen muss.

- **Qualifizieren:** Im Jugendalter müssen intellektuelle und soziale Kompetenzen erworben werden, die es später möglich machen, einen Platz in der Berufswelt einzunehmen und auszufüllen. Konkret schließen viele Jugendliche in dieser Phase ihre Schulausbildung ab und treten in eine Ausbildung oder ein Studium ein.
- **Binden:** Der Jugendliche löst sich emotional von den Eltern bzw. der Familie ab, Gleichaltrige der sogenannten Peer-Group gewinnen demgegenüber an Einfluss. Es wird eine eigene Körper- und Geschlechtsidentität ausgebildet, in deren Folge Liebesbeziehungen mit einem Partner bzw. einer Partnerin möglich werden. Perspektivisch kann eine gesellschaftliche Rolle als Elternteil angestrebt werden.
- **Konsumieren:** Jugendliche verfügen zunehmend über Autonomie. Die Peer-Group nimmt starken Einfluss auf das Freizeit- und Konsumverhalten des Heranwachsenden. Sie entwickeln und verfestigen soziale Kontakte und Entlastungsstrategien innerhalb der Gleichaltrigengruppe.
  Einen ersten Zugang zur gesellschaftlichen Rolle des Verbrauchers erlangen Jugendliche im Umgang mit zahlreichen Medien-, Konsum- und Freizeitangeboten.
- **Partizipieren:** In der Jugendphase wird ein eigenes Werte- und Normensystem ausgebildet. Im Rahmen der zivilgesellschaftlichen, demokratisch gewünschten Mitwirkung an politischen und/oder bürgerschaftlichen Prozessen sollen auch Jugendliche eine begründete Vorstellung darüber entwickeln, was sie als wünschens- und erstrebenswert erachten, wofür sie sich einsetzen und wogegen sie sich ggf. auflehnen wollen. Hat das Individuum davon eine klare und begründete Vorstellung entwickelt, ist die Fähigkeit zur politischen Partizipation gegeben.

Entwicklungsaufgaben in den einzelnen Lebensphasen im Vergleich der Konzepte/Modelle

Entwicklungsaufgaben des Erwachsenenalters

nach **Hurrelmann:** ⦿ Übergang in die Berufsrolle ⦿ Rolle des Familiengründers ⦿ Kultur -/ Konsumentenrolle ⦿ Rolle als politisch partizipierender Bürger	nach **Erikson:** ⦿ Intimität ⦿ Sorge um kommende Generationen/Zukunft ⦿ Integrität	nach **Piaget:** abstraktes Denkvermögen	nach **Kohlberg:** (ggf.) Moralvorstellungen auf einer der Gesellschaft übergeordneten Perspektive

⬆

Entwicklungsaufgaben des Jugendalters

nach **Hurrelmann:** ⦿ Qualifizieren ⦿ Binden ⦿ Konsumieren ⦿ Partizipieren	nach **Erikson:** Erwerb von Ich-Identität	nach **Piaget:** Erwerb abstrakten Denkens	nach **Kohlberg:** Moralvorstellungen innerhalb der Gesellschaft

⬆

Entwicklungsaufgaben des Kindesalters

nach **Schäfer:** Entwicklung der sprachlichen Fertigkeiten	nach **Erikson:** Aufbau von Urvertrauen, Autonomie, Initiative und Werksinn	nach **Piaget:** Entwicklung kognitiver Grundstrukturen	nach **Kohlberg:** grundlegende soziale/moralische Kompetenzen

Die folgende Übersicht zeigt, wie die – zunächst nur beschreibenden – Maximen und Entwicklungsaufgaben in pädagogische Überlegungen oder erziehungspraktische Fragen einfließen können. Konkrete Maßnehmen lassen sich aus dem Modell der produktiven Realitätsverarbeitung nicht ableiten. Jedoch trägt das Modell dazu bei, in der Jugendphase Probleme zu erkennen bzw. darauf zu reagieren.

Maximen	Pädagogische Perspektiven (Beispiele)
Maxime 1	⦿ Unterschiede zwischen den Geschlechtern (biologische Anlage) nicht nivellieren. ABER: Reflektiert mit sozialen Zuschreibungen von typisch „männlichem" und „weiblichem" Verhalten umgehen. ⦿ Eigenes geschlechtsrollenspezifisches Vorbild hinterfragen: Werden Klischees transportiert? Lebt man selbst ein emanzipiertes und gleichberechtigtes Miteinander der Geschlechter vor?
Maxime 2	⦿ Wache Wahrnehmung der inneren Realität: Kann der Heranwachsende z. B. auf relativ stabile psychische Grundstrukturen zurückgreifen oder könnte es hilfreich sein, ihm diesbezüglich Hilfsangebote anzubieten? ⦿ ggf. Unterstützung in der äußeren Realität: Kann der Jugendliche hier auf ein stabiles Netz zurückgreifen? Welche Angebote oder Anregungen wären ggf. hilfreich? ⦿ Hilfe bei Problemen während des Findens einer Balance.

Maximen	Pädagogische Perspektiven (Beispiele)
Maxime 3	⦿ Freiräume bieten, um die eigengesteuerte Lebensführung zu ermöglichen. ⦿ Immer ansprechbar bleiben. ⦿ Vertrauen in die Kräfte des Heranwachsenden zeigen. ⦿ Unerwartete Entwicklungswege tolerieren (sofern keine problematische Devianz vorliegt).
Maxime 4	⦿ Freiräume für die Suche nach Identität bieten, aber trotzdem Grenzen setzen und emotional Halt geben. ⦿ Die Entwicklung nicht durch allzu rigide, einengende Vorgaben einschränken. ⦿ Die Wichtigkeit sozialer Integrationserfahrungen in dem sicheren Wissen respektieren, dass sie zur Entwicklung von Autonomie beitragen.
Maxime 5	⦿ Dem Jugendlichen in Krisensituationen zur Seite stehen.
Maxime 6	⦿ Personale und soziale Ressourcen beobachten und ggf. stützen, z. B. durch stabile Orientierungsmuster.
Maxime 7	⦿ Spielräume für die Entwicklung öffnen.
Maxime 8	⦿ Ein Bewusstsein für die Heterogenität der Anforderungen entwickeln und die individuelle Situation genau anschauen.
Maxime 9	⦿ Abstimmung mit den miterziehenden, institutionellen Instanzen. ⦿ Möglichkeiten der Partizipation gewährleisten, um Meinungsbildung zu ermöglichen und soziale Verantwortung zu fördern. ⦿ Rigide Ab- bzw. Ausgrenzung von Andersdenkenden zumindest infrage stellen, im Idealfall abbauen.
Maxime 10	⦿ Strategien der „Jungenförderung" im Bildungsbereich etablieren. ⦿ Achtsamkeit in Bezug auf gleichwertige Handhabung der Geschlechterrollen wahren.

3.6 Devianz und Aggression/Gewalt im Jugendalter

In diesem Kapitel geht es um die Fragen, was deviantes Verhalten im Jugendalter ist, wie sich dieses äußert und weshalb es entstehen kann. Dabei werden beispielhaft unterschiedliche Modelle und Theorien der Erklärung von deviantem Verhalten beleuchtet.

Devianz: soziologische Bezeichnung für starke Abweichung von der Norm, abweichendes Verhalten.

Normatives Verhalten vs. Devianz

Devianz bedeutet in diesem Zusammenhang, dass das Verhalten eines Individuums von einer (z. B. gesellschaftlichen) Norm abweicht. Gesellschaften handeln über **geteilte Werte und Normen** aus, welche Verhaltensweisen akzeptiert werden und innerhalb welcher Spielräume Verstöße toleriert werden. Westliche Gesellschaften sind zunehmend von einer Wertepluralität und durch Widersprüchlichkeiten gekennzeichnet. Das macht es Heranwachsenden, aber nicht nur diesen, bisweilen schwer, Orientierung zu gewinnen und zu behalten. Grundlegende, formelle Normen sind durch **Gesetze** festgelegt, z. B. Verbote von Raub, körperlicher Züchtigung oder gar der Tötung anderer

zum Identitätsbegriff → Keupp, s. S. 92

Normen, vgl. S. 132

Menschen. **Soziale Normen** sind Teil der sozialen Ordnung und eher informeller Natur. Sie sind gesellschaftlich und kulturell bedingt und bringen die Erwartungen der Gemeinschaft an das Verhalten des Einzelnen zum Ausdruck. Soziale Normen beinhalten konkrete Handlungsanweisungen, die sich auf das Sozialverhalten eines Individuums beziehen. Meist gibt es eine Grauzone an Erwartungsbeschreibungen. Gegen einzelne Normen verstoßen vermutlich alle Individuen zeitweise einmal, und nicht alle Normverstöße unterliegen einer unmittelbaren Sanktionierung, z. B. Unhöflichkeit, unpünktliches Erscheinen o. Ä. Normen verändern sich im Laufe der Zeit allmählich: Gesellschaftliche Bedingungen wandeln sich, z. B. durch technischen Fortschritt und die daran anknüpfende Digitalisierung, durch globalisierte Strukturen, durch Migrationsprozesse u. a. m. Damit verbunden verschieben sich auch die gesellschaftlichen Erwartungen und Toleranzräume. Darüber hinaus gelten Verhaltensnormen nicht immer für alle Teile der Gesellschaft gleichermaßen. So kann es durchaus sein, dass bestimmte Konventionen dessen, was als „normal" betrachtet wird, sich innerhalb von Milieus und Schichten unterscheiden. Bei aller Veränderlichkeit, Grauzonen und letztlich situativer Gültigkeit organisieren Normen gesellschaftliches Zusammenleben. Die **Zuschreibung von** davon abweichendem, also **deviantem Verhalten** ist immer **abhängig von den Kontextfaktoren**

Devianz: Verhalten eines Individuums, welches von einem bestimmten, als normal definierten Standard abweicht.

- historische Verankerung,
- kultureller Rahmen,
- Milieu bzw. Gruppierung innerhalb einer Gesellschaft.

Sozialpsychologische Ansätze zur Erklärung von deviantem Verhalten

Verhaltenserwartungen, die einerseits gesellschaftliches Zusammenleben organisieren, stellen andererseits immer auch eine **Anforderung an das Individuum** dar, ihnen entsprechen zu müssen. Gesellschaftliche Reaktionen tragen mit dazu bei, dass die sozialen Normen eingehalten werden. Sie können, im pädagogischen Sinne, auch als Aufmerksamkeit interpretiert werden. Während Anpassung vielleicht nicht bemerkt wird, erzeugt deviantes Verhalten Aufmerksamkeit. Ist dieser Zusammenhang einmal verstanden, kann Devianz auch intentional, also mit Absicht erzeugt werden. Abweichendes Verhalten kann auch innerhalb des Individuums begründet sein, vielleicht begünstigt durch eine beschränkte Verfügbarkeit oder gänzliches Fehlen bestimmter personeller oder sozialer Ressourcen. Auch gesellschaftliche Kontextbedingungen, etwa zu rigide Vorgaben oder nicht aufzulösende Widersprüche, können Devianz befördern.

Deviantes Verhalten ist prinzipiell **in jeder Lebensphase möglich.** Für das Kindesalter muss einschränkend gesagt werden, dass Kinder ein noch geringes Maß an Autonomie besitzen und ihr Verhalten, abhängig von ihrem kognitiven wie emotional-affektiven und moralischen Entwicklungsstand, noch nicht so umfassend steuern können, als dass man von einem (intentional) abweichenden Verhalten sprechen könnte. Das ändert sich aber mit zunehmender persönlicher Reife im späteren Kindes- und erst recht im Jugendalter. Die Frage nach dem gehäuften Auftreten von Devianz bis hin zur Gewalttätigkeit bei Jugendlichen erklärt sich teils aus dem komplizierten Prozess der Persönlichkeitsentwicklung: Alle Modelle und Theorien beschreiben für diese Phase übereinstimmend intensive Suchprozesse im Bemühen, ein Ich-Bild und eine Verortung im gesellschaftlichen Umfeld zu erreichen. Dieser Prozess ist zahlreichen Gefährdungen ausgesetzt. Misslingen Schritte, kann Devianz eine Folge sein.

Neben den bereits beschriebenen Parametern gesellschaftlicher Veränderungen (Pluralisierung, Individualisierung, Globalisierung, Digitalisierung) ist hier die **Fragmentierung der verfügbaren Identitätsentwürfe** als Gefährdungsfaktor zu nennen. Hurrelmanns fünfte Maxime definiert einen Balanceakt zwischen Integration und Individuation und verweist darauf, dass das Bewältigen der Entwicklungsaufgaben ein **hohes Potenzial des Scheiterns** bereithält. Auch wenn der Jugendliche eine aktive Rolle im eigenen Sozialisationsprozess einnimmt, besitzt er doch noch nicht die volle Autonomie sowie Übersicht über seine Handlungen. Auch die inneren und äußeren Unterstützungsmechanismen müssen erst noch ausgebildet und gefestigt werden.

(Lern-)Psychologische Ansätze zur Erklärung von aggressivem Verhalten

Gewalttätigkeit Jugendlicher lässt sich nie mit einer einzigen Sichtweise oder Theorie erklären. Um zu einer pädagogischen Perspektive zu gelangen, ist es unerlässlich, Einsichten aus unterschiedlichen Ansätzen heranzuziehen. Neben den soziologisch begründeten Erklärungsversuchen sind auch psychologische zu bedenken.

Triebenergie
→ Freud, s. S. 22

Im Rahmen der **Tiefenpsychologie** definierte Sigmund Freud den Menschen als triebgesteuertes Wesen. Während des Sozialisationsprozesses lernt das Individuum, seine angeborenen Triebe zu kontrollieren. Sein oberstes Ziel bleibt jedoch immer die Befriedigung der eigenen Wünsche und Bedürfnisse. Wird es daran gehindert, ruft dies **Gefühle von Unlust** hervor. Gelingt es dem Individuum nicht zu lernen, Unlust auszuhalten, kann sie sich bis in **Hass und Aggressivität** hinein verstärken. Die Aggressionen richten sich dann gegen die Ursache der Unlust. Später differenzierte Freud das Triebmodell aus und beschrieb neben der Libido, dem Lebenstrieb, auch Thanatos, den Todestrieb. Dieser zielt nicht darauf ab, sich selbst zu vernichten, sondern wird auf andere Menschen umgelenkt. Weil Freud Aggressivität als von Natur aus gegebenen Trieb auffasste, musste er annehmen, dass sie nie vermieden, sondern nur kontrolliert werden kann.

Eine etwas weiter gefasste, über das Individuum hinausweisende Erklärung für menschliche Aggressivität stellte **Konrad Lorenz** (1903 – 1989) bereit, der als **Verhaltensbiologe** das Wechselspiel zwischen genetischer und sozialer Prägung unter evolutionären Gesichtspunkten zu deuten suchte. Er nahm an, dass Aggressivität für die Gattung Mensch, wie für andere auch, unter den Anforderungen der Natur schlicht lebenserhaltend war. Lorenz hielt es für möglich, Aggressivität zu kontrollieren, aber für unmöglich, sie zu unterdrücken. Denn dann staue sie sich so lange auf, bis der Mensch förmlich explodiere. Eine Möglichkeit, Aggressivität abzuleiten, sah Lorenz z. B. in sportlicher Betätigung.

Lernpsychologische Ansätze verorten das Entstehen von Aggressionen in der äußeren Erfahrungswelt des Individuums. Erfährt es wenig Bestätigung, sondern vielmehr fortlaufend Frustrationen, kann dies zu aggressivem Verhalten führen. Der Psychologe **Albert Bandura** (geb. 1925) konnte in breit angelegten Studien nachweisen, dass **Aggressivität** im Rahmen sozialer Lernprozesse **erlernt** wird, wenn sie dort als Modell vorgelebt wird. Wo es Anlass gibt, durch Aggressivität Vorteile zu erhalten, entwickelt sie sich als Verhaltensmuster, z. B. wenn ein entsprechendes Vorbild zur Nachahmung bereitsteht oder gewalttätiges bzw. repressives Verhalten belohnt und damit verstärkt wird.

Die hier kurz vorgestellten klassischen Aggressionstheorien sollten zwar beachtet werden, für pädagogisches Handeln können sie allerdings kaum zielgerichtet nutzbar gemacht werden. Die aktuelleren psychosozialen Theorien stellen differenziertere Erklärungen für das Entstehen von Gewalt bereit.

Jugendgewalt im psychosozialen Modell nach Erikson

Identitätsdiffusion (Phase 5)
→ Erikson, s. S. 87

Innerhalb der fünften Phase des psychosozialen Modells beschreibt Erikson das **Gefühl der Haltlosigkeit** bei Jugendlichen, die noch keine halbwegs gesicherte Identität ausbilden konnten. Ist die Suche nach einer Ich-Identität, verstanden als ein stimmiges Selbstbild in sozialer Verortung, das vergangene Identifikationen umschließt und optimistisch in die Zukunft blicken lässt, (noch) nicht beendet, kann sich ein belastendes Empfinden der eigenen Unzulänglichkeit einstellen. So lange der Wunsch nach Eingebundenheit nicht erfüllt ist, kann

Frustration herrschen, die Erikson zufolge zu deviantem Verhalten bis hin zur Kriminalität führen kann. Als eine Form der Devianz, zu beurteilen immer im zeitgenössischen gesellschaftlichen Kontext Eriksons, ist das Unvermögen des haltlosen Jugendlichen zu sehen, eine Berufsidentität zu begründen.
Ferner ist während der Phase intensiver Suche nach einer Ich-Identität **Überidentifikation** mit einer bestimmten Gesellschafts- bzw. Jugendgruppe möglich, die soziale Integration verspricht. Der Heranwachsende versucht, in diesem Rahmen Zustimmung zu erlangen, indem er sich radikal anpasst. Allerdings, und hier liegt die Gefahr für aggressives bzw. deviantes Verhalten, geht mit der Überidentifikation oftmals eine Bekämpfung anderer Tendenzen einher. Menschen, die dem Bild der eigenen Gruppe nicht entsprechen, werden abgelehnt, ggf. bekämpft.
Erikson führt den Zusammenhang der **Delinquenz im Jugendalter** weiter aus, indem er **vier Dimensionen der Identitätsdiffusion** unterscheidet, die die fehlende Bewältigung von Krisen überlagern:

- **Zeitdiffusion:** Der delinquente Jugendliche wird durch das konkrete Vorgehen als Straffälliger davor bewahrt, sich über künftige Pläne Gedanken zu machen.
- **Peinigende Selbstbeobachtung:** Der delinquente Jugendliche identifiziert sich – zumindest vordergründig – so sehr mit der Straffälligkeit, dass er sich gefühlskalt und nicht selbstreflexiv gibt. Gefühle der Reue oder Schuld werden so abgewehrt bzw. nicht gezeigt.
- **Arbeitshemmung:** Der delinquente Jugendliche kann im Erbringen von Leistung keine Befriedigung erkennen. Oft stammen delinquente Jugendliche auch aus Familienbiografien, in denen das Leistungsprinzip keine Würdigung erfährt. Befriedigung wird stattdessen über die Beteiligung an Verbrechen gezogen.
- **Sexuelle Diffusion:** Das Unvermögen zu einer stabilen sexuellen Bindung und wahrer Intimität wird dadurch überlagert, dass männliche Delinquente die Rolle des brutalen Machers vorgeben, weibliche Straftäterinnen sich wahllos und an häufig wechselnde Partner binden.

Durch die genannten Strategien entgeht der Heranwachsende zwar vordergründig den belastenden Gefühlen der Identitätsdiffusion. Aber natürlich gelangt er so nicht zu einer konstruktiven Lösung der Krise „Identität gegen Identitätsdiffusion“. Die eigene Ich-Identität, die als konstruktives und sozial integriertes Selbstbild zu verstehen ist, kann auf diese Weise nicht gefunden werden. Damit entwickelt der Jugendliche im Hinblick auf die noch folgenden Phasen ein **Entwicklungsdefizit**, anstatt im Verständnis Eriksons die Plattform für die Entwicklungsaufgaben des Erwachsenenalters auszubilden.

Als **Präventionsmaßnahme** gegen das Entstehen von übermäßig aggressivem Verhalten bis hin zu Jugendgewalt empfiehlt sich im Sinne Eriksons, das Integrationsbestreben Heranwachsender durch aufrichtigen **Zuspruch der sozialen Umwelt** zu unterstützen. Damit ist nicht gemeint, dass alle Aktivitäten des Heranwachsenden vordergründig gelobt werden sollten. Vielmehr gilt es erzieherisch, die **Stärken des Individuums zu fördern.** Heranwachsende werden so darin bestärkt, dass sie „richtig sind" – was nicht bedeutet, dass sie fehlerlos sind. Es bedeutet, dass es Menschen gibt, die davon überzeugt sind und ihnen dabei helfen, sozial akzeptiert zu sein und ein konstruktives Selbstbild auszubilden. Sollte das Gefühl der Diffusion, von Unzulänglichkeit und Haltlosigkeit, dominieren, weil zurückliegende Entwicklungsdefizite nicht in ein Selbstbild integriert werden können, etwa aufgrund von traumatischen Erlebnissen in der Kindheit, so kann es Aufgabe des erzieherischen Umfeldes sein, den Heranwachsenden zur **Inanspruchnahme professioneller Hilfe** zu ermutigen. Soziale Unterstützung bei der Bewältigung der Krise im Jugendalter kann einer Identitätsdiffusion vorbeugen, woraufhin auch das delinquente Verhalten ausbleibt.

Liegt bereits delinquentes Verhalten vor, überlagert dieses das Gefühl der Identitätsdiffusion, genauer die Auseinandersetzung mit den Dimensionen „Sexualität", „Zeitdiffusion", „peinigende Selbstbeobachtung" und „Arbeitshemmung". Sanktionen, die delinquentes Verhalten in der Regel gesellschaftlich nach sich zieht, sind dieser Auffassung nach durchaus problematisch. Der Jugendliche nutzt die gesellschaftliche Zuschreibung von Delinquenz ja gerade, um seine delinquente Identität zu festigen, weil diese ihn vor der weiteren Identitätsarbeit bewahrt. Verkürzt gesagt: Sanktionen können paradoxerweise das deviante Verhalten festigen. Als **Interventionsmaßnahme** sind Sanktionen, wenn sie denn unvermeidbar sind, generell in **resozialisierende Maßnahmen** einzubetten. Hier sind sozialpädagogische bzw. therapeutische Angebote wichtig, in denen Fachleute gemeinsam mit dem Delinquenten daran arbeiten, hinter die Fassade der Straffälligkeit zu blicken und die Auseinandersetzung mit den Facetten der Identitätsdiffusion anzugehen.

Jugendgewalt im psychosozialen Modell nach Hurrelmann

Die Anforderungen durch die Entwicklungsaufgaben, die Hurrelmann für das Jugendalter beschreibt, und die vorhandenen Kompetenzen zu deren Bewältigung können in einem **Ungleichgewicht** stehen: Der Jugendliche ist überfordert, versucht die Entwicklungsaufgaben zu erfüllen, scheitert aber dabei (vgl. Maxime 5). Gründe hierfür können sowohl in der Person selbst, genauer in der Beschaffenheit ihrer inneren Realität liegen (vgl. Maxime 2) als auch in den zur Verfügung stehenden personalen Ressourcen (vgl. Maxime 6). Sie können aber auch durch die Außenwelt bedingt bzw. begünstigt sein, also durch die äußere Realität (vgl. Maxime 2) sowie die bereitgestellten sozialen Ressourcen (vgl. Maxime 6). Sollte der Jugendliche den Entwicklungsanforderungen nicht nachkommen können, sind negative Folgen, ein „Entwicklungsdruck" (vgl. Maxime 5) bzw. Auswirkungen auf seine Umwelt die Folge. Das Empfinden, die **Erwartungen der Gesellschaft nicht erfüllen zu können**, kann deviantes Verhalten hervorrufen.

idealtypisch: Alle Merkmale einer Klassifikation aufweisend.

Es lassen sich nach Hurrelmann **drei idealtypische Verhaltensmuster** unterscheiden, die, sollten sie dauerhaft umgesetzt werden, die Persönlichkeitsentwicklung des Individuums behindern. In allen drei Varianten wird eine Arbeit an der eigentlichen Problemursache und auch an der eigenen Person verhindert. Integrations- und Individuationsanforderungen (vgl. Maxime 4) lassen sich so nicht balancieren.

- Die nach **außen** gerichtete, „**externalisierende**" Variante:
  Dem Scheitern bzw. dem empfundenen Entwicklungsdruck wird mit **aggressivem Verhalten gegenüber anderen** begegnet. Der Jugendliche spürt Unzulänglichkeit in dem Bestreben, die Entwicklungsaufgaben bzw. einige der damit verbundenen Anforderungen zu lösen. Dadurch wird sein Selbstwertgefühl negativ beeinträchtigt. Um weitere Demütigungen von der eigenen Person fernzuhalten, richtet sich der empfundene Druck nun offensiv nach außen, was fälschlicherweise ein Gefühl der Selbstwirksamkeit bzw. des Erfolgs nach sich ziehen kann. Die **eigentlichen Entwicklungsprobleme** werden dadurch **nicht bewältigt**, neue Probleme durch die Aggressionen und Gewalt gegenüber vermeintlichen Gegnern erzeugt.

- Die **ausweichende**, „**evadierende**" Variante:
  Der Jugendliche versucht, den überfordernden Erwartungen aus dem Wege zu gehen, und vermeidet damit eine Auseinandersetzung mit den eigentlichen Ursachen seines Problems. Sowohl **fremdaggressive** als auch **selbstaggressive Züge** sind charakteristisch. Diese äußern sich z. B. in Suchtverhalten, genauer dem Konsum stoffgebundener (z. B. Alkohol) oder stoffungebundener Drogen und Suchtmittel (z. B. Glücksspiel), und einem häufigen Wechsel sozialer Beziehungen, die die Arbeit an der eigenen Person überlagern.

- Die nach **innen** gerichtete, „**internalisierende**" Variante:
  Der Entwicklungsdruck wird bei dieser Variante nach innen, also gegen die eigene Person, abgegeben. Konkret äußert sich dies z. B. in Isolation, selbstaggressiven Verhaltensweisen, depressiven Stimmungen, psychosomatischen Störungen, Apathie etc. Der Jugendliche macht **eigene Unzulänglichkeiten** für seine Probleme verantwortlich, wendet sich damit aber nicht nach außen, sondern trifft sich selbst.

Entwicklungs-aufgabe	Beispielhafte präventive erzieherische Implikationen
Qualifizieren	– Keinen belastenden Erwartungsdruck aufbauen, indem z. B. konkrete Noten eingefordert werden oder die Eigenaktivität des Jugendlichen unterbunden wird. – Hineindrängen in bestimmte Berufswege vermeiden. – Anteil an Bildungs- und Qualifizierungsleistungen des Jugendlichen nehmen und verlässlich Rückhalt und Hilfestellungen bieten. – Eigene Ansichten mitteilen, ohne aber grundsätzliche emotionale Ebenen zu berühren. – Verfügbarkeit von Ressourcen reflektieren (hohe Abhängigkeit von sozialen, ökonomischen und ethnischen Faktoren) und ggf. ändern, z. B. durch Bereitstellung sozialer Ressourcen. – Jugendlichen in einem ganzheitlichen Verständnis den Zugang zur Welt öffnen.
Binden	– Das eigene Vorbild für Geschlechterrollen und -beziehungen reflektieren. – Die emotionale Ablösung von den Eltern und die Hinwendung zur Peer-Group bzw. den Aufbau von Liebesbeziehungen zulassen, etwa indem Ausgehzeiten verlängert oder flexibler gehandhabt werden. – Akzeptieren, dass Heranwachsende bestimmte Problematiken nicht länger mit den Eltern, sondern mit anderen Bezugspersonen besprechen wollen oder dass sie spezifische Äußerungsformen ihrer Geschlechterrolle finden. – Grenzen setzen, um Orientierung zu geben: Konkret müssen etwa nicht alle Ideen hinsichtlich der Gestaltung der Freizeit akzeptiert werden, dürfen Regeln und Absprachen des Miteinanders, z. B. verlässliche Zeiten häuslicher Anwesenheit, formuliert sein. – Weniger kontrollierbar ist der Einfluss der sog. heimlichen Instanzen wie der Medien. Erziehende sollten die Mediennutzung Jugendlicher partiell begleiten.
Konsumieren	– Freizeit-, Medien- oder Kleidungskonsum ernstnehmen, aber nicht bedingungslos akzeptieren. Ökonomische Ungleichheit und Statusfunktionen thematisieren. – Vorbildverhalten reflektieren und ggf. ändern. – Einfluss der Peer-Group im Blick behalten. – Handlungsspielräume eröffnen bzw. Ressourcen bereitstellen, z. B. als monatliches Finanzbudget. Begleitung bei der Handhabung: Ausgabenplanung etc. – Schule: Auf Risiken des Konsums hinweisen, Mechanismen der Werbebranche erklären, Suchtverhalten thematisieren. – Reflektion darüber, dass ökonomische Gegebenheiten die Nutzungsmöglichkeiten des Warenmarktes sehr unterschiedlich eröffnen.
Partizipieren	– Politische Teilhabe setzt ein eigenes Wert- und Normensystem voraus. Erziehende können Hintergründe von Verhaltensweisen und Ansichten diskutieren, sodass Heranwachsende begründete moralische Vorstellungen entwickeln. – Empfinden der Selbstwirksamkeit durch Erfolgserlebnisse stärken. – Kennenlernen demokratischer Strukturen und Erfahren von politischer Bildung auch über außerfamiliale Sozialisationsinstanzen. – Schule: Einräumen von Partizipationsmöglichkeiten, die die aktive Rolle des Individuums stützen, aber auch berücksichtigen, dass noch nicht das volle Ausmaß an Autonomie erreicht ist.

3.7 Wilhelm Heitmeyer: Eine soziologische Erklärung von Gewalt

Kurzsteckbrief: Person und Forschungsanliegen

- Wilhelm Heitmeyer (geb. 1945) ist Professor für Pädagogik mit Schwerpunkt Sozialisation. Er ist Direktor des Instituts für interdisziplinäre Konflikt- und Gewaltforschung in Bielefeld.
- Heitmeyer beobachtet die sozialen Entwicklungen in Deutschland und hat umfangreiche Forschungen über rechtsextremistische, gewaltbereite Menschen bzw. deren Haltungen durchgeführt und analysiert, welche Gruppen dafür besonders gefährdet sind.

Grundannahmen

- Heitmeyer begründet **Gewaltentstehung durch gesellschaftliche Prozesse.** Er geht davon aus, dass es Lebensbedingungen gibt, die die Gewaltbereitschaft strukturell erhöhen.
- Prozesse der gesellschaftlichen **Individualisierung** erhöhen zwar die Entscheidungsfreiräume, aber paradoxerweise auch den Druck auf den Einzelnen. Dieser erlebt zudem, dass er austauschbar ist und z. B. im Arbeitsleben von außen gesetzte Anforderungen erfüllen muss, was das Empfinden der Selbstwirksamkeit beschädigt.
- **Ungleichheit** ist nicht dasselbe wie **Ungleichwertigkeit**. Ungleichheit entsteht infolge struktureller Entwicklungen, wie z. B. sich verändernden Arbeitsmärkten und Einkommenschancen. Die materiellen Lebensbedingungen sind infolgedessen unterschiedlich. Wird diese Ungleichheit damit gerechtfertigt, dass Menschen unterschiedlich viel „wert" sind, droht Ausgrenzung. Unüberwindbare Desintegrations- und Verunsicherungserfahrungen können sich unter bestimmten, individuellen Voraussetzungen und sozialen Umständen in gewalttätigem Verhalten äußern.

Ungleichheit vs. Ungleichwertigkeit

Formen jugendlicher Gewalt

Heitmeyer konstatiert, dass Jugendgewalt da zunimmt, wo der strukturelle Druck hoch ist und wo junge Menschen Aggressivität als legitimes Mittel kennen gelernt haben, um ihre Interessen durchzusetzen. Gewalt gedeiht Heitmeyer zufolge in bestimmten Milieus und unter dem Einfluss bestimmter Lebensbedingungen besonders gut. Er unterscheidet vier unterschiedliche Gewaltformen:

Gründe für Gewalt

- **expressive Gewalt:** Jugendliche suchen Aufmerksamkeit, z. B. durch gezielte Tabuverletzungen: Sie heben die eigene Relevanz hervor und vernachlässigen die Opfer.

- **instrumentelle Gewalt:** Gewalt wird als Mittel zur Lösung von Problemen genutzt.
- **regressive Gewalt:** Gewalt als Gruppentun richtet sich gegen andere Gruppen, z. B. bestimmte Ethnien oder Nationen.
- **autoaggressive Gewalt:** Selbstverletzung wird dann ausgeübt, wenn sich keine anderen Auswege zeigen.

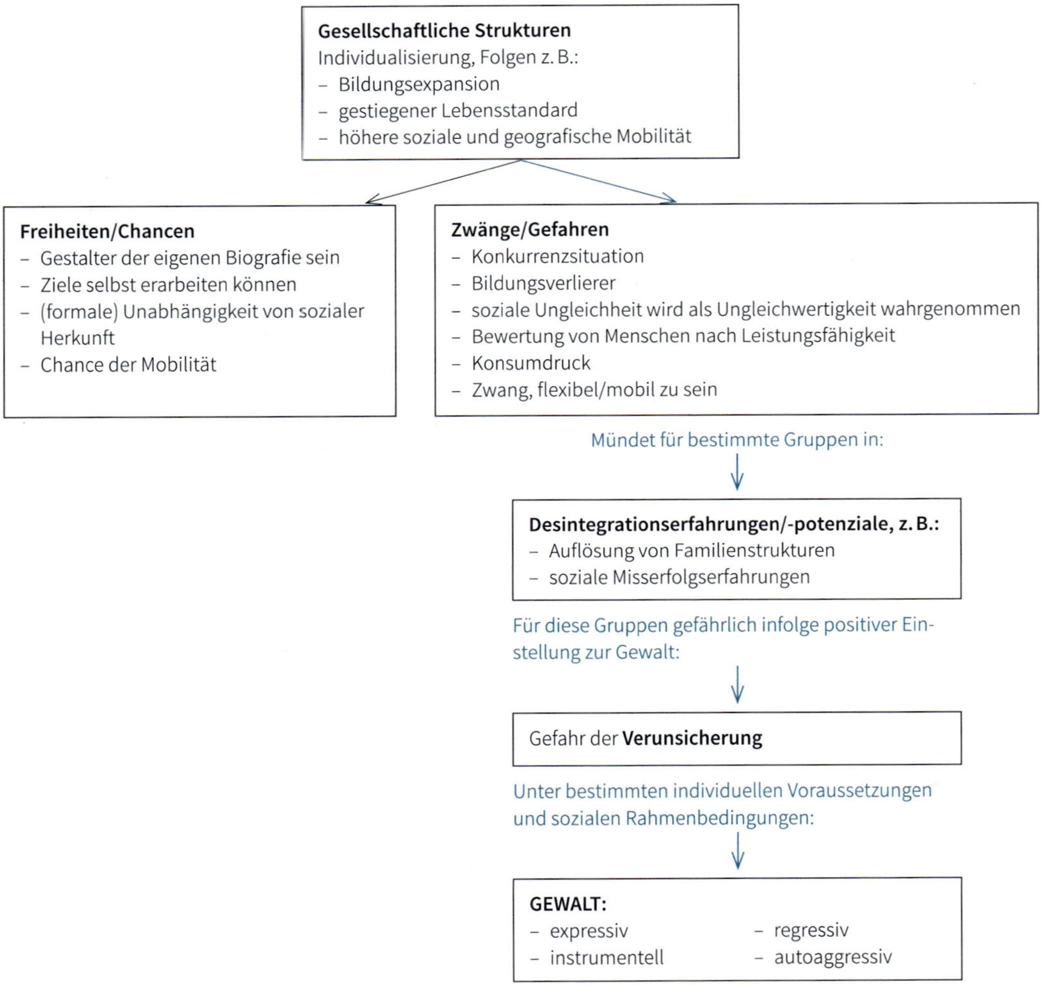

Gewaltentstehung nach W. Heitmeyer

3.8 Die Jugendphase in systemischer Sicht

Die systemische Sichtweise auf Entwicklungs- und Ablösungsprozesse im Jugendalter betrachtet die Wechselwirkungen und Dynamiken zwischen den Einheiten eines Systems, z. B. innerhalb des Systems der Familie. Daran anknüpfend kann nach erzieherischen Implikationen gesucht werden: Wie können Jugendliche aus systemischer Sicht unterstützt und wie kann gleichzeitig das System der Familie trotz der entwicklungsgemäßen Veränderungen stabilisiert werden?

das System „Familie“
→ Stierlin, s. S. 47

Grundannahmen systemischer Familienbetrachtung

Aus systemischer Sicht betrachtet, werden bestimmte Auffälligkeiten, z. B. deviantes Verhalten im Jugendalter, nicht als problematische Verhaltensweisen, sondern wertneutral als **Symptome** beschrieben. Diese **nicht defizitorientierte Beschreibung** beinhaltet auch die Annahme, dass ein gezeigtes Symptom durchaus eine stabilisierende Funktion für das System, etwa die Familie des Symptomträgers, besitzen kann. Es lässt sich die konstruktivistische Annahme erkennen, dass Wahrheit nicht an sich existiert, sondern Menschen bzw. Systeme nach ihren eigenen Gesetzmäßigkeiten und Realitäten funktionieren. Eine objektive Bewertung von Verhalten ist in diesem Sinne nicht möglich.

Beispiel

Das Ehepaar Müller wird in die Schule einbestellt, da der gemeinsame Sohn aggressives Verhalten gezeigt habe. Wieder sei ein Schüler von ihm auf dem Schulhof grundlos geschlagen worden. Die Ehe der Müllers ist ebenfalls seit geraumer Zeit hoch konfliktgeladen. Auch eine Scheidung wurde schon diskutiert. Abgesehen von ihren Streitigkeiten reden die Eheleute Müller nicht mehr häufig miteinander. Nun allerdings veranlassen die gemeinsamen Sorgen um das Verhalten des Sohnes bzw. die Gespräche in der Schule die Ehepartner dazu, wieder in den Dialog miteinander einzutreten. Die Eheprobleme sind durch das auffällige Verhalten des Sohnes in der Schule derzeit in den Hintergrund gerückt.

>>

Im systemischen Ansatz wird primär nach der Funktion (und nicht nach der Ursache) des gezeigten Verhaltens für das System gefragt. Das Verhalten des Symptomträgers ergibt dabei für das System durchaus Sinn: Es ist sein Weg, um das jeweilige System in dem Moment (unbewusst) zu stabilisieren – auch wenn die eigene Persönlichkeitsentwicklung durch das gezeigte Verhalten beeinträchtigt wird. Aus therapeutischer Sicht bietet es sich in der Regel an, alle Einheiten des Systems, z. B. alle in Beziehung miteinander stehenden Familienmitglieder, und die **Dynamiken** zwischen diesen Einheiten zu betrachten, anstatt den Fokus nur auf den Symptomträger zu richten und zu fragen, weshalb dieser – losgelöst von seinen sozialen Beziehungen – ein Verhalten wie beispielsweise Gewalt zeigt. Die Anschlussfrage, die sich in der zukunftsgerichteten Therapie daraus ergibt, ist, wie sich das System bzw. die einzelnen Mitglieder zukünftig verändern müssten, damit das gezeigte, mitunter stabilisierende, Verhalten überflüssig werden und verschwinden könnte.

Das System der Familie und die Prozesse im Jugendalter

Familien mit Kindern im Jugendalter stehen vor der Anforderung, die (emotionale) Ablösung des Heranwachsenden in das System zu integrieren und damit ein neues Verhältnis zueinander aufzubauen. Nach Helm Stierlin kennzeichnen **zwei gegensätzliche Prozesse** mit entsprechenden komplementären Systemkräften und Auswirkungen **Familien mit Kindern im Jugendalter**:

Prozess	**Individuation als Ablösung von den Eltern**	**Delegation als das Bestreben, elterlichen Vorgaben nachkommen zu wollen**
dazugehörige Systemkraft	**zentrifugale Kräfte** als nach außen wirkende, d. h. aus dem System ziehende Antriebe	**zentripetale Kräfte** als nach innen, d. h. in das System hineinziehende Antriebe
Überwiegen führt zu	**Überindividuation** als ein Zuwenig an Bindung mit Haltlosigkeit als Folge	**Unterindividuation** als ein Zuviel an Bindung unter Vernachlässigung eigener Entwicklungsaufgaben

Jugendliche befinden sich in dem spannungsreichen Prozess, die gegensätzlichen Implikationen von Individuationsbestrebungen und Delegationsansprüchen vereinen zu müssen.

Problematisch hinsichtlich der Bearbeitung eigener Entwicklungsaufgaben ist es einerseits, wenn das Familiensystem ein Zuviel an Bindung verlangt, Individuationsbestrebungen des Jugendlichen z. B. durch rigide Verbote oder Schuldzuweisungen stark unterdrückt werden. Die **zentripetalen Kräfte** wirken hier sehr stark. Die resultierende **Unterindividuation** verhindert, dass Jugendliche sich als Individuum frei entwickeln und sich hinreichend um eigene Entwicklungsaufgaben kümmern können und hat aus systemischer Sicht häufig **psychosomatische Störungen** wie beispielsweise Essstörungen zur Folge. Andererseits ist es ebenso problematisch, wenn die **zentrifugalen Kräfte** stark dominieren und eine Vernachlässigung des Heranwachsenden bzw. ein zu starkes Ausstoßen des Jugendlichen aus dem Familiensystem erfolgt. Dieser erhält so keine Halt- und Orientierungspunkte, ist seiner Familie z. B. keinerlei Rechenschaft schuldig, kann wegbleiben, solange er will, und gehen, wohin er will o. Ä. Eine **Überindividuation** hat aus systemischer Sicht eher **psychosoziale Störungen** wie beispielsweise Gewalt und Suchtverhalten zur Folge.

Zu berücksichtigen ist auch, dass elterliche Vorgaben durchaus in sich widersprüchlich oder inkonsistent sein können, beispielsweise wenn sich Elternteile in ihrer Grundhaltung nicht einig sind, der eine z. B. zur Loslösung ermutigt, der andere aber Erwartungen oder gar Vorwürfe formuliert, die entsprechende Ablösungsbewegungen des Jugendlichen behindern. Ferner kann sich auch eine Person als wenig verlässlich in ihrer Haltung und damit als wenig Halt bietend zeigen: Sie trägt dann z. B. zeitweise die (emotionale) Ablösung mit und wehrt sich dann wieder dagegen. Anknüpfend an problematische Wirkungsprozesse innerhalb von Familiensystemen werden drei idealtypische Familienformen unterschieden, die problematische Folgen für die Systemmitglieder bzw. die Integration von Individuation und Delegation besitzen.

problembehaftete Familienformen (idealtypisch):
- symbiotische/verstrickte Familie
- ausstoßende/vernachlässigende Familie
- ambivalente Familie

→ vgl. S. 53

Um Konflikte zu vermeiden, die den suchenden Jugendlichen wie das Gesamtsystem Familie enorm belasten können, sollten **Individuation** und **Delegation** bzw. das Wirken der zentrifugalen und zentripetalen Kräfte sich in einem harmonischen, aber nicht statischen Gleichgewicht befinden. Stierlin nennt hier den Begriff der **bezogenen Individuation:** In einem gesunden Familiensystem ist auf der einen Seite das Loslösen vom Familiensystem erlaubt, auf der anderen Seite sind die Systemmitglieder aber auch aufeinander bezogen und begreifen sich als Einheit. Ein derart dynamisches und flexibles System befindet sich in einem Zustand ausgeglichener Harmonie, der sog. **Homöostase**.

bezogene Individuation
→ vgl. S. 52

Die Ablösungsprozesse im Jugendalter bringen umfassende Veränderungen für die Dynamiken des Familiensystems mit sich. Es gilt, sowohl eine Ausstoßung des Jugendlichen als auch eine zu rigide Bindung an das Familiensystem mit den je spezifischen Folgen für dessen Persönlichkeitsentwicklung zu vermeiden. Eltern und evtl. weitere Einheiten des Familiensystems sollten also die **Individuationsbedürfnisse des Jugendlichen** berücksichtigen.

In erzieherischer Hinsicht bedeutet dies, dass Freiräume eröffnet werden müssen, die es dem Jugendlichen erlauben, zunehmend autonom auch Erfahrungen außerhalb der Familie zu machen. Eine verstärkte emotionale und zeitliche Zuwendung zur Peer-Group sollte beispielsweise akzeptiert werden, Jugendlichen hier auch ein gewisses Maß an autonomem Agieren zugestanden werden – ohne Rechenschaftspflicht zu fordern. Entwicklungsbedürfnisse eines Jugendlichen auch unter Beachtung der **Generationsgrenzen** innerhalb des Familiensystems zu respektieren, heißt, dass bestimmte Konstellationen vermieden werden müssen:

- sog. **Parentifizierung:** Übernahme elterlicher System-Aufgaben, z. B. durch dauerhafte Verantwortung für kleinere Geschwister,
- sog. **Triangulation:** Einbinden des Jugendlichen in elterliche Konflikte, ihn zur Parteinahme zwingen.

Triade
→ vgl. S. 53

Beide Prozesse verhindern, wenn sie dauerhaft bestehen, dass der Jugendliche sich auf eigene Entwicklungsbedürfnisse einlassen kann.
Individuationsbestrebungen zuzulassen und zu respektieren, bedeutet keineswegs, eine gleichgültige, allzu permissive erzieherische Haltung zu pflegen. So benötigt der Heranwachsende durchaus emotionalen Rückhalt und profitiert von präsenten Erziehenden, die ihm im Sinne der bezogenen Individuation im Ablösungsprozess zur Seite stehen und eine Bezogenheit auf einem neuen Niveau zulassen können. Wichtig ist hierbei eine **konsistente erzieherische Haltung**, die Verwirrung vermeidet, etwa heute den ersten Urlaub des Sohnes/der Tochter fernab der Kernfamilie mit Gleichaltrigen unterstützt, morgen aber diesbezüglich an das schlechte Gewissen des Jugendlichen appelliert, der die Zeit der schönen gemeinsamen Familienurlaube nun beende.

permissiv: alles erlaubend; gegen **restriktiv:** wenig/nichts erlaubend

3.9 Medienerziehung

In diesem Abschnitt geht es um die Fragestellung, welchen Einfluss Medien, insbesondere digitale, auf die Identitätsfindungsprozesse im Jugendalter nehmen:

- Welchen Beitrag leisten Social Media hinsichtlich des Bestrebens, ein individuelles Selbstbild zu begründen, welchem ebenso eine soziale Verortung entspricht?
- Welche Risiken und welche Chancen ergeben sich für den Prozess der Identitätsbildung und welche Implikationen ergeben sich hieraus für Erziehende?

Hier sollen exemplarische Einflussgrößen auf die Identitätsfindung Jugendlicher dargestellt und in ihrer pädagogischen Relevanz beleuchtet werden.

Social Media als Plattform für Selbstdarstellung und Fremdwahrnehmung

Ausgehend von der Identitätsvorstellung psychosozialer Modelle eines konsistenten Selbstbilds in sozialer Verortung, muss man fragen, inwieweit Medien zur dessen Ausbildung positiv beitragen oder ob sie auf die jugendlichen Suchbewegungen im Gegenteil negativ wirken. Bei dem Balanceakt von Jugendlichen zwischen inneren und äußeren Ansprüchen handelt es sich um einen anspruchsvollen und damit auch **störungsanfälligen Prozess**. Entscheidend dabei ist, dass sich das soziale Bezugsfeld zunehmend ausdehnt und insbesondere die **Peer-Group** zu einer entscheidenden Einflussgröße wird. Fragen nach dem eigenen Erscheinen in den Augen der anderen und nach der Entsprechung der eigenen Sichtweise mit derjenigen der Außenwelt gewinnen an Relevanz.

Für diese **Suchprozesse nach sozialem Feedback und Selbstversicherung** werden digitale Medien, teils exzessiv, genutzt: Es ergeben sich Chancen für die Konstruktion eines individuellen Identitätsbildes, weil der Nutzer gezielt die Informationen bzw. Dateien und Daten preisgeben kann, die dem eigenen Anspruch an die personale Identität entsprechen. Dabei ist zumeist eine **zeitliche Distanz** gegeben, d. h. beispielsweise, dass der User etliche Bilder, Videos, Statusmeldungen etc. erstellen und wieder verwerfen kann, bis schließlich (nur) die Meldungen bzw. Dateien gepostet werden, die dem eigenen Anspruch an das Selbstbild entsprechen. Identitätsentwürfe lassen sich so ein Stück weit konstruieren und austesten. Diese Auseinandersetzung mit der eigenen Person kann helfen, das eigene Selbst besser zu erfassen.
Ferner eröffnen sich Möglichkeiten für die **soziale Verortung der Identität**. Zunächst erlauben soziale Medien schlicht das Pflegen von Kontakten über Chats, Messenger-Dienste etc. Das Annehmen von Freundschaftsanfragen und Gruppenbeitritte sorgen für eine Herstellung von Zugehörigkeiten. Ferner erfahren die bereitgestellten Fotos, Profile, Videos etc. eine soziale Bewertung: Über „Likes", Kommentare und Ähnliches erlangen diese eigenen Veröffentlichungen, hier verstanden als **Identitätsangebote an die Umwelt**, eine direkte soziale Bewertung in Form von Feedback. Der Einzelne versichert sich in diesem Verständnis rück, ob die selbst **bereitgestellten Identitätsentwürfe** eine soziale Akzeptanz erfahren.

Chancen für die Identitätskonstruktion:

für die eigene Identitätszuschreibung (personale Identität)	**für die soziale Verortung der Identität (soziale Identität)**
Inszenierung und Austesten von eigenen Identitätsentwürfen durch das Hochladen von Fotos, Gestalten von Profilseiten auf sozialen Plattformen, Posten von Videos, Erlebnissen und Informationen.	Pflegen von Beziehungen über Chats, Kommunikation über soziale Netzwerke, Messenger-Dienste, Videoportale etc.
Gezieltes Preisgeben und Zurückhalten von Informationen, die den eigenen Ansprüchen an die Identität genügen bzw. nicht genügen mithilfe einer zeitlichen Distanz.	Zuspruch, „Likes", für veröffentlichte Fotos, Videos etc., die ein soziales Feedback auf die eigenen Identitätsangebote darstellen.
Über die Konstruktion eines Identitätsentwurfes im Web setzt sich das Individuum mit der eigenen Person auseinander und kann sich selbst erfassen.	Freundschaften sowie Gruppenbeitritte in sozialen Netzwerken als Herstellung von sozialen Zugehörigkeiten.

Mit dem Zugänglichmachen von Informationen über die eigene Person und im Zuge der Bewertungen durch die mediale Umwelt können aber auch **Risiken** hinsichtlich der individuellen Identitätskonstruktion in sozialer Verortung verbunden sein. So ist fraglich, wie viel die mitunter sorgfältig ausgewählten Informationen und persönlichen Daten mit der tatsächlich außerhalb des Mediums existierenden Persönlichkeit zu tun haben. Ist die Überschneidung hier überhaupt noch realitätskonform oder inszeniert der Einzelne über Social-Media-Plattformen vielmehr eine Schein-Identität, die mit der realen Person kaum

etwas gemein hat? Wenn dies der Fall ist, ist es zumindest fraglich, ob die Nutzung der medialen Möglichkeiten einen tatsächlichen Beitrag zur personalen Entwicklung der Identität leistet – schließlich ist die Übertragung auf reale Lebenszusammenhänge kaum möglich, wenn die virtuelle Person eine gänzlich andere darstellt. Ferner ist dann auch der eventuell erfahrene soziale Zuspruch in Form von positiven Rückmeldungen zu Bildern, Posts, veröffentlichten Videos etc. nur eingeschränkt hilfreich für den Aufbau einer sozialen Identität, wenn das Feedback doch eher einer virtuell erschaffenen Persönlichkeit als der real existierenden eigenen gilt.
Weil die Arbeit an der eigenen Identität zumindest teilweise öffentlich wird und Empfänger niedrigschwellig Feedback in Form von Kommentaren äußern können, ist natürlich auch die Gefahr gegeben, sehr negative soziale Rückmeldung über die eher anonyme Kommunikationsform des Webs zu erhalten. Abschätziges Feedback mag viel unzensierter geäußert werden, wenn das Gegenüber nicht real anwesend ist.
Eine weitere Gefahr besteht in der Möglichkeit, dass virtuelle Kontakte bzw. Freundschaften von einem gänzlich anderen Verständnis als reale geprägt sein können. So kann eine Person sicherlich zahlreiche „Freunde" oder „Follower" etc. im medialen Bereich besitzen, die Frage, inwiefern dieser virtuelle Zuspruch aber überhaupt übertragbar auf reale Lebenszusammenhänge und damit dienlich für den Aufbau einer sozial verhafteten Persönlichkeit ist, bleibt somit fraglich.

Risiken für die Identitätskonstruktion:

hinsichtlich der eigenen Identitätszuschreibung (personale Identität)	hinsichtlich der sozialen Verortung der Identität (soziale Identität)
wenige Überschneidungen zwischen der real existierenden Person und der virtuell inszenierten, da Beiträge wie Fotos, Videos etc. sorgfältig ausgewählt oder nachbearbeitet sein können etc.	Beziehungen über Chats, soziale Netzwerke etc. haben ggf. wenig mit real existierenden Freundschaften/Kontakten gemein und sind damit in ihrem Beitrag für eine soziale Verortung fraglich.
Konstruktion einer „Schein-Identität" im virtuellen Raum, statt Auseinandersetzung mit dem realen Selbst.	Zuspruch für geteilte Fotos, Videos etc. gilt ggf. einer im Internet konstruierten „Schein-Identität", die mit der real existierenden Persönlichkeit wenig gemein hat, sodass soziales Feedback nur wenig nutzbar für die tatsächliche Person ist. Gefahr, mit sehr negativem Feedback umgehen zu müssen. Schließlich können Beleidigungen etc. eher anonym, zumindest ohne direkte Kommunikation wie im realen Raum geäußert werden.

Identitätsbegriff
→ Keupp, s. S. 91

Im Zusammenhang komplexer Gesellschaftsstrukturen, die durch Pluralisierungs-, Fragmentierungs- und Individualisierungstendenzen gekennzeichnet sind, stellt sich die Frage, ob Selbstinszenierungen im Internet auch deshalb so beliebt sind, weil sie einen Beitrag leisten können, Unsicherheiten zu bewältigen. Wenn die umgebende Welt bzw. die Bedingungen des Aufwachsens durch komplexe Unsicherheiten und Herausforderungen geprägt sind, kann es umso entscheidender sein, die eigene Identität zu klären – selbst wenn davon ausgegangen wird, dass es heutzutage nur um situative Gültigkeiten in einer jeweiligen Lebensphase gehen kann. Wenn die Arbeit an der eigenen Sicht auf sich selbst sowie die soziale Rückversicherung also immer entscheidender werden, um **Haltepunkte in komplexen Zeiten** zu erhalten, dann liegt es nahe, dazu auch die niedrigschwelligen Möglichkeiten zu nutzen, die im Internet angeboten werden.

Die vielfältigen Angebote neuer Medien sind aus dem Leben Jugendlicher nicht wegzudenken. Erzieherische Bemühungen, die entsprechende Formate undifferenziert als gefährdend abtun, sind mit der Realität Jugendlicher kaum vereinbar. Sollten Erziehende also vor dem Hintergrund der Chancen und Risiken die Mediennutzung ihrer Kinder kontrollieren? Sinnvoller erscheint hier der Begriff der **Begleitung**. Diese kann etwa (schulische wie häusliche) Gespräche über Aktivitäten im Internet, über Möglichkeiten und Gefahren von Veröffentlichungen persönlicher Daten sowie (gemeinsam erstellte) altersgemäße Regeln für den Umgang mit Medienangeboten umfassen. Voraussetzung ist natürlich, dass Erziehende sich mit den vom Heranwachsenden genutzten, medialen Angeboten auseinandersetzen, um beispielsweise einschätzen zu können, inwiefern Datenschutzargumente oder weitere Gefahren berücksichtigt und eingefordert werden sollten.
Dieser Einforderung eines kritischen Medienumgangs widerspricht es nicht, dass auch die Möglichkeiten medialer Welten – z. B. für die Identitätskonstruktionsarbeit – wertgeschätzt und zugestanden werden sollten, auch wenn sich diese ggf. der eigenen Perspektive entziehen. **Grenzen** einer entsprechend offenen, aber wachsamen erzieherischen Haltung sind erreicht, wenn z. B. Zeiten der Mediennutzung unangemessen hoch werden, der Jugendliche sich offensichtlich abhängig von sozialen Feedbackprozessen macht, reale Kontakte jedoch stark einschränkt, oder wenn eine unreflektierte Haltung mit der Veröffentlichung sensibler persönlicher Daten auffällt. In einem solchen Fall kann sich auch die Beratung durch sozialpädagogisches oder therapeutisches Fachpersonal als konstruktiv erweisen.

Überblick

Fortsetzung zu S. 84: Modelle zur Beschreibung der Entwicklung ab dem Jugendalter

Erikson: Stufen der psychosozialen Entwicklung in der Jugend und im Erwachsenenalter

- Identität vs. Identitätsdiffusion (Jugendalter) → Empfehlung: Moratorium
- Intimität und Isolation (frühes Erwachsenenalter)
- Generativität vs. Stagnation (mittleres Erwachsenenalter)
- Integrität vs. Verzweiflung/Ekel (Alter)

Modelle zur Beschreibung des Sozialisationsprozesses

Keupp: Patchwork-Identität als Entwicklungskonzept

Identität als lebenslange Anpassungsleistung an sich verändernde Umweltbedingungen (Ziel → Herstellen von Kohärenz = eines sinnvollen Zusammenhangs von Teilidentitäten):

- innere Dimension der Identitätsarbeit (Fokus = eigene Person): Verbinden der Teilidentitäten zu einem sinnvollen, authentischen Selbstbild.
- äußere Dimension (Fokus = Umwelt): Anpassung an die gesellschaftlichen Erwartungen insoweit, als diese soziale Anerkennung, Teilhabe und individuelle Handlungsfähigkeit ermöglichen.

Hurrelmann: Maximen der produktiven Realitätsverarbeitung

1. Maxime: Persönlichkeit entwickelt sich im Wechselspiel von Anlage und Umwelt.
2. Maxime: Im Jugendalter werden in produktiver Verarbeitung innerer und äußerer Realität lebenslang wirksame Muster der Persönlichkeit ausgebildet.
3. Maxime: Menschen im Jugendalter konstruieren ihre Persönlichkeit selbst und erwerben dabei die Kompetenz zu einer eigenverantwortlichen Lebensführung.
4. Maxime: Zentrale Herausforderung ist in der Jugend die Ausbildung einer Ich-Identität durch Herstellen einer Balance zwischen sozialer Integration und persönlicher Individuation.
5. Maxime: Gelingt es nicht, die Prozesse der Integration und der Individuation in Einklang zu bringen, werden die Entwicklungsaufgaben des Jugendalters nicht gelöst. Folge: Sich aufstauender Entwicklungsdruck. Entwicklungsaufgaben: Qualifizieren, Binden, Konsumieren und Partizipieren.
6. Maxime: Die Bewältigung der Entwicklungsaufgaben erfordert personale (eigene) Ressourcen und soziale Ressourcen (zentral: Familie).
7. Maxime: Gesellschaftliche Sozialisationsinstanzen unterstützen den Prozess (z. B. Schule, Peer Group).
8. Maxime: Jugend ist in (westlichen) Gesellschaften eine eigene Lebensphase.
9. Maxime: Hoch entwickelte, moderne Gesellschaften sind durch vielfältige Lebenswelten gekennzeichnet.
10. Maxime: Geschlechtsrollenidentität beeinflusst Bewältigung von Entwicklungsaufgaben.

Stierlin: Systemische Familientherapie

Das System der Familie, ihr Zusammenwirken als Einzelpersonen, beeinflusst die Identitätsentwicklung. „Verhalten" ist dabei immer (nur) „Symptom", ohne defizitorientierte Bewertung. Verhalten kann nur in diesem System verstanden und beeinflusst werden.

Positionsvergleich: Erklärung von deviantem Verhalten/Aggressivität

sozialpsychologisch	Devianz kann eine Folge misslungener Anpassung an gesellschaftliche Erwartungen sein.
psychologisch/ lernpsychologisch	**Tiefenpsychologie** (Freud): Unmöglichkeit von Triebbefriedigung kann in Aggressivität/Hass münden. **Verhaltensbiologie** (Lorenz): Aggression ist ein biologischer Überlebenstrieb. **Lernpsychologie** (Bandura): Aggressives Verhalten wird gelernt.
psychosozial	**Erikson:** Devianz ist eine Folge von Identitätsdiffusion. **Hurrelmann:** Devianz ist eine Folge des Unvermögens, gesellschaftlichen Erwartungen entsprechen zu können.
soziologisch	**Heitmeyer:** Gewalt wird durch gesellschaftliche Strukturen bzw. Erfahrungen fehlender Integration hervorgerufen.

Werte, Normen und Ziele in Erziehung und Bildung

4

In diesem Kapitel werden zentrale Begriffe der Erziehungswissenschaften in ihrer historischen Entwicklung erklärt. Zielvorstellungen von Erziehung sind immer an die historischen Rahmenbedingungen gebunden. Die Philosophen der Aufklärung öffneten den Blick auf die Kindheit als eigene Lebensphase. Im Kaiserreich, vor allem aber im Nationalsozialismus zeigten sich die Gefährdungen einer ideologischen Durchdringung von Erziehung. Zu Beginn des 20. Jahrhunderts stellten Reformpädagogen den Gedanken der kindlichen Selbstentfaltung in den Mittelpunkt ihrer Konzepte.

Die **zentralen Fragestellungen** des Kapitels lauten:

- Wann hat sich eine Vorstellung von „Erziehung" als absichtsvollem Handeln herausgebildet?
- Welche Zielvorstellungen verbinden sich mit Erziehung? Welche Werte oder Normen beeinflussen sie?
- Beeinflusst das Menschenbild bzw. die anthropologische Auffassung der Lebensphase „Kindheit" erzieherische Konzepte?
- Welche gesellschaftlichen Faktoren wirken auf Erziehungsvorstellungen ein? Welche (ggf. politischen) Absichten verbinden sich damit?
- Welche Strömungen gibt es in der Reformpädagogik? Wie unterscheiden sich diese von der traditionellen Pädagogik?

Folgende Fragestellungen helfen, die **pädagogische Perspektive** der vorgestellten Ansätze herauszuarbeiten:

- Wie werden Ziele für pädagogisches Handeln festgelegt?
- Wie sind pädagogische Prozesse bzw. Institutionen zu gestalten, die die Entwicklung Heranwachsender im Rahmen der gesellschaftlich akzeptierten Werte und Normen ermöglichen?

4.1 Grundlegende Begriffe und Konzepte

Die Inhalte und Ziele von Erziehung sowie das ihnen zugrunde liegende Erziehungsverständnis gründen auf dem Kernanliegen, junge Heranwachsende durch die Vermittlung gemeinsamer Werte und Normen in die Gesellschaft, in der sie aufwachsen und erzogen werden, zu integrieren und dadurch zu vollwertigen Gesellschaftsmitgliedern zu machen.

- **Werte** drücken dabei Grundüberzeugungen aus, was in einer Gesellschaft für wichtig gehalten wird und getan werden soll. Sie verkörpern ein oberstes Prinzip bzw. Grundeinstellungen und verleihen den Mitgliedern der Gemeinschaft Orientierung, z. B. in moralischer Hinsicht („Ehrfurcht vor dem Leben").
- **Normen** ergeben sich aus Werten und sind gesellschaftliche Verbindlichkeiten und verhaltenswirksame Richtlinien. Sie sind Handlungsregeln bzw. verbindliche Sollensvorschriften, die angeben, wie die Werte der Gesellschaft zu erfüllen und zu befolgen sind (z. B. „Du sollst nicht töten!").

Regeln: Konkrete Verhaltensvorschriften, die z. B. zum Erreichen von Erziehungszielen beitragen.

- Werte und Normen, die dann ausdrücklich und gezielt für die Erziehung gesetzt werden, werden als **Erziehungsziele** bezeichnet. Sie sind Soll-Normen für den Bereich Erziehung, die für den Zu-Erziehenden einen gewünschten Zustand oder eine Fähigkeit beschreiben, wie er sich gegenwärtig und zukünftig verhalten soll. Erziehungsziele enthalten für den Erziehenden eine Handlungsaufforderung, die vorgibt, wie er sich gegenüber einem Kind oder Heranwachsenden verhalten sollte. Ein Beispiel für ein Erziehungsziel ist „Erziehung zur Friedfertigkeit". Es umfasst z. B. Strategien zur Konfliktlösung oder zur Gewaltvermeidung.

Manchmal wird der Begriff „Ziel" synonym mit „Werte" verwendet, z. B. wenn in einer Verfassung von „Bildungszielen" die Rede ist, wo eigentlich „Werte" gemeint sind. Erziehungsziele im engeren Sinne lassen sich **operationalisieren und überprüfen**. Die Leitfrage lautet dann: Woran kann man erkennen, ob das Ziel erreicht ist?

Einflussfaktoren von Erziehungszielen

Die **Vereinbarung von Erziehungszielen**, die institutionell verfolgt werden sollen, um die nachwachsende Generation zu formen, ist abhängig von:

- **gesellschaftlichen Instanzen** (Politik, Wirtschaft, Parteien, Kirchen, Verbänden o. Ä.),
- **ökonomischen, kulturellen und sozialen Bedingungen** (z. B. Wirtschaftsordnung und wirtschaftliche Verhältnisse, Staatssystem, Medien, Modeerscheinungen, berufliche und familiäre Situation),
- **der Person des Erziehenden** (Wünsche und Bedürfnisse, eigene Erziehung, Haltungen und Einstellungen, Menschenbild usw.).

4.2 Die Entdeckung der Kindheit als Grundlage für Erziehungsvorstellungen

historischer Wandel von Erziehungszielen

Ein Blick in die Geschichte der Pädagogik zeigt, dass sich **Erziehungsziele** bzw. -konzepte und die damit verbundenen **Kindheitsvorstellungen** in verschiedenen zeitlichen Epochen und Gesellschaften nicht gleichen, sondern dass sie einem steten **Wandel unterliegen**. Zielaussagen, die (früher) Philosophen oder (heute) Erziehungs- und Bildungstheoretiker formulieren, ergeben sich aus dem zeitgenössischen Menschenbild, vorherrschenden Weltanschauungen und dem historischen Kontext sowie den jeweils aktuellen Wert- und Normvorstellungen. Sie fließen in die Zielvorgaben ein, die von „außen", heute von gesellschaftlichen Instanzen oder vom Staat, für das pädagogische Handeln vorgegeben werden. Einige Vordenker setzten Meilensteine für pädagogisch motiviertes Denken:

- **Johann Amos Comenius** (1592 – 1670) gilt als Begründer der neuzeitlichen Pädagogik. Er entwickelte seine Vorstellungen über Erziehung und Bildung aus seiner Religion heraus und formulierte „gelehrte Bildung", „Sittlichkeit" und „Religiosität" als Erziehungsziele. Comenius argumentierte, dass der Mensch nach Gottes Ebenbild geschaffen sei und demzufolge über Anlagen verfüge, die der Entwicklung und somit der frühen Erziehung bedürften. Comenius erlebte die Grausamkeiten und Wirren des Dreißigjährigen Krieges und hoffte, dass **Erziehung** einen Beitrag dazu leisten könne, eine **Verbesserung der Lebensverhältnisse** zu erreichen.

- In Reaktion auf die gegebenen gesellschaftlichen Verhältnisse (Feudalismus) sowie erstes von der Religion sich lösendes, aufklärerisches Gedankengut formulierte der Philosoph **John Locke** (1632 – 1704) im ausgehenden 17. Jahrhundert seine „Gedanken über Erziehung". Die Grundannahme, dass der Mensch erziehbar sei, leitet Locke aus seinen psychologischen und erkenntnistheoretischen Beobachtungen und Überlegungen ab. Er betrachtete den Menschen zum Zeitpunkt seiner Geburt als „tabula rasa", d. h. als unbeschriebene Tafel oder leeres Blatt, das erst durch die Erziehung beschrieben werden würde. Als zentrale Erziehungsziele galten ihm „Tugend", „Lebensklugheit" und „gute Lebensart". Aber er setzte auch auf die Vermittlung von Kenntnissen. Für Locke schien durch Erziehung alles möglich zu sein. Wurden Kinder bis hierher als „kleine Erwachsene" betrachtet, so wurde die Phase der **Kindheit** nun erstmals **als ein eigenständiger Lebensabschnitt** wahrgenommen, der sich von dem des Erwachsenenalters grundlegend unterschied.

- Die Idee von „Kindheit" als eigener Lebensphase führte in der Programmatik der Aufklärung zu neuen Vorstellungen. Ihr Ideal, der Gebrauch der Vernunft, die nach **Immanuel Kant** (1724 – 1804) als Ausgang (im Sinne von

Befreiung) des Menschen aus der selbstverschuldeten Unmündigkeit verstanden wurde, sollte vornehmlich durch Erziehung vor allem von jungen Menschen realisiert werden. Disziplinierung und Kultivierung als Grundlage des Erziehungsprozesses, gefolgt von Zivilisierung und als höchstem Erziehungsziel der Moralisierung bildeten für Kant die Kategorien für ein Verhalten, das pädagogisch gefördert werden kann. Dadurch sollte der Mensch befähigt werden, sich vom autoritätsbezogenen und irrational bestimmten Denken durch Mystik, Religion und Obrigkeit zu befreien. Die dahinterstehende Vorstellung einer neuen, selbstbestimmten menschlichen Gesellschaft beruhte auf der Auffassung, Heranwachsende auf diese Zielvorstellungen ausgerichtet formen zu können. Auch für Kant gilt also der **erziehungsoptimistische Standpunkt** von der **Formbarkeit des Menschen**.

Auch bei **Jean-Jacques Rousseau** (1712 – 1778), der sich selbst als Repräsentant der Aufklärung und zugleich als einer ihrer entscheidenden Überwinder darstellte, nahm die Bekenntnis zur Erziehung und Formbarkeit des Menschen einen zentralen Platz ein. Aber wie sehr ihm das Wesen des Menschen auch formbar erschien, so sehr stieß er sich an dem Gedanken einer zweckgebundenen Erziehung für gesellschaftliche und zivilisatorische Zustände. Vor dem Hintergrund seines naturalistischen Menschenbildes und der Überzeugung, dass das ursprüngliche Wesen des Menschen von Natur aus gut und nur durch die äußeren Einwirkungen und negativen Einflüsse der vorherrschenden bürgerlichen Gesellschaftsordnung verdorben sei, forderte Rousseau daher ein **natürliches „Wachsenlassen" des Kindes**. Er verlangte eine der Natur gemäße Erziehung, die an dem **Eigenwert des selbstständigen Individuums** festhielt und der Eigengesetzlichkeit der kindlichen Entwicklung entsprach. Infolgedessen erhielten die Erziehenden konsequenterweise die Aufgabe, durch geeignete Mittel und Maßnahmen dafür zu sorgen, dass sich die Wesenseigenschaften, Bedürfnisse und Fähigkeiten des Individuums den verschiedenen Kindes- und Jugendaltern gemäß entwicklungsgerecht und frei entfalten können. Von dieser Grundidee, die Rousseau an den Anfang seines fiktiven Erziehungsromans „Emile oder über die Erziehung" stellte, ging ein gewaltiger Impuls aus, der in der Pädagogik allgemein große Wirkungen ausgelöst hat.

Erziehung im 19. und 20. Jahrhundert

Erziehung im Kaiserreich

Als einschneidend für fortschrittliche pädagogische Bemühungen der Aufklärungspädagogen erwiesen sich dann die radikalen Umbrüche des politischen, gesellschaftlichen und wirtschaftlichen Lebens im 19. Jahrhundert. Vor allem im letzten Drittel des 19. Jahrhunderts bis zum Ersten Weltkrieg am Ende des

wilhelminischen Kaiserreichs setzten sich durch zunehmende **Nationalisierung** und **Militarisierung** antiliberale und antiaufklärerische Werthaltungen durch, die so auch innerhalb zumindest der staatlichen Erziehungs- und Bildungspolitik zum Ausdruck kamen. Mit der Vorstellung, die Heranwachsenden schon frühzeitig auf einen militärischen Einsatz vorzubereiten, wurde der Sinn der Erziehung im Wesentlichen darin gesehen, in der Gesellschaft des Kaiserreichs eine möglichst umfassende Akzeptanz des Krieges zu erreichen. Durch die Übernahme militärischer Werte war Erziehung dabei von einer strengen Hierarchie und Autorität gekennzeichnet, welche den Glauben an Reichs- und Kaisertreue, absolute Disziplin und willige Bereitschaft zur Unterordnung unverrückbar festlegten.

Parallel entstanden bereits seit **Anfang des 20. Jahrhunderts** und vor allem nach dem Ende des Ersten Weltkriegs im deutschsprachigen Raum eine Reihe **reformpädagogischer Ansätze** und Initiativen, die Kindheit und vorwiegend auch Jugend als eigenständigen und nach Freiheit und Naturerfahrung suchenden Lebensabschnitt sahen und Alternativen zu den traditionellen Vorstellungen von Schule und Erziehung suchten. Die Bandbreite reformpädagogischer Vertreter/-innen reichte dabei von gesellschaftskritischen Schulreformern aus der Arbeiterbewegung über liberale und bürgerliche Reformer bis hin zu völkischen und teilweise rassistischen Positionen. Viele Einrichtungen, Vorhaben und Ansätze der Reformpädagogik, vor allem von kommunistisch, sozialistisch und sozialdemokratisch orientierten Pädagogen oder Bildungspolitikern, wurden im Nationalsozialismus unterdrückt, umgestaltet bzw. beendet oder verboten. Viele Reformpädagogen wurden in die Emigration gedrängt oder ermordet (z. B. Janusz Korczak, Adolf Reichwein).

vgl. Montessori-Pädagogik, S. 147

4.3 Die Erziehungsideologie des Nationalsozialismus

Kurzübersicht: Historische Ursachen des Nationalsozialismus

- Während der **Industrialisierung im 19. Jh.** gab es enorme technologische Fortschritte. Die politischen Strukturen blieben auch im Deutschen Reich (ab 1871) vordemokratisch. Monarchie und „alte Eliten" (Adel, Militär, zunehmend auch Industrielle) bestimmten die Situation. Die wilhelminische Ordnung bewirkte, dass die Deutschen sich als treue Untertanen der Obrigkeit unterordneten. Eine antisemitische Grundhaltung war weit verbreitet.
- Niederlage im **Ersten Weltkrieg** (1914 – 1918), infolgedessen gekränktes Ehrgefühl, verbunden mit Propaganda der alten Eliten: Juden, Sozialisten und Demokraten wurden für die Niederlage verantwortlich gemacht. Stichwort: Versailler Schmachfrieden.

- **Weimarer Republik** (1918–1933), zentrale Aspekte: Politische Turbulenzen, schwache Demokratie, schließlich Regierung durch Notstandsverordnungen ohne demokratische Legitimation durch das Parlament, dauerhaft destruktive Einflussnahme der „alten Eliten" (v. a. auch des Militärs), hohe Reparationsleistungen aus dem Versailler Friedensvertrag, wirtschaftliche Rezession (Weltwirtschaftskrise ab 1929), in der Folge Massenarbeitslosigkeit, Armut und Zukunftsangst, die die Nationalsozialisten für ihre Propaganda nutzten.

Faschismus: Nach dem Führerprinzip ausgerichtete, nationalistische, antidemokratische, rechtsradikale Ideologie, der es um eine weltanschauliche Gestaltung des Denkens und Handelns der Menschen geht.

Mit der Durchsetzung der nationalsozialistischen Machtergreifung, dem Tag der Ernennung Hitlers zum Reichskanzler (30.1.1933), waren die Zielsetzungen der Erziehung abhängig von der **faschistischen Weltanschauung**, für die Hitlers Buch „Mein Kampf" das ideologische Dogma bildete.
Die auf die nationalsozialistischen Zielsetzungen bezogenen ideologischen Grundsätze stellten dabei einen scharfen Kontrast zu den ideengeschichtlichen Denkansätzen der Pädagogen der Aufklärung bzw. Reformpädagogen dar. Der Nationalsozialismus etablierte eine **„völkische Erziehung"**, in deren Mittelpunkt die persönliche Formung und politische Indoktrination des heranwachsenden Einzelnen zum nationalsozialistischen Volks- und Staatsglied stand.
Völkische Erziehung war damit **politische Erziehung**, verbunden mit dem Bestreben, die Jugend (dabei wurden nur die „arischen", also nicht jüdischen Jugendlichen angesprochen) zu „rassebewussten Volksgenossen" und bedingungslos folgsamen Nationalsozialisten zu erziehen, um sie und alle für die NS-Sozialisation wichtigen Lebensbereiche – so der Anspruch des Herrschaftssystems – „gleichzuschalten" und „total" den Interessen und Zielen des NS-Staates dienstbar zu machen. Von da aus betrachtet, war das Endergebnis der „totale Staat", in dem individuelle Bedürfnisse und Selbstverwirklichung kaum mehr einen Stellenwert besaßen bzw. nunmehr dem Interesse der sozial

Prinzipien der Ideologisierung: Gleichschaltung, Totalisierung, Antiindividualismus.

harmonisierenden und homogenisierenden „Volksgemeinschaft" unterworfen wurden.

Diese „neue Volksgemeinschaft" übernahm die Funktion eines Gesamterziehers (Erziehungsstaat), der sich auf die Ausrichtung und Festigung der weltanschaulichen Dogmen richtete, die sich auf vier Grundprinzipien zurückführen lassen:

- **Rassenprinzip**

  Der Begriff „Rasse" wurde im Nationalsozialismus verstanden als biologische Substanz, die sowohl Einfluss auf den körperlichen als auch auf den geistigen und seelischen Bereich habe und dadurch die Menschen in höher- und minderwertige unterscheide. Er stand im Zentrum der NS-Ideologie, die von der obersten „Herrenrasse" eine Hierarchie der Rassen ableitete. Die Deutschen, so die Ideologie, seien als „arische Rasse" als Herrscher über andere, minderwertige „Sklavenrassen", bestimmt, zu denen die slawischen Völker zählten, bis hinab zu den „Schädlingsrassen", denen Juden und dunkelhäutige Menschen angehörten. Aus dieser maßgeblichen Rolle der Rasse ergab sich nach nationalsozialistischer Auffassung für die Deutschen die Aufgabe der sog. Arisierung, die einen „arischen Rassekern" schaffen und diesen räumlich und physisch durchsetzen sollte. Der Rassegedanke war eng mit dem Antisemitismus verbunden, nach dem die Herrschaft und Reinheit der arischen Rasse durch das Judentum bedroht und dessen Vernichtung aus einem „natürlichen Recht" des Selbsterhaltungstriebes heraus gerechtfertigt wurde.

- **Gewaltprinzip**

  Die Vorstellung, dass in einem „Kampf ums Dasein" nur die Überlegenen als die zugleich Höherwertigen siegen, galt in der NS-Ideologie als Naturgesetz. Ausgehend von diesem sozialdarwinistischen Denken (das Darwins Ansatz grob verfälschte) wurde das „Recht des Stärkeren" als natürliches und notwendiges Mittel der Selektion gesehen. Macht und Gewalt wurden um ihrer Selbst willen akzeptiert und bildeten im Nationalsozialismus das Fundament für die Gleichschaltung von Staat und Volk.

- **Gemeinschaftsprinzip**

  Im Sinne des Leitgedankens „Du bist nichts, Dein Volk ist alles" wurde Gemeinschaft als überindividueller Organismus verstanden und als Kampfgemeinschaft, Lebensgemeinschaft und Glaubensgemeinschaft dargestellt, in der einerseits der Wert des Einzelnen zugunsten des Volksganzen aufgegeben wie auch Bindungen an Familie und Verwandtschaft geschwächt wurden, andererseits aber durch elitäre Heraushebung der Wert des deutschen Volkes gegenüber anderen Völkern abgegrenzt und gestärkt wurde. Damit sollte ein rassisch bedingtes Zusammengehörigkeitsgefühl und Wir-Bewusstsein geschaffen werden.

Der **Erziehungsstaat**, in dem die Pädagogik totalitär alle Bereiche des Lebens erfasste, wurde u. a. von dem NS-Pädagogen **Ernst Krieck** (1882 – 1947) konzeptionell entfaltet.

Nach **Hitlers Rassenlehre wurde** die Menschheit in „höhere" und „niedere" Rassen eingeteilt. An oberster Stelle stand dabei die arische Rasse, die sich am reinsten im deutschen Volk bewahrt habe.

Arisierung: Der Begriff hat seinen Ursprung im gesellschaftlich tief verankerten Antisemitismus der 1920er-Jahre und trat später als zentraler Propagandabegriff auf.

Antisemitismus: Abneigung oder Feindschaft gegenüber Juden. Sie wurden als Sündenböcke Stigmatisiert. Antisemitismus diente als Mittel der „arischen" Solidarisierung.

Sozialdarwinismus: Soziologische Theorie, die darwinistische Prinzipien auf die menschliche Gesellschaft überträgt. Hitlers Sozialdarwinismus entstand durch Verfälschung der Erkenntnisse Darwins.

Elitedenken: Hitler wollte die Weltherrschaft durch ein besseres Herrenvolk.

- **Führer- und Gefolgschaftsprinzip**
  Der Gemeinschaftsideologie entsprach schließlich auch eine Gefolgschaftsideologie. Sie bedeutete für den Einzelnen, sich der Gemeinschaft in unbedingtem Gehorsam unterzuordnen und den ihm zugewiesenen Platz in einer streng hierarchisch gegliederten Machtordnung einzunehmen. Die NS-Hierarchie war dabei pyramidenförmig auf den obersten Führer – Adolf Hitler – ausgerichtet, der als „Erlöser" als ein quasi „übermenschliches Wesen" angesehen wurde (Führerkult). Er stand mit absoluten Befugnissen über allen Normen und Gesetzen. Dieser absoluten Autorität waren alle staatlichen Institutionen und Organisationen zugeordnet, die wiederum nach dem Führerprinzip organisiert waren, wobei sich das Bild von Über- und Unterordnung, Führern und Gefolgschaft nach dem Grundsatz „Lenkung von oben, Dienst von unten" auf allen Ebenen der NS-Gesellschaft wiederholte.

Der **Führerkult** bestand in der maßlosen Überhöhung, Verherrlichung und Mystifizierung des Führers. Durch diesen pseudoreligiösen Charakter wurde der Führerkult zum Religionsersatz.

Auf der Grundlage dieser Prinzipien (die zentrale Werte und Normen ausdrückten) waren auch die allgemeinen Erziehungsziele der NS-Pädagogik ideologisch formuliert. So galt, dass die pädagogischen Vorstellungen und Zielsetzungen der gesamten Bildungs- und Erziehungsarbeit vorrangig angelegt waren auf:

Hierarchisierung der Erziehungsziele

- die Erziehung zu einem ausgeprägten Rassebewusstsein,
- die Heranzüchtung gesunder Körper,
- die Förderung der Willens- und Entschlusskraft, verbunden mit der Erziehung zur Verantwortungsfreudigkeit.

Eine nachrangige Rolle spielten dagegen die Allgemeinbildung und die wissenschaftliche Schulung, die nur für die berufsvorbereitende Fach- und Einzelausbildung gründlich erfolgen sollte.
Insgesamt weist dieses Erziehungsverständnis auf, dass Erziehung nichts anderes war als ein Instrument zur Formierung von Menschen zum Zweck der Verwirklichung nationalsozialistischer Weltanschauung.

Erziehung in der Familie

- Wegen ihres Einflusses besonders in den ersten Lebensjahren galt die **Familie** innerhalb der NS-Ideologie als „Keimzelle des Volkes" (Rudolf Benze), d. h. als „Zuchtstätte für den Nachwuchs". Die ihr zugedachte **Funktion** zielte auf die biologische Erhaltung und Reproduktion der sog. rassischen Erbsubstanz des Volkes sowie auf die Vorbereitung auf die zukünftigen Verpflichtungen gegenüber Staat und Volk ab. Damit war die Familienerziehung dem Staat unterstellt, der für sich die Übertragung der unumschränkten Erziehungshoheit beanspruchte.

Rudolf Benze (1888–1966) war u. a. Gesamtleiter des Deutschen Zentralinstituts für Erziehung und Unterricht sowie SS-Sturmbandführer.

- Die frühe Erziehung des Kleinkindes hatte dabei konsequent an der **Formierung des nationalsozialistischen Typus** ausgerichtet zu sein. Die Voraussetzung hierfür sollte bereits bei einem emotional distanzierten und an Unterordnung gewöhnenden Umgang der Mutter mit dem Säugling entstehen. Mutterliebe und Zärtlichkeiten waren hiernach fehl am Platze, Verwöhnung durch Eingehen auf Wünsche und Regungen sollten vermieden und Körperkontakt im Sinne des pflegerisch Notwendigen auf z. B. die Ernährung (Füttern nach Uhr) und Reinhaltung (Töpfchendrill) beschränkt werden. Auch Eigenschaften wie Tüchtigkeit in körperlicher Art und Mut wurden beigebracht. Schon einem Kleinkind wurden Selbstverzicht und Selbstbeschäftigung abverlangt. Das Hauptziel der nationalsozialistischen Kleinkinderziehung aber war es, in den Kindern bereits von Beginn an die Hingabe und Liebe zum Führer zu wecken und weiter auszubilden (z. B. durch Kindergebete, Kinderlieder, Bilderbücher).
- Bei derartiger Einflussnahme auf die Erziehung bestand die zentrale Aufgabe der Familie somit nicht darin, Voraussetzungen für eine allseitige Entfaltung der kindlichen Persönlichkeit zu schaffen – wie nach liberaler Erziehungstradition –, sondern vielmehr in der **Prägung durch die Rassen- und Volksideologie**.

In der NS-Zeit wurde auch die Ratgeberliteratur zur **Säuglingspflege und Kindererziehung** der staatlichen Kontrolle unterworfen. Das 1934 erstmals erschienene und erfolgreichste Erziehungsbuch war „Die deutsche Mutter und ihr erstes Kind" der Ärztin Johanna Haarer (1900 – 1988), das sich bruchlos in die Leitgedanken der NS-Ideologie einfügte.

Erziehung in der Schule

Der umfassende totalitäre Erziehungsanspruch gegenüber dem Kind spielte auch in der Schule eine entscheidende Rolle, die einschließlich ihrer Organisation und ihrer Lehrinhalte nach dem Elternhaus ein weiteres wichtiges Instrument der NS-Sozialisation darstellte. Als fester Bestandteil der nationalsozialistischen Ordnung kam es zur systematischen Umgestaltung des Schulwesens:

Umgestaltung des Schulwesens

- Aufhebung der Schulhoheit der Länder,
- Verringerung der Pluralität der verschiedenen Schultypen und Vereinheitlichung des Schulsystems,
- Einschränkung des Einflusses der christlichen Kirchen,
- Gleichschaltung der Lehrerverbände und Umerziehung der Lehrerschaft in nationalsozialistischen Schulungen,
- Herausgabe neuer Richtlinien sowie Einführung neuer Lehr- und Stundenpläne sowie Lehrbücher.

Entsprechend den schulpolitischen Maßnahmen kam es auch zur Einflussnahme bei der Erziehungs- und Unterrichtsgestaltung. Unter Abkehr von reformpädagogischen Ansätzen (Koedukation, Lehrer als begleitender Berater, partnerschaftliches Lehrer-Schüler-Verhältnis, kooperative Lernformen wie Partner- und Gruppenarbeit oder Unterrichtsgespräche) herrschte in den Schulen ein

Einflussnahme auf die Erziehungs- und Unterrichtsgestaltung

konservatives und autoritäres Wertesystem vor. Verbindliche Werte der Wissensvermittlung und Ziele des Unterrichts wurden formuliert: „Rasse," „Volk," „Führer" und „Gefolgschaft" in Verbindung mit „Ehre," „Treue," „Opferbereitschaft", „Wehrhaftigkeit" und „Tapferkeit," Ein- und Unterordnung bildeten dabei die richtungsweisenden Leitlinien. Mit dem **Ziel der totalen politischen Indoktrination** wurden dazu die Unterrichtsfächer innerhalb des Fächerkanons neu bewertet und inhaltlich auf die nationalsozialistische Ideologie begrenzt und zum Teil geschlechtsspezifisch festgelegt:

Ideologisierung des Unterrichts und geschlechtsspezifischer Verhaltensweisen

- Zentrale Bedeutung erlangte die Rassenkunde im **Biologieunterricht**, bei der den Schülern das Bild der „arischen Rasse" vermittelt wurde. Zusätzlich zur Rassenkunde wurde die Familienkunde ergänzt, die als ein geeignetes Instrument zur Kontrolle der eigenen Abstammung galt (z. B. Anlegen von Ahnentafeln, Nachkommentafeln und Sippschaftstafeln).
- Im **Geschichtsunterricht** wurde die Entstehung und Verbreitung der „arischen Rasse" historisch begründet (z. B. durch die Verherrlichung von idealisierten Führerfiguren früherer Epochen, etwa Hermann/Arminius, und von Kriegen oder vorgeblich heroischen Schlachten).
- Im Mittelpunkt des **Deutschunterrichts** stand neben der Anleitung zum richtigen Gebrauch der Muttersprache eine sogenannte Deutschkunde mit besonderer Berücksichtigung von nationalsozialistischer Dichtung (Themen u. a.: Weltkrieg, Kampfdichtung der nationalsozialistischen Bewegung).
- Auch der **Mathematik-, Physik- und Chemieunterricht** sollte sowohl inhaltlich als auch methodisch der Vermittlung der NS-Ideologie dienen. Die behandelten Sachgebiete und Rechenaufgaben zielten dabei insgesamt auf die Wehrerziehung der Jungen (z. B. rechnerische Ermittlung von Gebietsverlusten, Behandlung von Flug- und Geschossbahn, Fernsprech- und Funktechnik, Motorenkunde und Munitionskunde) und auf die hausfrauliche Ökonomie der Mädchen (z. B. Berechnung von Ausgaben im Haushalt und für Textilien, Lebensmittelchemie).
- Ebenso folgte der **Werkunterricht** der Jungen wie auch der **Hauswirtschaftsunterricht** der Mädchen den ideologischen Zielen. Hier war es von größter Bedeutung, Jungen auf ihre spätere Funktion als Soldaten im Krieg vorzubereiten (z. B. durch Konstruktion und Modellbau von Flugzeugen oder Kriegsgerät), während Mädchen auf ihre Rolle als künftige Mutter und Hausfrau fixiert werden sollten (z. B. durch die Ausbildung in Kochen und Backen, Vorratshaltung, Nähen, Säuglings- und Krankenpflege).
- Eine besondere Rolle in der Schule der NS-Zeit nahm auch der **Sportunterricht** ein, da Leibeserziehung ein wesentlicher Bestandteil nationalsozialistischer Erziehung war. Sportliche Ertüchtigung diente hiernach der „Volksgesundheit", der „rassenpolitischen Auslese" und der „Wehrhaftigkeit". Analog zum Ziel der Wehrhaftigkeit der Jungen sollten die Mädchen

zu einem starken Willen und zur Härte gegen sich selbst erzogen und damit auf das Ertragen von Leid und Not vorbereitet werden.

Als ein weiteres zentrales Strukturmerkmal der politischen Indoktrination erwies sich schließlich die auf den gesamten Schulalltag wirkende **Formationserziehung** als ein Kennzeichen der totalen Machtausübung in der Schule. Formierung geschah hier vor allem durch **Symbolisierung** (Fahnen, Hakenkreuze, Hitlerbilder), durch **Ritualisierung** (u. a. Hitlergruß zu Stundenbeginn, Aufmärsche, Appelle und Gelöbnisse) sowie durch **Institutionalisierung von nationalsozialistischen Feierlichkeiten** (Tag der Machtübernahme, Geburtstag des Führers, Muttertag usw.). Statt Entwicklung und Förderung von persönlichen Fähigkeiten und sozialer Kompetenz standen nun **Typenprägung** und **Unterdrückung individueller Besonderheiten** im Mittelpunkt.

Formationserziehung: Ideologisierung des Schulalltags.

Formationserziehung in den NS-Jugendorganisationen

Parallel und eng verwoben mit den Erziehungsträgern Familie und Schule fand die effektivste Ausprägung der Formationserziehung in der Hitler-Jugend statt, die sich ab 1933, dem „Reichsjugendführer" Baldur von Schirach unterstellt, von einer Parteiorganisation der NSDAP mit freiwilliger Mitgliedschaft zur alleinig anerkannten, gesetzlich verpflichtenden Staatsjugend entwickelte. Alle bis dahin konkurrierenden Jugendorganisationen (z.B. die demokratische Jugendbewegung oder die Jugendverbände der kirchlichen Jugend) wurden verboten, aufgelöst oder gleichgeschaltet und in die Hitler-Jugend eingegliedert. Die allgemeine Bezeichnung Hitler-Jugend umfasste dabei nach Alter und Geschlecht gegliedert vier organisatorische Einheiten (vgl. S. 185): das deutsche Jungvolk (DJ) für die 10- bis 14-Jährigen und die Hitler-Jugend (HJ) im engeren Sinne für die 14- bis 18-jährigen Jungen sowie die Jungmädel (JM) für Mädchen von 10 bis 14 Jahren und den gesamten Bund Deutscher Mädel (BDM) für die 14- bis 18-jährigen Mädchen. Wesentliches Merkmal dieser organisatorischen Einheiten war es, dass alle Befehlsgewalt gemäß dem Führer- und Gefolgschaftsprinzip in einer obersten Funktionsstelle, der Reichsjugendführung, zusammenlief und in einer starren Staffelung wie bei einer Pyramide von oben nach unten angeordnet war. Jeder Führer oder jede Führerin einer Gruppe konnte sich so als Führer und Führerin von anderen fühlen, war aber zugleich auch anderen untergeordnet. Der Bedarf an fähigen Führern und Führerinnen erwuchs dabei nicht allein aus dem Aufbau der Massenorganisation, sondern auch aus dem Prinzip „Jugend führt Jugend," das für die Zukunft des NS-Herrschaftssystems unabdingbar war. So wurde bereits dem jungen Heranwachsenden die Funktion zugewiesen, die Machtausweitung des NS-Staates zu unterstützen und auszuführen.

Diese Vereinnahmung jugendlicher Heranwachsender führte in der Hitler-Jugend zu einer **totalitären und entindividualisierenden Erziehung**, bei welcher der Einzelne noch stärker an Staat, Volk und Gemeinschaft gebunden

Baldur von Schirach (1907 – 1974) war ein nationalsozialistischer Funktionär und Reichsjugendführer der NSDAP. Ihm unterstanden damit alle drei NS-Jugendorganisationen: die Hitler-Jugend, der NS-Schülerbund sowie der NS-Studentenbund.

Das Prinzip **Jugend führt Jugend** (Jugendbewegung) machte in der Hitler-Jugend schon 12-jährige Kinder zu Führern und Führerinnen von Gleichaltrigengruppen.

werden sollte. Um dies zu gewährleisten, wurden möglichst viele Bereiche des jugendlichen Lebensraums, insbesondere der Freizeitbereich, in diesen Prozess integriert und zur Stärkung der Gemeinschaftsbildung und Volksverbundenheit ideologisiert:

- Zum festen Programm der HJ und des BDM gehörten dazu die ein- bis zweimal wöchentlich stattfindenden **Heimabende**, bei denen gemeinsam gesungen, gebastelt und gelesen wurde. Zur einheitlichen Gestaltung der Heimabende wurden zudem weltanschauliche Schulungsblätter herausgegeben, die sich neben dem Leben und Werk Hitlers thematisch u. a. auf die Volks-, Heimat- und Rassenkunde oder Bevölkerungspolitik bezogen.
- Während des Heimabends war eine **Uniform** als „Dienstanzug“ zu tragen. Das Tragen der Uniform galt als Zeichen äußerer Gleichheit und als Symbol der Militarisierung.
- Nationalsozialistische **Feste und Feierlichkeiten** waren ein wichtiger Bestandteil der praktischen Kulturarbeit von HJ und BDM, mit denen die Heranwachsenden besonders emotional erfasst werden sollten. Zusätzlich wurden bei den Festen und Feierlichkeiten politische Lieder und Volkslieder als Mittel der Beeinflussung eingesetzt.
- Zum Zwecke der Gemeinschaftserziehung wurden außerdem an den Wochenenden und in allen Ferien für die Mädchen und Jungen **Freizeitlager und Fahrten** angeboten. Mit Hilfe von z. B. Geländespielen und Ordnungsübungen, Lagerfeuern und stimmungsvollem Gesang sollten hier die Inhalte eingeübt und verinnerlicht werden, die in der weltanschaulichen Schulung der Heimabende gelernt wurden.
- Ein weiteres wichtiges Ziel der freizeitpolitischen Aktivität der Hitler-Jugend waren die **körperliche Ertüchtigung und Sport**. Während die Leibeserziehung in den unteren Jahrgängen auf den in diesem Alter vorherrschenden Spieltrieb ausgerichtet war, bedeutete die körperliche Schulung in der HJ und im BDM – wie schon im Schulunterricht – bereits eine Vorbereitung für die Aufgaben, die später an die Rolle des Soldaten und der künftigen Mutter gestellt wurden.

Indoktrination: Beeinflussung durch Zeitschriften, Film und Rundfunk.

- Als besonders wirkungsvolle Mittel der nationalsozialistischen Massenbeeinflussung wurden schließlich auch **Zeitschriften, Film und Rundfunk** eingesetzt, mit deren Hilfe die Vertiefung und Vereinheitlichung der weltanschaulichen Schulung in der Hitler-Jugend noch gesteigert werden konnte (wie z. B. die Zeitschriften „Das Deutsche Mädel“ oder „Der Pimpf“, der Film „Hitlerjunge Quex“ oder die allwöchentliche Rundfunksendung „Stunde der jungen Nation“).

Mit der Umsetzung ihres Auftrags zur ideologischen Erfassung und Gleichschaltung aller Heranwachsenden ging die Hitler-Jugend in ihren Einflussbereichen nicht zuletzt auch mit Strafaktionen und der Verstärkung eines organisationseigenen HJ-Streifendienstes vor, der als eine Art Jugendpolizei durch besonders ausgewählte und geschulte Mitglieder der Hitler-Jugend das Ziel hatte, die Ein-

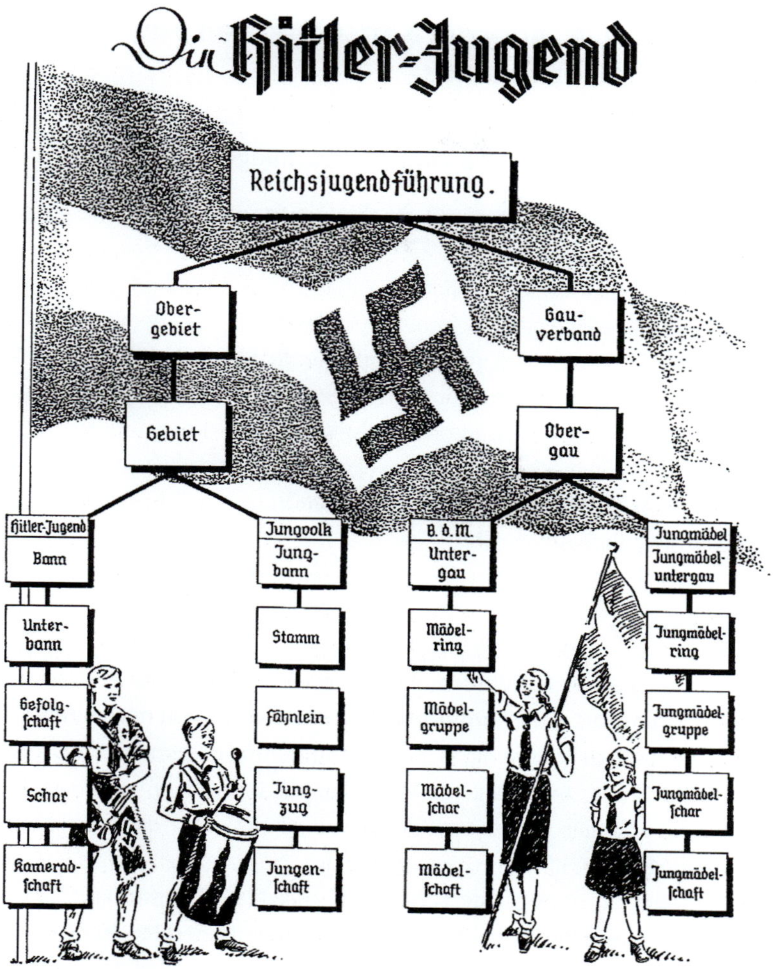

1 2 3 4

Gliederung und Aufbau der Hitler-Jugend

1 HJ, Hitler-Jugend: Jungen von 14 bis 18 Jahren
2 DJ, Deutsches Jungvolk in der Hitlerjugend: Jungen von 10 bis 14 Jahren
3 BDM, Bund deutscher Mädel in der Hitlerjugend: Mädchen von 14 bis 18 Jahren
4 JM, Jungmädel: Mädchen von 10 bis 14 Jahren

Quelle: NS-Dokumentationszentrum der Stadt Köln, online unter: https://museenkoeln.de/ns-dokumentations-zentrum/default.aspx?s=386#!prettyPhoto
[Ergänzung der unteren Angaben der Lebensjahre durch die Verfasserin].

haltung von Gesetz und Ordnung zu überwachen und auch schon kleinste Verstöße gegen die Normen der NS-Herrschaft zu verfolgen. So kam es häufig zu Meldungen und **Denunziationen** unter Freunden, Nachbarn, Mitschülern, von Lehrern durch ihre Schüler und sogar von Eltern durch ihre eigenen Kinder. Damit galt die Hitler-Jugend als eine der wichtigsten **Institutionen der sozialen Kontrolle und Disziplinierung** von Kindern und Jugendlichen im engeren und der gesamten Bevölkerung im weiteren Sinne.

4.4 Theodor W. Adorno: Konsequenzen aus dem Nationalsozialismus

Kurzsteckbrief: Person und Forschungsanliegen

- Theodor W. Adorno (1903–1969) gilt als einer der bedeutendsten Denker des 20. Jahrhunderts.
- Unter seinem Eindruck, dass sich die Pädagogik und mit ihr das deutsche Bildungswesen nach mehr als zwei Jahrzehnten seit dem Ende des Nationalsozialismus noch immer nicht wesentlich geändert und umorientiert hatte, beschäftigte er sich mit Fragen der Erziehung und Bildung und veröffentlichte dazu zahlreiche Schriften, die für die wissenschaftliche Diskussion bis in die Gegenwart als wegweisend erachtet werden. Zu den bekanntesten Werken in diesem Kontext gehört sein viel zitierter Aufsatz **„Erziehung nach Auschwitz"**.

Kerngedanken

„Dass Auschwitz nicht noch einmal sei" meint hier „die Möglichkeit der Verschiebung dessen, was in Auschwitz sich austobte. Morgen kann eine andere Gruppe drankommen als die Juden, etwa die Alten, die ja im Dritten Reich gerade eben noch verschont wurden, oder die Intellektuellen, oder einfach abweichende Gruppen." (Adorno, Theodor W.: Erziehung nach Auschwitz. In: Erziehung zur Mündigkeit. Suhrkamp, Frankfurt a. M. 1971, S. 88ff.)

Ausgangspunkt seiner Ausführungen zur Erziehung nach Auschwitz ist Adornos **zentraler Grundsatz: „Die Forderung, dass Auschwitz nicht noch einmal sei, ist die allererste an Erziehung."** Von dieser Forderung ausgehend, dass Auschwitz und der damit stets drohende Rückfall in die Barbarei, in primitive physische Gewalt, niemals wieder stattfinden darf, analysiert er die gesellschaftlichen Bedingungen, die die Entstehung des Nationalsozialismus und die Gewaltverbrechen ermöglichten, wobei die Persönlichkeitsstruktur der NS-Täter und die diese **Persönlichkeitsstruktur formierenden Mechanismen** im Mittelpunkt stehen. Für Adorno resultieren diese wirkenden Mechanismen dabei aus einer gesellschaftlich bedingten Beschaffenheit der Menschen, die auf die Prägung des Einzelnen durch erzieherische Prozesse zurückzuführen und durch sie wiederum auch zu verändern ist. Als beteiligte Faktoren nennt er hier die **Autoritätshörigkeit** und die **autoritäre Aggressivität,** die als Charakter anerzogen werden kann. In der Folge des autoritären Charakters erklärt er weiter die **Bereitschaft zur Kollektivierung** und bereitwilligen **Selbstaufgabe des Individuums**. Ein mitursächlicher Faktor für solche Charaktertypen ist nach Adorno die **Erziehung zur Disziplin durch Härte und Emotionslosigkeit,** die zu **Gleichgültigkeit** führt, sich zu einer **allgemeinen Kälte** unter den Menschen steigert und sich schließlich in der **Verfolgung des eigenen Interesses gegen das Interesse aller anderen** artikuliert, was Adorno als „Mitläufertum" bezeichnet und primär für eine Art „Geschäftsinteresse" hält. Kurz: Um der Gefahr willen nicht auffallen und seinen Vorteil wahren.
Da nun die gegenwärtigen Chancen, die gesellschaftlichen und politischen Verhältnisse, die damals zu Auschwitz führten, zu verändern, sehr stark begrenzt

sind, schlägt Adorno nach seiner vorstehenden Analyse als wichtigsten Ansatz einer Erziehung nach Auschwitz die „**Wendung aufs Subjekt**“, auf den einzelnen Menschen, vor und bezieht dies sowohl im Hinblick auf die Fähigkeit zum kritischen Denken als auch im Hinblick auf das Erkennen der Gründe für die machtvolle Wirksamkeit des Nationalsozialismus. Erziehung, so die Grundthese Adornos, müsse den Menschen der Gegenwart daher jene **Mechanismen aufzeigen und bewusst machen**, die sie dazu antreiben, dass sie solcher Taten fähig würden, um zu verhindern, dass auch sie so werden. Für Adorno besteht eine sinnvolle Erziehung einzig in einer **Erziehung zu kritischer Selbstreflexion**, die die Menschen in die Lage versetzt, sich selbst zu bestimmen. Ganz im Geiste Kants plädiert er hier für die **Autonomie** als „einzig wahrhafte Kraft gegen das Prinzip von Auschwitz“, die er als die „Kraft zur Reflexion, zur Selbstbestimmung, zum Nicht-Mitmachen“ konkretisiert. Um aber eine Erziehung zur kritischen Selbstreflexion zu erreichen, muss Adorno folgend die Charakterbildung im Bereich der **frühen Kindheit** beginnen. Neben der Erziehung in der Kindheit muss eine so verstandene Erziehung jedoch auch auf eine **allgemeine Aufklärung** hinarbeiten, worin Adorno letztlich den Aufbau eines geistigen, kulturellen und gesellschaftlichen Klimas verankert sieht, das eine Möglichkeit der Wiederholung ausschließt.

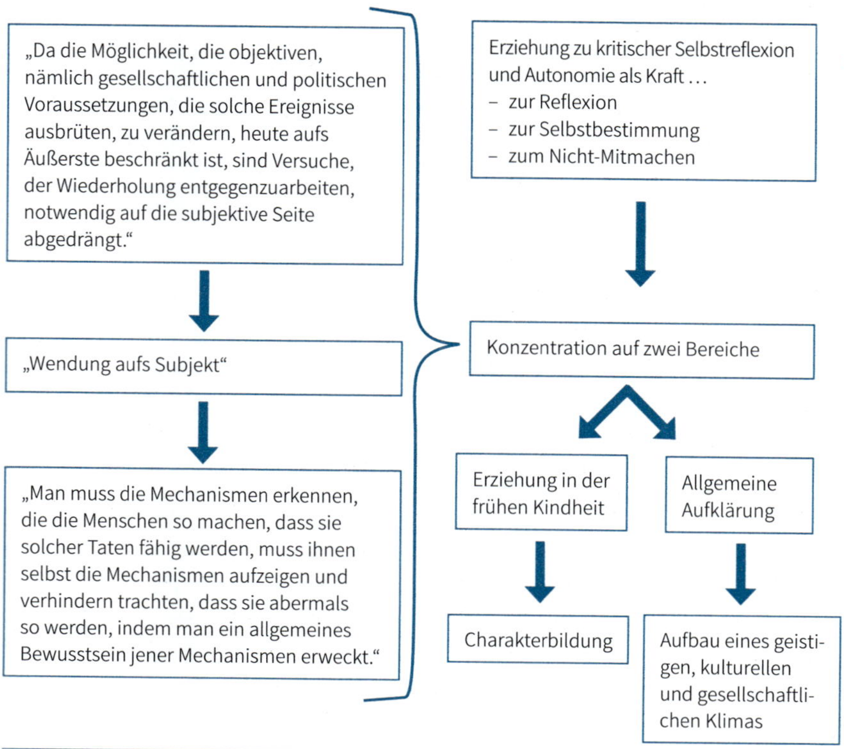

Zitate i. d. Grafik links: Adorno, Theodor W.: Erziehung nach Auschwitz. In: Erziehung zur Mündigkeit. Suhrkamp, Frankfurt a. M. 1971, S. 88ff.

Margarete Mitscherlich (1917–2012) und **Alexander Mitscherlich** (1908–1982), beide Psychoanalytiker, beteiligten sich aktiv am Versuch der Aufarbeitung der nationalsozialistischen Verbrechen.

Positionsvergleich: Ursachen des Nationalsozialismus

Pädagogischer Ansatz nach Th. W. Adorno	Psychologischer Ansatz nach Margarete und Alexander Mitscherlich
autoritäre Erziehung bereits im Vorfeld der NS-Zeit: • harte, bedrohende Familiendisziplin • elterliches Beharren auf Pflichterfüllung • Verweigerung liebevoller Zuneigung, eher oberflächliche emotionale Bindungen • Vermittlung von gefestigten Feindbildern Folgen: • Überkonformität und untergründige Aggressivität • Ausbildung eines „autoritären Charakters" • willige und unkritische Unterwerfung durch Fremdbestimmung, d. h. keine Autonomie • Entwicklung einer Ich-Schwäche Indoktrination und Formationserziehung während der NS-Zeit: • rigide (strenge, gefühlsarme) frühkindliche Erziehung • massive Beeinflussung der Heranwachsenden durch Schule und Jugendorganisationen Schule und Jugendorganisationen	• Ich-Schwäche und narzisstische Kränkung der Deutschen infolge der Niederlage im Ersten Weltkrieg • Kompensationsversuch durch Aufbau eines fantasierten Ich-Ideals (Selbstbildnis) Problem der Unerreichbarkeit dieses Ideals, daher Projektion des fantasierten Ich-Ideals auf den Führer: • Führer als Hoffnungsträger • Gefolgschaft dem Führer gegenüber • Stärkung des eigenen Selbstbewusstseins (Teilhabe an der Realisierung des projizierten Ich-Ideals) • Aufgabe der alten Wert- und Moralvorstellungen („Umkehrung des Gewissens") • Bereitschaft des Individuums, innerhalb einer Masse alles für den Führer zu tun • erzeugt Gefühl einer starken Volksgemeinschaft, baut Klassendenken ab • baut so Aggressionen im Inneren ab, erzeugt jedoch Aggressionen gegen Außenstehende Entwicklung von Feindbildern gegen • die Nichtmitmachenden (innere Feinde) • die Auszugrenzenden (äußere Feinde)

4.5 Reformpädagogische Konzepte

Reformpädagogik ist eine Sammelbezeichnung für pädagogisch, politisch und ideologisch zum Teil sehr unterschiedliche, innovativ gedachte Ansätze für die frühkindliche und schulische Bildung sowie die Jugendarbeit. Reformpädagogische Bewegungen entstanden schon zu Beginn des 20. Jahrhunderts (vor allem in Europa und den USA). Einige haben noch heute Auswirkungen auf Erziehungs- und Bildungskonzepte.

Begriff und Gegenstand der Reformpädagogik sind schon lange nicht mehr eindeutig. Wurde „Reformpädagogik" früher eher als Epochenbegriff definiert (pädagogische Ansätze aus der Zeit vom Ende des 19. Jahrhunderts bis 1933), so wurde später daraus eine Sammelbezeichnung für reformerische pädagogische Konzepte bis in unsere Gegenwart hinein. Gemeinsam sind den meisten reformpädagogischen Ansätzen bis heute die besondere Beachtung der Persönlichkeit des Kindes und eine Kritik an traditionellen Formen (vor-)schulischer Erziehung und Bildung.

Menschenbild der Reformpädagogik

Das Kind wird in diesen Zusammenhängen als ein sich von innen heraus entwickelndes Wesen verstanden, das von Beginn an schöpferische Kräfte in sich trägt, welche schrittweise zutage treten und sich weiter ausformen. Demnach ist ein junger Mensch kein „fertiges Konstrukt", das nur körperlich immer größer wird. Er wächst auch innerlich, indem er Entwicklungsprozesse durchlebt. Diese müssen angemessen begleitet werden. Wie diese Begleitung aussehen kann oder muss, wird von unterschiedlichen Ansätzen verschieden beantwortet.
Den Reformpädagogen zu Beginn des 20. Jahrhunderts war vor allem die Kritik an der zeitgenössischen Schule und den tradierten Lernvorstellungen gemeinsam. Eine Schule, welche autoritär geführt wird, mit Instruktionen, Drill und Auswendiglernen, ist nicht mit ihrem anthropologischen Verständnis vom Kind als freier, selbstständiger Persönlichkeit vereinbar. Zentrale Vorstellung ist eine „**Pädagogik vom Kinde aus**". Pädagogen forderten deshalb (und fordern noch heute) eine Reform von Bildung und Erziehung. Sie legen Entwürfe vor, wie Lernprozesse aus ihrer Sicht begleitet werden können.

Ellen Key (1849 – 1926): dänische Reformpädagogin

Beachtung finden reformpädagogische Ansätze in Deutschland etwa ab der Jahrtausendwende (vor allem mit der Ausrufung des „Jahrhunderts des Kindes" durch Ellen Key). Erste Konzepte beziehen sich auf Schulformen mit allgemeiner und beruflicher Bildung (Arbeitsschulen), Landerziehungsheim-Schulen, Freie Schulen und Lebensgemeinschaftsschulen. Im Nationalsozialismus mussten reformpädagogische Ansätze beendet werden oder sie wurden einer grundlegenden inhaltlichen Umgestaltung unterzogen. In der Bundesrepublik nach 1945 wurden reformpädagogisch orientierte Schulen und Ansätze in der bildungspolitischen Diskussion erst allmählich wieder beachtet, verstärkt erst ab Ende der 1960er-Jahre.

In den letzten Jahren spielen in Deutschland zwei reformpädagogische Ansätze im Bereich der frühkindlichen und Vorschulerziehung eine besondere Rolle: Die Ansätze von **Maria Montessori** und **Loris Malaguzzi**, die beide vom Kind aus gedacht sind. Sie werden nachfolgend aus dem Blickwinkel der pädagogischen Perspektive vorgestellt. Ergänzend wird die ebenfalls auf die Bedürfnisse des Kindes zentrierte pädagogische Haltung von **Janusz Korczak** kurz zusammengefasst, um abschließend in einem Positionsvergleich die Reformansätze von **Rudolf Steiner** (Waldorfpädagogik) sowie **Elise und Célestin Freinet** (selbstbestimmtes, kooperatives Lernen) gegenüberzustellen.

Montessori-Pädagogik: Pädagogik vom Kinde aus

Maria Montessori, Kurzsteckbrief

- Maria Montessori (1870 – 1952) studierte Naturwissenschaften und Medizin und war die erste Ärztin Italiens.
- Sie interessierte sich in besonderem Maße für psychiatrische Fragen und beschäftigte sich mit Fördermöglichkeiten für geistig beeinträchtigte Kinder. Daraus erwuchs ein Reformkonzept, Montessori-Pädagogik genannt, das bis heute weltweit viele Anhänger hat.
- Montessori gründete 1907 in Rom die „Casa dei bambini“, ein Kinderhaus in einem Arbeiterviertel. Sie übernahm die Leitung und erprobte Material, das für geistig behinderte Kinder erstellt wurde, an normal entwickelten Kindern. Das Modell der Montessori-Pädagogik wurde öffentlich und ihre Bildungserfolgte führte dazu, dass auch in anderen Städten in Italien Kinderhäuser nach ihrem Prinzip eröffnet wurden.
- Montessori lebte und lehrte in vielen Ländern, u. a. in Indien.

Grundannahmen

Menschenbild Montessoris

Montessori ging davon aus, dass der Mensch nicht fertig auf die Welt komme, sondern sich aktiv mit seiner Umwelt auseinandersetze und sich in dieser aktiven Auseinandersetzung selbst entwickle. Der Mensch sei „Baumeister seiner selbst“. Jedes Kind verfüge über einen inneren Bauplan und einen natürlichen Tätigkeitsdrang, der seine individuelle Entwicklung antreibe und seine Menschwerdung unter Rückbezug auf die Umwelt mitgestalte. Der **Leitspruch** der Montessori-Pädagogik lautet „**Hilf mir, es selbst zu tun**.“ Die erbetene Hilfe muss vom Erwachsenen geleistet werden, der die kindliche Entwicklung begleitet und Störungen zu vermeiden hilft.

absorbieren: Alles in sich aufnehmen.

Maria Montessori definiert Merkmale, die die Heranbildung eines eigenen Wesens vorantreiben. In den ersten drei Lebensjahren ist das Kind mit einem besonderen Hilfsmittel für seine Entwicklung ausgestattet: dem **absorbierenden Geist**. Er umschreibt seine Fähigkeit, Umwelteindrücke aufzunehmen und im Unterbewusstsein zu speichern. Alles Geschehen und Dinge werden mit einem Fotoapparat aufgenommen und gespeichert. Mit der Zunahme des Bewusstseins verliert sich der absorbierende Geist.

Ein Kind verfügt über die Fähigkeit zur **Polarisation der Aufmerksamkeit**. Gemeint ist eine tiefe Form der Konzentration, die das Kind nicht nur kognitiv aktiviert, sondern die auch zur Förderung der psychischen Entwicklung beiträgt. Sie charakterisiert alle Entwicklungszeiträume und verläuft nach Montessori in drei Phasen:

Phase 1 – Vorbereitung: Das Kind bereitet Materialien vor, die es erforschen will.
Phase 2 – Große Arbeit: Eine Übung wird über einen längeren Zeitraum hinweg vielmals wiederholt. Dabei lässt sich das Kind nicht von der Umwelt ablenken, es ist völlig auf seine Tätigkeit konzentriert.
Phase 3 – Reflexion: In der Abschlussphase zeigt es sich nach innen gerichtet, es verarbeitet das Erlebte.

Nachdem es die Polarisation der Aufmerksamkeit durchlaufen hat, so Montessori, wache das Kind gleichsam wie aus einem erholsamen Schlaf auf. Die Umgebung des Kindes muss zu einer derart intensiven Beschäftigung mit etwas einladen, u. a. durch **Möglichkeiten zur freien Wahl der Tätigkeit**.

Montessori beobachtete Phasen der besonderen Empfänglichkeit, in denen ein Kind sich für Entwicklungs- und Lernprozesse aufgeschlossen und zugänglich zeigt. In einer solchen **sensiblen Phase** ist es möglich, in Auseinandersetzung mit der Umwelt eine bestimmte Fähigkeit zu erwerben. Und nur, wenn die Umwelt die Bedürfnisse des Kindes in einer sensiblen Phase wahrnimmt und an seinen eigenen Ansprüchen und Bedürfnissen orientiert unterstützt, kann die Entwicklung stattfinden.
Erzieher/-innen oder Lehrer/-innen können sensible Phasen nicht hervorrufen, vielmehr müssen sie sich selbst zurückhalten und die **Rolle des Beobachters** einnehmen. Sie sollten jedes Kind im Bewusstsein der sensiblen Phasen beobachten und angemessen fördern, indem sie **geeignetes Material** zur Verfügung stellen. Diese periodisch auftretenden Sensitivitäten öffnen sich wie ein Fenster, schließen sich aber auch nach einer gewissen Zeit. Nach ihrem Abschluss ist die die damit verbundene Entwicklung nicht oder nur noch sehr schwer zu erreichen.

Wissen

Maria Montessori schreibt zu den sensiblen Phasen: „So wie sein Körper in Intervallen wächst und sich entwickelt, so wächst auch seine Persönlichkeit in Perioden bestimmter Sensibilität. Die ganze Entwicklungsarbeit, die das Kind leistet, wird von Gesetzen bestimmt, die wir nicht kennen, und folgt dem Rhythmus einer Aktivität, die uns fremd ist. Dies erfordert vom Erwachsenen eine weise Zurückhaltung [...].“

Montessori, Maria: Grundlagen meiner Pädagogik. Quelle und Meyer Verlag, Wiesbaden 11. A. 2011, S.10

Die sensiblen Phasen: Drei Stufen	
0–6 Jahre	**Sensibilität für Bewegung, Sprache und Ordnung** Empfänglichkeit für Ordnung, die sich auch auf die sozialen Beziehungen bezieht, und Verlässlichkeit und Vertrauen einschließt
7 - 12 Jahre	**Sensitivität gegenüber sozialen und moralischen Aspekten** Empfänglichkeit für Fragen zu Gut und Böse, Bewertung von eigenem und fremdem Verhalten; Empfänglichkeit für abstraktes Denken, Grundstein für wissenschaftliche Bildung
13 - 18 Jahre	**Ausbildung von sozialen Beziehungen und Verantwortung** Aufbau eines eigenen Werte- und Normensystems, Bewegung zwischen den Polen Schutz/Geborgenheit und Unabhängigkeit/Ablösung vom Elternhaus

Geeignetes Entwicklungsmaterial fördert die Weiterentwicklung eines Kindes, aber es muss auf die sensiblen Phasen abgestimmt werden. Oft sind mithilfe des Materials Aufgaben des praktischen Lebens zu bewältigen: Angeboten werden z. B. kleine Besen zum Fegen, Rahmen zum Binden von Schleifen oder Leisten zum Schließen von Knöpfen. Sinnesmaterial schärft die Wahrnehmungsfähigkeit, z. B. mit „Geräuschdosen" oder „Geruchsgläsern". Auch sprachliches sowie naturwissenschaftliches Material werden bereitgestellt. Berühmt wurden Sandpapierbuchstaben, mit denen Kinder schreiben und lesen lernen. Das Material darf immer nur so von den Kindern verwendet werden, wie Montessori es geplant hat: Der Erwachsene hat die Aufgabe, die Kinder entsprechend anzuleiten.

Montessori hat eng gefasste **Kriterien für die Auswahl von Material** festgelegt:

① Es muss **isoliert eine einzelne Eigenschaft** vorliegen, der zu lernende Aspekt zentral sein. Alle anderen Merkmale eines Materials werden zurückgestellt. Beispiel: Wenn Kinder die Größe von Kuben unterscheiden und in eine Reihenfolge bringen (ordnen) sollen, so müssen sich alle Körper in der Kantenlänge unterscheiden, aber nicht in ihrer Farbe.

② Die Möglichkeit zur **Fehlerkontrolle** muss gegeben sein: Kinder müssen selbst erkennen können, dass sie etwas richtig oder falsch gemacht haben. Beispiel: Ordnen Kinder Holzzylinder in einen Einsatz ein, merken sie, wenn sie nicht alles richtig eingeordnet haben, wenn sich ein Zylinder nicht in den Block setzen lässt oder einer übrigbleibt.

③ Das Entwicklungsmaterial muss **ästhetisch**, also schön anzusehen und anzufassen sein. Montessori setzte voraus, dass es so anziehender auf Kinder wirke.

④ Es muss **dem Tätigkeitsdrang** des Kindes **entsprechen**, das Kind einladen, sich an ihm zu erproben und zu üben.

⑤ Es soll begrenzt, also in der Regel **nur einmal vorliegen**, damit das Kind Ordnung in sein Inneres bringt. Dies gelingt ihm besser, wenn eine Reizüberflutung vermieden wird. Zudem unterstützt die Begrenzung Geduld und Rücksichtnahme, denn es kann immer nur ein Kind mit einem bestimmten Material arbeiten.

Erzieher-/Lehrerrolle in der Montessori-Pädagogik

In der Montessori-Pädagogik gilt das **Prinzip der freien Wahl der Arbeit**, das zur Herstellung einer inneren Ordnung beitragen soll. Der Erwachsene stellt dem Kind Materialien vor, lässt es aber selbst wählen, mit welchem es arbeiten möchte. Hier liegt die Besonderheit der Erzieherrolle in der Montessori-Pädagogik. Maria Montessori richtete sich an Lehrerinnen. Sie betrachtete Erziehung als weibliche Aufgabe, ganz im Einklang mit der vorherrschenden Geisteshaltung ihrer Zeit. Die Lehrerin soll dem Kind den Gebrauch des Materials erklären, sie ist sozusagen Mittler zwischen dem Material und dem Kind. Dazu muss sie das Material und auch die Entwicklungsphasen gut kennen, in denen es eingesetzt werden kann, und die Entwicklungsumgebung angemessen vorbereiten. Teil der Umgebung ist dabei auch die Zusammensetzung der Gruppe aus Kindern verschiedenen Alters. Montessori möchte gegenseitiges Lernen voneinander möglich machen.

Formen der vorbereiteten Umgebung	
die zeitlich vorbereitete Umgebung	genug Zeit für Freiarbeit, Zeit für Stille und Konzentrationsübungen, auch für Gruppenprozesse
die räumlich vorbereitete Umgebung	übersichtliche und gut zugängliche Räume, Nebenräume für unterschiedliche Arbeiten, kindgerechte Möbel, anregendes Außengelände
die sachlich vorbereitete Umgebung	Material mit festem Platz, nach Sachgebieten geordnet

Weltbild Montessoris

Für Maria Montessori ist Religiosität Teil des Menschen. Religiöse Erziehung muss an die Erfahrungen der Lebenswelt anknüpfen. Eine ihrer Aufgaben ist die Förderung der Moralentwicklung, also letztendlich die Übernahme gesellschaftlich erwünschter Normen und Werte. In die Idee einer ganzheitlichen, **kosmischen Erziehung** bezieht Montessori naturwissenschaftliche Erkenntnisse mit ein: Kinder erfahren in Schlüsselgeschichten etwas über geschichtliche, geologische und ökologische Zusammenhänge. Der Mensch hat die Verantwortung, den gesamten Kosmos, also auch die Natur, im Einklang mit dem Fortschritt zu bewahren.

Ein Kind, das sich unter dem Einfluss ihrer Pädagogik entwickelt, nennt Montessori einen **normalisierten Menschen**. Als solcher strebe er keine Besitztümer an und teile das, was er habe, mit anderen. Ein normalisiertes Kind ist nach Montessori ein vollkommenes Individuum, ein sittliches und gesellschaftliches Wesen, das sich mit den anderen Menschen gut versteht und mit ihnen und den Völkern dieser Erde ohne Spannungen zusammenleben kann. Kinder, die deviantes Verhalten zeigen, könnten, so Montessori, durch ihre Pädagogik zu normalisierten Kindern werden.

deviant: Von der Norm abweichendes Verhalten.
→ vgl. S. 113

Als deviant beschreibt Montessori streitbares Verhalten. Zudem verhielten sich betroffene Kinder unsozial, denn sie würden ihren persönlichen Besitz maximieren wollen und gegenüber anderen verteidigen. Wenn Kinder untereinander stritten, so Montessori, liege die Ursache im solchem Besitzstreben, welches auch im Erwachsenenalter soziale Spannungen und Konflikte hervorrufe.

Reggio-Pädagogik: Pädagogik des Werdens

Entstehungsgeschichte

Die Reggio-Pädagogik gilt weltweit seit ihrer Auszeichnung 1991 durch eine amerikanische Expertengruppe als anspruchsvolles frühpädagogisches Konzept. Sie entwickelte sich in den 1960er- und 1970er-Jahren in der norditalienischen Stadt Reggio Emilia. Die Reggio-Pädagogik vereinigt die „Best-Practice"-Erfahrungen von Erzieherinnen aus dem lokalen Umfeld mit den reformpädagogischen Überzeugungen Loris Malaguzzis. Die Bedeutung Malaguzzis besteht vor allem in seinem Engagement, Bildung in der frühen Kindheit in die politische Öffentlichkeit vor Ort zu tragen.
Schon im ersten Viertel des 20. Jahrhunderts wurden in Reggio kommunale Kindergärten gegründet. Am Ende des Zweiten Weltkriegs kümmerten sich die damals gegründeten antifaschistischen (Frauen-)Organisationen in der Region darum, Formen familien- sowie betriebsnaher Kinderbetreuung zu sichern. Frauen sollten durch die Entlastung bei der Kindererziehung eine verbesserte Chance für den (Wieder-)Eintritt ins Erwerbsleben erhalten. So entstanden ab 1945 sechs Kindertageseinrichtungen, die ein Konzept für die Frühpädagogik entwickelten. 1962 stellten einige dieser Einrichtungen den Antrag auf Trägerwechsel. In den beiden Folgejahren wurden die ersten Einrichtungen in der Trägerschaft der Stadt Reggio gegründet.

Loris Malaguzzi, Kurzsteckbrief

- Loris Malaguzzi (1920 – 1994) war Lehrer.
- 1970 wurde er zum Leiter des institutionalisierten Pädagogischen Zentrums der Stadt Reggio bestellt.
- Malaguzzi griff auf reformpädagogische Ansätze zurück (auch die von Montessori und Freinet) und suchte nach Verknüpfungen mit aktuellen, innovativen Ideen im erziehungs- und sozialwissenschaftlichen Umfeld.

Grundannahmen

→ Piaget, s. S. 54
→ Bruner, s. S. 187

Den Vorstellungen Piagets vom „Lernen als aktiver Umweltauseinandersetzung" oder Bruners vom „entdeckenden Lernen" folgend, entwickelte Malaguzzi ein eigenständiges pädagogisches Konzept. Er hatte die Fähigkeit, theoretische Erkenntnisse mit praktischen Erfahrungen zu verbinden und Menschen in der Stadt Reggio Emilia ebenso wie auf internationaler Bühne für ungewöhnliche, kooperative Projekte zu gewinnen.
Seit dem Tod Malaguzzis wird das Lernkonzept der Reggio-Pädagogik stark von den Ideen und Erkenntnissen der konstruktivistischen Erkenntnis- und Lerntheorie sowie der neueren Hirnforschung geprägt. Es geht darum, in **lernenden Gemeinschaften** Bedeutungen zu entdecken, auszudrücken und mit anderen zu teilen. So entstehen in einzelnen Schritten Weltbilder, aber auch alltagsprak-

tische Kompetenzen. An diesen Konstruktionsprozessen sind immer Menschen beteiligt, deren Überzeugungen und Handlungspraktiken uns beeinflussen.

Offenheit der Reggio-Pädagogik

Die Reggio-Pädagogik gibt keine Ziele vor: **Kinder gehören sich selbst**. Eine Zielorientierung sowie jedwede Festlegung sind unerwünscht. Erwünscht sind dagegen Fragen und Ungewissheiten, die zu Veränderungen und Erneuerungen führen. Erziehung wird als Prozess aufgefasst, in dem Kinder in ihrer aktiven Weltaneignung begleitet werden, auf dass sie eine individuelle Identität und ihre vielen Fähigkeiten entfalten und ausleben können. Die Reggio-Pädagogik wird auch als **Pädagogik des Werdens** bezeichnet.
Loris Malaguzzi wehrte sich stets gegen die schulische Erziehung: Sie behindere ein Kind in seiner Entwicklung und lasse es in seiner Ausdrucksweise verarmen. Dies bringt sein bekanntes Gedicht zum Ausdruck.

Die hundert Sprachen des Kindes

Zitat

Die Hundert gibt es doch.
Das Kind besteht aus Hundert.
Hat hundert Sprachen
hundert Hände
hundert Gedanken
hundert Weisen
zu denken, zu spielen und zu sprechen [...]
Neunundneunzig davon aber
werden ihm gestohlen,
weil Schule und Kultur
ihm den Kopf vom Körper trennen.
Sie sagen ihm:
Ohne Hände zu denken
ohne Kopf zu schaffen
zuzuhören und nicht zu sprechen. [...]
Die Welt zu entdecken
die schon entdeckt ist. [...]
Sie sagen ihm kurz und bündig,
dass es keine Hundert gäbe.
Das Kind aber sagt:
Und ob es die Hundert gibt.

Loris Malaguzzi

Quelle: Reggio Children (Hrsg.): Hundert Sprachen hat das Kind. I cento linguaggi die bambini. Ausstellungskatalog. Beltz Verlag, Weinheim 2001, S. 3

Menschenbild

Die Reggio-Pädagogik geht davon aus, dass das Kind unendliche viele Fähigkeiten oder Gaben hat, mit denen es die Welt begreifen lernt (Metapher der „hundert Sprachen"). Es wird als vollwertiges Wesen angesehen, das nach Entwicklung der eigenen Möglichkeiten strebt. Nach Malaguzzi ist die wichtigste Anlage des Kindes der in ihm wohnende **Forschergeist**. Der Forscher wird als jemand verstanden, der die Welt (dazu gehören neben den Erfahrungen auch die Fantasien des Kindes) verstehen und in Bezug zu sich selbst setzen möchte. Durch Versuche und Experimente und das Ausloten von Grenzen entwickelt ein Kind sich weiter. Wie in der Montessori-Pädagogik wird das Kind auch in der Reggio-Pädagogik als **Konstrukteur seines Selbst** verstanden.
Die Betrachtungsweise ist ganzheitlich: Ein Mensch entwickelt sich innerhalb einer Gemeinschaft, die durch Familie, Nachbarschaft, Dorf bzw. Stadt(-teil) und Umgebung repräsentiert wird. Die unterschiedlichen Personen, die Teil dieser Gemeinschaft sind, bringen unterschiedliche Kompetenzen mit, die als Reichtum verstanden werden. In dieser Gemeinschaft verläuft die Entwicklung von Identität im Rahmen wechselnder Prozesse und Interaktionen, darum ist sie nie statisch, sondern eine fortwährende Auseinandersetzung. Erwachsene und Kinder gleichen sich hier in ihren identitätsbildenden Prozessen. Den Kindern jedoch werden besondere Möglichkeiten eingeräumt, eigene Bedürfnisse und individuelle zeitliche Rhythmen zu artikulieren.

Methoden und Wege der Reggio-Pädagogik

In der Reggio-Pädagogik wird der Kindergarten als Raum für ein Lernen aufgefasst, das durch Untersuchung, Erforschung und (Nach-)Fragen entsteht. Das Kind soll sich, angeregt durch die Umgebung, als Entdecker und Forscher betätigen.
Die zentrale Methode ist die **Projektarbeit**, die folgende **Arten von Aktivitäten** beinhalten kann:

- sinnliches Erforschen eines Gegenstandes/Materials o. Ä. durch Beobachten oder Ertasten bzw. Erspüren,
- Phasen der gefühlsmäßigen und gedanklichen Verarbeitung des Wahrgenommenen,
- Ausbilden von Annahmen/Deutungen über das Erforschte,
- Darstellen von Wahrnehmung, inneren Bildern und Empfindungen in Bildern und Szenen,
- Kommunikation mit anderen über Erlebtes bzw. Beobachtetes,
- zunehmend planvolle Durchführung von Aktivitäten, bei denen etwas erforscht oder gestaltet wird, mit anschließender Reflexion und ggf. Anstößen zu Veränderungen.

Projekte entstehen dann, wenn Kinder etwas entdecken oder etwas beobachten, wenn sie etwas bauen oder genau wissen wollen. Bei jüngeren Kindern werden Projekte durch sinnliche Erfahrungen möglich gemacht, indem sie z. B. mit Sand und Wasser, Schrauben und Muttern erste Projektprozesse erleben können.

In der Projektarbeit soll sich das Kind mit seiner Umwelt auseinandersetzen, ausgehend von eigenen Fragestellungen. Die Erzieher müssen sich auch selbst sachlich fortbilden, mitforschen, dem Kind aber nur dann die notwendige Unterstützung anbieten, wenn Bedarf entsteht. Daher wird der **Erzieher in der Reggio-Pädagogik auch** zum **Forscher**.

Beispiel

In einem Reggio-Kindergarten hatte ein Kind die Frage aufgeworfen, wie hoch der benachbarte Gasometer (Speicherturm für Gas) sei. Dies herauszufinden, wurde zum Projekt. In der Kindergruppe wurde überlegt, wie Höhe gemessen werden könnte. Die Kinder forschten und überlegten, verwarfen Methoden (andere wurde von den Erziehern als nicht durchführbar erklärt) und kamen zu dem Schluss, dass ein Wollknäuel, vom Dach des Gasometers herabgelassen, die Höhe abbilden könne. Im Kindergarten wurden viele Wollknäuel aneinandergebunden und mit einer großen Kugel Wolle bestieg die Kindergruppe das fast 120 Meter hohe Gebäude.

Neben der Projektarbeit können die Kinder in der Reggio-Pädagogik auch kürzer thematisch arbeiten. In einer freien Spielphase entscheiden die Kinder selbst, was sie machen möchten. Eine weitere Besonderheit der Reggio-Pädagogik liegt darin, dass es einen fest angestellten Puppenspieler gibt, der in einer eigenen Werkstatt Handpuppen herstellt. Das Puppenspiel helfe, so die Annahme, dem Kind in seiner Identitätsentwicklung.

Funktion der Dokumentation

Innerhalb der reformpädagogischen Ansätze zeigt die Reggio-Pädagogik eine Besonderheit: die **Dokumentation** als Darstellung des Werdens eines Kindes. Die Aufzeichnung bzw. die Art der Dokumentation wird durch die Sichtweise des Notierenden bestimmt und durch den Lesenden interpretiert. Diese Perspektiven sind erwünscht, da sie in der Vielfalt Stereotype verhindern.

Die **pädagogischen Funktionen der Dokumentation** sind für Kinder, Erzieher und Eltern jeweils andere:

- Die Kinder können sich aufgrund der Dokumentationen reflektieren, sie können sich durch die Spiegelung und Erinnerung selbst zu neuen Fragen oder Prozessen anregen.
- Für die Erzieher ist eine Dokumentation sehr wichtig, weil in ihr das Kind in seinem Lernprozess deutlich wird. Die Dokumentation zeigt auch das Interesse der Erzieher an der Arbeit und den Gedanken der Kinder. Infolgedessen können sie die Kinder besser begleiten.
- Für die Eltern ist die Entwicklung des Kindes durch eine Dokumentation informativ, die subjektive Beobachtung der Erzieher erlaubt auch ihnen eine Einordnung.

Möglichkeiten der Dokumentation	
Dokumentation von Projekten	Mittels Wanddokumentationen, den sog. sprechenden Wänden (meterlange Projektionsflächen), die prozessorientiert den Verlauf eines Projektes dokumentieren, z. B. mit Bildern und Aussagen der Kinder, Überschriften, Fotos und Kommentare und einer Datierung zur zeitlichen Orientierung. Im Verlaufe des Projekts werden die Elemente laufend neu angeordnet, Besucher und Kinder sind eingeladen, sich stetig mit dem Verlauf zu beschäftigen.
Dokumentation der Beobachtungen von Kindern	Erzieher beobachten und notieren, was das Kind unternimmt. Dies wird später im Team kommuniziert und reflektiert. Die Interessensschwerpunkte und auch Eigenschaften und Fähigkeiten des Kindes werden deutlich. Daraus entsteht nach und nach ein Archiv, das die Entwicklung des Kindes dokumentiert.

die pädagogische Rolle in der Reggio-Pädagogik

Die Rolle der Pädagogen und Pädagoginnen lässt sich zusammenfassend so beschreiben: Sie begleiten ein Kind auf seinem Weg und erforschen und dokumentieren zugleich seinen individuellen Werdegang. Dokumentationen bilden auch die Grundlage für die angemessene Förderung eines Kindes. Zudem eignen sie sich für einen differenzierten Austausch mit den Eltern über die Entwicklung ihres Kindes.

Kern der Reggio-Pädagogik ist das **Prinzip der Gemeinschaft**: Alle Beteiligten verstehen sich als Verantwortliche für eine Einrichtung. Zum Team gehören neben den pädagogischen Fachberaterinnen und Fachkräften auch z. B. die Köche und Hausangestellten sowie die künstlerischen Werkstattleiter. Für die Leitungsfunktion ist eine Arbeitsgruppe vorgesehen, der sog. Leitungsrat. Aus pragmatischen und rechtlichen Gründen haben jedoch zumindest die deutschen Einrichtungen eine einzelne Leitungskraft. Die Erwachsenen sollen ein Vorbild für Partizipation und Zusammenarbeit durch Austausch und Kooperation geben.
Hinsichtlich der pädagogischen Arbeit gilt für die Erzieher, dass sie den Kindern Hilfestellungen geben sollen, damit diese sich, ihre Fantasie und Gefühle ausdrücken können. Dazu sollen sie die Kinder anregen, deren Neugier wecken und die Fragen der Kinder ernst nehmen und diese anleiten, ihre Fragen forschend zu ergründen. Sie sollen auf das Tempo und die Wünsche der Kinder eingehen, den Kindern helfen, auf sich selbst zu vertrauen, und vor allem sollen sie den Kindern viele Gelegenheiten geben, zu arbeiten und Erfahrungen zu machen. Die Erzieherinnen werden in der Reggio-Pädagogik auch als **Wegbegleiter** bezeichnet.

Prinzipien der Raumgestaltung

Der Stellenwert der räumlichen Gestaltung für das Konzept der Reggio-Pädagogik gibt der Ausspruch vom „**Raum als drittem Erzieher**". pointiert wieder. Der erste Erzieher ist das Kind selbst, der zweite Erzieher ist das soziale Umfeld des Kindes, also die Eltern, Geschwister, die Erzieher und anderen Kinder der Einrichtung. Die Anlage und Ausstattung der Räume unterstützen die pädagogische Arbeit. Zum Raum gehört auch das erreichbare Umfeld mit seinen Straßen, Häusern, Wäldern und Gewässern.

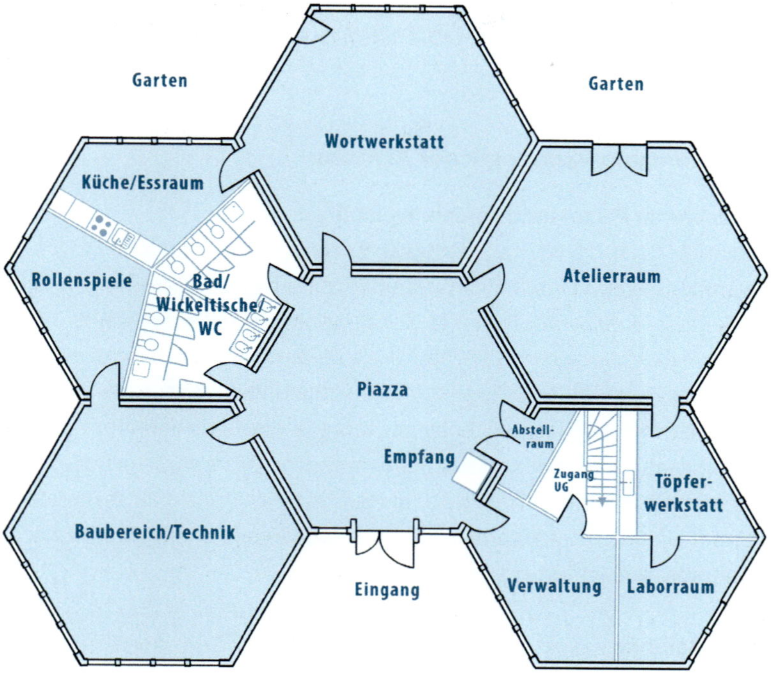

Idealtypische Raumgestaltung eines Reggio-Kindergartens

Die Anlage des Gebäudes ist sehr offen: Im Zentrum sollte eine Piazza sein, ein Ort der Begegnung. Hier können sich alle Beteiligten des Kindergartens treffen: Kinder, Eltern, Großeltern, Nachbarn, Bewohner des Dorfes oder des Stadtteils usw. Der Raum ist frei zugänglich, er lädt die Menschen ein, die Einrichtung zu besuchen, und dient z. B. auch als Ausstellungsraum für die Projekte der Kinder. Jeder weitere Raum schließt sich an die Piazza an. Alle Räume sollen durch Fenster in Wänden und Türen sowie auch mit Schlauchtelefonen verbunden sein, um Einblicke/Teilhabe und die Kommunikation zu fördern. Man soll gut hinaus und in die Räume hineinschauen können. Ein Atelier lädt mit Material zum Experimentieren und Ausprobieren ein. Die vielen angeschlossenen Räume haben jeweils eine besondere Funktion: Wenn Kinder sich für eine bestimmte Aktivität oder Rückzug entscheiden, suchen sie den entsprechenden Raum auf. Alle Räume eines Reggio-Kindergartens sind sowohl mit Möbeln für Kinder als auch für Erwachsene eingerichtet.

Podeste in verschiedenen Höhen und vor allem etliche Spiegel sollen Kindern zu multiplen Perspektiven einladen. Vorgefertigte Materialien fehlen in Reggio-Einrichtungen weitgehend, Natur- und Alltagsmaterialien gibt es aber reichlich, diese sollen die Kinder anregen, damit etwas zu konstruieren – auch über mehrere Tage hinweg.

Janusz Korczak: Pädagogik der Achtung

Kurzsteckbrief: Person und Forschungsanliegen

- Janusz Korczak, der 1878 als Henryk Goldszmit geboren und 1942 im Konzentrationslager von Treblinka zusammen mit seinen 200 jüdischen Waisenkindern ermordet wurde, war Arzt, Schriftsteller und Sozialpädagoge.
- Korczak widmete sich in Warschau als Leiter eines jüdischen Waisenhauses und eines Heims für mittellose polnische Arbeiterkinder ganz der Erziehung und entwickelte aus seinem Anliegen, das grundlegende Verhältnis des Erwachsenen zum Kind neu zu orientieren, seine pädagogische Konzeption einer kindzentrierten und nach demokratischen Prinzipien gestalteten Lebens- und Erziehungsgemeinschaft, die auf dem grundsätzlichen „Recht des Kindes auf Achtung und Liebe“ gründet.

Grundannahmen

Janusz Korczaks war mit einem Kindheits- und Erziehungsverständnis konfrontiert, das er als geprägt von Nichtbeachtung und Missachtung sowie Unterdrückung und Entmündigung beschrieb. Er setzte diesem eine Erziehung entgegen, die das Kind in den Mittelpunkt stellte. Dafür griff er jahrelange Beobachtungen und Erfahrungen im Zusammenleben mit Kindern auf, die er in den von ihm geleiteten Erziehungsinstitutionen, wie im Waisenhaus „Dom Sierot“ (Haus der Waisen) und später in der Experimentalschule in einem weiteren Heim „Nasz Dom“ (Unser Haus) gewonnen hatte. Korczaks Anspruch war, das Wesen des Kindes aus dessen Innenperspektive heraus zu betrachten. Er sah das **Kind als ein eigenständiges und vollberechtigtes Individuum**, das von Beginn an auf seine ganz eigene Art und Weise die Welt entdeckt und erforscht.

Erwachsenen-Kind-Verhältnis

Wichtig war Korczak der Gedanke, dass das Kind seine Entwicklung in Freiheit gestalten können muss, während der Erwachsene das Kind als vollwertig und **gleichwertig** achten und dabei jederzeit die kindliche Gefühls- und Gedankenwelt ernstnehmen muss. Dieses auf **Akzeptanz** und **Hinwendung** bezogene Verhältnis des Erwachsenen zum Kind setzt nach Korczak eine grundlegende Neuorientierung des Erziehenden voraus. Dieser müsse mit dem Kind in einen

Erziehung als Dialog

gleichberechtigten Dialog treten, bei dem dessen Fragen beantwortet und ihm im Gegenzug auch Fragen gestellt werden, um so eine bessere und gemeinsame Basis der Verständigung zu finden. Ausgehend von dieser Haltung erfüllt sich dann die Aufgabe der Erziehung, die darin besteht, die Interessen des Kindes soweit kennenzulernen, dass ihm für seine Entwicklung begleitende und unterstützende Angebote gemacht werden können.

Korczak fordert in der Erziehung als oberstes Gebot die Achtung vor der Würde des Kindes. Diese Forderung kommt in seiner „Magna Charta Libertatis" (einer Art „Grundgesetz der Erziehung") zum Ausdruck. In dieser Charta hat er drei **Grundrechte für das Kind** formuliert, mit denen die Interessen des Kindes gewahrt sowie die individuelle Freiheit und Selbstentwicklung gewährleistet werden sollen:

- Das „Recht des Kindes auf den Tod", welches zugleich das Recht auf Leben voraussetzt und miteinschließt, richtet sich gegen eine übermäßig beschützende und bevormundende Erziehungshaltung der Erwachsenen, wodurch dem Kind der Freiraum genommen wird, neben allen Lebensrisiken sich und seine Welt selbst zu erfahren und sich für oder gegen das Leben selbst zu entscheiden.
- Mit dem „Recht des Kindes auf den heutigen Tag" soll das Kind gegen alle Versuche von Erwachsenen, das Kind für ihre Zwecke zu vereinnahmen, geschützt werden. Es zielt darauf ab, das Eigenrecht des Kindes auf seine Zeit im Hier und Jetzt zu respektieren, damit es sich ohne Zwang und mit bloßem Anspruch auf Wohlbefinden selbst verwirklichen und entfalten kann, ganz gleich, welchen zukünftigen Ansprüchen das Kind, sei es beruflich, charakterlich oder in seinem Verhältnis zu sich und den anderen, auch gerecht werden muss.
- Durch das „Recht des Kindes, das zu sein, was es ist" wird schließlich der Eigensinn und der Eigenwert jedes einzelnen Kindes betont, dessen Anderssein und Andersdenken von den Erwachsenen vollständig anerkannt werden muss.

Diese **Rechte des Kindes** können nicht verordnet oder erzwungen werden, sondern müssen freiwillig, in gegenseitigem Einvernehmen in der jeweiligen Lebensgemeinschaft akzeptiert und erfüllt werden. Sie werden so von Korczak als **ethische Leitlinien** verstanden, die **in Regeln fixiert und als pädagogische Prinzipien** wie in den von ihm geleiteten Erziehungsinstitutionen **institutionalisiert** werden.

Von zentraler Bedeutung in der Praxis der Pädagogik nach Korczak ist der **Aufbau einer sozialen Gemeinschaftsordnung**, die auf dem Grundsatz der **demokratischen Selbstverwaltung** basiert und zur Heranbildung der aktiven Mitarbeit und Mitgestaltung der Kinder führt.

Aufbau einer sozialen Gemeinschaftsordnung

Gestaltung einer demokratischen Lebenswelt

Auf dieser Grundlage wird mittels der Einrichtung fester Institutionen der Selbstverwaltung und Kinderbeteiligung, deren Aufgabe es ist, **Handlungskompetenz** zu fördern und ein **Demokratieverständnis** zu stärken, die Entwicklung des Gemeinschaftsprozesses geregelt und gleichzeitig ein gleichberechtigtes Zusammenleben ermöglicht:

- Einen hohen Stellenwert für die Gemeinschaft hat hierbei die Arbeit der Kinder. Sie werden verschiedenen, selbstgewählten **Arbeits- und Tagesdiensten** zugeteilt, bei denen die täglich zu erledigenden Arbeiten gemeinsam verteilt werden (wie z. B. Ordnung und Reinhaltung aller Räumlichkeiten, Betreuung jüngerer Kinder, Aushilfe in der Küche sowie Arbeiten in den zugehörigen Werkstätten).

Mittel der Kommunikation

- Eine angebrachte **Wandtafel**, verstanden als schwarzes Brett, dient als Informationsgeber im Selbstverwaltungssystem. Mit ihrer Hilfe können sowohl die Erzieher als auch die Kinder ihre Nachrichten und Mitteilungen veröffentlichen. Sie fördert damit einerseits die Initiative für Bekanntmachungen, andererseits aber auch die Selbstverantwortung, sich zu informieren.
- Über den **Briefkasten**, der neben der Wandtafel ein weiteres institutionalisiertes Mittel der Verständigung darstellt, können sich die Kinder mit ihren Bedürfnissen und Problemen in Form von schriftlichen Briefen an die Erzieher wenden. Er garantiert die Zustellung und Bearbeitung von vertraulichen Mitteilungen.
- Die von der Kindergemeinschaft selbst gestaltete **Zeitung** wird zum Dokumentationsmittel, mit dem alle wichtigen Ereignisse des Gemeinschaftslebens festgehalten und dazu auch kritisch bewertet werden. Damit bietet sie ein Forum, in dem die Kinder bei den für sie wichtigen Angelegenheiten ihr Mitspracherecht verwirklichen können.

räumliche Struktur

- Für das Gemeinschaftsleben wichtig sind auch ein **Schrank** für die Aufbewahrung von Fundsachen und zur Sicherung des Eigentums, ein für jeden zugängliches **Regal** zur Ausstellung besonderer Arbeiten und zur Nutzung gemeinsamer Sachen (z. B. Bücher, Hefte und Sammlungen von Spielen) sowie ein **Kramladen**, der als Verkaufsstelle für Dinge des alltäglichen und persönlichen Bedarfs dient.

Gremien demokratischer Partizipation

- Zu den weiteren Einrichtungen der Selbstverwaltung gehören noch die **Vollversammlungen** und **Abstimmungen**, die von den Kindern selbstständig geregelt und durchgeführt werden. Dabei beraten alle Kinder über die anstehenden Probleme mit dem Ziel, sich untereinander und mit den jeweiligen Erziehern zu verständigen und einvernehmliche Lösungen zu finden.

- Aus der Vollversammlung heraus wird dann von den Kindern ein aus Abgeordneten zusammengesetztes **Kinderparlament** gewählt, bei dem die Kinder in alle Entscheidungsprozesse miteinbezogen und die getroffenen Entscheidungen von allen Kindern und Erziehern akzeptiert werden. Das Parlament entscheidet hier z. B. über die Schaffung und Verabschiedung von Gesetzen oder über die Neuaufnahme von Kindern und Erziehern.
- Im **Kindergericht**, das auch Kameradschaftsgericht genannt wird, können gewählte Kinder als Richter über Beschwerden von Kindern gemeinschaftlich verhandeln und schließlich die im Kinderparlament beschlossenen Gesetze anwenden.

Rolle des Erziehenden

Die verschiedenen Institutionen der Selbstverwaltung, in denen die Vorstellungen und Ziele der Erzieher und Kinder gleichermaßen mit einbezogen sind, ermöglichen es, gleichberechtigt miteinander zu arbeiten und gegenseitig aufeinander einzuwirken. Die Einwirkung der **Erziehenden** beschränkt sich dabei aber nur darauf, die Kinder zu begleiten, sie in ihren Stärken zu fördern und in ihren Schwächen zu unterstützen. Erst das Bewusstsein um diese Aufgabe schafft die verlässliche Basis für ein Miteinanderleben von Erwachsenen und Kindern in **Liebe und Vertrauen, Achtung und Anerkennung**.

Kritische Würdigung

Korczaks Bedeutung für unsere Gegenwart ist in seinem mit Überzeugung und Hingabe vorgelebten Beispiel seiner unvergleichlichen Erziehungspraxis zu sehen. Seine grundlegenden Ideen über Erziehung geben bis in die heutige Zeit nicht nur für die Pädagogik, sondern auch für die Politik wichtige Impulse. Für die Pädagogik gilt er als einer der geistigen und praktischen Wegbereiter kindgemäßer Erziehung, der in seinem Grundverständnis Parallelen mit dem pädagogischen Humanismus aufweist, der durch die reformpädagogischen Konzepte u. a. von Pestalozzi, Fröbel oder auch Montessori repräsentiert wird. Seine politische Bedeutung besteht in der heute weltweiten Anerkennung der in der **UN-Kinderrechtskonvention** formulierten **Kinderrechte**.

Positionsvergleich: Steiner, Freinet, Korczak

	Waldorfpädagogik	Freinet-Pädagogik	Pädagogik der Achtung
Begründer	▸ **Rudolf Steiner** (1861 – 1925) ▸ Esoteriker und Philosoph	▸ **Célestin Freinet** (1896 – 1966) ▸ **Elise Freinet** (1898 – 1983) ▸ Lehrerehepaar	▸ **Janusz Korczak** (1878 – 1942), geb. als Henryk Goldszmit ▸ Arzt, Schriftsteller, Sozialpädagoge
Leitsatz	▸ Das Kind in Ehrfurcht aufnehmen, in Liebe erziehen und in Freiheit entlassen.	▸ Den Kindern das Wort geben.	▸ Das Recht des Kindes auf Achtung und Liebe anerkennen.

>>

Positionsvergleich: Steiner, Freinet, Korczak

	Waldorfpädagogik	Freinet-Pädagogik	Pädagogik der Achtung
Erziehungsinstitution	⦿ Die Waldorfpädagogik fokussiert primär die Schule, umfasst aber auch Kindergärten.	⦿ Célestin und Elise Freinet entwickelten ihren Ansatz mit anderen Lehrern für die Schule.	⦿ Janusz Korczak stellte seine pädagogischen Ansätze in Kinderheimen auf.
Bild vom Kind	⦿ Das Kind ist noch nicht erwachsen, es muss sich noch entwickeln, braucht dazu einen Schonraum. ⦿ Der Mensch ist viergliedrig, er besteht aus dem physischen Körper und den übersinnlichen Gliedern Ätherleib, Astralleib und dem Ich (Wesensgliederl). ⦿ Das Kind verändert sich im 7-Jahre-Rhythmus (Geburten) bis zum Erwachsenen.	⦿ Das Kind ist eine eigenständige Person. ⦿ Kinder lernen aktiv mit allen Sinnen und mit entsprechender Motivation lernt es leichter. ⦿ Lernen muss sich daher am Kind und seinen Interessen orientieren. ⦿ Kind ist Gestalter seiner Entwicklung und in der Lage, Verantwortung zu übernehmen.	⦿ Das Kind ist ein eigenständiges und vollberechtigtes Individuum. ⦿ Wie ein Forscher entdeckt es seine Welt und setzt sich aktiv mit ihr auseinander. ⦿ Es entfaltet sich in freier Entwicklung eigenständig. ⦿ Rechte: Recht des Kindes auf den Tod, Recht des Kindes auf den heutigen Tag, Recht des Kindes, das zu sein, was es ist.
Zentrale Vorgehensweisen	⦿ Lernen mit und unter Einbezug aller Wesensglieder. ⦿ Orientierung an der Entwicklung des Menschen (Wesensglieder werden berücksichtigt). ⦿ Ohne Normierung eines grundsätzlichen Vorgehens (Lehrplan), Erzieher und Lehrer sollen sich der Entwicklungsförderung des individuellen Kindes widmen, das Verhalten korrigieren und beeinflussen, ohne zu erniedrigen, natürliche Autorität sein. ⦿ Umfassende Menschenliebe. ⦿ Handwerkliche, künstlerische und musische Betätigung. ⦿ Integration von Nicht-Behinderten und Behinderten. ⦿ Lernen durch Epochenunterricht, Eurythmie, Schulberichte ohne Ziffernnoten innerhalb des Klassenlehrersystems.	⦿ Eine Druckerpresse und Setzkästen ermöglichen eine schuleigene Druckerei: Kinder schreiben und drucken Texte selbst, lernen dadurch Lesen, Rechtschreibung und Grammatik, die selbst gedruckten Texte bilden Schulbücher. ⦿ Selbstbestimmter Schülerunterricht durch selbstbestimmtes Arbeiten, Exkursionen und direkter Kontakt zur Lebens- und Arbeitswelt ermöglichen Erfahrungen des Alltags. ⦿ Schüler wählen Inhalte selbst aus (lebensnahe Inhalte), Lehrer geben nichts vor, damit kommt es zu Individualisierung des Lernprozesses, viele Kinder arbeiten parallel an unterschiedlichen Aufgaben.	⦿ Rechte des Kindes werden als pädagogische Prinzipien institutionalisiert: Aufbau einer sozialen Grundordnung, demokratische Selbstverwaltung mit aktiver Mitarbeit und Mitgestaltung der Kinder (Arbeits- und Tagesdienste, Wandtafel, Briefkasten, Zeitung, Schrank, Regal, Kramladen, Vollversammlungen und Abstimmungen Kinderparlament und Gericht). ⦿ Erziehung als Dialog: Berücksichtigung der Interessen und Bedürfnisse. ⦿ Gleiches Recht für alle. ⦿ Begleitung der Kinder durch Förderung der Stärken und Unterstützung bei den Schwächen. ⦿ Richtlinien für Erziehende: Liebe und Vertrauen, Achtung und Anerkennung.

>>

Positionsvergleich: Steiner, Freinet, Korczak

	Waldorfpädagogik	Freinet-Pädagogik	Pädagogik der Achtung
Ziele für die Entwicklung	⦿ Förderung der individuellen Entwicklung eines Kindes. ⦿ Entwicklung zur menschlichen Freiheit: Erkennen der Welt, der Wesenheit der Dinge und ihre Verhältnisse zueinander, um freie Entscheidungen im Handeln vornehmen zu können.	⦿ Befreiung von allen unterdrückenden Bedingungen, sowohl von politischen, religiösen oder staatlichen Festsetzungen. ⦿ Keine Festlegung auf ein Lernziel, da dieses als Zwang empfunden wird (s.o.). ⦿ Jedes Kind soll orientiert an seinen Interessen lernen und weit über das hinaus lernen, was das traditionelle Schulsystem lehrt.	⦿ Befreiung der Kinder vom rechtlosen Zustand und Schutz vor Despotismus und Willkür der Erwachsenen. ⦿ Einfügen des Einzelnen in die Gemeinschaft der Menschen. ⦿ Fähigkeit, das Gemeinschaftsleben demokratisch zu regeln und gleichberechtigt zusammenzuleben.
Weitere Informationen	⦿ Die Waldorfpädagogik basiert auf der Anthroposophie, einer von Steiner begründeten Weltanschauung, die auch übersinnliche Erfahrungen einschließt und so das menschliche Wesen genauer umfasst.	⦿ Die von Elise und Célestin Freinet entwickelten Aspekte für die Schule wurden in den 1970er Jahren für den Kindergarten in Deutschland adaptiert.	⦿ Für die 1989 in der UN-Kinderrechtskonvention formulierten Kinderrechte hat Korczak, der als Vordenker der Kinderrechtsbewegung gilt, mit seinem Ansatz eine der wesentlichen Grundlagen dargelegt.

4.6 Historische Meilensteine des Schulwesens

Die Schule ist ein Ort des Lehrens und Lernens. Lehren und Lernen finden dort in einem institutionellen Kontext statt, der sich über einen langen Zeitraum von den ersten Anfängen in der Antike über das Mittelalter und danach über die Herausbildung der modernen Schule in der Neuzeit des 18. und 19. Jahrhunderts bis zur Gegenwart historisch entwickelt hat:

Frühgeschichte

Erste Formen unterrichtlicher Unterweisung gab es schon in den frühen **Hochkulturen Sumers** und **Ägyptens** (ca. 3000 v. Chr.) Die sumerischen Schulen, die „Tafelhäuser" genannt wurden, entstanden im Zuge der Städteentwicklung. Um den Bedarf der wachsenden Bevölkerung zu organisieren und Handel zu betreiben, wurde schon damals der Gebrauch von Zeichen bzw. Schrift für unerlässlich gehalten. Deshalb bezog sich der Unterricht hierbei auch hauptsächlich auf das Lesen und Schreiben.
Auch in der altägyptischen Hochkultur wurde die **Schrift** vor allem in den Tempeln und Verwaltungsbereichen benötigt. Es existierten sogenannte „Schreiberschulen", in denen Schreiben und Lesen, Geografie und nicht zuletzt Mathematik gelehrt wurden. Ziel der Ausbildung, die für die ägyptischen

Jungen im Alter von etwa fünf bis zehn Jahren begann, war die Berufsvorbereitung, d. h. die Ausbildung zum Beamten. Mit ihr wurden aber auch Voraussetzungen für eine Tätigkeit als Priester, Baumeister oder Arzt geschaffen. Eine Schulpflicht bestand nicht und nur für wenige Kinder kam ein Schulbesuch in Betracht. Diejenigen, die nicht für die gehobene Ausbildung auserwählt waren – Kinder von Bauern, Soldaten, Handwerkern sowie Mädchen –, besuchten keine Schule und konnten demnach weder lesen noch schreiben.

Antike

Paideia: Das Wort bezeichnet ursprünglich den Bildungsprozess bzw. die Erziehung, dann aber auch das Bildungsideal, da es für die intellektuelle und ethische Bildung dieser Zeit steht.

Das Erbe der altägyptischen Schulen wurde sehr viel später in der griechischen (ca. 500/400 v. Chr.) und römischen Antike (100 v. und n. Chr.) angetreten. Das **griechische Unterrichtswesen** entstand so ebenfalls aus der Notwendigkeit, dass für das gesellschaftliche Leben in den demokratisch geführten Stadtstaaten mit ihren Handelsbeziehungen, dem Handwerk und Gewerbe ein bestimmtes Wissen und Können erforderlich war und folglich den mit dem Bürgerrecht ausgestatteten männlichen Bürgern vermittelt wurde. In dieser Zeit, aus der große Dichter wie Sophokles oder bedeutende Philosophen wie Platon hervorgingen, fanden Erziehung, Bildung und Unterricht nach der Idee der „Paideia" große Beachtung, d. h. die Absicht, Menschen zur Wahrheit und daher zum guten Leben gelangen zu lassen. Diese Erziehung und Bildung sollte idealerweise zwischen dem 7. und 21. Lebensjahr erfolgen, um die Heranwachsenden der Polis (Stadtstaat) im Lesen, Schreiben, Rechnen zu schulen und später u. a. in Rhetorik, Philosophie oder Technik weiter auszubilden. Sportdisziplinen, Tanz, Musik und Dichtkunst wurden ebenfalls unterrichtet. Der **Hellenismus** (ab 300 v. Chr.) begünstigte die schulische Ausbildung. Fast alle Jungen und auch Mädchen konnten alle höheren Schulen einschließlich des „Gymnasions", eine zentrale öffentliche Einrichtung, durchlaufen, wo neben physischen Fähigkeiten und intellektuellen Techniken auch praktisches und theoretisches Wissen vermittelt wurde.

Durch die Begegnung mit der griechischen Kultur entstand auch im antiken Rom ein Schul- und Bildungswesen. Das **römische Schulsystem** war dreistufig gegliedert. Es gab **Elementarschulen**, die von Jungen und Mädchen im Alter von sieben und elf Jahren besucht wurden. Hier wurden ganztags Grundkenntnisse im Lesen, Schreiben und Rechnen vermittelt. Besser gestellte Eltern schickten danach ihre Kinder im Alter von 11 bis 17 Jahren in die **Grammatikschule**, in der zusätzlich die Grundlagen der lateinischen und griechischen Sprache gelehrt wurden. Auf dem Wissen von Grammatikschulen baute der Unterricht der **Rhetorikschulen** auf, der aber nur den männlichen Jugendlichen aus wohlhabenden Familien vorbehalten war. Zur allgemeinen Grundlage des Bildungswesens entwickelten die Römer später aus den griechischen Unterrichtsinhalten ihren Kanon der **„septem artes liberales"**, die Sieben Freien Künste, die das Trivium, Fächer zur sprachlichen Bildung (Grammatik, Rhetorik, Dialektik), und das Quadrivium zur mathematischen Bildung (Arithmetik, Geometrie, Astronomie, Musik) umfassten.

Mittelalter

Im 3. Jahrhundert n. Chr. begann sich die antike Lebensform langsam aufzulösen und nach dem Niedergang des Römischen Reiches im 5. Jahrhundert n. Chr. wurde die **Kirche im Mittelalter** zum entscheidenden **Träger des Bildungswesens**. Sie bewahrte das Wissen der Antike und die Sieben Freien Künste wurden in Kloster-, Dom- und Stiftschulen weiterhin gelehrt. Im Gegensatz zur Antike bestimmte nun aber das christliche Weltbild und die Bindung an Gott die Ziele von Erziehung und Bildung. Im Lehrplan stand neben dem Lateinunterricht daher die Theologie im Mittelpunkt und die Bildung richtete sich anfangs nur an den Klerus und erst später auch an Laien. Die Kloster-, Dom- und Stiftschulen blieben bis zum Hochmittelalter in Deutschland die einzigen gelehrten bzw. höheren Schulen.

Im Zuge des wirtschaftlichen Aufschwungs und die im 12. und 13. Jahrhundert einsetzende Entwicklung der Städte und des kaufmännischen Handels, der zunehmend schriftlich verwaltet wurde, kam es neben den Schulen unter kirchlicher Leitung auch zur Gründung von **städtischen Rats- und Lateinschulen**, in denen die Kaufleute berufsspezifische Fähigkeiten erwerben konnten. Hierauf aufbauend entstanden weitere Schulen wie die deutschen Schreib- und Leseschulen, die häufig auch von Mädchen besucht wurden. Als Folge von Bildungsbedürfnissen auch der unteren sozialen Schichten entstanden zudem sogenannte **Klipp- und Winkelschulen,** in denen Lehrer oft im Nebenerwerb unterrichteten.

Neuzeit

Im ausgehenden Mittelalter bzw. in der frühen Neuzeit vom 15. bis zum 16. Jahrhundert nahm das gesamte Schulwesen mit der **Erfindung des Buchdrucks** wie auch durch die Lutherische Reformation einen großen Aufschwung. Die Reformation hatte nicht nur die Umgestaltung der Kirche herbeigeführt, sondern auch ihre Wirkungen auf das Schulwesen ausgedehnt, sodass es in der Folge zu einem verstärkten Ausbau von Schulen in Städten und auch in Dorfgemeinschaften kam, da Bildung, vor allem Lesen und Schreiben, nicht mehr ein Privileg nur des geistlichen und adligen Standes sein sollte. Auch der Zeitgeist von Renaissance, die stärkere Rückbesinnung auf die antiken Bildungsinhalte, und von **Humanismus** sorgte dafür, dass Bildung einen höheren Stellenwert bekam.

15. und 16. Jahrhundert

Auf diesem Hintergrund formulierte später **Johann Amos Comenius** (1592–1670) seinen christlich-humanistischen Bildungsanspruch „alle alles gründlich zu lehren“ (omnes omnia omnino) und forderte dann im 17. Jahrhundert die Schulpflicht für alle Jungen und Mädchen aller sozialen Schichten. Dazu entwarf er ein gestuftes Schulwesen, das einen Gesamtplan für ein Einheitsschulsystem vorgab und allen Kindern **freien Zugang zu Bildung** ermöglichen sollte. Damit bahnte sich die Moderne den Weg und mit ihr ein neues Bildungsideal.

17. Jahrhundert

18. Jahrhundert

Mit dem 18. Jahrhundert, der Epoche der Aufklärung, entwickelte sich die gesellschaftliche Vorstellung des vernunftgeleiteten, autonomen Menschen und seiner damit zusammenhängenden Erziehung und Bildung kam ein großer Stellenwert zu. Auch seitens des Staates nahm das Interesse an Erziehung und Bildung und somit auch am Schulwesen zu. Von daher wurde die **Einrichtung eines niederen Schulwesens,** dessen Ursprung die mittelalterlichen Schreib- und Leseschulen waren, sowie die eines höheren **Schulwesens**, das sich an dem **Leitbild des Humanistischen Gymnasiums** orientierte, als Mittel einer staatlich kontrollierten Erziehung und Bildung aufgefasst. Damit wuchs der Einfluss des Staates auf das Schulwesen und dessen Entwicklung wurde zur Aufgabe des Staates erklärt. Dazu wurde die **Schulpflicht** eingeführt, die anfangs jedoch unter Berücksichtigung der hauswirtschaftlichen Mitarbeit, Feld- und Fabrikarbeit der Kinder nur sehr langsam flächendeckend umgesetzt werden konnte.

19. Jahrhundert

Weiter kam es dann bis in das 19. Jahrhundert hinein zur Ausgestaltung der **staatlichen Schulverwaltung und Schulaufsicht,** zum Ausbau der **Lehrerbildung**, zur Aufstellung von **Lehrplänen und Ausbildungs- und Prüfungsordnungen**. Auch war die Regelung des Abiturexamens als Zugangsberechtigung und als Bedingung für die Einschreibung an einer Universität (Immatrikulationsrecht) eine wichtige Veränderung. Entscheidende bildungs- und schulpolitische Veränderungen gingen aber im 19. Jahrhundert vor allem von der Bildungsreform des preußischen Diplomaten und Philosophen **Wilhelm von Humboldt** (1767 – 1835) aus. Kern seiner Reform war die Überwindung der strikten Zweiteilung in klar getrennte, niedere und höhere Schulen zu einem einheitlich organisierten Schulsystem. Sein Ziel war ein Schulwesen, das nicht mehr aus getrennten, nebeneinander bestehenden Schulformen, sondern aus drei aufeinanderfolgenden Schulstufen des Unterrichts bestehen sollte: Die Elementar- oder Bürgerschule, die gelehrte Schule, d. h. das Gymnasium mit altsprachlicher Ausrichtung, und die Universität. **Humboldts Reformkonzept** wurde hauptsächlich von konservativer Seite kritisiert und sogar verworfen. Doch der bereits eingeleitete Ausbau des Schulwesens schritt voran, sodass mit der Industrialisierung, die zu Bevölkerungswachstum, zur Urbanisierung sowie zur technologischen Entwicklung führte, zunehmend auch die auf den Arbeitsmarkt bezogenen Bedürfnisse stiegen. Dies hatte zur Folge, dass in der zweiten Hälfte des 19. Jahrhunderts neue Schulformen mit einer unterschiedlichen Ausrichtung entstanden: Neben dem bestehenden **humanistischen Gymnasium** mit altsprachlichem Schwerpunkt wurden das **Realgymnasium** mit Schwerpunkt auf modernen Fremdsprachen und die **Oberrealschule** mit einer verstärkt naturwissenschaftlichen Orientierung eingeführt. Für eine eher praktisch ausgerichtete Bildung entstand die Schulform der **Mittelschule** (die spätere Realschule). Hier wurden Fächer mit einem stärkeren Berufs- und Praxisbezug

Auf **Humboldt** ist die Einführung des bis heute bei uns bestehenden dreigliedrigen Schulsystems zurückzuführen. Unter **Dreigliedrigkeit des Schulsystems** versteht man heute aber das System der weiterführenden Schulen nach dem Grundschulbesuch (Hauptschule, Realschule, Gymnasium).

unterrichtet. Die Unterrichtsinhalte der Mittelschule gingen über das Niveau der **Volksschule** hinaus, erreichten aber nicht den Standard der Gymnasien. Damit wurde die Grundlage für das seit etwa 1920 vollendete und für Deutschland typische **dreigliedrige Schulsystem** gelegt.

20. Jahrhundert

1918 – 1933

In der **Weimarer Republik** dauerte die Grundschule vier Jahre und war Teil der 8-jährigen Volksschule. Im Anschluss an die 4-jährige Grundschule konnte für vier weitere Jahre die Volksschule besucht oder zur Mittelschule bzw. zum Gymnasium gewechselt werden.

Mit der Gründung der Weimarer Republik wurden wesentliche Impulse für die Reform des Schulsystems gesetzt. Die allgemeine Schulpflicht bestand flächendeckend und wurde auch für die Jahre der beruflichen Bildung verankert. Die gymnasiale Bildung des humanistischen Gymnasiums wurde mit den neusprachlich bzw. naturwissenschaftlich geprägten Gymnasien gleichgestellt. Durch die Erweiterung des Mädchenschulwesens und die Einführung von Abiturkursen konnten Mädchen ebenso ein Abitur erlangen und ein Studium antreten. Die Mittelschule, die bis dahin noch zum niederen Schulwesen zählte, wurde als dritte Schulform in das Schulsystem eingegliedert. Eine merkliche Veränderung brachte der „Weimarer Schulkompromiss", der zur Institutionalisierung einer allgemein verbindlichen vierjährigen **Grundschule** als Volksschulunterstufe führte und so den Weg in ein neues Schulwesen öffnete. Neben diesen Neuerungen gab es zusätzlich auch **Reformansätze** aus der Reformpädagogik, wie z. B. von Adolf Reichwein, Peter Petersen oder Maria Montessori, die sich mit ihrer Kritik gegen die vorherrschende, strenge, von Zucht und Drill geprägte, wilhelminische „Paukschule" richteten. Die Reformbewegung war dabei so stark, dass 1924 in Deutschland die erste Montessori-Grundschule gegründet wurde.

1933 – 1945

Während der Zeit des Nationalsozialismus änderte sich die formale Struktur des Schulwesens nicht, aber die Lehrinhalte wurden im Zuge der Gleichschaltungspolitik ideologisiert. Dazu wurde die entstandene Vielfalt des Schulwesens vereinheitlicht und komplett verstaatlicht. Die Weiterführung der reformpädagogischen Schulreformbestrebungen wurde unmöglich gemacht.

1945 – 1949

Nach dem Ende des Zweiten Weltkriegs und der NS-Herrschaft wurde Deutschland durch die Siegermächte in **vier Besatzungszonen** geteilt. In der sowjetisch besetzten Ostzone und in den Westzonen der Alliierten kam es damit zu **unterschiedlichen Strukturreformen des Bildungswesens**. In der Deutschen Demokratischen Republik (DDR) wurde die Struktur des herkömmlichen Schulwesens aufgehoben und zentralisiert und die zehnklassige polytechnische Oberschule als verbindliche Grund- und Sekundarschule eingeführt. In der Bundesrepublik Deutschland (BRD) wurde nach 1949 das dreigliedrige Schulsystem weitgehend wiederhergestellt und die Zuständigkeit an die Bundesländer und ihre Kulturministerien übertragen. Mit dem Ziel, die Kulturhoheit der Länder zu wahren und überregional einheitliche bzw. vergleichbare Standards im Kultusbereich zu schaffen, wurde zusätzlich auch die „Ständige Konferenz der Kultusminister der Länder" (KMK) gegründet.

1950er-Jahre

In den **1950er-Jahren** kam es so im Düsseldorfer Abkommen der Kultusministerkonferenz zu dem Beschluss, die **Dreigliedrigkeit des Schulsystems endgültig** festzulegen und hinsichtlich der Dauer des Schuljahres, des Bewertungssystems, der bestehenden Schulformen, der Fächer sowie der Schulabschlüsse zu vereinheitlichen. Zudem wurde das Schulgeld abgeschafft, um den von der sozialen Herkunft geprägten Auslese- bzw. Selektionscharakter des Schulsystems einzuschränken. Ferner wurde als Schulform das Abendgymnasium innerhalb des **„zweiten Bildungswegs"** eingerichtet und in fast allen Ländern wurde der direkte Übergang von der Realschule in die gymnasiale Oberstufe ermöglicht. Am Ende der 1950er-Jahre erreichte der „Sputnik-Schock", den der Satellitenstart seitens der Sowjetunion in den USA ausgelöst hatte, auch Deutschland. Er löste eine Bildungsdebatte aus, die besonders in den 1960er-Jahren verstärkt Kritik an der Rückständigkeit des deutschen Schulsystems hervorrief. Hinzu kam das von dem Philosophen und Pädagogen Georg Picht veröffentlichte Buch „Die deutsche Bildungskatastrophe", worin er – gemessen am internationalen Vergleich – den Mangel an Abiturienten, Studenten und Lehrern und die geringen Bildungsausgaben beklagte, wodurch eine Diskussion über notwendige Reformen im Bildungswesen ausgelöst und Versuche einer Bildungsexpansion und höheren Qualifizierung unternommen wurden. Daraufhin folgte zunächst die Reform der unteren Schulformen mit Einrichtung der Hauptschule, danach wurde das Hochschulwesen ausgebaut.

Sputnik-Schock: Im sog. Kalten Krieg zwischen den Systemen Kapitalismus/Westen und Sozialismus/Osten herrschte auch technologische Konkurrenz. 1957 schickte die UdSSR den ersten künstlichen Erdsatelliten in den Weltraum.

1960er-Jahre

1970er-Jahre

Im Zuge der **Bildungsreformen in den 1970er-Jahren** wurde erstmals ein Bildungsgesamtplan für alle Länder zur langfristig abgestimmten Entwicklung des gesamten Bildungswesens erstellt. Ziel war es, die Vorschulbildung, Schule, Berufsbildung, Fort- und Weiterbildung einheitlich zu gestalten. Im dualen System wurden daraufhin Fort- und Weiterbildungen neu geregelt sowie neue Bildungswege eröffnet, um mehr **Chancengleichheit** zu verwirklichen. In diesem Zusammenhang wurde auch die **Gesamtschule** als zusätzliche Schulform zu Haupt-, Realschule und Gymnasium beschlossen. Eine weitere Veränderung ergab sich durch die **Reform der Oberstufe ab 1972**, bei der das **Kurssystem** die studienvorbereitende, wissenschaftspropädeutische Funktion des Abiturs verbessern sollte. Schließlich wurde auch die Prügelstrafe abgeschafft. Mitte der siebziger Jahre kam es dann aber durch die Ölpreiskrise zu einem wirtschaftlichen Konjunktureinbruch und viele Reformbestrebungen ließen aufgrund der Finanzpolitik bis weit in die achtziger Jahre nach.

1980er-Jahre

1990er-Jahre

Nach der **Wiedervereinigung von BRD und DDR** wurden in den 1990er-Jahren zunächst die westdeutschen Strukturen mit nur wenigen Anpassungen auf das Schulsystem der neuen Bundesländer übertragen. Dabei brachten die politischen Veränderungen es mit sich, eine gemeinsame bzw. vergleichbare Grundstruktur festzulegen, anstatt einer einheitlichen Schulstruktur, sodass einige neue Länder sich für zweigliedrige Schulsysteme entschieden. Des Weiteren wurden die **Bildungs- und Schulgesetze ausgestaltet**. Am Ende der neunziger Jahre wurde durch die Kultusministerkonferenz (KMK) ein Reformprozess eingeleitet, da sie die Entwicklung und Einführung **länderübergreifender Bildungsstandards** beschlossen hat, welche zur Qualitätsentwicklung und Qualitätssicherung des Bildungssystems beitragen sollten.

2000er-Jahre

Im Jahr 2000 zeigten sodann die Ergebnisse der ersten **PISA-Studie**, dass im deutschen Bildungssystem schwerwiegende Leistungs- und Gerechtigkeitsdefizite vorlagen. Die Leistungen der getesteten 15-Jährigen waren im internationalen Vergleich unterdurchschnittlich und es wurde ein starker Zusammenhang zwischen Kompetenz und sozialer Herkunft gesehen sowie ein Bezug zum Migrationshintergrund von Kindern/Jugendlichen. Der PISA-Schock zog in vielen Bundesländern **tiefgreifende Reformen** nach sich, wie die Kompetenzorientierung, zeitweilige Schulzeitverkürzung G8, Verwirklichung von Bildungschancen durch den Ausbau von Ganztagsschulen, verstärkte institutionelle frühkindliche Bildung und die individuelle Förderung.

Ganztagsschulen, vgl. S. 72, 186
institutionelle frühkindliche Bildung, vgl. S. 173, 178, 180
individuelle Förderung, vgl. S. 188
Inklusion, vgl. S. 199

Eine weitere, sehr bedeutsame Entwicklung ist in Deutschland das Bestreben, ein **inklusives Bildungssystem** bereitzustellen, das allen Kindern und Jugendlichen gleichermaßen im gemeinsamen Unterricht gerecht werden kann. Mit dem im Jahr 2007 unterzeichneten „Übereinkommen der Vereinten Nationen über die Rechte von Menschen mit Behinderung" (UN-Behindertenrechtskonvention), welches seit 2009 rechtskräftig ist, verpflichtet sich der Staat, inklusiv zu bilden und einen gemeinsamen Unterricht für Kinder mit und ohne Behinderung zu ermöglichen. Allerdings bleiben die Schulformen erhalten.
Eine andere, nicht weniger große Herausforderung für das deutsche Schulsystem erwuchs aus der sogenannten Flüchtlingskrise im Jahr 2015. Die Bundesländer waren aufgefordert, ein Netzwerk von **„Willkommensklassen"** einzurichten, die vor allem dem Spracherwerb dienen, um eine möglichst schnelle Integration der zugewanderten Menschen zu erreichen. Darauf ausgerichtete Reformvorhaben sowie die Weiterentwicklung eines interkulturellen Lernens werden auch in den kommenden Jahren bildungspolitisch eine Rolle spielen.

Die Übersicht rechts veranschaulicht den Aufbau des deutschen Bildungswesens. Die Schülerzahlen verteilten sich laut Angaben der Kultusministerkonferenz im Jahr 2014 im Bundesdurchschnitt folgendermaßen auf die Schulformen der Sekundarstufen:

- Hauptschule 13,3 %,
- Realschule 21,7 %,
- Gymnasium 35,8 %,
- (integrierte) Gesamtschule 13,6 %,
- Schularten mit mehreren Bildungsgängen 11,1 %,
- Sonderpädagogische Bildungseinrichtungen/Förderschulen 4,5 %.

Die Vollzeitschulpflicht/allgemeine Schulpflicht dauert neun Jahre, in fünf Ländern zehn Jahre, und die sich anschließende Teilzeitschulpflicht/Berufsschulpflicht drei Jahre.
Grundsätzlich ist eine Durchlässigkeit zwischen den Schulformen gewährleistet, damit Schüler/-innen während der Schulzeit in andere Schulformen wechseln können. Sind zwischen den Bundesländern vereinbarte Voraussetzungen grundsätzlich erfüllt, kann auch zwischen Bundesländern gewechselt werden, z. B. wegen eines Standortwechsels. Im Alltag ergeben sich hier allerdings zahlreiche verwaltungstechnische Hürden.

Grundstruktur des Bildungswesens in der Bundesrepublik Deutschland

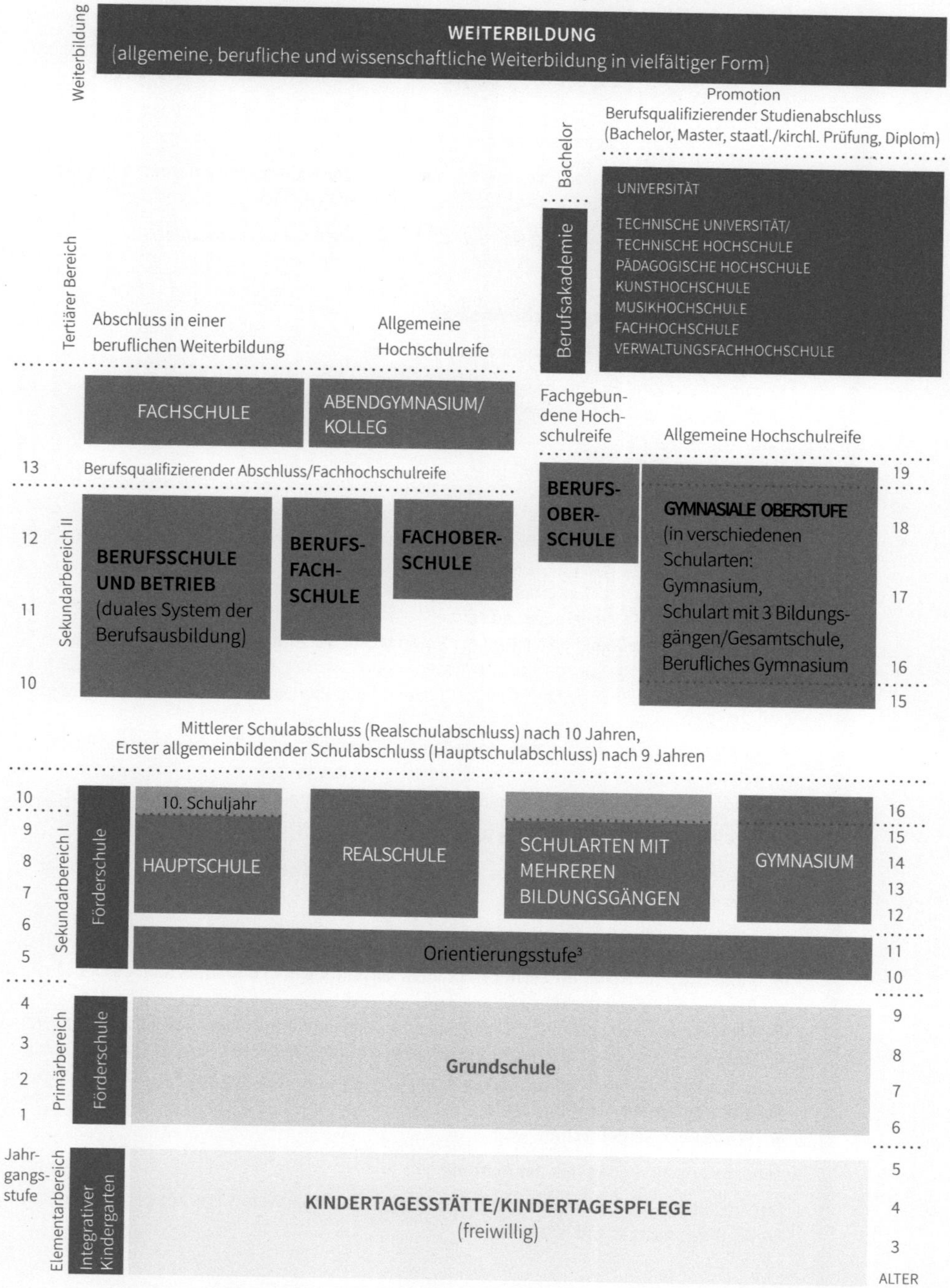

Herausgeber: Sekretariat der Ständigen Konferenz der Kultusminister der Länder in der Bundesrepublik Deutschland, Deutsche EURYDICE-Informationsstelle der Länder, Taubenstr. 10,10117 Berlin, Tell: 03025418-499 © KMK 2017.

Überblick

Begriff	Erklärung
Werte	Gesellschaftliche Grundüberzeugungen, die handlungsleitend sind.
Normen	Verhaltenswirksame Richtlinien und gesellschaftliche Verbindlichkeiten, die dazu beitragen sollen, den Wertvorstellungen folgend zu leben.
Regeln	Konkrete Verhaltensvorschriften, die z. B. zum Erreichen von Erziehungszielen beitragen.
Erziehung	Unterstützung eines Menschen, damit dieser seine eigenen Fähigkeiten (Ressourcen) aktivieren und entwickeln kann.
Erziehungsziele	Werte und Normen, die für die Erziehung gesetzt werden.

Wichtige Reformpädagogische Ansätze

Montessori-Pädagogik: Pädagogik vom Kinde aus

Leitvorstellung: Kind als „Baumeister seiner selbst".
Motto: „Hilf mir, es selbst zu tun!"

Wichtige Konzepte:

- Drei **sensible Phasen** gliedern die Lern- und Entwicklungsprozesse. Diese beinhalten jeweils besondere Sensibilitäten, in denen sie jeweils besondere Unterstützung durch die begleitenden Erwachsenen bedürfen. Daraus leiten sich die Institutionen der Pädagogik ab (z. B. Familie/Kinderkrippe, Kinderhaus, Schule des Kindes).
- Die **drei Säulen** der Montessori-Pädagogik sind: eine veränderte Haltung der Erzieherin, eine vorbereitete Umgebung und spezielles Material.
- Kinder verfügen über die Fähigkeit zur **Polarisation der Aufmerksamkeit**. Sie lernen konzentriert durch Tun, das in drei Phasen verläuft: Vorbereitung der zu erforschenden Materialien, Große Arbeit mit stetiger Wiederholung über einen längeren Zeitraum, Reflexion des Erlebten.
- Das **Material** muss bestimmten Anforderungen genügen: Es isoliert eine einzelne Eigenschaft, erlaubt Fehlerkontrolle, ist ästhetisch gestaltet, entspricht dem Tätigkeitsdrang des Kindes und liegt jeweils nur einmal vor. Es gilt das **Prinzip der freien Wahl der Arbeit**.

Reggio-Pädagogik: Pädagogik des Werdens

Leitvorstellung: Kind als vollwertiges Wesen, das unendlich viele Fähigkeiten und Gaben hat, um sich die Welt selbst anzueignen.

Wichtige Konzepte:

- Kindergarten = **Raum für Lernen**, räumliche Gestaltung mit kommunikationsförderndem Raum- und vielseitigem Materialangebot.
- **Projektarbeit** mit den Zielen: sinnliches Erforschen, gefühlsmäßige und gedankliche Verarbeitung, Bilden von Hypothesen, Visualisierung innerer Wahrnehmungen, Kommunikation über Erlebtes/Beobachtetes, zunehmend planvolle Durchführung von Aktivitäten, Reflexion.
- **Dokumentation** der Lernprozesse.
- **Prinzip der Gemeinschaft**.

Janusz Korczak: Pädagogik der Achtung

Leitvorstellung: Kind als vollberechtigtes und eigenständiges Wesen, das auf ganz individuelle Art die Welt entdeckt und erforscht.

Wichtige Konzepte:

- **Grundrechte für das Kind:** „Recht auf den Tod", „Recht auf den heutigen Tag", „Recht, das zu sein, was es ist".
- Aufbau einer sozialen **Gemeinschaftsordnung** nach dem **Grundsatz der demokratischen Selbstverwaltung**.

Institutionalisierung von Erziehung und pädagogische Professionalisierung

5

Über Wesen und Gehalt von „Bildung“ sowie die Bedingungen, unter denen sie gelingen kann, dachte man bereits in der Antike nach. Zielvorstellung von Bildung ist im weitesten Sinne die Befähigung zu einem selbstbestimmten Leben im Rahmen gesellschaftlicher Vorstellungen. Im engeren Sinne stellt „Erziehung“ dem Heranwachsenden Hilfen für diesen Prozess bereit bzw. leitet dazu an. Dieses Kapitel nimmt Ziele und gesellschaftlich verfasste Institutionen für Bildungs- bzw. Erziehungsprozesse sowie die Aufgabenstellungen und Bedingungen für die dort arbeitenden Menschen in den Blick.

Die **zentralen Fragestellungen** lauten:
- Unter welchen Voraussetzungen können „Erziehung“ und „Bildung“ professionell erfolgen?
- Welche Chancen und Grenzen haben erzieherische Maßnahmen?
- Warum gibt es Schulen? Was macht gute Schulen aus?
- Welche pädagogischen Berufsfelder gibt es und worin unterscheiden sie sich? Welche besonderen Akzente gelten für die (früh-)kindliche Bildung und Erziehung in Institutionen? Was zeichnet Soziale Arbeit/Sozialpädagogik als Beruf aus?
- Auf welche Weise und warum wirkt Politik auf pädagogische Institutionen ein?

Folgende Fragen können helfen, die **pädagogische Perspektive** der vorgestellten Theorien und Ansätze herauszuarbeiten:
- Kann man Menschen in Institutionen zur Freiheit und Mündigkeit erziehen?
- Was bedeutet pädagogische Professionalisierung und warum ist diese notwendig?
- Wie kann Leistung beurteilt werden und zu welchem Zweck?
- Fördert das Bildungssystem Chancengleichheit?

5.1 Erziehung als Beruf

Institutionen, die erziehen (z. B. Schule, Kindergarten), greifen umfassend in das Leben (und damit die Freiheit) des Einzelnen ein: Sie setzen Grenzen, formulieren Verbindlichkeiten und Regeln, vermitteln Berechtigungen und Chancen. Weil Institutionen so tiefgreifend in die Rechte von Menschen eingreifen (z. B. durch die Schulpflicht), müssen sie sich in einer demokratischen Gesellschaft in besonderem Maße rechtfertigen (legitimieren) und insbesondere darlegen, wie sie zur Entwicklung von Mündigkeit und Selbständigkeit beitragen:

- Was tun sie und auf welcher Grundlage handeln sie?
- Welche Erziehungsvorstellungen werden von ihnen verfolgt?

Vorstellungen von „Erziehung"

zum Begriff „Erziehung", → vgl. S. 10

funktionale Erziehung: aus einer Situation, Tätigkeit erwachsend (unbewusster Prozess)

Spricht man über Erziehung, muss zwischen funktionaler und intentionaler Erziehung unterschieden werden. Die sogenannte **funktionale Erziehung** erfolgt im Rahmen der **Sozialisation** und ist zunächst von keinem festgelegten Ziel geleitet, sondern erfolgt im Alltag vorwiegend gewohnheitsmäßig und unreflektiert. Sie findet praktisch immer und überall statt. Einigen Theoretikern zufolge nimmt diese Art der Erziehung den bei Weitem wichtigsten Einfluss auf die Entwicklung eines Kindes bzw. Heranwachsenden. Beteiligt sind daran neben Familienmitgliedern mit zunehmendem Alter immer mehr Menschen außerhalb der Familie: zuerst frühkindliche Kontakte, vielleicht ein Sportverein, später die Interaktion in der Kindergartengruppe oder in der Schulklasse. Lernen erfolgt in diesem Zusammenhang unwillkürlich und durch Nachahmen vorgelebter Verhaltensmuster, welche Einfluss auf die Persönlichkeit eines Menschen nehmen. Ein Kind lernt, dass erst die Akzeptanz bestimmter Regeln es ihm erlaubt, sich in eine Gruppe einzufügen.

Sozialisationstheorien
→ Parsons, S. 86
→ Hurrelmann, S. 43, 104
→ Heitmeyer, S. 121

intentionale Erziehung: Zielgerichtete Erziehung (bewusst gestalteter Prozess).

Erziehung kann aber auch als gesellschaftlich gesteuerte Reaktion darauf verstanden werden, dass Kinder nur zu kompetenter Teilhabe an Gesellschaft befähigt werden, wenn sie entsprechende Fähigkeiten erwerben. Die **intentionale Erziehung** beinhaltet gezielt und absichtlich von den Erziehenden ergriffene Maßnahmen zur Förderung des Kindes. Diese betreffen alle Lebensbereiche: Im häuslichen Umfeld zählen z. B. Tischregeln dazu oder aber bestimmte Ge- und Verbote. Intentional ist Erziehung, wenn sie Menschen dabei unterstützt, ihre eigenen Ressourcen zu aktivieren, um individuelle sowie auch gesellschaftlich gewünschte Fähigkeiten auszubilden. Dieses Konzept von Erziehung umfasst folgende Grundbestandteile:

① jemanden, der erzieht **(Person 1)**
② indem er beabsichtigte, **zielgerichtete Handlungen** durchführt, die
③ das Kind **(Person 2)**
④ bzw. sein **Verhalten dauerhaft ändern** sollen.

Erziehung in diesem Sinne lässt sich als **absichtsvolle Sozialisation** beschreiben. Dergestalt pädagogische Unterstützungsangebote gibt es für jedes Lebensalter.

Die Einwirkung auf die Entwicklung von Menschen durch Erziehung ist nur zu rechtfertigen, wenn die Freiheit des Menschen nicht willkürlich und unangemessen einschränkt wird. Was als angemessen verstanden wird, orientiert sich an gesellschaftlichen Normen, z. B. den Menschenrechten, sowie an pädagogischen Normen und Werten und juristischen Vorgaben. Dabei unterliegen Normen, Werte und Vorgaben immer dem historischen Wandel.

Beispiel

1973 wurden Körperstrafen in der Schule verboten, das Schlagen von Kindern als elterliche Erziehungsmaßnahme jedoch erst im Jahr 2000. Die Erziehung in der Familie wurde zunächst noch als schützenswerter „privater" Bereich eingestuft und darum erst später gesetzlich reguliert.

Es ist naheliegend, dass die Erziehung in Institutionen intentional ist: Will eine Gesellschaft für diese Erziehungsprozesse geltende Normen und Werte etablieren, muss sie entsprechend klare Strukturen und Regelungen schaffen. Eine entscheidende Bedingung dafür ist, dass diejenigen, die mit der Erziehung von Menschen beauftragt werden, nach Standards und Regeln handeln und dass die damit verbundenen Organisationen und Einrichtungen angemessen ausgestattet sind. Wer hier professionell tätig sein will und soll, benötigt eine strukturierte Ausbildung sowie klare Konzepte und Ziel- bzw. Rahmenvereinbarungen.

professionell: Eine Aufgabe/Tätigkeit beruflich und nach den für den Beruf geltenden Standards, Werten und Regeln ausüben.

Überblick

Aspekte und Merkmale von Erziehung

Aspekte	**Merkmale von Erziehung**
Geschehen	(gegenseitige) Beeinflussung durch soziale Interaktion und Kommunikation
Zielvorstellungen	**Emanzipation:** Hinführung zu Mündigkeit und Selbstständigkeit **Sozialisation:** Eingliederung in die Gesellschaft, Übernahme sozialer Normen, Werte und Rollen **Enkulturation:** Eingliederung in die Kultur und Übernahme von Kulturtechniken
Perspektive des/der Erziehenden	Hinführung zur Mündigkeit, Aufbau erwünschten und Abbau unerwünschten Verhaltens
Perspektive des/der zu Erziehenden (Kind, Jugendlicher)	Prozess der Anpassung unter Beeinflussung durch Mitmenschen

Bildung hat die volle Entfaltung der menschlichen Persönlichkeit zum Ziel. Was man als „gebildet", „nicht-gebildet" oder „ungebildet" bezeichnet, hängt vom gesellschaftlich akzeptierten Idealbild eines Menschen ab. Bildung als Konzept von Erziehung abzugrenzen, fällt schwer. In Deutschland umfasst der Begriff „Bildungssystem" alle pädagogischen Institutionen.

zum Begriff „Bildung" vgl. S. 10

Pädagogische Institutionen wurden ursprünglich für bestimmte Bedarfe in der Gesellschaft gegründet, um sicherzustellen, dass z. B. die Vermittlung von Wissen, Kenntnissen, Fertigkeiten, Einstellungen und Normen zuverlässig erfolgte oder bei auftretendem abweichendem Verhalten oder Formen der Hilflosigkeit Resozialisierung bzw. Unterstützung gewährleistet werden konnte. Typisch für das Handeln von pädagogischen Institutionen ist die Organisation

- von Lehr-Lern-Verhältnissen,
- von Prozessen des Bewertens und Beurteilens,
- von Beratung und
- von Hilfe.

ökonomische Verwertungsperspektive: Die Betrachtung von Bildungsprozessen mit ausschließlich wirtschaftlichem Interesse: Was müssen Menschen können, um eine Volkswirtschaft am Laufen zu halten?

Welche Bildungsinhalte in diesen Institutionen sinnvoll sind, hängt nicht allein von Wertvorstellungen, sondern auch vom Lebensumfeld eines Menschen bzw. von den gesellschaftlichen Rahmenbedingungen ab, unter denen er lebt. Die Normen, Werte und Inhalte des Bildungsverständnisses weisen über eine reine „Aus“-Bildung hinaus. Bildung ist also mehr als die Befähigung zu bestimmten Tätigkeiten. Sie befähigt (darüber hinaus) zu **individueller Orientierung bei persönlichen und gesellschaftlichen Entscheidungen**. Dies ist selbst unter rein ökonomischer Verwertungsperspektive sinnvoll, da niemand den zukünftigen Qualifikationsbedarf der Wirtschaft exakt voraussehen (antizipieren) kann.

5.2 Pädagogische Professionalisierung

Die von pädagogischen Institutionen angewendeten Methoden und Maßnahmen unterscheiden sich teils erheblich voneinander, z. B. in der Jugendhilfe und in der Schule. Alle Institutionen gleichermaßen unterliegen gesetzlichen bzw. politischen Rahmenbedingungen und entwickeln zudem interne Qualitätsstandards. Der Zugang zu pädagogischen Professionen erfordert bestimmte Bildungsabschlüsse und fachliche Ausbildungen. Regelmäßige Fortbildungen sollen Qualität gewährleisten. Berufsverbände diskutieren die für ihre Mitglieder geltenden Werte und Normen (Berufsethik) und prägen so das gesellschaftliche Auftreten der Berufsgruppe mit.
Handeln Menschen in vorwiegend privaten Zusammenhängen, folgen sie häufig einem durch persönliche Erfahrungen aufgebauten Wissen (subjektiven Theorien), aus denen allgemeingültige Vorstellungen von Realität abgeleitet wurden. In pädagogischen Handlungsfeldern professionell handelnde Personen beziehen ihre Einschätzungen und Handlungsweisen aus bildungswissenschaftlichen Theorien. Sie verständigen sich mithilfe von Fachterminologie.

Da **institutionalisierte Erziehung** sich am Wohl der Heranwachsenden und an gesellschaftlichen Normen und Rechten gleichermaßen orientieren soll, ist **professionelles Handeln** unabdingbar. Besonders wichtig ist hier die Klärung von Normen hinsichtlich der „pädagogischen Beziehung" zwischen Erziehenden und Erzogenen. Gerade Kinder und Jugendliche stehen in einem starken formalen und persönlichen Abhängigkeitsverhältnis zu Erziehern und Lehrkräften. Deshalb gelten für pädagogische Berufe strikte Vorgaben, insbesondere, dass sie sich den ihnen anvertrauten Kindern und Jugendlichen nicht sexuell motiviert nähern dürfen oder dass sie ihre Position nicht für die Befriedigung materieller Bedürfnisse nutzen dürfen.

interaktionistisches Rollenmodell
→ Mead, s. S. 69

Verstöße gegen diese Vorgaben sind in der Vergangenheit (z. B. bei Missbrauchsfällen in der Odenwald-Schule oder im Canisius-Kolleg Berlin) häufig verdeckt oder mit fehlgeleiteten Ideologien begründet worden. Die allmählich eingesetzte Aufarbeitung hat zu einem verstärkten Bewusstsein in der Öffentlichkeit und v. a. in den pädagogischen Professionen geführt, z. B. Machtmissbrauch, sexuelle Unterdrückung und Missbrauch (präventiv) zu verhindern bzw. rechtlich zu ahnden.

Zugang zu pädagogischen Berufsfeldern

Mit der Forderung nach professionellen Berufskompetenzen entstanden verschiedene schulische, berufspraktische und akademische Zugangswege zu pädagogischen Berufen.

Ausbildungswege zu pädagogischen Berufen sind:
- Berufsfachschule: Ausbildung von Kinderpflegern/-pflegerinnen und Sozialassistenten/-assistentinnen,
- Fachschulen, Fachoberschulen: Ausbildung von Erziehern und Erzieherinnen,
- Fachhochschulen, Universitäten: Studium der Sozialpädagogik, Sozialarbeit, Kindheitspädagogik, Medienpädagogik, Erziehungswissenschaften und für das Lehramt in verschiedenen Schulformen und für unterschiedliche Fachrichtungen.

Pädagogische Institutionen, in denen Pädagogen tätig sind:
- Kindergarten (inkl. Kindertagesstätten, Krippen usw.),
- Schule (alle Schulformen),
- Einrichtungen des Tertiären Bildungsbereichs (Berufsakademien etc., Fachakademien bzw. Fachschulen),
- Hochschule (Universitäten, Fachhochschulen),
- Institutionen der Erwachsenenbildung (z. B. Volkshochschule),
- Kulturelle Bildung für alle Altersgruppen.

Träger dieser Einrichtungen und damit Arbeitgeber können staatlich oder auf Landesebene organisiert sein, aber auch in kommunaler, kirchlicher oder privater Hand liegen. Wer in pädagogischen Einrichtungen beruflich tätig werden darf, wird bestimmt durch staatlich/rechtlich vorgegebene Voraussetzungen. Während Schulen und Hochschulen durch rechtliche Vorgaben auf Länderebene geführt werden, ist das bundesweit geltende Kinder- und Jugendhilfegesetz (KJHG) Grundlage vieler sozialer Angebote und Einrichtungen. Es legt den rechtlichen Rahmen für einen Anspruch auf Betreuung oder Beratung für Kinder, Jugendliche und deren Familien fest.

Generell orientieren sich in demokratischen Systemen pädagogische Maßnahmen mit zunehmendem Alter immer stärker an der **Selbstbestimmung der Person**. Während die Kleinkinderziehung noch stark von Aufsichtspflichten und vorgegebenen Bildungs- und Erziehungszielen geprägt ist, orientiert sich z. B. die Sozialpädagogik stärker an Entwicklungs- und Unterstützungsbedürfnissen von erwachsenen Menschen. Dieses entwicklungsorientierte Denken führt zu einer Unterscheidung in Bezug auf die Aufgaben pädagogischer Berufe bei Minderjährigen/Erziehungsbedürftigen und Erwachsenen.

Vergleich institutioneller Erziehung: Heranwachsende gegenüber Erwachsenen

	Erziehung von minderjährigen Erziehungsbedürftigen	**Erziehung von Erwachsenen**
Voraussetzung	Verantwortlichkeit für Kinder und Heranwachsende auf Seiten der Erziehenden	in der Regel Freiwilligkeit bzw. Einwilligung erforderlich
Gegenstand	Erziehung, Bildung	– Beratung/Unterstützung in bestimmten Lebenssituationen/bei Problemlagen – pädagogisch gestaltete Settings (Situationen, Arrangements) in Fort- und Weiterbildung mit dem Ziel der beruflichen Qualifikation/Qualifikationserweiterung
Zielvereinbarungen	Bildungs-/Erziehungsauftrag in Curricula oder Bildungsvereinbarungen festgeschrieben	Auftragsklärung gemeinsam mit den zu Beratenden/mit den Klienten (z. B. bei Sozialpädagogen)

Professionalisierung der Arbeit mit Kindern

Lebensphase Kindheit → Kapitel „Entwicklung und Sozialisation im Kindesalter“

Als Kindheit wird üblicherweise der Zeitraum zwischen Geburt und geschlechtlicher Entwicklung (Pubertät) betrachtet. Zu beachten ist, dass „Kindheit“ ein kulturell geprägter Begriff ist, also kein z. B. biologisch begründeter. Während die Aufgaben pädagogischer Kräfte historisch zunächst eher auf die Betreuung von Kindern fokussiert waren, wuchsen die gesellschaftlichen Qualifikationsbedarfe, z. B. infolge der Industrialisierung im 19. Jahrhundert und mit Blick auf das sich ausbildende Bürgertum, das zunehmend qualifizierten

Dienstleistungsberufen nachging. Infolgedessen veränderten sich die Anforderungen an das Wissen der Bevölkerung.

Als einer der ersten umfassenden Ansätze zur kindlichen Bildung betont die Montessori-Pädagogik die Bildsamkeit von Kindern vor dem Beginn der allgemeinen Schulpflicht. So konnte Montessori nachweisen, dass Kinder, die mit den von ihr entwickelten Materialien gearbeitet hatten, in Tests besser abschnitten als gleichaltrige Kinder. Sogar zuvor als „geistig stark eingeschränkt" eingestufte Kinder konnten bemerkenswerte Ergebnisse erzielen. Im Laufe des Zwanzigsten Jahrhunderts wurde die institutionalisierte Erziehung auch jüngerer Kinder stark ausgeweitet. Heute besuchen die meisten der Über-Dreijährigen eine Kindertagesstätte, während die Quote bei Unter-Dreijährigen im Jahr 2017 noch bei weit unter der Hälfte lag (vgl. Bundesministerium für Familie, Soziales, Senioren und Jugend). Pädagogische Fachkräfte sollen die Betreuung der Kinder sicherstellen, eine entwicklungsförderliche Umgebung gestalten und im Sinne der Bindungstheorie auch emotional ansprechbar sein.

Montessori-Pädagogik
→ Montessori, S. 147

Bindungstheorie
→ Bowlby, S. 37

Damit **frühkindliche Bildung in Institutionen** gelingen kann, darf eine Person nicht für zu viele Kinder verantwortlich sein, damit sie sich ihnen auch emotional zuwenden kann. Wie hoch der **Betreuungsschlüssel** ausfallen muss, also das mathematische Verhältnis zwischen der Anzahl von erzieherischen Fachkräften und Kindern in einer Gruppe, ist ein steter politischer Diskussionspunkt. Der größte Anteil an den Betreuungskosten entfällt auf die Personalkosten. Angesichts der fehlenden Finanzkraft vieler Kommunen in Deutschland, aber auch der freien Träger (z. B. kirchlich getragene Organisationen, Wohlfahrtsverbände), die im Regelfall als Träger solcher Einrichtungen auftreten, ist dies ein dauerhaftes Problem. Zudem zeichnet sich ein Fachkräftemangel ab, in dessen Folge offene Stellen nicht besetzt werden können. Alternativ zur Kinderbetreuung in öffentlicher Hand stehen private Angebote zur Verfügung, z. B. Tagesmütter.

Der Beruf der Erzieher/-innen genießt gesellschaftliche Anerkennung, das ergeben Umfragen immer wieder. Allerdings ist die Vergütung im Vergleich mit anderen pädagogischen Berufen geringer. Dies hat vermutlich dazu beigetragen, dass Männer proportional seltener Erzieher werden. Laut Angaben des Statistischen Bundesamts waren im Jahr 2017 nur 5,2 % der Fachkräfte in der Kinderbetreuung männlich. Zu berücksichtigen ist bei der Einschätzung der Situation jedoch, dass – anders als bei Erzieher/-innen – für viele pädagogische Bereiche ein Studium als Zulassungsvoraussetzung erforderlich ist und sich deshalb die Vergütungen nur schwer vergleichen lassen. Diskutiert wird aktuell eine Akademisierung auch des Berufsfelds „Erzieher/-in".

Gesellschaftlich wird der frühen Kindheit und den zu dieser Zeit stattfindenden Bildungsprozessen auch aus ökonomischer Perspektive zunehmend mehr Aufmerksamkeit geschenkt. Insbesondere die Bertelsmann-Stiftung, die zahlreiche Studien zur Bildungssituation begleitet, argumentiert hier, dass zwar einerseits jedes Kind ein humanitäres Recht auf Entwicklung und Förderung habe, dass andererseits aber auch der Wirtschaftsstandort Deutschland durch gut ausgebildeten Nachwuchs gestärkt werde. Es ist davon auszugehen, dass sich die Ausbildungswege für Professionen im Bereich der kindlichen Betreuung und Förderung infolge erhöhter Qualitätsansprüche verlängern bzw. in die Hochschulen verlagern.

(Früh-)Kindliche Bildung und Erziehung als Beruf

Die Aufgaben von Erzieherinnen und Erziehern bestehen in der Betreuung der Kinder und in der Gestaltung von entwicklungsförderlichen Bildungsangeboten. Dazu haben die Bundesländer vor dem Hintergrund der auf Bundesebene von der Kultusministerkonferenz (in Rückbezug auf OECD-Studien) vereinbarten **Bildungsstandards** für jedes Land **Bildungspläne** formuliert, die sich aber, z. B. in NRW und Bayern, in ihrer inhaltlichen Akzentuierung (Schwerpunktsetzung) unterscheiden. Eine Gemeinsamkeit der Bildungspläne ist, dass sie Kompetenzen darstellen, die in bestimmten Altersgruppen zu entwickeln bzw. zu erreichen sind. Man geht davon aus, dass besonders Kinder aus sozial benachteiligten, tendenziell eher anregungsarmen Elternhäusern oder Kinder aus Elternhäusern anderer Kulturen, die teils völlig andere Erziehungskonzepte vertreten und mit der deutschen Sprache und Kultur weniger vertraut sind, von dieser konzeptionell (vor)strukturierten Gestaltung profitieren.

Kompetenz: Fähigkeit, etwas können

Je jünger die Kinder sind (z. B. in Einrichtungen mit Unter-Dreijährigen), desto mehr Zeit nimmt die **Pflege** in Anspruch: Die Kinder müssen noch gewickelt werden oder benötigen Unterstützung bei Mahlzeiten und Körperpflege. Auch für so junge Kinder sind Bildungsdokumentationen zu führen, die Beobachtungen zur kindlichen Entwicklung enthalten. Zudem sind die Planung und Organisation der Abläufe, gezielte Förderungsmaßnahmen, die Information und Beratung von Erziehungsberechtigten, Hilfskräften und Praktikanten zu dokumentieren.

Professionelle Fachkräfte können Angebote planen, durchführen und die Erfahrungen der Kinder kriterienorientiert beschreiben und beurteilen. Kriterien für die Beurteilung von Angeboten sind z. B. der Wert der Freiheit oder die Förderung von Selbstbestimmung und Mündigkeit. Kinder erleben so eine institutionell beaufsichtigte und pädagogisch gestaltete Kindheit, die ihnen jedoch langfristig Eigenständigkeit ermöglichen soll.

Mit zunehmendem Alter werden komplexere Angebote für die Kinder gestaltet. Ziel ist dabei die **Förderung** verschiedener Entwicklungsbereiche in verschiedenen Spielformen, z. B.

- Sinneserfahrungsspiele,
- Reaktionsspiele,
- Gruppenspiele,
- Material- und Experimentierspiele,
- Beobachtungspiele,
- Rollenspiele,
- Bewegungsspiele,
- Musikspiele,
- Konstruktionsspiele,
- Sprachspiele,
- Entspannungsspiele.

Beispiele für theoretische Grundlagen der pädagogischen Arbeit in der Früherziehung

Theoretische Ansätze	Konkrete Maßnahmen
Kognitive Entwicklung (Piaget)	Bereitstellung von Erkundungssituationen, um z. B. naturwissenschaftliche Prinzipien (Mengeninvarianz o. Ä.) zu entdecken, um durch kognitive Konflikte Prozesse der Adaption auszulösen.
Psychosoziale Entwicklung (Erikson)	Angebot von Spielsituationen, die die individuelle Entwicklung fördern und stärken; von Spielen, bei denen ein Kind sich selbst im Austausch mit anderen kennenlernt und seine Entwicklungsaufgaben bewältigt.
Symbolischer Interaktionismus (Mead)	Raum schaffen für „play" im Freispiel ohne Regeln und „game" im kompetitiven (wettbewerbsorientierten) Spiel.
Bindungstheorie (Bowlby/Ainsworth)	Für jedes Kind eine sichere Bindung zu einer Bezugsperson aufbauen, um das Explorieren (die Umwelt erkunden und lernen) zu ermöglichen. Wechselnde Interaktionspartner können ein Kind überfordern und Stress auslösen.

Weitere Aufgabenfelder können Erzieher/-innen auch ausführen im Bereich der Erziehung, Betreuung, Beratung z. B. in Wohn- und Erziehungsheimen für Kinder und Jugendliche, in Tagesstätten oder Wohnheimen für Menschen mit Behinderung, in Ferienheimen oder Kinderkliniken, in Fort- und Weiterbildungsinstitutionen, Familienbildungsstätten oder in Beratungsstellen z. B. für Suchtkranke. Auch in diesen Institutionen werden pädagogische Angebote gestaltet.

In der Ausbildung lernen Erzieher/-innen, Angebote zu planen, durchzuführen und zu reflektieren. Zahlreiche neue Aufgaben wie Inklusion und Integration, Dokumentation und Qualitätssicherung führen dazu, dass eine stetige Fort- und Weiterbildung erforderlich wird.

5.3 Soziale Arbeit/Sozialpädagogik als Beruf

Soziale Arbeit ist geschichtlich aus der „Armenfürsorge" entstanden und befasst sich mit Prävention, Bewältigung und Lösung sozialer Probleme. **Sozialpädagogik** hat ihre Tradition in der Jugendfürsorge, aber heute kommt es häufig zu einer Zusammenfassung dieser Berufsbilder, da sich die Aufgaben zunehmend überschneiden.

Soziale Arbeit/Sozialpädagogik kann vorwiegend an Fachhochschulen, aber auch an Universitäten studiert werden. Die Ausbildung ist gegliedert in den Bachelor- und den Masterabschluss. Bereits mit dem Bachelorabschluss ist eine Tätigkeit im sozialen Bereich möglich, bei leitenden Aufgaben wird in der Regel der Master und/oder weitere Qualifikationen erwartet.

Aufgabe der Sozialpädagogik: Unterstützung von Menschen jeden Alters bei der Bewältigung von Problemen im Alltag, z. B. durch Sucht, Krankheit oder Krisen.

Die im Studium vermittelten Kompetenzen befähigen dazu, Menschen bei der **Lösung sozialer Probleme** und Herausforderungen zu unterstützen. Da die Fachkräfte oft mit Menschen in schwierigen Lebenslagen zu tun haben, sollten sie selbst psychisch gefestigt sein, um den Aufgaben gewachsen zu sein. Sie brauchen ein hohes Maß an Einfühlungsvermögen für die Situation von Menschen in besonderen Lebenslagen und die Fähigkeit zur Akzeptanz, wenn Hilfsangebote nicht angenommen werden, da sie die Selbstbestimmung der Klienten achten müssen und diese nur in seltenen Fällen zwingen oder sanktionieren (bestrafen, z. B. durch Ausschluss von einer Maßnahme) können und dürfen.

Das Studium der Sozialen Arbeit/ Sozialpädagogik qualifiziert für **Berufe** wie z. B. Schulsozialarbeit, Betreuung von Menschen in Wohngruppen, Streetwork (aufsuchende Sozialarbeit auf der Straße), Arbeit mit Wohnungslosen, Menschen mit psychischen Erkrankungen, mit Frauen, mit Männern, mit Opfern von Gewalt, Suchtberatung, Bewährungshilfe, Arbeit mit Häftlingen, Öffentlichkeitsarbeit, Sozialberatung in Betrieben, (sozio-)kulturelle Arbeit , Familienhilfe, Arbeit im Jugendamt oder in Beratungsstellen wie z. B. Schuldnerberatung oder Beratung von Arbeitssuchenden, Arbeit mit Menschen mit Migrationshintergrund, Betreuung von Menschen mit Behinderungen, soziale Arbeit im Krankenhaus, Forschung und Projektentwicklung im Bereich des Sozialwesens und entsprechende Aus- und Weiterbildung. Die Unterstützung von Menschen kann in verschiedenen Lebensabschnitten notwendig werden. Es ist damit zu rechnen, dass besonders im Bereich der Betreuung von älteren Menschen in Pflegeheimen, Tageskliniken und im Bereich sonstiger Angebote in dieser Lebensphase ein stetig wachsender Bedarf besteht.

Besonders im Jahr 2016 waren Sozialpädagogen und Sozialarbeiter auf dem Arbeitsmarkt gefragter als viele andere akademische Berufe, da zusätzlich in hohem Maße Herausforderungen der Flucht/Zuwanderung zu bewältigen waren. Dieses Beispiel zeigt, dass die Arbeitskräftenachfrage von aktuellen

Ereignissen beeinflusst werden kann. Prognosen sind schwierig, da ein beträchtlicher Anteil der aktuellen Stellen – freiwillig oder unfreiwillig – Teilzeitstellen und befristete Stellen sind, die Arbeitslosenquote ist jedoch unter dem Durchschnitt anderer akademischer Berufe. Arbeitgeber sind meist staatlich finanzierte Träger (z. B. Kirchen oder Wohlfahrtsverbände), die einen hohen Anteil ihrer Ausgaben aus öffentlichen Kassen refinanzieren. Darum ist der Einsatz von sozialpädagogischen Fachkräften immer auch abhängig von der öffentlichen Haushaltslage.

Die pädagogische Perspektive ist in der sozialen Arbeit geprägt von dem Begriff **Entwicklungsförderung**, denn es werden Menschen in verschiedenen Lebenslagen unterstützt. Ihnen soll Orientierung angeboten werden, jedoch unter Wahrung ihrer Freiheit und Selbstbestimmung. Da die öffentlichen oder durch öffentliche Mittel finanzierten Träger bestimmte Ergebnisse sehen wollen und die Klienten im Sinne ihrer Selbstbestimmung teilweise andere Interessen verfolgen, spricht man auch von einem „doppelten Mandat“, also zwei sich in ihren Zielen möglicherweise widersprechenden Auftraggebern. Die Ausgestaltung der Arbeit im Einzelnen orientiert sich an Erkenntnissen der Erziehungswissenschaft und an rechtlichen Vorgaben sowie an Bezugsdisziplinen wie Psychologie, Soziologie, Politikwissenschaft und Philosophie/Theologie (bei kirchlichen Hochschulen). Mit Hilfe dieser Erkenntnisse und der Reflexion beruflicher Praxis entwickelt sich ein **professionelles Rollenbild**, das individuelle Ressourcen (z. B. Fähigkeiten, soziales Netzwerk) der Klienten berücksichtigt und im Sinne des Auftrags nutzen kann.

5.4 Chancen und Grenzen institutioneller Pädagogik

Seit 1996 hat jedes Kind in Deutschland ein (einklagbares) Recht auf einen Kindergartenplatz. Die Ursachen für die politisch erwirkte rechtliche Verbindlichkeit liegen in mehreren Bereichen.

pädagogische Gründe für Kinderbetreuung

Die **pädagogische Frühförderung** wird immer stärker als gesellschaftlich höchst relevante Bildungsanforderung gesehen. Entwicklungspsychologisch betrachtet, finden im frühen Alter bereits entscheidende Prägungen für die weitere Entwicklung und den Lernprozess statt. Dafür können in Kindergärten besondere, gezielte Angebote gemacht werden, um z. B. spielerisch zu lernen. Wichtig ist das Bereitstellen einer anregenden Lernumgebung, die auch die Kreativität und Schöpfungskraft der Kinder herausfordert, damit diese in sich in ihrem individuellen Lerntempo weiterentwickeln können. Die Zugehörigkeit zu einer Gruppe mit bestimmten Umgangsformen und Regeln bereitet zudem auf die Zeit in der Grundschule vor. Nicht in jeder Familie können Kinder bestmöglich gefördert werden: Möglichweise fehlen ökonomische Ressourcen, also Geld; vielleicht verfügen die Eltern selbst nicht über eine breite Bildung, die sie weitergeben könnten, oder sie entstammen Gesellschaften mit anderen Erziehungsvorstellungen. Nicht überall ist es üblich, Kinder in ihrer Persönlichkeitsentwicklung und in ihrer Bildung bestmöglich zu fördern. Oft „laufen sie einfach mit". Oder die Erziehung ist von sehr traditionellen Vorstellungen über Geschlechtsrollen bestimmt, die keine gleichberechtigte Förderung für erforderlich halten. In der Folge kann die Förderung z. B. im Bereich motorischer Entwicklung, Sprache, kultureller Bildung, mathematisch-naturwissenschaftlichem Verständnis oder sozialer Entwicklung hinter den Möglichkeiten zurückbleiben.

volkswirtschaftliche Gründe für Kinderbetreuung

Eine weitere Notwendigkeit für die institutionalisierte Betreuung jüngerer Kinder ergibt sich aus wirtschaftlichen Gegebenheiten: Zum einen sind Frauen zunehmend besser ausgebildet und streben auch in der Familienphase eine berufliche Tätigkeit an. Frauen wollen nicht nur am Erwerbsleben teilnehmen, sondern zunehmend auch unabhängig in ihrer Vermögensbildung und Altersvorsorge sein. Zum anderen werden in wirtschaftlich starken Phasen Frauen als Arbeitskräfte volkswirtschaftlich dringend gebraucht. Zudem verändern sich die gesellschaftlichen Vorstellungen von Familie und Väter bringen sich gleichberechtigt in ihrer Elternrolle ein. Daraus resultieren Wünsche nach flexiblerer Arbeitszeitgestaltung, aber auch nach einer dementsprechenden Kinderbetreuungssituation. Frühkindliche Erziehung findet somit mehr und mehr unter staatlicher Aufsicht statt und liegt in zunehmendem Umfang nicht mehr in der individuellen Verantwortung der Eltern.

Trends im Bereich der **pädagogischen Professionalisierung:**

- eine stärkere **Professionalisierung pädagogischer Ausbildungswege** wird erkennbar durch geforderte höhere formale Bildungsabschlüsse (statt Mittlerem Schulabschluss nun Abitur z. B. bei Erzieher/innen, neue Studiengänge an Fachhochschulen und Universitäten, Weiterbildungsangebote im Bereich Beratung an Fachhochschulen, Universitäten und anderen Weiterbildungsträgern),
- ein steigender Bedarf an Menschen mit pädagogischen Fähigkeiten in **Fort- und Weiterbildung**, da Menschen im Laufe des Lebens ihre Qualifikationen erweitern oder neue Qualifikationen benötigen,

- eine langsame **Annäherung der Geschlechterrollen** in pädagogischen Berufen: Männer im Bereich frühkindlicher Bildung, Frauen in höheren Lehrämtern und in verwaltenden Positionen im pädagogischen Bereich,
- eine vergleichende wettbewerbsorientierte Betrachtung verschiedener Schulsysteme und Bildungssysteme (Benchmarking) mit dem **Ziel stetiger Optimierung**.

Es ist nicht sicher, ob diese Trends auch in Zukunft fortbestehen werden oder ob es eine Rückbesinnung auf frühere Werte und Orientierungen geben wird. Die Vielfalt (Pluralisierung) der Lebensstile weist jedoch darauf hin, dass in Zukunft Normen und Werte fortwährend gesellschaftlich diskutiert und begründet werden und dass eine beschleunigte Entwicklung zu **lebenslangem Fort- und Weiterbildungsbedarf** in fast allen Berufsgruppen und damit auch in pädagogischen Berufen führen wird.

Wenn man bildungspolitische Entscheidungen treffen oder sie bewerten will, dann muss man unterschiedliche Erkenntnisse, Diskurse und Rahmenbedingungen dabei integrieren. Dazu gehören entwicklungstheoretische Erkenntnisse ebenso wie Diskurse aus Politik (politische Forderungen nach Ausweitung bzw. Begrenzung von „Fremd"-Betreuung, Finanzierbarkeit und Wirksamkeit der Angebote für das jeweilige Ziel), Positionen der Philosophie (Wertvorstellungen und Vorstellungen von Kindheit und Mündigkeit) oder Naturwissenschaften (Tests und Messungen). Ist eine Beurteilung von Frühförderung gewünscht, könnten also die individuellen (Wert-)Vorstellungen von gelingender Kindheit und von gutem Aufwachsen in der Familie sowie von entwicklungsförderlicher Lernumgebung dargelegt werden.
Sinnvoll ist es dann auch, weitere Aspekte wie z. B. ökonomische Realisierbarkeit, Betreuungsschlüssel in der Einrichtung, Qualifikation des Betreuungspersonals, kompensatorischer Abbau von Bildungsbenachteiligungen oder die Bedeutung bestimmter Rollenvorbilder hinzuzuziehen.

5.5 Gegenüberstellung: Die Bildungsvereinbarungen in NRW und Bayern – eine pädagogische Wertedebatte zwischen G. E. Schäfer und W. E. Fthenakis

Kurzsteckbriefe

Kurzsteckbrief zu Gerd E. Schäfer s. S. 72.

Wassilios E. Fthenakis (geb. 1937) studierte Pädagogik, Anthropologie, Humangenetik, Molekulargenetik und Psychologie. Er leitete dreißig Jahre lang das Staatsinstitut für Frühpädagogik in München.

Die Vereinbarung zu den Grundsätzen über die Bildungsarbeit in Tageseinrichtungen für Kinder („Bildungsvereinbarung") NRW

Schäfer formulierte **zehn Thesen zur frühkindlichen Bildung**, die die individuelle Konstruktion von Bildung besonders herausstellen:

Frühkindliche Bildung …
- ist Selbst-Bildung.
- sucht nach Bedeutungen.
- ist ästhetische Bildung.
- ist komplex.
- beruht auf Beziehungen.
- erzeugt innere Bilder.
- ist notwendig kreativ.
- hat mit innerer Verarbeitung zu tun.
- ist ein sozialer Prozess.
- braucht die Unterstützung der Erwachsenen.

Die Erwachsenen als Verantwortliche werden zuletzt genannt und unterstützen nur, wenn dies notwendig ist. Der **Begriff der Selbst-Bildung** wird dagegen zuerst genannt. Die Untersuchungen Piagets zur kognitiven Entwicklung sind hier eine bedeutsame Grundlage. Schäfer betont jedoch neben der kognitiven Entwicklung auch die Bedeutung emotionaler Erfahrungen bei kindlichen Lernprozessen.
Die Erkenntnisse und Wertvorstellungen Schäfers bilden sich durch seine Rolle als Gutachter auch in der Bildungsvereinbarung in NRW ab. Diese Vereinbarung zur Förderung kindlicher Bildungsprozesse (Bildungsvereinbarung) wurde im Jahr 2003 veröffentlicht und erprobt, im Jahr 2016 zuletzt aktualisiert. Sie richtet sich an Personen, die mit Kindern im Alter von 0 bis 10 Jahren arbeiten, und soll ihnen als Orientierung dienen.

Als **Bildungsbereiche** formulierte man 2003 die Bereiche Bewegung, Spielen und Gestalten, Medien, Sprache(n), Natur und kulturelle Umwelt(en). In den derzeit geltenden Bildungsgrundsätzen heißen diese:
① Bewegung
② Körper, Gesundheit und Ernährung
③ Sprache und Kommunikation
④ Soziale und (inter-)kulturelle Bildung
⑤ Musisch-ästhetische Bildung
⑥ Religion und Ethik
⑦ Mathematische Bildung
⑧ Naturwissenschaftlich-technische Bildung
⑨ Ökologische Bildung
⑩ Medien

Der Bayerische Bildungs- und Erziehungsplan für Kinder in Tageseinrichtungen bis zur Einschulung („Bildungsplan")

Vergleichend wird der Bayerische Bildungs- und Erziehungsplan für Kinder in Tageseinrichtungen bis zur Einschulung in Grundzügen vorgestellt. Nach Veröffentlichung und Erprobung der Bildungsvereinbarung NRW und des Bildungsplans in Bayern entwickelte sich ein öffentlicher Wertediskurs zwischen den Pädagogen Schäfer und Fthenakis. Der Bildungsplan für Bayern wurde durch das Staatsinstitut für Frühpädagogik in München erarbeitet, dem Fthenakis auch während der Erprobung und Evaluation als Leiter vorstand.
Das Kind wird hier ebenfalls als aktives, kompetentes Wesen gesehen, das allerdings seine **Bildungsprozesse nur „mit"-gestaltet**. In der Akzentuierung „Mitgestaltet" lässt sich ein Unterschied zu Schäfer aufzeigen, bei dem die Initiative für Bildungsprozesse deutlich vom Kind ausgeht, während Fthenakis die Aufgabe der Erziehenden klarer festlegen möchte.
Der Unterschied ist im Verständnis der Rollen zu sehen, denn auch bei Fthenakis ist das Kind Subjekt – und nicht Objekt pädagogischer Interventionen (Eingriffe, Impulse). Fthenakis spricht hier von **Ko-Konstruktion**. Darunter versteht er den gemeinsam gestalteten Bildungsprozess von Erziehenden und Kindern. Dabei nimmt Fthenakis Bezug auf sozialkonstruktivistische, interaktionale Ansätze und verweist auf J. Bruner (1915 – 2016, US-amerikanischer Psychologe), der die Bedeutung der Umwelt für Lernprozesse und die Konstruktion von Wissen untersuchte.
Inspiriert von schwedischen Bildungsplänen betont Fthenakis die Bedeutsamkeit von **demokratischer Erziehung** in der Kindertagesstätte, die durch die Möglichkeit der **Partizipation** realisiert werden soll.

Bruner trat für **entdeckendes Lernen** als Weg zum Wissenserwerb ein und schlug vor, Lernstoff über die Schuljahre hinweg in Form eines aufeinander aufbauenden **Spiralcurriculums** anzuordnen. Anknüpfend an konstruktivistische Vorstellungen beschrieb er für den kindlichen Erwerb von Weltwissen **Repräsentationsmuster:** enaktiv = handelnd, ikonisch = bildhaft und symbolisch = sprachlich.

Auffällig ist in der bayerischen Vereinbarung die Betonung des Kompetenzbegriffs, die Fthenakis z. B. im Bezug auf die Vermittlung lernmethodischer Kompetenz näher ausführt und als bedeutsamen Faktor für Resilienz (psychische Widerstandsfähigkeit) einordnet. Drei Basiskompetenzen gelten ihm als zentral:

- **Resilienz** als Fähigkeit, sich wirksam an belastende Lebenssituationen anzupassen.
- Die Fähigkeit zur **Bewältigung von Transitionen**, also von Entwicklungsherausforderungen, welche an Übergangsprozesse im familiären oder institutionellen Umfeld gebunden sind.
- **Lernkompetenz**, deren Vermittlung Fthenakis als die wichtigste Aufgabe des Bildungssystems sieht: Nur ein Individuum, welches sich selbst Wissen erschließen und aneignen kann, kann die sich stetig wandelnden Herausforderungen der Gegenwart erfolgreich bewältigen. Lernen ist ein lebenslanger Prozess.

Fthenakis' Anliegen ist es, pädagogische Handlungsansätze und erzieherische Interventionen zu entwickeln, die die Basiskompetenzen in der Frühpädagogik, aber perspektivisch auch in der Grundschulbildung anlegen.

Überblick

Wertediskurs zwischen Schäfer und Fthenakis im Bezug auf frühkindliche Bildung → Bildungspläne/-vereinbarungen

Schäfer (NRW)	Werte/ Kriterien	Fthenakis (Bayern)
Aktive Konstruktion mit Ergänzung um die soziale Bedeutsamkeit bei kindlichen Lernerfahrungen (Piaget).	Beispiel für eine bedeutsame Bezugstheorie	Bezug auf Jerome Bruner: entdeckendes Lernen in Auseinandersetzung mit der Umwelt, Stimulation, um die Zone der nächsten Entwicklung zu erreichen.
Selbst-Bildung ermöglichen: Raum für eigene Entdeckungen geben, eigenes Problemlösen, Identitätsentwicklung durch eigenes Planen, Reflexion mit den Erziehenden.	Rolle der Erziehenden	**Ko-Konstruktion** ermöglichen: Gestaltung lernförderlicher Interaktion, Erziehende als Lernpartner, Identitätsentwicklung durch soziale Interaktion.
Für einen Dialog ist echtes Interesse der Kinder an den kommunizierten Themen erforderlich, wenn auf eigene Fragen keine Resonanz kommt, sinkt ihre Lernbereitschaft.	Blick auf das Kind	Aktiv konstruierendes Wesen, aber im Dialog mit Erziehenden die Ko-Konstruktion und Re-Konstruktion ermöglichen, die PISA-Studie zeigt Mängel in frühkindlicher Förderung auf.
Interaktionsfähigkeit wird aktiv entwickelt.	soziales Lernen	Interaktionsfähigkeit wird in Ko-Konstruktion gefördert.

>>

>> Überblick

Wertediskurs zwischen Schäfer und Fthenakis im Bezug auf frühkindliche Bildung → Bildungspläne/-vereinbarungen

Schäfer (NRW)	Werte/ Kriterien	Fthenakis (Bayern)
Kulturelle Errungenschaften untersuchen, wenn das Kind dies aktiv will.	kulturelles Lernen	Auch Re-Konstruktion kultureller Errungenschaften mit dem Kind gemeinsam, Fremdenabwehr vorbeugen, Diversität bejahen, Rekonstruktion von Kultur wirkt sozial integrativ.
Die Wahrnehmung von Geschlecht ist individuell unterschiedlich und darf es sein.	Geschlecht	Differenzen sollen betont werden, nicht verleugnet oder verringert.
Mit dem Erlernen der Sprache entstehen zwei unterschiedliche Lernprozesse: Lernen aus erster Hand (Erfahrungen) und Lernen aus zweiter Hand (Übernahme von Erzählungen), szenisch-bildlichen Mustern werden jetzt sprachliche Muster hinzugefügt.	Sprache	Erziehende sind Sprachvorbild für Kinder und sollen dies auch sein (Ko-Konstruktion), Unterstützung des Kindes beim Spracherwerb, damit es in der Gesellschaft partizipieren kann.
Autonomie des Kindes: Die Initiative soll vom Kind ausgehen. Selbstbestimmung des Kindes, Vertrauen in Flexibilität der Fachkräfte, Alltagserfahrungen als Ausgangspunkt.	Curriculum	Orientierung, aber auch Kreativität. Nicht vergleichbar mit schulischen Curricula: mehr am Kind orientiert, Verknüpfung von Spiel und Lernen, kulturelle Errungenschaften sollen re-konstruiert werden.
Laut Fthenakis stellt Schäfer objektives Wissen in Frage und verweigert es, Orientierungskompetenz zu vermitteln.	Kritische Betrachtung, jeweils im Urteil des anderen	Laut Schäfer verfolgt Fthenakis keine Ko-Konstruktion sondern, Instruktion (Anweisung).

Gerade mit Verweis auf die Bezugstheorien zeigt sich, dass die Positionen der beiden Pädagogen sich teilweise in der Akzentuierung unterscheiden, aber nicht grundlegend widersprechen. Ein pädagogischer Diskurs kann aber auch durch das Ringen um Akzente gekennzeichnet sein.

5.6 Die Funktionen von Schule (nach Fend)

Schule ist, zumindest im modernen Verständnis, eine Institution der Gesellschaft und für die Gesellschaft. Sie soll Lernende auf zukünftige Aufgaben in der Gesellschaft vorbereiten. Entstanden ist dieses Verständnis von Schule als Institution zunächst im 19. Jahrhundert mit dem aufstrebenden Bürgertum. Die Zuweisung zu bestimmten beruflichen Positionen wurde durch Bildungsabschlüsse legitimiert.

gesellschaftliche Rahmenbedingungen: Werte, Normen, soziologische, soziale, demografische Prozesse

Wie im vorangegangenen Kapitel dargestellt, hat sich das Verständnis von den Aufgaben und Funktionen der Institution Schule im Verlauf der Geschichte verändert. Wichtigen Einfluss auf solche Veränderungen nehmen gesellschaftliche und politische Rahmenbedingungen, die die Vorstellung davon prägen, was eine gute Schule sei und welche Aufgaben sie zu erfüllen habe.

politische Rahmenbedingungen: Einfluss von Staat/Politik auf das Bildungssystem; für Deutschland: Föderalismus, Bildung als Aufgabe der Bundesländer

Ideologisch lange vorherrschend war z. B. ein stark biologisch bestimmter Begabungsbegriff, demzufolge Lernchancen sich in enger Abhängigkeit von der individuell vorhandenen Intelligenz betrachten lassen. Man bezeichnet diese Position als **pädagogisch pessimistisch**, denn sie beinhaltet die Vorstellung, dass dem Lernen natürliche Grenzen gesetzt sind und nicht alle Schüler für alle Bildungsabschlüsse geeignet sind. Daraus kann z. B. ein Plädoyer für eine frühe Selektion in Form des gegliederten Schulsystems abgeleitet werden, also eine Aufteilung der jungen Menschen auf Hauptschule, Realschule, Gymnasium, Sonderschulen oder Berufskollegs.
Im Gegensatz dazu nimmt ein **pädagogisch optimistisches** Verständnis an, dass Förderung und Sozialisation besonders entscheidend für die individuelle Entwicklung sind. Daraus ergibt sich eine Befürwortung langer gemeinsamer Beschulungsphasen oder für die Einrichtung von Gesamtschulen.
Ein Blick über die Grenzen Deutschlands hinaus zeigt, dass in vielen anderen Staaten viel längere gemeinsame Schulphasen für alle Kinder und Jugendlichen einer Kohorte üblich sind und im Anschluss ggf. eine weitere Phase für einen höheren, zur Universität zulassenden Abschluss ergänzt werden kann. Erkennbar ist, dass das herkömmliche deutsche Schulsystem ein nicht unerheblicher Faktor der sozialen Trennung in der Gesellschaft ist: So kommen z. B. häufig Gymnasiasten kaum je in engeren Kontakt mit Schülern, die die Hauptschule besuchen. Unter soziologischen, aber auch politischen Aspekten ist zu fragen, wie sich diese Situation auf die Struktur der Gesellschaft auswirkt.

Kurzsteckbrief

Helmut Fend (geb. 1940) war Volksschullehrer, studierte dann Germanistik, Psychologie und Erziehungswissenschaft. Als Professor für Pädagogik (bis 2006 in Zürich) widmete er sich besonders der soziologischen Schultheorie und der Entwicklungspsychologie des Kinder- und Jugendalters.

Grundannahmen

Die **Funktionen von Schule nach Fend** werden in der Literatur (auch von ihm selbst) teilweise unterschiedlich benannt und weisen inhaltliche Überschneidungen auf:

Funktion	Ziel
Kulturelle Reproduktionsfunktion (Enkulturationsfunktion, auch Personalisationsfunktion, da hier die persönliche Entwicklung geprägt wird): Das bestehende kulturelle Wissen (Weltwissen) soll an die nächste Generation weitervermittelt werden und stiftet dieser Orientierung, um sich in der Gesellschaft zurechtzufinden.	Fortschreibung kultureller Grundlagen/Werte/Praktiken in der nächsten Generation
Qualifikationsfunktion: Die im Rahmen der Qualifikationsfunktion vermittelten Wissensbestände und Fertigkeiten zielen konkreter auf eine berufliche Verwendung.	Sicherung wirtschaftlicher Wettbewerbsfähigkeit durch anwendbare Fähigkeiten
Allokationsfunktion: Die Allokationsfunktion (oder Platzierungsfunktion) weist auf die Aufgabe der Schule hin, Personen über Qualifikationsprofile verschiedene Berufspositionen zuzuteilen (auch: Selektionsfunktion, da hier ausgewählt wird, wer Chancen bekommt). Es wird angenommen, dass die erlangten Zertifikate Ertrag individueller Leistung sind.	Zuweisung zu beruflichen Positionen: Vergabe von Berechtigungen durch Prüfungen und Zertifikate aufgrund von erbrachten Leistungen
Legitimationsfunktion/Integrationsfunktion: Durch den Schulbesuch und das Einüben damit verbundener sozialer Regeln gewöhnen sich Kinder zunehmend an Strukturen und Hierarchien. Eine Gesellschaft verankert hier ihr politisches System auch in nachfolgenden Generationen: In demokratischen Systemen wird keine vorbehaltlose Anerkennung von Autorität, sondern eine demokratisch erstrittener Leitungs-/Führungsanspruch (Repräsentation) als Legitimation für die Ausübung von Macht angesehen. Demzufolge muss Partizipation ein Teil des Schullebens sein.	Eingliederung in gesellschaftliche und politische Strukturen

Die Legitimationsfunktion von Schule ist auch dazu geeignet, bestehende gesellschaftliche Ungerechtigkeiten zu zementieren. Fends Ansatz der Legitimationsfunktion erklärt die Rahmenbedingungen von sozialen Handlungssituationen und leitet daraus sowohl Werte und Ziele von Gesellschaften als auch Möglichkeiten der Effizienzsteigerung von Systemen ab. Diese Darstellung ist zunächst einmal deskriptiv gemeint und nicht normativ. Der Ist-Zustand soll soziologisch dargestellt werden.

soziologische Systemtheorie
→ Parsons, s. S. 86

deskriptiv: beschreibend
normativ: wertend

Fend betont jedoch auch **individuelle Chancen im Bildungssystem:**

Gesellschaftliche Funktion	Individuelle Funktion
Enkulturation	Entwickeln einer kulturellen Identität Kulturelle Teilhabe
Qualifikation	Erlangen individueller Berufsfähigkeit
Allokation	Planung des eigenen Lebens und Berufswahl
Legitimation/Integration	Teilhabe an politischen Prozessen und Entwickeln einer gesellschaftlichen Identität

Meritokratie: gesellschaftliche Dominanz einer durch Leistung/Verdienste ausgezeichneten Bevölkerungsschicht (Bildungselite)

Fend ist der Auffassung, dass die Chancen einer individuellen Lebensgestaltung nicht für alle Schülerinnen und Schüler im gleichen Maße gegeben sind. Demokratische Gesellschaften beinhalten eine **meritokratische Illusion**, am besten beschrieben durch die US-amerikanische Vision, dass es jeder Tellerwäscher zum Millionär bringen könne. Abweichend davon werden die im System erlangten gesellschaftlichen Positionen in der Realität nicht allein aufgrund von Leistung erlangt, obwohl dies durch Bildungsabschlüsse suggeriert wird. Fend benennt diesen Zusammenhang ausdrücklich unter z. B. Verweis auf differierende Empfehlungen der Grundschullehrkräfte für weiterführende Schulen, obwohl Schüler/-innen objektiv gleiche Leistungen zeigen: Kinder aus dem gehobenen Bürgertum oder aus Beamtenhaushalten erhalten eher eine Empfehlung für das Gymnasium, weil ihre Eltern über **gesellschaftliche Kontakte** sowie **Orientiertheit im deutschen Bildungssystem** verfügen.

explizit: direkt, ausdrücklich
implizit: indirekt; mit gemeint, aber nicht gesagt

Fend will ein realistisches Bild der Gesellschaft und ihrer Rahmenbedingungen zeichnen. Aus diesem Grund greift er auf statistische Daten zurück und er verweist auf Ziele und Werte, die im Schulsystem explizit und implizit vermittelt werden.

Die Ausgestaltung des Schulsystems kann sich durch gesellschaftliche und politische Initiativen verändern. Im **föderalistischen System** sind die Bundesländer für Schulentwicklung und curriculare Vorgaben verantwortlich. Zwar kann der Bund im Rahmen bestimmter Programme Gelder und besondere Unterstützung für Schulen zur Verfügung stellen, der Gestaltungsrahmen bleibt jedoch in der Hand der Bundesländer. Infolgedessen ist die **Bildungslandschaft in Deutschland sehr heterogen**, oft gibt es grundlegende Unterschiede zwischen den Ländern. Dies erweist sich immer dann als sehr nachteilig, wenn eine Familie mit schulpflichtigen Kindern zwischen Bundesländern wechselt. Keineswegs gelingt der Besuch einer vergleichbaren Schulform reibungslos. Ferner unterscheidet sich die Ausgestaltung der Schullaufbahn, z. B. auch in der Frage, nach wie vielen Schuljahren das Abitur abgelegt werden kann.

5.7 Kontroversen zum Thema Schule

Schule als Institution wird – so lange es sie gibt – aus ganz unterschiedlichen Positionen heraus immer wieder in Frage gestellt. Und seit es Schule gibt, wird auch darum gerungen, wie die Institution gestaltet sein muss. Aktuell werden die folgenden **bildungspolitischen Themen** diskutiert:

- Die Frage nach der Legitimation von Empfehlungen für den Besuch weiterführender Schulen,
- Schulpflicht versus Homeschooling,
- Voraussetzungen für Bildungsbeteiligung und Chancengleichheit,

- Leistungsbeurteilungen: Funktion, Chancen und Grenzen,
- Schulentwicklung, Entwicklung selbstständiger Schulen,
- Inklusion: ja oder nein?,
- Möglichkeiten und Notwendigkeit einer interkulturellen Bildung.

Zu jedem dieser Themen kann im Rahmen einer **Abiturklausur** eine **Erörterung/Stellungnahme** gefordert werden. Nachfolgend werden, im Anschluss an die Positionen Fends, einige Argumentationen beispielhaft gezeigt. Am Ende einer Argumentation sollte eine individuelle, gewichtende Zusammenfassung (Fazit, Synopse) stehen.

Ist eine Schulempfehlung am Ende der Grundschule sinnvoll?

Ist man zu einer Stellungnahme in Bezug auf die o. g. strittige Frage aufgefordert, sollten zunächst die Kriterien genannt werden, anhand derer die Argumentation aufgebaut wird, z. B.:

Beispielargumentationen: Grundschulempfehlung

Kriterien	**Argumentation**
- Objektivität der Bewertung - Fähigkeit zur Prognose - Chancengerechtigkeit - Vermeidung von Über-/Unterforderung	Die Grundschullehrkräfte können die Leistungen eines Kindes mit denen anderer Kinder vergleichen und an Standards orientiert bewerten (Objektivität der Bewertung), doch auch sie greifen zurück auf eine teilweise von individuellen Vorstellungen geprägte Einschätzung (Fähigkeit zur Prognose), wie sich die Leistungen des Kindes entwickeln werden. Fend zeigte allerdings, dass Kindern aus bildungsfernen Elternhäusern von Lehrerseite weniger Entwicklungspotenzial zugetraut wird (Chancengerechtigkeit). Dies kann aus Sorge um eine Überforderung der Kinder geschehen.
	Erziehungsberechtigte haben einen sehr persönlichen Blick auf ihr Kind (Objektivität der Bewertung) und können durch ihre Unterstützung auch Kinder, die zunächst weniger gute Leistungen gezeigt haben, in ihrer Entwicklung fördernd begleiten. Wenn sie dem Kind den Wert von Bildung vermitteln, kann sich dies sehr positiv auf die weitere Schullaufbahn auswirken (Fähigkeit zur Prognose). Ein Risiko bei der Schullaufbahnentscheidung der Eltern ist, dass auch bei begabten Kindern eine wenig anspruchsvolle Schulbildung gewählt wird (Chancengerechtigkeit) oder dass Kinder durch die Schulwahl überfordert werden (Überforderung).

Sollte Homeschooling in Deutschland zugelassen werden?

In Frankreich beispielsweise wird ab 2019 die **allgemeine Schulpflicht** ab drei Jahren bestehen. Damit ist Frankreich das Land mit der umfassendsten Schulpflicht in Europa.
In den USA liegt die Regelung der Schulpflicht in der Verfügungsgewalt der einzelnen Bundesstaaten: Nur dreizehn von fünfzig Staaten schreiben derzeit eine Schulpflicht vom vollendeten sechsten bis zum vollendeten achtzehnten

Lebensjahr vor (Nachdem 1918 in den USA die allgemeine Schulpflicht eingeführt wurde, wurde sie Ende der 1970er-Jahre – besonders unter dem Einfluss religiöser Gemeinschaften – teilweise gelockert). Unter bestimmten Voraussetzungen kann der Schulbesuch durch Unschooling (vom Kind geleitetes Lernen) oder Homeschooling (Hausunterricht) ersetzt werden: Sogenannte „Freilerner" erarbeiten sich Inhalte selbst und können bei Bedarf externe Prüfungen ablegen, um Qualifikationen nachzuweisen. Etwa drei Prozent der US-amerikanischen Kinder und Jugendlichen erwerben so ihren Bildungsabschluss. In Kanada, Neuseeland und Australien liegt der Anteil bei einem Prozent.
Befürworter heben hervor, dass Lernen beim Un-/Homeschooling stärker individuell motiviert erfolge, weil Themen im eigenen Lerntempo erschlossen würden. Eltern ist es in Ausnahmefällen gestattet, ihre Kinder selbst zu unterrichten. Gegner weisen darauf hin, dass es sich der Gesellschaft völlig entzieht, welche Inhalte vermitteln werden. So können beispielsweise Kreationisten ihren Kindern eine naturwissenschaftliche Grundbildung vorenthalten.

Kreationismus: Festhalten an einer wortgetreuen Auslegung der Bibel, in den USA weit verbreitete Weltauffassung

In Deutschland ist die Schulpflicht föderal in den einzelnen Landesverfassungen geregelt. Die Länder sind hierzu durch das Grundgesetz ermächtigt, vgl. Art. 7 Abs. 1 GG: „Das gesamte Schulwesen steht unter der Aufsicht des Staates". Die Vollzeitschulpflicht umfasst, je nach Bundesland, neun oder zehn Schulbesuchsjahre. „Schulbesuchsjahre" meint dabei nicht „besuchte Jahrgangsstufe": Wurde z. B. zweimal eine Klassenstufe wiederholt, endet die Schulpflicht bereits zum Ende der 8. bzw. 9. Klasse. Dass die schulische Bildung ausnahmslos unter staatliche Aufsicht gestellt wurde, ist auch eine Folge der Erfahrungen während des Nationalsozialismus. Ein demokratisch verfasster Staat will auf diese Weise ideologisch unerwünschte Beeinflussungen Heranwachsender verhindern.
Die Argumentationsbeispiele orientieren sich an den gesellschaftlichen Funktionen von Schule nach Fend.

Beispielargumentationen: Schulpflicht vs. Homeschooling

Aspekt	Argumentation
Enkulturation	**Kontra Schulpflicht:** Die Trennung zwischen Leben und Lernen ist künstlich, das Entwickeln einer kulturellen Identität auch außerhalb von Schule möglich, dann jedoch nicht an einem bestimmten Bildungskanon orientiert. **Pro Schulpflicht:** Begegnung mit anderen Gleichaltrigen (peers) in sozialer Interaktion und verschiedenen Wertvorstellungen ist bedeutsam für die Enkulturation in einer pluralistischen Gesellschaft. Kulturelle Teilhabe muss für alle Kinder gewährleistet werden.
Qualifikation	**Kontra Schulpflicht:** Erlangen individueller Berufsfähigkeit ist auch in Alltagszusammenhängen möglich. **Pro Schulpflicht:** Die Qualität der Berufsausübung muss sichergestellt werden (z. B. durch Standardisierung oder externe Überprüfung), um Gefahren für die Allgemeinheit zu verhindern und (volks-)wirtschaftliche Leistungsfähigkeit zu sichern.

>>

>> Beispielargumentationen: Schulpflicht vs. Homeschooling

Aspekt	Argumentation
Allokation	**Kontra Schulpflicht:** Die Berufswahl erfolgt unabhängiger von Prüfungsdruck/Prüfungsangst. Der berufliche Erfolg z. B. in einem Ausbildungsberuf ist weniger abhängig von punktuellen Leistungen am Prüfungstag. Kooperation statt Konkurrenz ist möglich. **Pro Schulpflicht:** Planung des eigenen Lebens und Berufswahl wird noch stärker in die individuelle Verantwortung gegeben, was zu Überforderung führen kann. Die Allokation erfolgt (noch) stärker aus dem familiären Rahmen heraus.
Legitimation/Integration	**Kontra Schulpflicht:** Lernen völlig ohne (Lernziel-)Vorgaben beinhaltet Chancen für gesellschaftliche Erneuerung und Veränderung, aber auch das Risiko gesellschaftlicher Ungeklärtheit (z. B. von Normen und Werten) und unregulierter Macht-Ausübung. **Pro Schulpflicht:** Begegnung mit Autorität ist eine Vorbereitung auf das spätere (meist hierarchisch organisierte) Erwerbsleben.

Gibt es im Bildungssystem Chancengerechtigkeit?

Schulsystem im 19. Jh.
→ Meilensteine des Schulwesens, s. S. 168

Nach dem Zweiten Weltkrieg wurde in der Bundesrepublik Deutschland die Aufteilung des Schulwesens in Hauptschule, Realschule und Gymnasium (sowie Sonderschulen) wieder aufgenommen, die sich spätestens im Kaiserreich unter dem Eindruck der Industrialisierung und deren gesellschaftlichen und wirtschaftlichen Anforderungen etabliert hatte. Gebraucht wurden im frühen 19. Jahrhundert in erheblichem Maße Arbeitskräfte, die körperliche Arbeit verrichten konnten. Als diese Arbeit zunehmend durch Maschinen verdrängt wurde, stiegen die Anforderungen an Arbeitnehmer. Das erstarkende Deutsche Reich mit seinen neuen Institutionen (z. B. der Kranken- und Sozialversicherung) benötigte zudem zunehmend mehr Verwaltungskräfte. Da die sozialen Schichten innerhalb der Gesellschaft jedoch stark voneinander getrennt blieben und auch bleiben sollten, setzte man auf ein dreigliedriges Schulsystem, dass die gesellschaftliche Gliederung abbildete und damit fortschrieb. Dass dieses sogar nach den fundamentalen Umbrüchen des Zweiten Weltkriegs wieder aufgegriffen wurde, zeigt das Beharrungsvermögen der „alten Eliten“ bei der Neugestaltung des Staates.

Schulsystem nach 1945

Während die 1950er-Jahre im Zeichen des „Wirtschaftswunders“ wenig Augenmerk auf gesellschaftliche Prozesse richteten, öffnete v. a. die nachwachsende Generation die gesellschaftliche und politische Diskussion während der 1960er-Jahre langsam für neue Fragen. Man nahm zunehmend wahr, dass die Chancen für höhere Qualifikationen sehr ungleich verteilt waren. Mitte der 1960er-Jahre schuf der einflussreiche Soziologe Ralf Dahrendorf zur Verdeutlichung des Diskurses um Bildungschancen in der jungen Bundesrepublik eine Kunstfigur: „Die katholische Arbeitertochter vom Land“. Dass sie ein Gymnasium besuchen würde, sei extrem unwahrscheinlich. Konkret wurden für folgende Gruppen eine besondere Benachteiligung aufgezeigt:

Ralf Dahrendorf: „katholische Arbeitertochter vom Land“

- Kinder aus ländlichen Regionen,
- Kinder katholischer Konfession,

- Mädchen und
- Kinder aus Familien der Arbeiterschicht.

Ländliche Regionen waren weniger an **schulische Infrastruktur** (Erreichbarkeit von Schulen, Verfügbarkeit unterschiedlicher Schulformen) angeschlossen. Weite Schulwege stellten besondere Hürden dar und in ländlichen Betrieben wurden Kinder zudem auch als Arbeitskräfte gebraucht. Infolgedessen verzeichnete man in ländlichen Regionen eine geringere **Bildungsorientierung**. Außerdem sah das gültige **Rollenbild für Frauen**, insbesondere in katholischen Regionen, eher hauswirtschaftliche und mütterliche praktische Qualifikationen vor. In der Arbeiterschicht gab es einen erschwerten Zugang zu gymnasialer Bildung: Es war für die meisten weder finanziell noch habituell, also aus ihrem gesellschaftlichen Rollenverständnis heraus, naheliegend, dass die Kinder später studieren würden. Tatsächlich waren Kinder aus der Unterschicht in der Bundesrepublik bis in die 1960er-Jahre nur zu etwa 6 % an Universitäten vertreten (in der DDR 30 – 50 %), obwohl die Arbeiterschaft 50 % der erwerbstätigen Bevölkerung ausmachte. Bei den Kindern von Beamten war es in etwa umgekehrt.

Sozialdemokratische Bildungsoffensive

Erst ab den 1970er-Jahren installierte man infolge der **Bildungsoffensive** unter Bundeskanzler Willy Brandt (SPD), die Chancengleichheit gezielt fördern wollte, in Deutschland auch Gesamtschulen. In der Folge setzte eine gewisse Annäherung der Bildungswege ein: Die Gesamtschule eröffnete jedem Kind zumindest die Chance auf ein Abitur. Unter dem gesellschaftlichen Konkurrenzdruck nahmen in der Folge die Gymnasien zunehmend mehr Kinder auf, die sie früher zurückgewiesen hätten.
Während in der BRD 1950 noch etwa 5 % eines Jahrgangs das Abitur erreichten und dies vorwiegend Männer waren, erreichen jetzt in Deutschland je nach Bundesland etwa 50 % eines Jahrgangs das Abitur, wobei die Schülerinnen inzwischen stärker repräsentiert sind und bessere Abschlüsse erzielen. Inzwischen publiziert die Presse gehäuft Klagen der Wirtschaft über zu viele gute Bildungsabschlüsse: Der Anteil der hervorragenden Abiturnoten stehe in keinem Verhältnis zur tatsächlichen Leistungsfähigkeit der Schulabgänger.
Heute ist die Möglichkeit des Zugangs zu gymnasialer Bildung für „die katholische Arbeitertochter vom Land" deutlich wahrscheinlicher. Mädchen erzielen im Durchschnitt bessere Schulnoten als Jungen und ihr stärker sozial angepasstes Verhalten im Unterricht führt zu einer positiveren Wahrnehmung der Schülerinnen durch die Lehrpersonen. Dass Bildung für Mädchen zugänglich sein soll, wird kaum noch in Frage gestellt. Zudem sind durch die **Bildungsexpansion** auch in ländlichen Regionen mehr Möglichkeiten zur Erlangung gymnasialer Abschlüsse entstanden, sodass man von einer geringeren strukturellen Benachteiligung ausgehen kann.

Aber noch heute erreichen weniger Kinder aus Arbeiterhaushalten oder Familien der unteren Mittelschicht das Abitur oder nehmen nach einem solchen ggf. ein Studium auf. Studien suchen nach Gründen dafür. So gibt es z. B. in einigen Großstädten Stadtteile, die von einer hohen Zahl Transferzahlungsempfänger und anderer benachteiligter Gruppen bewohnt werden. Hier leben nicht selten auch Menschen mit Migrationshintergrund, die sozial weniger stabil in die deutsche Mehrheitsgesellschaft integriert sind. Bestimmte religiöse Orientierungen können in diesem Zusammenhang zu einer Skepsis gegenüber schulischer Bildung führen. Zusätzlich kann auch eine Erfahrung von Ausgeschlossenheit (Exklusion) in Schule oder Gesellschaft, z. B. durch Langzeit-Erwerbslosigkeit, dazu führen, dass manche Gruppen eher auf eigene Netzwerke in Familie oder Freundes- und Bekanntenkreis vertrauen, als auf staatliche Organisationen. Sie verhalten sich loyal gegenüber Familienmitgliedern und Anforderungen ihrer Bezugsgruppen und stellen deren Anforderungen über schulische Erwartungen und Forderungen. Eine aktualisierte Form der „katholischen Arbeitertochter vom Lande“ ist heute: „der muslimische Junge aus einer sozial benachteiligten Familie, wohnhaft im Problembezirk einer Großstadt“.

Transferzahlungsempfänger: Arbeitslose Menschen, die von Hartz IV leben.

Die Vorstellung dieser neuen Kunstfigur vermag exemplarisch aktuelle Risikobereiche für Bildungsungleichheit aufzuzeigen. Fraglich ist hier für die Institution Schule, wie sie auf Ungerechtigkeit reagiert und inwieweit es ihr möglich ist, alle Kinder mitzunehmen, gleichgültig, welchem sozialen Zusammenhang ihre Herkunftsfamilie entstammt. Die Frage nach Aspekten von Leistungsfähigkeit, einer effektiven Vermittlung von Bildung und Chancengerechtigkeit bleibt also aktuell.

Hinweise zur Unterscheidung zwischen Chancengleichheit und Chancengerechtigkeit als Beispiel für Sach- und Werturteile:
Chancengerechtigkeit verweist auf eine axiologische (wertende, normative) Diskussion. Hier werden individuelle Wertvorstellungen als Grundlage für die Bewertung von Gerechtigkeit herangezogen. **Chancengleichheit** dagegen versucht möglichst objektiv (in der Regel gemessen, mit Hilfe empirischer Daten) eine Verteilung zu beschreiben. Die erhobenen Daten bedürfen einer Bewertung, um zu entscheiden, ob das jeweilige Schulsystem gerecht ist. In die Bewertung muss einfließen, inwieweit eine Kompensation (ein Ausgleich) von systembedingten (strukturellen) Nachteilen erfolgt ist. Damit verbundene Beispielfrage: Sollten Gesamtschulen zur stärkeren Durchlässigkeit des Schulsystems eingeführt/besonders gefördert werden?

Ein **technologisches Urteil** (Sachurteil) könnte hier prüfen, ob tatsächlich mehr Schülerinnen und Schüler aus Arbeiterfamilien das Abitur erreicht haben. Ein **axiologisches Urteil** (Werturteil) würde z. B. bewerten, ob deshalb die Gesamtschule dem Gymnasium vorzuziehen ist.

technologisches/ axiologisches Urteil, vgl. S. 25

Wird Leistung belohnt? Die meritokrarische Illusion

Variable: Veränderliche Größe, flexibler Einflussfaktor.

In demokratisch verfassten Gesellschaften gewähren Bildungsabschlüsse Zugang zu beruflichen und, in Verlängerung dessen, gesellschaftlichen Positionen (vgl. Funktionen von Schule). Auch dies wurde von Helmut Fend ab den 1970er-Jahren genauer untersucht und beschrieben. Immer wieder wurde dabei deutlich, dass die in der Schule erzielten Leistungen von zahlreichen Einflussgrößen (Variablen) abhängen. Schulleistung ist nicht, wie häufig angenommen, nur das Ergebnis von Begabung und Anstrengung. Sie wird vielmehr auch beeinflusst von den Rahmenbedingungen und Voraussetzungen, unter denen die Leistung erbracht wird. Wenn also behauptet wird, dass beruflicher Aufstieg, Bildungschancen und sozialer Status in unserer Gesellschaft ausschließlich durch Begabung und Anstrengung erfolge bzw. möglich sei, dann wird die Bedeutung der Rahmenbedingungen und Voraussetzungen für Leistung ignoriert und man spricht von einer „meritokratischen Illusion".

Meriten: Verdienste, Lohn. Meritokratische Illusion meint, dass schichttypische Unterschiede trotz Bildungsexpansion nicht verschwinden.

Um das Bildungssystem gerechter zu gestalten und die Bedeutung von Voraussetzungen und Rahmenbedingungen abzuschwächen, werden verschiedene **Möglichkeiten der Kompensation** bzw. der Beseitigung dieser Bedingungen diskutiert:

- Ohne zusätzliche Förderung sind Kinder aus bildungsfernen oder nicht deutschsprachigen Elternhäusern, die die **Bildungssprache** von Hause aus nicht beherrschen, nicht selten benachteiligt. Der Lernfortschritt wird z. B. auch bei der Lösung von naturwissenschaftlichen oder mathematischen Aufgaben beeinträchtigt sein, weil diese häufig sprachlich anspruchsvoll formuliert sind. **Sprachförderung und sprachsensibles Unterrichten** sollen dies kompensieren, damit sich auch diese Schüler/-innen besser am Unterricht beteiligen können.
- Zudem kann auch durch die **Bereitstellung von Ressourcen**, sei es materieller Natur oder in Form von zusätzlichen Lehrerstellen, ein **Nachteilsausgleich** geleistet werden. Bevorzugt sollten davon im Interesse einer Chancengleichheit Schulen profitieren, die im Umfeld sozialer Brennpunkte liegen.

Fördern Gesamtschulen Chancengleichheit?

Die Schulform der Gesamtschule, die in den 1970er-Jahren als Reaktion auf bestehende Chancenungleichheit in vielen Bundesländern eingeführt wurde, soll sicherstellen, dass mehr Jugendliche das Abitur erreichen. Die Entscheidung für einen Bildungsabschluss wird zeitlich nach hinten geschoben und möglichst flexibel gehalten, damit Schüler/-innen sich in ihrem eigenen Tempo entwickeln können. So können ggf. individuelle Entwicklungsverzögerungen ausgeglichen werden. Schüler/-innen aus sozial benachteiligten Elternhäusern lernen hier gleichberechtigt neben anderen und erweitern ihren sozialen Erfahrungsraum, aber auch ihr Bildungsspektrum. Verhindert wird, dass Unsicherheit der Eltern in Bezug auf Bildungswege oder eine zu zeitige oder von allzu subjektiven Kriterien einer Lehrkraft geleitete Selektion am Ende der vierten Klasse Chancen verhindert. Die mit Einführung dieser Schulform verbundene Hoffnung auf eine erhöhte Chancengerechtigkeit hat sich nach Untersuchungen von Fend und anderen teilweise erfüllt, es traten jedoch im Gesamtzusammenhang des Bildungsangebots in Deutschland unvorhergesehene, andere Probleme auf.

Da neben den Gesamtschulen in der Regel weiterhin Gymnasien existierten, wurden die begabtesten oder leistungsstärksten Schüler/-innen weiterhin dort angemeldet („**creaming effect**“, also das Abschöpfen der Besten/des „Sahnehäubchens“ durch die Gymnasien). Die an Gymnasien erbrachten Leistungen waren deshalb eine Zeitlang im Durchschnitt besser als an Gesamtschulen. Diese Unterschiede scheinen sich aber, zumindest regional, zu nivellieren. Zudem fällt es schwer, den Erfolg der Schulformen zu vergleichen. Die Wertorientierung der Lehrerschaft kann sich je nach Schule unterscheiden, ebenso die von Schülerinnen und Schülern und Elternschaften. Ein weiterer Vorteil von Gesamtschulen war lange die Bereitstellung einer Ganztagsbetreuung bzw. zusätzlicher Nachmittagsangebote. Doch auch diese Situation ändert sich aktuell, denn in den meisten Bundesländern gibt es Ganztag zumindest an ausgewählten Schulen innerhalb einer Schulform. Insgesamt wird davon ausgegangen, dass die Ganztagsschule einen wichtigen Beitrag zur Bildungsexpansion insgesamt geleistet hat.

nivellieren: Das Niveau vereinheitlichen, angleichen.

Ist Inklusion sinnvoll und machbar?

Der Begriff der Inklusion meint grundsätzlich, dass alle Menschen (z. B. auch mit bestimmten Merkmalen wie anderer ethnischer Herkunft, sozialer Herkunft, unterschiedlicher sexueller Herkunft) an allen Bereichen gesellschaftlichen Lebens gleichberechtigt teilhaben. In schulpolitischen Diskursen wird dieser Begriff besonders auf die **Teilhabe von Menschen mit Behinderung** am Bildungssystem und Unterricht bezogen.

Um diese Teilhabe zu erreichen, spielt die schulische Sozialisation eine wichtige Rolle, da hier – vgl. **Funktionen von Schule nach Fend** – die Integration in die Gesellschaft stattfindet und auch Berechtigungen für spätere berufliche Positionen vergeben werden.

Im deutschen Schulsystem gibt es ein ausdifferenziertes System von Sonderschulen, deren Ziel es ist, spezifische Förderung für unterschiedliche Beeinträchtigungen zu leisten (z. B. geistige oder körperliche Einschränkungen,

Separation: Der Prozess des Trennens.

Segregation: Trennung von Personen(gruppen) mit gleichen Merkmalen von Gruppen mit anderen Merkmalen, meist mit der Folge, dass es keinen Kontakt zwischen beiden gibt.

Verhaltensauffälligkeiten). Dieses System arbeitet durchaus erfolgreich. Allerdings führt eine **Separation**, die Beschulung von Menschen mit Behinderungen in gesonderten Einrichtungen, zu **Segregation**. In der Folge kann sich daraus eine soziale **Exklusion** ergeben, die gesellschaftliche Teilhabe, z. B. auch am regulären Erwerbsleben, verhindert. Nicht selten arbeiten Menschen, die Sonderschulen durchliefen, später in speziellen Institutionen mit integrativer Ausrichtung. **Integration** bedeutet, dass die Integrationsfähigkeit bewiesen werden muss. Folgerichtig ist nicht jeder Mensch aus sich selbst heraus geeignet für jedes Angebot.

Exklusion: Ausschluss aus einem Ganzen.

Integration: Eingliederung in ein größeres Ganzes.

Inklusion: Teilhabe, Einschließung

Mit Rücksicht auf den Gedanken der Menschenrechte, demzufolge jeder Mensch als gleichwertig zu betrachten ist und einen Anspruch auf Teilhabe hat, gibt es seit einiger Zeit intensive Bemühungen, das Schulsystem zu verändern. Regelschulen müssen inklusiv arbeiten, d. h. Kinder mit Beeinträchtigungen in einem bestimmten Umfang in ihre Klassen integrieren. Juristisch begründet wird **Inklusion** mit der **Behindertenrechtskonvention der Vereinten Nationen** (Unterzeichnung durch Deutschland im Jahr 2009). Mit Ratifizierung dieser Konvention entsteht die Selbstverpflichtung, ein inklusives Bildungssystem zu entwickeln.

Die Ausgestaltung eines solchen Systems ist kompliziert. Unstrittig ist, dass auch eine Volkswirtschaft erfolgreicher wäre, wenn möglichst vielen Menschen eine möglichst umfassende Teilhabe ermöglicht und alle bestmöglich in der Entwicklung ihrer Fähigkeiten unterstützt würden. Dieser Anspruch darf sich allerding nicht exklusiv nur an Bildungsinstitutionen richten, sondern an die gesamte Gesellschaft: Sind öffentliche Einrichtungen barrierefrei ausgestaltet? Ist das mediale Angebot für alle Menschen zugänglich und nutzbar?

Heterogenität: Unterschiedlichkeit (auch: Diversität)

kompensieren: ausgleichen

homogenisieren: gleichmachen, angleichen, normieren, standardisieren

Inklusion soll erreichen, dass alle Menschen **von Anfang an gemeinsam** sozialisiert werden. Man erhofft sich davon letztendlich auch eine leichtere Integration in den Arbeitsmarkt, die ja von allen Seiten Akzeptanz fordert. Zwar werden Menschen zunächst einmal als unterschiedlich wahrgenommen, in ihrer Unterschiedlichkeit wertgeschätzt und nicht automatisch den Allgemeininteressen untergeordnet. Will man aber bei gegebener und durch Inklusion noch gewachsener Heterogenität der Schülerschaft Unterricht gestalten, so müssen **Beeinträchtigungen kompensiert** werden. Wie kann das gelingen?

Inklusion stellt Homogenisierung als Zielvorstellung infrage, also ein Normieren oder auch ein Beschreiben bestimmter Gruppen z. B. in Bezug auf ihren besonderen Förderbedarf, um das für alle Schüler/-innen gleiche Ziel zu erreichen. In der Verlängerung stellt sie auch das in verschiedene Schulformen differenzierte, selektive Schulsystem auf den Prüfstand.

Der Prozess verläuft nicht reibungslos, zentrale Diskussionspunkte sind u. a.:

- Alltagsrealität ist an vielen Schulen die Vorstellung eines weitgehend **zielgleichen, von einem Curriculum vorgegebenen Unterrichts** für den größten Teil der Schülerschaft. Ein kleinerer Teil der Schüler/-innen mit diagnostiziertem Förderbedarf wird davon abweichend zieldifferent unterrichtet. Sie bekommen andere Aufgaben und werden teilweise von Sonderpädagogen betreut. Die Folge ist nicht Inklusion, sondern ein räumliches Neben- oder Beieinander.
- Ausgangspunkt für Organisation und Gestaltung des Unterrichts muss im Idealfall der **Lern- und Entwicklungsbedarf der einzelnen Person** sein. Nur durch Erleben gesellschaftlicher Realität gehören Menschen mit Behinderungen selbstverständlich dazu und alle Lernenden erleben von Anfang an Menschen, die zwar in bestimmten Bereichen eingeschränkt sind, aber zur Gruppe gehören und präsent sind.
- Gesetzesentwürfe der Länder kündigen an, dass Lernende nicht mehr nach Differenzierungskriterien zu unterscheiden seien und **Heterogenität** wertzuschätzen sei. Es kann dann nicht auf ein normiertes Ziel hingearbeitet werden. Wo Diversität selbstverständlich ist, wird nicht mehr zwischen Kindern mit und ohne Förderbedarf unterschieden. Im Idealfall lernt jedes Kind auf seine Weise und bekommt kein „Etikett" mehr aufgedrückt, z. B. als „förderbedürftig" oder „hochbegabt". Wichtig ist ein **ausdifferenziertes Angebot** an Darbietungsformen bzw. auch von Materialien. Zu beachten ist zudem, dass sich „Leistung" je nach Aufgabenstellungen sehr unterschiedlich darstellen kann.

zielgleich: denselben Abschluss anstrebend

zieldifferent: in einer Lerngruppe können unterschiedliche Abschlüsse erreicht werden

Wissen

Die in schulischen Zusammenhängen im Regelfall verwendete Bildungssprache kann für Kinder aus bildungsfernen Familien, aus Familien mit anderen Herkunftssprachen sowie für Kinder mit kognitiven Einschränkungen eine erhebliche Lernhürde darstellen. Um dem entgegenzuwirken, wurde das Konzept der „leichten Sprache" entwickelt, die das Verständnis von erklärenden Texten oder Aufgabenstellungen vereinfachen soll. Leichte Sprache soll aber auch für Erwachsene die selbstständige Informationssuche und damit ihre Möglichkeiten zur Selbstbestimmung verbessern, welche sich mit einer komplexeren Grammatik oder mit dem Gebrauch von Fremdwörtern schwertun. In Deutschland sind öffentliche Institutionen nach § 11 Behindertengleichstellungsgesetz (BGG) verpflichtet, Informationen möglichst auch in leichter Sprache bereitzustellen. Wichtige Merkmale sind u. a.: kurze, einfache Sätze (S-P-O), nur eine Aussage pro Satz, keine Verwendung von Passivkonstruktionen oder Konjunktivformen, statt Genitiv präpositionale Fügungen mit „von", Verzicht auf Synonyme, Sonderzeichen und Verneinungen.

Stigmatisierung: Ausgrenzung durch Zuschreibung einer Eigenschaft, die unerwünscht ist

Kontra Inklusion

Kritiker befürchten eine Überforderung des Systems Schule und eine Unter- und Überforderung großer Gruppen von Lernenden, da die Unterrichtenden nicht zuverlässig in der Lage seien, hinreichend differenzierte Lernarrangements zu gestalten. Ihre Positionen zeigt die folgende Übersicht in Stichworten:

Separation, Segregation und Integration	Inklusion
– Sonderschulen und Diagnosen widersprechen der UN-Behindertenrechtskonvention nicht, da diese kein Verbot von Sonderschulen formuliert, Separation ist also bei Bedarf möglich und kann für das einzelne Kind förderlich sein. – Maßnahmen wie z. B. „leichte Sprache“ oder Nachteilsausgleiche wie mehr Zeit bei Klassenarbeiten ermöglichen Integration ins Regelschulsystem. – Separation und Integration sind effektiver bei der Förderung der einzelnen Kinder als zieldifferentes Arbeiten im gleichen Raum.	– Das Regelschulsystem ist bereits inklusiv, wenn alle Kinder ein individuelles Förderangebot und Zugang zum Schulsystem an sich bekommen. – Die UN-Forderung richtete sich besonders an Länder, in denen Kinder mit Behinderungen aus dem Schulsystem vollständig ausgeschlossen werden. – Teilhabe muss nicht durch gemeinsames Lernen geschehen, da dies nicht begabungsgerecht ist und weil einzelne Lehrpersonen mit zieldifferenten Angeboten und verschiedensten Einschränkungen der Lernenden überfordert sind. – Spezialisierung der Schulen ist effizienter und ökonomischer, um Lernenden mit besonderem Förderbedarf gerecht zu werden.

Pro Inklusion

Aus Perspektive der Befürworter lassen sich die Begrifflichkeiten z. B. so unterscheiden:

Separation, Segregation und Integration	Inklusion
– an gesellschaftlichen Bildungszielen ausgerichtet, systemisch denkend und planend – auf einem Verständnis von Begabungen beruhend, das zu einer Zuordnung und Stigmatisierung von Individuen führt – UN-Botschafter Muñoz Villalobos kritisierte 2007 in seinem Deutschlandbericht für die Vereinten Nationen die hohe Anzahl Lernender, die in Sonderschulen außerhalb des regulären Bildungssystems beschult werden und so von der Gesellschaft separiert werden.	– an individuellen Bildungszielen orientiert, auf das Individuum zentriert – Unterricht kann dies leisten durch Freiarbeit, Portfolioarbeit, Lernbüros, Logbücher, offenen Unterricht, Wochenplanarbeit, kooperative Lernformen. – Durch Lehrerkooperation bei der Vorbereitung lassen sich Lerntheken und Angebote gestalten. – Inklusion ist Menschenrecht, in Schulrecht der Bundesländer übersetzter individueller Rechtsanspruch und gesellschaftliche Notwendigkeit, denn die Exklusionsquote, also der Anteil aller Schüler mit sonderpädagogischem Förderbedarf, ist von 2009 bis 2015 nur von 4,9 auf 4,4 Prozent gefallen.

5.8 Fragen der Schulentwicklung

Interkulturelle Bildung als Aufgabe des Bildungssystems

Auch wenn Deutschland sich nicht als klassisches Einwanderungsland betrachtet, verzeichnete das Statistische Bundesamt für 2017 18,6 Millionen Menschen mit Migrationshintergrund. Während im 19. Jahrhundert vorwiegend Arbeitskräfte aus Polen ins damals boomende Ruhrgebiet zogen, wurden im Westdeutschland der 1950er-Jahre infolge der rasant wachsenden Wirtschaftsleistung Anwerbeabkommen mit Südeuropa und dem nordafrikanischen Maghreb geschlossen. Es kamen vorwiegend Männer, die man als „Gastarbeiter" bezeichnete: Sie wurden als Arbeitskräfte auf Zeit angesehen, die weder die deutsche Sprache sprechen mussten, noch ihre Familien mitbringen sollten. Die von der Sowjetunion dominierte DDR warb ausländische Arbeiter aus einigen „sozialistischen Bruderländern" an. Ein Kontakt zur deutschen Bevölkerung wurde weitgehend unterbunden.
Im Rahmen der Ost-West-Entspannung erlaubte man zudem in den 1970er- und 1980er-Jahren über 70 000 Russlanddeutschen die Umsiedelung nach Westdeutschland. Mit dem Zerfall der UdSSR schnellte nach der Wende die Zahl der (Spät-)Aussiedler einige Jahre lang in die Höhe.

Die meisten der Arbeitskräfte aus all diesen Ländern blieben und ihre Familien zogen nach, die zugewanderten Kinder waren zu beschulen. Ihr Bildungsstand war heterogen, teils nicht mit dem der gleichaltrigen deutschen Kinder vergleichbar, und der Blick auf diese Schüler/-innen blieb zunächst **defizitorientiert**: Man nahm sie als wenig leistungsfähig wahr und die Herkunftssprache wurde nicht als Ressource aufgefasst. Verstärkt wurden die Zuschreibungen dadurch, dass vorwiegend Menschen mit geringer Schulbildung einwanderten. Fehlender Bildungserfolg der nachgezogenen Kinder wurde nicht problematisiert, da man prognostizierte, dass sie bald in ihre Heimatländer zurückkehren würden. Wer bleiben wollte, sollte sich **assimilieren**, also an die bestehenden Verhältnisse anpassen.
Kurz vor der Jahrtausendwende wurde gesellschafts- und bildungspolitisch immer deutlicher, dass die Familien und mit ihnen die Kinder dauerhaft in Deutschland bleiben würden. Die Politik erkannte, dass man sich um diese Bevölkerungsgruppe bemühen musste. War es zuvor die selbstverständliche Aufgabe der Zugewanderten, sich zu integrieren (und möglichst nicht aufzufallen), entwickelte man jetzt neue Sichtweisen auf die zunehmend heterogene Gesellschaft: Unter dem Schlagwort der **Multikulturalität** setzte man auf ein tolerantes, nicht-hierarchisches Miteinander. Toleranz bedeutete hier, nebeneinander her zu leben.

Das heutige bildungspolitische Verständnis von kultureller Vielfalt geht noch einen Schritt weiter: Hier wird aufgerufen, Andersartigkeit als besonderes Potenzial wertzuschätzen. Das Konzept veränderte sich in Richtung **Interkulturalität**, gemeint ist: voneinander lernen.

Für die Planung von Frühpädagogik bzw. Unterricht heißt Interkulturalität, dass auch die Perspektiven der Zugewanderten und ihre Lebensweise thematisiert werden, damit alle Schüler/-innen alle verschiedenen Kulturen kennenlernen. So verändert sich auch die Mehrheitsgesellschaft.
Politisch sind diese Prozesse umstritten: Kritiker sind der Auffassung, dass die Mehrheitsgesellschaft durch Einwanderer nicht zur Veränderung gezwungen werden dürfe oder weisen darauf hin, dass genau zu prüfen sei, ob die Veränderung bestehende bedeutsame Werte gefährde.
Zu beachten ist zudem, dass die Forderung nach Integration zugewanderte Kinder und Jugendliche schnell überfordern kann, weil sie in ein Spannungsverhältnis zwischen der Herkunftskultur und der Mehrheitsgesellschaft geraten.

Die Position Niekes

Kurzsteckbrief: Wolfgang Nieke (geb. 1948) ist Erziehungswissenschaftler, der auch Philosophie, Psychologie, Soziologie und Germanistik studierte.

Grundannahmen

Sozialisation
→ Hurrelmann, s. S. 43
→ Kohlberg, s. S. 62
→ Mead, s. S. 69

Nieke entwarf 1995 ein Konzept für interkulturelle Erziehung: Interkulturelle Handlungskompetenz muss in der Schule vermittelt werden, damit sowohl die Zugewanderten eine eigene Identität (geprägt durch mehrere Kulturen) entwickeln können, als auch die Mehrheitsgesellschaft in die Lage versetzt wird, anderen Kulturen respektvoll zu begegnen.

Wissen

Kulturbegriff nach Nieke: Kultur umfasst kollektive, also gemeinsame Deutungsmuster einer Lebenswelt und „materielle Manifestationen" wie z. B. Bücher oder Kulturgüter. Der individuelle Begriff von Kultur bildet sich im Verlauf der Sozialisation aus.

Kulturrelativismus: Wichtige Position der Multikulturalität; Hervorhebung der Unterschiedlichkeit von Kulturen; Annahme, dass Kulturen nicht verglichen oder von außen bewertet werden können.

Nieke nimmt an, dass es bei dieser Begegnung zu (Werte-)Konflikten kommen wird. Er umreißt Zielvorstellungen für eine interkulturelle Erziehung und Bildung, die zur Bewältigung dieser Konflikte befähigt. Sie werden in der folgenden Übersicht knapp zusammengefasst.

Überblick

Zielvorstellungen für interkulturelle Bildung (nach Nieke)

Wahrnehmung des eigenen Ethnozentrismus	Die Begegnung mit anderen Kulturen weckt ein Bewusstsein dafür, dass man selbst Situationen aus einer eigenen Perspektive heraus bewertet und dass andere davon abweichende Perspektiven einnehmen (können). Wird die Perspektive des anderen nicht erkannt oder verweigert, können sich abwertende Urteile herausbilden oder sogar verstärken. Dies wird reduziert, wenn man zunächst einmal beschreibt, ohne sofort zu bewerten, und wenn die Perspektive des anderen erforscht wird. Bisher „Selbstverständliches" wird neu betrachtet.
Bewusster Umgang mit Fremdheitserfahrungen	Es ist eine philosophische Grundannahme, dass der Mensch das „Eigene" erst in Bezug auf das „Fremde" zu erkennen vermag. Werden Irritation und Abwehr offen wahrgenommen und thematisiert, aber auch positive Erfahrungen im Umgang mit Menschen anderer Kulturen, kann Verständnis wachsen.
Fähigkeit zur Toleranz	Freiheit gilt für alle: Solange jemand nicht gegen die Freiheitsrechte anderer verstößt, muss man unterschiedliche Wertvorstellungen aushalten.
Akzeptanz von Ethnizität, Rücksichtnahme auf Minoritäten	Minderheiten haben das Recht, ihre Sprache und Kultur, wie z. B. Feste und Riten oder Religion, zu pflegen.
Geschärfte Aufmerksamkeit für Rassismus	Rassistisch motivierte Abwertungen müssen erkannt, benannt und verhindert werden.
Akzente auf Gemeinsamkeiten	Statt Unterschieden sollten Gemeinsamkeiten hervorgehoben werden.
Ermunterung zur Solidarität	Mehrheiten haben infolge der größeren Zahl an Mitgliedern eine gesellschaftliche Machtposition inne. Sie dürfen diese Macht aus moralischen und politischen Gründen nicht missbrauchen, sondern stehen im Zeichen von Demokratiefähigkeit und Humanität in der Verantwortung für den politischen und rechtlichen Schutz von Minderheiten.
Einüben von Strategien der Konfliktbewältigung	Kulturrelativismus ist zu vermeiden, indem Konfliktbewältigung als gesellschaftliche Aufgabe verstanden wird. Im Umgang zwischen Menschen verschiedener Kulturen müssen Werte verhandelt werden (für Deutschland z. B. formuliert im Grundgesetz und in der Erklärung der Menschenrechte).
Wertschätzung für kulturelle Bereicherung	Die Chancen kultureller Bereicherung durch Impulse aus gesellschaftlichen Minderheiten sind deutlich zu machen.
„Wir" als Identitätsangebot	Die Hervorhebung von kulturellen Gemeinsamkeiten kann neue Rollendefinitionen möglich machen. Im Idealfall können alle Mitglieder einer Gesellschaft gemeinsam Verantwortung für den engeren Sozialraum, aber auch für globale Fragen übernehmen.

Ein Wertekonflikt, gleich welcher Art, kann nicht dauerhaft „gelöst“ werden, aber die Berücksichtigung wechselseitiger Positionen und Deutungen kann Verständnis entstehen lassen und die Akzeptanz für einen Kompromiss fördern. Machtgefälle werden durch Perspektivwechsel verringert. Zur **Bewältigung von interkulturellen Konflikten** tragen folgende Strategien bei:

- eine Frage/Konfliktsituation von allen Seiten beschreiben,
- bei der Klärung Betroffene oder deren Deutungen bzw. Argumente einbeziehen (virtuelle Diskurse),
- eine Lösung für den Konflikt suchen und bei Begründungen die Wertentscheidungen aller Seiten deutlich werden lassen.

Das Ergebnis kann sein, dass Normen situativ gelten sollen.

Wichtig ist im schulischen Umfeld der Blick auf die **Ressourcen von Interkulturalität**. Unterrichtsinhalte und Lehrwerke müssen interkulturelle Perspektiven abbilden. Eine aktuelle Frage für Schulentwicklung ist, wie Lernenden mit unterschiedlichem kulturellen Hintergrund eine breitere Bildungsbeteiligung ermöglicht werden kann. Von der OECD getragene internationale Schulleistungsstudien (IGLU, PISA) belegen ein schlechteres Abschneiden junger Migranten im deutschen Schulsystem. Sie ermöglichen aber durch den internationalen Vergleich auch einen Einblick in die Ursachen: Das deutsche Bildungssystem schneidet mit am schlechtesten dabei ab, junge Menschen mit Migrationshintergrund ins Schulsystem zu integrieren. Schon in der Grundschule zeigen sich Unterschiede im Kompetenzniveau zwischen Schülern mit und ohne Migrationshintergrund. Dieser Unterschied nimmt im Sekundarbereich noch spürbar zu. Eine besondere Rolle bei der Erklärung der Unterschiede spielen der soziale Hintergrund der Schüler sowie das Ausmaß des Gebrauchs der deutschen Sprache in den Familien. Dem Mikrozensus 2006 zufolge verfügen Menschen mit Migrationshintergrund in deutlich geringerem Maße über einen allgemeinen Bildungsabschluss, als Menschen ohne diesen Hintergrund. Zentral für die schulischen Leistungen ist sicher das **Sprachvermögen**. Zudem zeigen sich auch vermutlich kulturell geprägte Unterschiede in der Leistungsbereitschaft. Die Elternhäuser von Lernenden können aus vielerlei Gründen eine **unterschiedlich akzentuierte Bildungsorientierung** aufweisen. Junge Menschen aus Vietnam, der Ukraine oder dem Iran z. B. zeigen im Schnitt sogar bessere Schulleistungen als deutsche Schüler/-innen, was auf Aufstiegswillen, Bildungsorientierung oder hohen Respekt vor schulischen Autoritäten hindeuten kann. Nachkommen von Familien aus Südeuropa oder Nordafrika besuchen im Vergleich seltener ein Gymnasium. Hier ist teilweise eine stärkere Hinwendung zu familiären Netzwerken und Werten zu beobachten, die im Zweifelsfall mehr gelten können als schulische Vorgaben. Ein Grund dafür kann sein, dass man in den Heimatländern den Staat nicht als sehr verlässlich

Sprachfertigkeit als Schlüssel zum Bildungserfolg

erlebt hat, familiäre Netzwerke hingegen schon. Bedingt durch die große Zahl Geflüchteter seit 2015 haben sich in Bezug auf die Bildungsbeteiligung einzelner Nationalitäten deutliche Verschiebungen ergeben. Das soziale Spektrum dieser Kinder und Jugendlichen ist breit gefächert: Analphabetische Elternhäuser sind ebenso vertreten wie Akademikerfamilien.
Es kann davon ausgegangen werden, dass in der Grundschule Lehrerempfehlungen für den Besuch des Gymnasiums auch infolge kultureller Unterschiede für bestimmte Bevölkerungsgruppen seltener ausgesprochen werden. Abhilfe können hier vermutlich nur die Sensibilisierung von Lehrkräften, veränderte pädagogische Leitbilder und eine Einbeziehung von Eltern in die Schule schaffen.

Aspekte der Vielfalt (Diversity)

In vielen Bereichen von Schule und Bildung steht derzeit die Frage von Inklusion bzw. Teilhabe im Vordergrund. Ein Schlüssel liegt in der Wertschätzung von Vielfalt als positive Ressource.

Diversität: Vielfalt, Vielfältigkeit, engl. Diversity

Diversity wurde als Begriff durch die Bürgerrechtsbewegung im anglo-amerikanischen Raum geprägt. Gemeint ist Vielfalt, oder, mit anderen Worten: die Akzeptanz von Unterschieden. Diversity umfasst verschiedenste Merkmale wie z. B. soziale oder ethnische Herkunft, Geschlecht, körperliche oder geistige Leistungsfähigkeit bzw. Einschränkungen, sexuelle Orientierung oder Religion. Jede Kategorisierung birgt die Gefahr der Etikettierung und damit der Separation. Es ist einem Menschen jedoch kaum möglich, einem anderen zu begegnen, ohne dessen Eigenschaften wahrzunehmen und in bereits gebildete Kategorien einzuordnen. Umso wichtiger ist es, sich nicht an ggf. wahrgenommenen Defiziten zu orientieren, sondern für jede Eigenschaft zu prüfen, welche Ressourcen im Sinne positiver Entwicklungsmöglichkeiten sie freisetzen kann.
Schwer zu lösen ist allerdings die Frage, wie man Diversität thematisieren kann, ohne sie in diesem Moment erst zu konstruieren und ihr eine Bedeutung zu verleihen, von der man sich eigentlich lösen wollte, weil man jeden Menschen als individuell und einzigartig wahrnehmen möchte. Das bleibt ein schwer lösbarer Widerspruch.

In der Wirtschaft beschäftigen sich die Personalverantwortlichen in Human-Ressource-Abteilungen und Psychologen mit der Frage, ob vielfältige Teams erfolgreicher sind als eher gleichartig zusammengesetzte. Erfahrungen großer Unternehmen und Studien belegen, dass Teams, in welchen Menschen unterschiedlicher Herkunft und beiderlei Geschlechts bzw. mit vielerlei Geschlechtsidentitäten und mit heterogenen Bildungsabschlüssen arbeiten, sehr viel erfolgreicher sind, als homogene Teams, z. B. aus weißen Männern mittleren Alters mit Universitätsabschlüssen. Sie führen dies darauf zurück, dass in unterschiedlich zusammengesetzten Gruppen eine Vielzahl von Perspektiven dazu beiträgt, differenziertere Lösungen für Probleme zu entwickeln. Eine Herausforderung besteht darin, Konflikte so aufzugreifen, dass das Team arbeits- und lernfähig bleibt. Diese Perspektive lässt sich auf die Herausforderungen in der Schule übertragen, da hier ähnliche Konflikte entstehen können.

Die Genderfrage

Gender: soziales Geschlecht
Sex: biologisches Geschlecht

Der sozialwissenschaftliche Begriff **Gender** beschreibt Merkmale von Geschlechtsrollen. Er grenzt das sozial definierte Geschlecht gegen das biologische ab. Biologisch gesehen weist ein Mensch männliche oder weibliche Geschlechtsmerkmale auf (abgesehen von Variationen der Geschlechtsausbildung).
Wie ein Mann oder eine Frau zu sein und zu leben hat, das legen Gesellschaft und Kultur fest. Im Zusammenhang mit der Frauenbewegung der 1960er- und 70er-Jahre entstand eine interdisziplinäre Forschungsrichtung, die sich mit der Konstruktion von Geschlechts(rollen)vorstellungen befasst: die Gender Studies. Geschlechterforschung fragt nach der Bedeutung des Geschlechts für Kultur, Gesellschaft und Wissenschaften. Ein gängiger analytischer Ansatz ist **Doing Gender**. Die Ausbildung einer Geschlechtsrolle ist Teil der Identitätsentwicklung. Grundannahme von Doing Gender ist, dass „Geschlecht" keine starre, interne Eigenschaft einer Person ist, sondern eine fließende Vorstellung. Untersucht werden die Interaktionen, in denen diese ausgebildet bzw. verändert wird. Vorausgesetzt wird, dass ein Mensch aktiv Anteil daran nimmt. Schule hat als gesellschaftliche Institution einen erheblichen Einfluss auf diesen Prozess.
Gender Studies sind in Deutschland v. a. durch die US-amerikanische Philosophin und Sprachwissenschaftlerin Judith Butler bekannt geworden, die betont hat, dass das Definieren von Geschlechterrollen eng mit der Frage von Machtausübung verbunden ist. Wo der Begriff Gender anstelle der Kategorien „weiblich" und „männlich" verwendet wird, wird hinterfragt, wer die Macht hat, Rollen festzulegen und zuzuschreiben.

„katholisches Mädchen vom Land", vgl. S. 195

Im schulischen Umfeld ist Doing Gender mit Blick auf die Unterrichtsinhalte und die verwendeten Lehrmedien zu beachten. Unterrichtsmaterialien müssen daraufhin überprüft werden, ob sie für alle Geschlechter attraktiv sind und Identifikationsmöglichkeiten bieten. Da Geschlechtsrollen sich jedoch auch im Verhältnis zu den angebotenen Vorbildern ausgestalten, muss eine Lehrperson ihr eigenes Rollenverhalten zumindest kritisch überprüfen. Zudem wird diskutiert, wie der geringe Männeranteil in der Frühpädagogik, aber besonders auch im Grundschullehramt erhöht werden kann.

Während im Rahmen der gegebenen gesellschaftlichen Verhältnisse seit den 1970er-Jahren die Benachteiligung von Mädchen (z. B. in Naturwissenschaften) untersucht wurde, geben neuere Statistiken Anlass, Ursachen für die im Durchschnitt schlechteren Schulleistungen von Jungen zu untersuchen.

Weiterführende Schulen sind angehalten, zur **Berufswahlorientierung** der Schüler/-innen beizutragen. Wo Mädchen dieselben Bildungsabschlüsse wie Jungen erreichen können, steigt auch die Zahl gut ausgebildeter junger Frauen. In vielen Studiengängen, die vor Jahrzehnten noch als traditionell „männliche" Refugien galten, z. B. Medizin oder Jura, überwiegt inzwischen der Anteil weiblicher Studierender bei Weitem. Dennoch ist zu beobachten, dass es in der Wahl des Berufs in vielen Bereichen verfestigte geschlechtsspezifische Präferenzen gibt. Um eine **geschlechterrollentypische Berufswahl** zu reflektieren und neue Verhaltensmuster zu erproben, werden z. B. im Rahmen der Studien- und Berufsorientierung in Schulen ein Girls- und Boys-Day veranstaltet, an dem die Mädchen und Jungen Einblick in Berufszweige erlangen können, in denen ihr Geschlecht unterrepräsentiert ist. Volkswirtschaftlich ist es angesichts des demografischen Wandels in den westlich geprägten, demokratisch verfassten Gesellschaften durchaus gewünscht, dass Männer und Frauen gleichermaßen ins Erwerbsleben eintreten und dort auch verfügbar bleiben. Zudem ist es inzwischen gesellschaftlich akzeptiert, individuell gewünscht und nicht selten ökonomisch notwendig, dass in Familien beide Elternteile berufstätig sind.

5.9 Lehramt als Beruf

Die Ausgestaltung des Schulwesens liegt in Deutschland aufgrund des Föderalismus im **Verantwortungsbereich der Bundesländer**. Schulformen und Schulfächer unterscheiden sich. Didaktische Rahmenvorgaben legt die Kultusministerkonferenz in Gestalt von bundesweit geltenden Bildungsstandards vor.

Entwicklung des Schulwesens
→ s. S. 163

Für die Lehrerausbildung gilt seit der Bologna-Reform des Studiums eine Unterteilung in Bachelor- und Masterstudiengang. Anschließend bereitet der Vorbereitungsdienst (Referendariat), der mit dem Zweiten Staatsexamen abgeschlossen wird, auf die schulpraktische Arbeit vor. Es gibt für den Unterricht bestimmter Fächer in bestimmten Altersgruppen unterschiedliche Studiengänge. Prognosen für den Lehrerarbeitsmarkt sind von politischen Entscheidungen wie z. B. der Schulzeitverkürzung bis zum Abitur auf acht Jahre oder der erneuten Verlängerung der Schulzeit auf neun Jahre abhängig. Generell besteht fortwährend eine Nachfrage nach im Verhältnis zum Stundenvolumen zu wenig für Lehramt studierten Fächern, z. B. Mathematik und Naturwissenschaften. Dies gilt auch für Fächer mit spezieller Aufnahmeprüfung wie Kunst und Musik. Zudem beeinflussen aktuelle gesellschaftliche Entwicklungen den Arbeitsmarkt für Lehrkräfte, z. B. erhöhte Schülerzahlen infolge von verstärkten Migrationsbewegungen oder Anforderungen der Inklusion.

Handlungsfelder von Lehrern und Lehrerinnen sind zum einen selbstverständlich das Unterrichten, zum anderen aber auch erziehende Aufgaben, Leistungsbeurteilung und die Förderung von Leistungsfähigkeit, Beratung von Lernenden und Eltern, Weiterentwicklung von Schule und der Umgang mit Vielfalt in Bezug auf Herkunft, Milieu und Fähigkeiten der Lernenden. Dabei soll kein defizitorientierter Blick auf die Lernenden eingenommen, sondern ein entwicklungsorientierter, der alle Lernenden individuell fördert und herausfordert.

5.10 Qualitätsentwicklung und Qualitätssicherung durch internationale Vergleichsstudien

PISA-Studien (Programme for International Student Assessment): Von der OECD (Organisation für wirtschaftliche Zusammenarbeit und Entwicklung) durchgeführte, internationale Schulleistungsuntersuchungen; seit 2000 in 3-jährlichem Turnus in den meisten Mitgliedstaaten der OECD und einer zunehmenden Anzahl von Partnerstaaten durchgeführt; Ziel: Messung von alltags- und berufsrelevanten Kenntnissen und Fähigkeiten 15-Jähriger.

Die erstmals im Jahr 2000 veröffentlichte PISA-Studie löste in Deutschland umfangreiche Diskussionen über die Leistungsfähigkeit des Bildungssystems („**Pisa-Schock**") aus. Anlass waren besonders drei Aspekte:

- das unterdurchschnittliche Abschneiden Deutschlands (Lesen Platz 21, Mathematik Platz 20 und Naturwissenschaften Platz 20, jeweils von 32), dessen Schüler/-innen zum Teil deutlich unter dem Mittel der Leistungen aller Länder lagen,
- die Tatsache, dass die erhobenen Daten für Deutschland einen besonders starken Unterschied zwischen leistungsstarken und leistungsschwachen Lernenden aufwiesen (der Anteil schwacher Leser/-innen war in Deutschland z. B. ungewöhnlich groß),
- der besonders starke Zusammenhang zwischen der sozialen Herkunft (sozioökonomischem Status) der Lernenden und den im Test gezeigten Leistungen.

Im Jahr 2009 freute man sich über eine deutliche Verbesserung der Leistungen, Deutschland befand sich jetzt im Ländervergleich über dem Durchschnitt und die Leistungsunterschiede zwischen den Schülergruppen unterschiedlicher sozialer Herkunft wurden geringer. Es war jedoch immer noch ein bedeutsamer Leistungsabfall bei Schüler/-innen mit Migrationshintergrund zu beklagen. Infolgedessen wird seither besonders die Frage der Chancengerechtigkeit im Zusammenhang mit Ergebnissen der PISA-Studie diskutiert.

Die Tests erfolgen **in einem Abstand von drei Jahren**, also bisher in den Jahren **2000, 2003, 2009, 2012 und 2015**. Bereits im Jahr 2003 waren die Leistungen der Schülerinnen und Schüler in Deutschland im Bereich Mathematik, Lesen, Naturwissenschaften und Problemlösen im Mittelfeld. Im Jahr 2015 wurden die Aufgaben erstmals am Computer beantwortet, 540 000 Schülerinnen und Schüler nahmen teil und wurden stellvertretend (repräsentativ) für die 29 Millionen 15-Jährigen der 72 teilnehmenden Länder und Volkswirtschaften ausgewählt. Schwächen zeigten sich diesmal besonders im Leseverständnis.

Wie wird bei PISA getestet?

Die Studie testet die Kompetenzen 15- bis 16-jähriger Schüler/-innen im Bereich Sprache (Deutsch), Mathematik und Naturwissenschaften. Dieses Alter wurde gewählt, weil zu diesem Zeitpunkt in den getesteten Ländern für alle Schüler/-innen eine allgemeine Schulpflicht besteht. Die Aufgaben stellen Bezug zu Alltagssituationen her und bilden unterschiedliche Schwierigkeitsgrade (verschiedene Kompetenzniveaus) ab. Zudem wird bei jeder Erhebung einer der Kompetenzbereiche Sprache, Mathematik oder Naturwissenschaften besonders intensiv untersucht. Um Zusammenhänge zwischen sozialer Position der Eltern und Leistungen herauszufinden, wurden entsprechende Informationen in einem sogenannten „Hintergrundfragebogen" erfasst.

Die OECD fühlt sich der Demokratie und der Marktwirtschaft verpflichtet. Eine **marktwirtschaftliche Perspektive** zeigt sich auch in der Idee des Wettbewerbs der Bildungssysteme mit dem Ziel des Lernens von den Besten. Mit einer weiteren Erhebung (PISA-E) sind auch Vergleiche zwischen deutschen Bundesländern möglich. Die Leistungsfähigkeit von Systemen kann so in Ansätzen vergleichend bewertet werden. Weniger leistungsfähige Systeme können von anderen lernen. Es sind aber in den Bundesländern wie auch im Vergleich der OECD-Länder auch Rahmenbedingungen zu berücksichtigen, die sich auf die Leistungen auswirken. Dies sind z. B. die wirtschaftliche Situation eines Landes oder der Entwicklungsstand der Volkswirtschaft sowie die gegebene Wertordnung.

Benchmarking: Vergleichen, um Leistungen zu optimieren.

Was versteht die PISA-Studie unter Lesekompetenz, mathematischer und naturwissenschaftlicher Grundbildung?

Lesekompetenz im Sinne der PISA-Tests ist die Fähigkeit, Informationen aus Texten zu entnehmen. Es sollen aus verschiedensten Textformen wie Beschreibungen, Erzählungen, Anweisungen und auch Tabellen, Diagrammen und Formularen Informationen entnommen werden. Das Verstehen, Interpretieren und Bewerten dieser Inhalte wird als bedeutsam dafür verstanden, eigene Ziele zu erreichen und am gesellschaftlichen Leben teilzuhaben.

Mathematische Grundbildung wird hier als Fähigkeit gesehen, mathematisch zu argumentieren und begründete mathematische Urteile abzugeben. Es werden also nicht einfach Sätze und Regeln abgefragt, sondern auch hier Anwendungskontexte präsentiert.

Naturwissenschaftliche Grundbildung im Sinne der PISA-Tests wird deutlich, wenn grundlegende naturwissenschaftliche Konzepte wie Energieerhalt, Anpassung oder Zerfall durch die Vertrautheit mit naturwissenschaftlichen Denk- und Arbeitsweisen zur Anwendung gebracht werden. Aus Beobachtungen und Befunden sollen Schlussfolgerungen abgeleitet werden und Entscheidungen getroffen werden. Auch naturwissenschaftliche Bildung wird also als Hilfsmittel verstanden, um im Leben teilzuhaben und sein eigenes Leben zu gestalten.

Die PISA-Tests prüfen Basiskompetenzen, z. B. im Bereich des Textverständnisses, unabhängig von Lehrplänen der beteiligten Länder.

Beispiele für Kompetenzstufen im Sinne der PISA –Studie

Kompetenzstufe I (Elementarstufe): Informationen ermitteln, wenn keine konkurrierenden Informationen im Text enthalten sind, relativ auffällige Hauptgedanken erkennen, einfache Verbindungen zwischen Text und Alltagswissen herstellen

Kompetenzstufe III: Informationen aus Materialien identifizieren und Beziehungen zwischen diesen Informationen identifizieren, vergleichen, erklären, und im Bezug zu Alltagswissen oder weniger verbreitetem Wissen bewerten und reflektieren

Kompetenzstufe V (Expertenstufe): verschiedene, tief eingebettete Informationen lokalisieren, unter Bezugnahme auf unvertrautes, widersprüchliches und spezialisiertes Wissen reflektieren und bewerten

Ist der Erfolg des finnischen Schulsystems (im Jahr 2000) auf Deutschland zu übertragen?

Ist man zu einer Stellungnahme in Bezug auf die o. g. strittige Frage aufgefordert, sollten zunächst die Kriterien umrissen werden, anhand derer die Argumentation aufgebaut wird.
Das besonders erfolgreiche Abschneiden Finnlands im ersten PISA-Vergleich veranlasste Bildungspolitiker anderer Länder zu Hospitationen in finnischen Schulen, um die Übertragbarkeit des „Erfolgsrezeptes" zu prüfen. Dabei identifizierte man verschiedene Aspekte, z. B.:

Mögliche Erfolgsfaktoren im finnischen Schulsystem	Mögliche Übertragbarkeit auf das Bildungssystem in Deutschland
Hoher sozialer Status der Lehrpersonen, der sich nicht in außergewöhnlich hohem Gehalt zeigt, sondern nach Aussage vieler Beobachter besonders darin deutlich wird, dass die Lehrpersonen sehr selektiv ausgewählt werden. Nur die Besten eines Jahrgangs können ein Lehramtsstudium aufnehmen. Es finden sich aber aufgrund der hohen Reputation des Berufs auch genug Bewerber, um so streng zu selektieren.	Gefordert wurden z. B. die Steigerung der Attraktivität des Lehrberufs durch Kampagnen oder bessere Arbeitsbedingungen, aber auch strengere Selektion bei der Zulassung zum Lehramtsstudium.
Materielle und personelle Ausstattung der Schulen, die sich in der geringeren Anzahl von Schülerinnen und Schülern pro Klasse (Gruppenstärke in der Regel weniger als 20) sowie in der Ausstattung mit sozialpädagogischen Fachkräften, Psychologen, Krankenschwestern oder in der Doppelbesetzung von Lehrkräften im Unterricht (Team-Teaching) zeigt. Vorhandensein attraktiver und gut gepflegter Gebäude, Bibliotheken und Mensen, die die Identifikation mit der Schule und das ganzheitliche Lernen fördern.	Die Finanzierung muss durch die Bundesländer oder den Bund (durch besondere Programme) bereitgestellt werden und politisch beschlossen werden.
Kulturelle Faktoren, z. B. eine Lesetradition, die sich positiv auf die Leistungen im Bereich des Leseverständnisses auswirkt oder der Zusammenhalt und das Bemühen eines kleinen Landes um jeden Einzelnen.	Projekte wie z. B. Vorlesetage oder Lesepaten und Aktivitäten der Schule, die das Gemeinschaftsgefühl stärken, könnten hier kulturelle Traditionen begründen oder stärken.

>>

>> Mögliche Erfolgsfaktoren im finnischen Schulsystem	Mögliche Übertragbarkeit auf das Bildungssystem in Deutschland
Sozialstrukturelle (die soziale Zusammensetzung des Landes betreffende) **Faktoren**, wie vergleichsweise geringe Zuwanderung oder geringe soziale Unterschiede.	Die sozialen Unterschiede ließen sich durch ausgleichende Maßnahmen des Sozialstaats politisch verändern, die Zuwanderung ließe sich durch gesetzliche Rahmenbedingungen (z. B. ein Einwanderungsgesetz) steuern oder es könnte möglichen Problem durch Integrationsmaßnahmen politisch begegnet werden. Hier sind politische Mehrheiten erforderlich.
Landestypische Gegebenheiten, wie Förderung des Lesens durch Filme in Originalsprache mit Untertiteln, da für den finnischen Sprachraum in der Regel nicht synchronisiert wird.	Landestypische Gegebenheiten sind nicht übertragbar.
Schulstrukturelle Faktoren, wie das Vorhandensein von Strukturen, die dem deutschen Gesamtschulsystem ähnlich sind und das gemeinsame Lernen von Kindern unterschiedlicher Begabung von- und miteinander fördern.	Aus diesem Aspekt wurde häufig eine Überlegenheit der flächendeckend umgesetzten Gesamtschule gegenüber anderen Schulformen abgeleitet.
Didaktische Prinzipien, wie z. B. Gruppenarbeit, Lehrerkooperation oder individuelle Förderung.	Durch Lehreraus- und Fortbildung im deutschen System einführbar.

Pro Benchmarking: Es ermöglicht Lernen am Modell durch Auseinandersetzung mit erfolgreichen Konzepten: Fragen der pädagogischen Qualifikation, der Didaktik, des Zusammenhalts in der Bevölkerung sowie Förderung der Lesefähigkeit oder des naturwissenschaftlichen Verständnisses lassen sich durch pädagogische Konzepte und Programme fördern.
Befürworter der Gesamtschule nutzten die PISA-Ergebnisse für eine Neuauflage der Schulstrukturdebatte. In Anlehnung an finnische Erfolge verweisen sie insbesondere auf:

- das hervorragende Abschneiden Finnlands und einiger anderer Staaten mit Gesamtschulsystemen oder späterer Selektion,
- die überdurchschnittliche Korrelation (Zusammenhang) zwischen den deutschen Testergebnissen und dem sozialen bzw. Migrations-Hintergrund, woraus eine schlechtere Integration dieser Gruppen im gegliederten Schulsystem abgeleitet wurde,
- die starke Korrelation zwischen Wahl des Schultyps und familiärem Hintergrund, die durch gemeinsames Lernen verhindert würde.

Kontra Benchmarking: Landestypische Gegebenheiten sind schwer zu übertragen und finanzielle und sozialstrukturelle Aspekte eher durch politische Einflussnahme zu lösen. Ein Leistungsvergleich sollte also die Entstehungsbedingungen von Leistungen und die im jeweiligen Land dominierenden Werte beachten. Zu beachten ist stets, dass die Rahmenbedingungen, unter welchen Leistungen erreicht wurden, ggf. nicht übertragbar oder gewünscht sind. Beispiel: In der PISA-Studie 2012 erreichten Schüler/-innen aus Shanghai Bestnoten, aber vorwiegend darum, weil sie einem sehr hohen Leistungsdruck ausge-

setzt waren. Zudem ist zu bedenken, dass es auch Länder mit Spitzenwerten gab, deren Schulsystem nicht im mindesten mit dem finnischen vergleichbar ist.
Gegner der Gesamtschule beziehen sich ebenfalls auf das finnische Schulsystem und wenden ein, dass die PISA-Ergebnisse keineswegs eindeutig sind:

- Auch „Testverlierer“ haben Gesamtschulsysteme.
- Im innerdeutschen Vergleich schneiden Länder am besten ab, die wie Bayern konsequent an einem gegliederten Schulsystem mit harten Aufnahmebedingungen für höhere Schulen festhalten.
- Die selektivere Rekrutierung und das Ansehen finnischer Lehrer, geografische und kulturelle sowie soziologische Besonderheiten des Landes wirken sich stärker auf den Schulerfolg aus als die Frage der Schulstruktur.

Es wurden **bildungspolitische Forderungen** aus der PISA-Studie abgeleitet:

- Stärkung der sprachlichen und mathematischen Kompetenz durch Förderung im vorschulischen Bereich, Kooperation mit der Grundschule,
- frühere Einschulung, bessere Gestaltung des Übergangs zwischen Grundschule und weiterführender Schule,
- unterschiedliche – teilweise widersprüchliche – Vorschläge im Bereich der Schulentwicklung, z. B.: mehr Verantwortung der Einzelschulen, Standardorientierung durch zentrale Prüfungen und mehr Kontrolle, Qualitätsanalyse, Abschaffung des mehrgliedrigen Schulsystems (abgeleitet aus dem bei PISA erfolgreichen Finnland) oder strenge Selektion (abgeleitet aus dem bei PISA im Ländervergleich erfolgreichen Bayern),
- spezielle Förderung von Kindern mit Bildungsbenachteiligungen, z. B. durch die Ganztagsschule oder mehr Durchlässigkeit im Schulsystem,
- methodische Fortbildung der Lehrkräfte und Schulleitungen, Entwicklung besserer Leistungsdiagnostik durch bildungswissenschaftliche Forschung.

Die PISA-Studie geht davon aus, dass sich die Leistungsfähigkeit von Bildungssystemen optimieren lässt, indem man von anderen Ländern lernt. Unter **Leistungsfähigkeit** wird dabei in Bezug auf die Schüler/-innen ein hohes Kompetenzniveau in den gemessenen Disziplinen (Sprache, Mathematik und Naturwissenschaften) verstanden.
Aus pädagogischer Sicht ist anzumerken, dass sich in den Untersuchungen z. B. soziale Fähigkeiten nur schwer abbilden lassen. Um bei den Tests in Zukunft gut abzuschneiden, kann es zu einer Überbetonung der getesteten/testbaren Fähigkeiten im Schulsystem kommen („teaching to the test“), also zu einer

Ausrichtung von Inhalten und Aufgabenformaten des Unterrichts an Testformaten und zu einer einseitigen Betonung der Fächer Deutsch, Mathematik sowie Naturwissenschaften auf Kosten anderer Fächer oder anderer Ziele im Bildungswesen.

Überblick

Berufsfelder der Pädagogik

Zugang: Mittlerer Bildungsabschluss (+ teils Berufsausbildung)	Zugang: Abitur
Erzieher/-in: Frühpädagogik/Kindertagesstätten u. Ä; Jugend- und Heimerziehung Fachlehrer/-in für musisch-technische Fächer Förderlehrer/-in Musiklehrer/-in Sportlehrer/-in Sozialpädagogische/r Assistent/-in/ Kinderpfleger/-in	Lehrer/-in Sozialarbeiter/-in Elementarpädagoge/-pädagogin Heilpädagoge/-pädagogin Kunsttherapeut/-in Theaterpädagoge/-pädagogin

Funktionen von Schule nach Fend

Enkulturation: kulturelle Reproduktion, Weitergabe von kulturellen (Welt-)wissen an die nächste Generation

Qualifikation: Vermittlung individueller Berufsqualifikation

Allokation: Platzierung durch Zuweisung von Bildungsabschlüssen

Integration/Legitimation: Eingliederung in gesellschaftlich/soziale Strukturen

Aspekte der Schulentwicklung – Aufgaben des Bildungssystems

- Entwicklung der Qualität des Bildungswesens insgesamt (auch im internationalen Vergleich)
- Schaffung von Chancengleichheit bzw. -gerechtigkeit (insbesondere unabhängig von sozialer Herkunft)
- interkulturelle Bildung (insbesondere Ausbildung und Integration von Geflüchteten/Migranten)
- Inklusion von Schülerinnen und Schülern mit unterschiedlichen individuellen Voraussetzungen in den Unterricht

6 Trainingsaufgaben

- Was wird im Abitur erwartet?
- Welche Aufgabentypen gibt es in Prüfungssituationen?
- Was bedeuten die einzelnen Operatoren und welche Anforderungsbereiche umfasst eine Klausur?
- Wie verbessert man die Note? Hinweise zur Bewertung

6.1 Was wird im Abitur erwartet?

Operator: Schlüsselwort, Aufforderungsverb in Aufgabenformulierungen.

Der Unterricht während der Qualifikationsphase bereitet Sie schrittweise auf die Anforderungen des Abiturs vor. Es werden die dort verwendeten Aufgaben-**Operatoren** eingeführt und deren Anwendung eingeübt. Nur die Ihnen bekannten Operatoren dürfen in Abiturklausuren verwendet werden. Außerdem wurden im Rahmen des Unterrichts bzw. der Klausuren die im Kernlehrplan festgelegten **Kompetenzen** vermittelt. Sie sollten also gut auf die Abiturprüfungen vorbereitet sein. Es hilft sehr, verschiedene Aufgabenarten unterscheiden zu können, um eine Aufgabe richtig zu bearbeiten.

Die Kompetenzerwartungen werden in drei **Anforderungsbereiche (AFB)** eingeteilt. Die Abiturklausuren müssen Aufgaben aus jedem der drei Anforderungsbereiche enthalten. Dabei steigt die Komplexität von AFB I zu AFB III. Je komplexer und anspruchsvoller eine Aufgabe bzw. ein Aufgabenbereich ist, umso stärker wirkt sich die erfolgreiche Bearbeitung normalerweise auch auf die Leistungsbewertung aus. Also: Einfache, eher reproduktive Aufgaben sind in der Regel einfach(er) zu leisten – und sollten unbedingt erledigt werden –, bringen aber in der Regel weniger Punkte als Aufgaben der höheren AFBs. **Wichtig:** Oft bieten die ersten Aufgaben wichtige Hinweise und Voraussetzungen für die weiteren Aufgaben.

Anforderungsbereich I: Reproduktion

Der Anforderungsbereich I fordert vorwiegend die Wiedergabe bzw. Zusammenfassung von Informationen. Wichtig ist hier, dass Gelerntes nicht einfach auswendig reproduziert wird, sondern dass bei der Darstellung ein Bezug zur Aufgabe hergestellt werden.

Beispiel

Typische **Aufgabe im AFB I:**
„Formulieren Sie die Hauptgedanken des Textes, geben Sie seinen Inhalt strukturiert wieder und skizzieren Sie den Aufbau der Argumentation."

Hinweis: Die Formulierungen müssen objektiv sein, also ohne „ich".

In der ersten Aufgabe zu AFB I wäre es zwar möglich, eine pädagogisch relevante Theorie darstellen zu lassen. Meist hat jedoch die erste Aufgabe das Ziel, das vorliegende Material (Sachtext, Fallbeispiel) zu erschließen und zu ordnen.

Operatoren, die dem AFB I zugeordnet werden	
beschreiben	Geben Sie für einen Text (oder ein anderes Material, z. B. Bild, Karikatur) die Merkmale genau an: Art des Textes, Autor/-in, Erscheinungsort und -zeitpunkt, Adressaten.
darstellen	Geben Sie die Hauptaussage eines Textes/Bildes oder den Gedankengang/die Argumentation mit eigenen Worten wieder.
formulieren	Geben Sie die Hauptaussage eines Textes/Bildes oder den Gedankengang/die Argumentation mit eigenen Worten wieder.
herausarbeiten	Ermitteln Sie aus einem Text bzw. Material (z. B. einer Statistik) die Informationen zu einem Sachverhalt oder einer strittigen Frage und geben Sie diese wieder.
nennen	Geben Sie die gewünschten Aspekte, Merkmale, Begriffe, Personen o. Ä. an.
skizzieren	Stellen Sie einen Zusammenhang/einen Argumentationsverlauf in Grundzügen dar.
zusammenfassen	Geben Sie die Kernaussagen eines Textes/Bildes knapp und gegliedert wieder.

Tipp

Folgendes Vorgehen verhindert, dass durch ungenaues Lesen der Aufgabe Punkte „verschenkt" werden:
Schritt 1: Alle Operatoren in der Aufgabe unterstreichen.
Schritt 2: Den eigenen Lösungstext daraufhin kontrollieren, ob alle Operatoren bearbeitet wurden.

Anforderungsbereich II: Reorganisation und Transferleistung

Im AFB II wird mit dem bereits beschriebenen Material weitergearbeitet, das mit bekannten Theorien in Beziehung gesetzt werden muss.

Beispiele

Typische Aufgaben im AFB II
„Erläutern Sie das im Text deutlich werdende Verständnis der [... jeweilige Bezugstheorie] unter Rückgriff auf [... mögliche weitere Bezugstheorie]/mithilfe Ihrer Kenntnisse von [... Bezugstheorie]."
„Setzen Sie die Ausführungen der Autorin/des Autors zu [... Thema/Aspekt des vorliegenden Materials] in Beziehung zu [... Bezugstheorie]."
„Vergleichen Sie die Textaussagen der Autorin/des Autors mit dem Modell [... Bezugstheorie]."

Operatoren, die dem AFB II zugeordnet werden:	
analysieren	Untersuchen Sie die Einzelaspekte eines Sachverhalts/Zusammenhangs anhand vorgegebener oder eigener Kriterien und legen Sie Ihre Ergebnisse dar.
belegen	Nennen Sie Textbelege. Aber: Richtig zitieren!
einordnen	Zeigen Sie Ihren Wissenshorizont: Stellen Sie einen Sachverhalt in einen gewünschten Zusammenhang oder die Position eines Autors/einer Autorin z. B. in Bezug zu einer bestimmten Theorie.
erklären	Machen Sie, z. B. mit zusätzlichen Informationen und Beispielen, einen Sachverhalt oder eine These/Argument(e) anschaulich.
erläutern	Machen Sie, z. B. mit zusätzlichen Informationen und Beispielen, einen Sachverhalt oder eine These/Argument(e) anschaulich.
in Beziehung setzen	Zeigen Sie Ihren Wissenshorizont: Stellen Sie zu einem Sachverhalt vorgegebene oder eigene Gesichtspunkte Gemeinsamkeiten, Ähnlichkeiten und/oder Unterschiede dar.
nachweisen	Belegen Sie Thesen (Behauptungen) oder Sachverhalte durch Rückbezug auf das Material (z. B. Textstellen). Richtig zitieren!
vergleichen	Ermitteln Sie nach gewünschten oder eigenen Kriterien Gemeinsamkeiten, Ähnlichkeiten und/oder Unterschiede.
zuordnen	Zeigen Sie Ihren Wissenshorizont: Stellen Sie einen Sachverhalt oder eine These in einen bestimmten Zusammenhang, z. B. zu einer Theorie. Wichtig: Belegen Sie am Text. Richtig zitieren!

Tipp

Folgendes Vorgehen verhindert, dass durch ungenaues Lesen der Aufgabe Punkte „verschenkt“ werden:

Schritt 1: Alle Operatoren in der Aufgabe unterstreichen.

Schritt 2: Genau prüfen, ob eine oder mehrere Bezugstheorien gefordert sind, und den jeweiligen Operator aufgabenbezogen anwenden.

Schritt 3: Den eigenen Text daraufhin kontrollieren, ob alle Operatoren bearbeitet und die geforderten Bezugstheorien einbezogen wurden.

Hinweise:

- Textbelege, z. B. im Falle von Deutungen/Interpretationen einzelner Aussagen, müssen mit Zeilenangaben belegt werden.
- Die Formulierungen müssen objektiv sein, also ohne „ich“.

Anforderungsbereich III: Reflexion und Problemlösen

Aufgaben des AFB III fordern auf, die bisher erarbeiteten Materialien (in Kombination mit weiteren Bezugstheorien) kriterienorientiert zu beurteilen. Es geht also **nicht** um private, persönliche Meinungen. Vielmehr ist eine selbstständige, theoretisch begründete Auseinandersetzung, meist mit abschließender Stellungnahme (Fazit), gefordert.

Beispiele

Typische Aufgaben im AFB III

„Beurteilen Sie vor dem Hintergrund ihrer bisherigen Ausführungen die Möglichkeiten und Grenzen von [… Bezugstheorie/… bekanntes Konzept].“

„[… vorangestelltes Zitat, zum Beispiel aus dem vorliegenden Textmaterial] Ziehen Sie unter Berücksichtigung Ihrer bisherigen Ausführungen Konsequenzen für eine Erziehung, die der Förderung von Mündigkeit und Emanzipation dient.“

„[… vorangestelltes Zitat, z. B. aus dem vorliegenden Textmaterial] Erörtern Sie, ob die genannte These dem Anspruch der [… Bezugstheorie] gerecht wird.“

Operatoren, die dem AFB III zugeordnet werden	
belegen	Nennen Sie Textbelege. Aber: Richtig zitieren!
beurteilen	Äußern Sie sich begründet zu Aussagen oder Sachverhalten.
bewerten	Äußern Sie sich begründet zu Aussagen oder Sachverhalten.
entwerfen	Setzen Sie sich kreativ mit einer Fragestellung auseinander (z. B. in einem fiktiven Gespräch oder in einer Visualisierung).
erörtern	Entwickeln Sie zu einer strittigen Position eine Argumentation, die auf Pro- und Kontra-Argumente eingeht. Schließen Sie mit einer begründeten, eigenen Bewertung.
Operatoren, die dem AFB III zugeordnet werden	
gestalten	Setzen Sie sich kreativ mit einer Fragestellung auseinander (z. B. in einem fiktiven Gespräch oder in einer Visualisierung).
Handlungsoptionen entwickeln	Zeigen Sie Ihren Wissenshorizont: Entwerfen Sie Handlungsalternativen zu einer Fallstudie und begründen diese.
interpretieren	Analysieren Sie einen Text/ein Material (z. B. Bild, Karikatur, Tondokument, Film, Statistik) und erläutern Sie Ihr Gesamtverständnis nachvollziehbar. Textbelege sind sinnvoll.
Konsequenzen ziehen	Schlussfolgern Sie zu einer Position.
prüfen	Zeigen Sie Ihr Wissen: Hinterfragen Sie eine Argumentation/Theorie kritisch und begründen Sie Ihr Urteil.
sich auseinandersetzen mit	Zeigen Sie Ihr Wissen: Hinterfragen Sie eine Argumentation/Theorie kritisch und begründen Sie Ihr Urteil.
Stellung nehmen	Legen Sie Ihre Meinung zu Aussagen oder Sachverhalten dar und begründen Sie sie.
Stellung nehmen aus der Sicht von	Kritisieren Sie eine Argumentation/Theorie aus der Sicht einer bekannten Person/Theorie und begründen Sie Ihre Darstellung.

Tipp

Im AFB III kann man „Punkte sammeln“,

- indem die eigene Position fachlich und fachsprachlich richtig begründet wird und
- indem das eigene Verständnis von Pädagogik deutlich wird.

Hinweis: Es ist im Anforderungsbereich III erlaubt und oft auch sinnvoll, das Pronomen „ich“ zu verwenden.

In den **schriftlichen Prüfungen** werden drei Prüfungstexte zur Auswahl angeboten, es liegt jeweils **ein Material** (Sachtext, Fallbeispiel) vor. Die Themen beziehen sich auf verschiedene Quartale der Qualifikationsphase. Für die Auswahl des Prüfungsthemas gibt es **30 Minuten Auswahlzeit**. Wenn man sich schnell entscheidet, können die zusätzlichen Minuten auch für die Bearbeitung der Aufgaben verwendet werden. Es ist möglich (aber nicht zu empfehlen!), sich bis zum Ende der Prüfung umzuentscheiden.

In den **mündlichen Prüfungen** sind die Aufgaben ähnlich strukturiert wie für die schriftliche Prüfung. Es ist allerdings zu berücksichtigen, dass der Umfang der Aufgaben hier deutlich geringer ist, da nur **30 Minuten zur Vorbereitung** zur Verfügung stehen und der eigene **Vortrag dann 10 bis maximal 15 Minuten** dauern darf. Anschließend folgt ein Prüfungsgespräch zu einem anderen Thema. Die Struktur der Aufgaben im ersten Prüfungsteil ist wie im schriftlichen Abitur durch die verwendeten Operatoren ersichtlich, das heißt, auch hier wird im AFB I und II sachlich und distanziert argumentiert. AFB III gibt Raum für eigene, an pädagogischen Kriterien orientierte Bewertungen.

6.2 Einen Sachtext analysieren

Häufig beginnen Schüler/-innen nach der Lektüre des Textes sehr schnell mit der Bearbeitung der Aufgaben. Das mag auf den ersten Blick zwar das gute Gefühl vermitteln, angefangen zu haben und die Aufgabe wohl zu schaffen. Es lohnt sich aber sehr, sich nach der Lektüre der Aufgabe und des Textes genug Zeit zu nehmen, um die gesamte Argumentation nachzuvollziehen.
Es gibt im Abitur relativ wenig Punkte für einen schlüssigen Aufbau des Lösungstextes. Trotzdem sollte beim Schreiben auf eine sinnvolle Gliederung der eigenen Darstellung bzw. auf eine sinnvolle Anordnung des Gedankengangs geachtet werden. Ein **argumentierender Sachtext**, der Positionen und Gegenpositionen vorstellt, um dann zu einer Beurteilung/Bewertung zu kommen, sollte aufgebaut werden wie folgt:

① Die zentrale/n These/n bzw. die strittige Frage ermitteln und vorstellen.
② Position/Meinung und Argumente herausarbeiten und darstellen, ob die Argumentation der Position zustimmt, widerspricht oder sie relativiert (in einzelnen Argumenten zustimmt und mit anderen zurückweist).
③ Stellung beziehen: Eigene Position darstellen.

Vorgehensweise bei der Texterschließung

Überblick

Erschließungsmethoden für die Analyse eines Sachtextes

Erster Zugriff auf den Text (AFB I)

Wichtige Informationen, um **Hypothesen über die Intention des Textes** aufzustellen sind:

- **Titel des Textes:**
  Liefert der Titel Hinweise auf die Position/ Intention des Materials?
- **Autor-in/ ggf. Datum der Veröffentlichung:**
  Liegen Informationen zu den Autoren vor?
  Was ist mir selbst über die Autoren und ihre Zeit bekannt?
- **Möglicher Adressatenkreis:**
  An welche Leser/-innen (Adressaten) richtet sich das Material?
- **Erster Satz/letzter Satz:**
  Geben diese Sätze Hinweise auf eine mögliche Argumentation?

Genauere Untersuchung des Textes (AFB I bis II)

- **Gliederung:**
  Wie ist der Text aufgebaut? Einteilung in Sinnabschnitte und Benennen der zentralen Aspekte für jeden Sinnabschnitt
- **Begrifflichkeiten:**
  Welche zentralen Begriffe werden verwendet?
  Zuordnung der Begriffe zu bestimmten fachlichen Kontexten/Theorien Erschließen unklarer Begriffe durch den Kontext
- **(sprachliche) Wirkung/Intention:**
  Welche Wirkung soll bei der Zielgruppe erreicht werden? Wie soll diese Wirkung erreicht werden?
  Werden sprachliche Bilder (z. B. Vergleiche, Personifikationen, Metaphern) gewählt und wenn ja, aus welchem Kontext und mit welcher Funktion?
  Dient der Text der Information über Sachverhalte oder soll er jemanden von einer Position überzeugen?
- **Argumentation:**
  Werden Positionen benannt und begründet?
  Wie ist die Argumentation aufgebaut? Ist sie schlüssig und überzeugend?

Abschließende Betrachtung (AFB II bis III)

- Mögliche **Ideologiekritik:**
  Werden Tatsachenbehauptungen ohne Belege aufgestellt, Positionen anderer oder bestimmte Gruppen abgewertet?
- **Rückgriff auf die Hypothesen:**
  Lassen sich erste Hypothesen in Bezug auf den Text bestätigen?
  Wie wirkt der Text auf den angestrebten Adressatenkreis: Ist er in der Lage diese zu informieren bzw. zu überzeugen?

Beurteilung/ Bewertung des Textes (AFB III)

- **Sachurteil:**
  Wie ist der sachliche Gehalt des Textes zu beurteilen? Entspricht oder widerspricht der Text bestimmten Theorien? Wie sind diese einzuordnen? Was steht ihnen entgegen? Wie ist dies abschließend zu bewerten?
- **Werturteil:**
  Wie ist der Text aus pädagogischer Perspektive zu bewerten? Welche Werte und Normen werden vertreten? Wie sind diese einzuordnen? Was steht ihnen entgegen? Wie ist dies abschließend zu bewerten?

Tipp

Eine strukturierte Vorgehensweise bei der Texterschließung hilft bei der ersten, überfliegenden Durchsicht der Materialien: Mit ihrer Hilfe gelingt es schneller, sich für einen der die Abiturtexte zu entscheiden.

Trainingsbeispiel: Sachtextanalyse

Beispiel

Maria Montessori
Das Werk des Kindes (1926)

Aus dem Vortrag, der zur Eröffnung des Lehrer-Ausbildungskursus in Mailand im Februar 1926 gehalten wurde.

Die Größe eines Volkes, die Vervollkommnung der Menschheit, der Friede unter den Menschen: Alles liegt in der Seele des Kindes beschlossen. Wir alle blicken auf das Kind, weil wir erkannt haben, dass bei ihm noch alles werden kann, dass in ihm noch alle Möglichkeiten vorhanden sind, während der Erwachsene wohl Gedanken und Grundätze ausdrücken kann, sich aber mehr oder weniger auf sie festgelegt hat und sich nur schwer noch ändern kann. Wie in den letzten Jahrzehnten die körperliche Pflege des Kindes so bedeutende Fortschritte gemacht hat, so ist auch die Geschichte der Schule und der Erziehung eine Geschichte der Erlösung geworden, die uns zeigt, wie die Erziehungsmethoden immer milder werden, sich immer mehr entfernen von dem Spruche Salomonis[1]: „Wenn ihr das Kind nicht strafet, so werdet ihr es nicht retten. Fürchtet nicht, dass die Ruten[2] es töten: sie befreien seine Seele von der Hölle." Jeder Fortschritt in der Erziehung bedeutet ein Brechen dieser Ruten. – Ein neues Problem erfüllt uns ganz: Ist es nötig, die kleine Blüte der Menschheit mit harten Strafen zu behandeln und sie in düstere Schulen einzuschließen? Ist es wirklich nötig, dass das Kind bis zu seiner vollen Entwicklung wie in einer Strafanstalt lebe, um ein guter Staatsbürger und ein gebildeter Mensch zu werden?

Claparède[3] sagt, dass das Kind, um zu lernen, wohl leiden müsse, dass wir aber alles versuchen müssten, um sein Leiden auf ein Mindestmaß zu verringern. Ich halte es aber nicht mit einer Milderung des salomonischen Spruches, sondern mit einem ganz anders gerichteten Spruche: „Wenn ihr nicht umkehret und wie die Kinder werdet, so werdet ihr nicht ins Himmelreich kommen."

Das Werk der Reform liegt also nicht so sehr in der Schule wie in der Seele des Erwachsenen: Es beruht auf seiner Güte und auf der Erkenntnis seines Fehlers, beruht nicht nur auf der Vorbereitung des Lehrers, sondern auch auf der Vorbereitung der Eltern und all derer, die an dem Werke der Erziehung teilnehmen.

Ich wiederhole immer wieder, dass derjenige nicht für die Aufgabe des Erziehers vorbereitet ist, der glaubt, dass er die Seele des Kindes bilden, ihm

>>

>>Beispiel

Charakter, Intelligenz und Tugend geben könne. Der Erzieher muss erkennen, dass im Kinde, wie schon im kleinsten Lebewesen, eine Entwicklungsrichtung angelegt ist, die stärker ist als alle Einwirkung von außen, durch die wir weder einen Grashalm erschaffen, noch unserer eigenen Gestalt einen Millimeter hinzufügen können.
Der Erzieher, der das erkannt hat, wird bescheiden sein und begreifen, dass das Kind sich in Frieden, den Gesetzen des Lebens gehorchend, entwickeln muss.
Was ist die Aufgabe der Erziehung? In *Geduld* zu erwarten, dass die Phänomene in Erscheinung treten. Und wessen bedarf der Lehrer, um in bescheidener und geduldiger, in vollkommender Weise dem zarten Leben, das in der Entwicklung begriffen ist, helfen zu können? Mit *Liebe* muss er sein Werk beginnen. Aber nicht von einem unklaren Wunsch zum Guten darf er nur beseelt sein: Streng sachliche, methodische, wissenschaftliche Untersuchung der Wirklichkeit muss ihm zur Seite stehen.

Aus: Maria Montessori: Grundlagen meiner Pädagogik. Wiebelsheim [1965] 2005. S. 41 – 42

[1] Salomonis: Altes Testament, Buch der „Weisheit Salomons“
[2] Rute: biegsamer Stock, der für Körperstrafen eingesetzt wird
[3] Èdouard Claparède, (1873 – 1940): Pädagoge und Psychologe

Aufgabe 1

Aufgabe 1:
Formulieren Sie die Hauptgedanken des Textes, geben Sie den Inhalt des Textes strukturiert wieder und skizzieren Sie den Argumentationsaufbau.

Erwartungshorizont zu Aufgabe 1:
(Hauptgedanke des Textes) Maria Montessori hat die hier vorliegende Argumentation im Februar 1926 zur Eröffnung eines Lehrerausbildungskurses in Mailand vorgetragen. Hier liegt ein Ausschnitt aus einer im Jahr 1965 erstmals veröffentlichten Übersetzung vor. Montessori richtet sich darin an die Teilnehmenden des Ausbildungskurses, also angehende Lehrer, und will diese überzeugen, dass Erziehung nicht durch Bestrafung und Einwirkung auf das Kind geschieht, sondern dass die Erziehenden Geduld für die im Kind bereits angelegte Entwicklung aufbringen müssen und dass sie die Liebe zum Kind und wissenschaftliche Ausbildung verbinden sollten.

(Strukturierte Wiedergabe des Textes, Argumentationsaufbau) Zunächst verweist Montessori auf die Hoffnung, die sich mit Kindern und ihren noch offenen Entwicklungsmöglichkeiten verbinde (vgl. Z. 1f. u. 3f.). Diese unterschieden sich tiefgreifend von den im Laufe des Lebens fest geprägten Erwachsenen (vgl. Z. 4ff.).

Montessori beschreibt die zentrale zeitgenössische Haltung in Bezug auf die Erziehung von Kindern zu Beginn des Zwanzigsten Jahrhunderts. Sie trägt vor, dass Kinder körperlich eine im Vergleich zur Vergangenheit zunehmend bessere Pflege erfahren würden, was der kindlichen Gesundheit unter Gesichtspunkten der Hygiene sicher förderlich war. Die Erziehungsmaßnahmen, so stellt Montessori heraus, hielten mit dieser fortschrittlichen Entwicklung jedoch nicht Schritt. Rückbezogen u. a. auf alttestamentarische Grausamkeit waren körperliche Züchtigungen, bis hin zu Schlägen mit Ruten (vgl. Z. 1 – 13), immer noch üblich. „Fortschritt in der Erziehung" (Z. 13) bedeute, Körperstrafen zu überwinden. Montessori geht darüber noch hinaus und vergleicht die in den Schulen gegebene Situation mit der in einer „Strafanstalt" (Z. 17), wo harte Strafen und düstere Räume Alltag seien. Sie fragt, ob aus einer solchen Erziehung später gebildete Menschen und verantwortungsbewusste, „gute Staatsbürger" (Z. 17) hervorgehen könnten. Diese Frage ist rhetorisch aufzufassen, denn Montessori bezweifelt dies. Auch einem Pädagogen ihrer Zeit widerspricht sie: Lernen bedeute keineswegs immer Leiden, welches nur zu vermindern sei (vgl. Z. 19f.).
Im **Argumentationsaufbau** grenzt sich Montessori zunächst von anderen Positionen ab, um dann ihre **Hauptthese** vorzutragen. Sie legt dar, dass Lehrkräfte und Eltern erkennen müssten, dass sie das Kind nicht „bilden" (Z. 30) im Sinne von „formen" könnten, sondern dass sie „Geduld" (Z. 39), „Liebe" (Z. 42) und eine „Vorbereitung" (Z. 26) im Sinne wissenschaftlicher Bildung mitbringen müssten, um ihm Raum für seine ganz individuelle Entfaltung zu geben. Die Entfaltungsmöglichkeiten als solche seien in jedem Kind bereits angelegt.
Sprachlich unterstreicht sie ihre Auffassung einer natürlich angelegten Entwicklung mit Begriffen aus dem Bereich der Biologie („Lebewesen" [Z. 32], „Grashalm" [Z. 34], „den Gesetzen des Lebens gehorchend" [Z. 43f.]). „Aufgabe der Erziehung" (Z. 39) sei es, abzuwarten, bis sich im Laufe der kindlichen Entwicklung „Phänomene" (Z. 39f.) zeigen würden, ohne deren Wesen näher dazulegen. Als Naturwissenschaftlerin appelliert sie an die Erziehenden, dem Kind, dem „zarten Leben, das in der Entwicklung begriffen ist" (Z. 49f.) geduldig zuzuschauen, ohne es zu lenken. Notwendig und wünschenswert scheint ihr jedoch „[s]treng sachliche, methodische, wissenschaftliche Untersuchung" (Z. 44) anzuwenden, um zu Einsichten zu gelangen, wie einem Kind bei der Entwicklung geholfen werden kann.
Der Vortrag beinhaltet einen **Appell** an die Zuhörenden. Sie sind angehende Lehrer und Montessori wirbt für ein Erziehungsverständnis, das auf Strafen verzichtet und jedes Kind nach seinen Möglichkeiten und in seinem Tempo wachsen und zur Persönlichkeit heranreifen lässt. Gleichzeitig fordert sie so die angehenden Lehrer zur vertieften Auseinandersetzung mit ihrer Theorie auf.

Aufgabe 2:

Aufgabe 2

Erläutern Sie die Textaussage auf der Grundlage Ihrer Kenntnisse der Montessori-Pädagogik. Analysieren Sie dabei das von ihr formulierte Verständnis von Aufgabe und Funktion von Schule und vergleichen Sie es mit dem Verständnis von Schule, das Fend formuliert.

Erwartungshorizont zu Aufgabe 2:

Montessori entwickelte ein Modell sensibler Perioden, das davon ausgeht, dass Kinder in der jeweiligen Zeit besonders empfänglich für bestimmte Reize aus der Umwelt sind (z. B. für sprachliche Entwicklung). Zentrale Begriffe sind für sie im Zusammenhang mit kindlicher Entwicklung der innere Bauplan und der absorbierende Geist des Kindes. Das im Kind angelegte Entwicklungspotenzial (innerer Bauplan) kann durch negative Umwelteinflüsse geschädigt werden. Ihre Idee des „absorbierenden" Geistes meint, dass das Kind Einflüsse selbst aufnimmt und dafür eine anregende Lernumgebung benötigt. Im weiteren Verlauf ihres Lebens erforschte Montessori die Wirkung der von ihr entwickelten anregenden Lernumgebungen sie bildete Erziehende aus und sorgte durch öffentliche Auftritte für die Verbreitung ihrer Theorie.
Ihre Zielgruppe könnte also ihren Vortrag/Text wie folgt verstehen: Wer nicht in der Lage ist, ein Kind gut zu beobachten, wird die in ihm angelegten Talente nicht fördern und es stattdessen mit Strafen zu etwas zwingen, was ihm aufgrund der individuellen Voraussetzungen nicht möglich ist.
Die im Text enthaltenen Hinweise auf naturwissenschaftliche Forschungsmethodik (vgl. Z. 44–45), aber auch auf die notwendige pädagogische Haltung (vgl. Z. 31–35, Z. 39–40, Z. 42f.) zeigen Montessoris Verständnis des Erziehenden als geschultem Lernbegleiter, welcher beobachtet und förderliche Lernumgebungen bereitstellt.

Bei der Untersuchung des Verständnisses Montessoris im Hinblick auf Aufgaben und Funktion von Schule ist in gleicher Weise vorzugehen. Zuerst wird mit Bezug auf den Text geprüft, welche Aufgaben von Schule Montessori nennt und wie sie sie formuliert. Dann sollte Montessoris Verständnis von Schule in Beziehung zur Auffassung von Fend gesetzt werden:

- So ist beispielsweise eine rigide Bestrafung verboten (bei Fehlverhalten sind Sanktionen in der Schule aber erlaubt).
- Montessorischulen werden staatlich genehmigt und stehen also nicht unbedingt im Widerspruch zum selektiven Schulsystem, aber aus dem allgemeinen Qualifikationsanspruch/der Enkulturation in der Schule kann abgeleitet werden, dass in der Schule bestimmte Inhalte und Zugänge für alle Kinder gleichermaßen verbindlich sind.

Der vorliegende Text kann hier als Aufforderung zur Geduld verstanden werden, vor allem mit Blick auf und Verständnis von individuellen Entwicklungsverläufen. Montessori fordert hier eine Anpassung der Schule an die neue, nachwachsende Generation. Die Legitimationsfunktion im Sinne Fends beinhaltet jedoch, dass sich die nächste Generation im Sinne des Strukturfunktionalismus in die bestehenden gesellschaftlichen Gegebenheiten einfügt.

Aufgabe 3

Aufgabe 3:

Ziehen Sie vor dem Hintergrund Ihrer Ausführungen pädagogisch begründet Konsequenzen in Bezug auf das Ihrer Meinung nach geeignete erzieherische Handeln und die Unterstützung von Kindern in der Schule. Nehmen Sie dabei auch Bezug auf das Modell der produktiven Realitätsverarbeitung nach Hurrelmann.

Beispiellösung zu Aufgabe 3:

(individuelle, pädagogisch begründete, kriterienorientierte Argumentation; subjektiv formuliert, unter Verwendung des Pronomens „ich") Für die Schule halte ich folgende Erziehungsziele für pädagogisch erstrebenswert: Die Mündigkeit der Kinder sollte gefördert werden, damit sie ihr Leben in Zukunft selbstständig gestalten und sich an gesellschaftlichen Aufgaben beteiligen können und auch wollen. Weiterhin sollten in der Schule selbstverständlich die Menschenrechte bzw. Kinderrechte gewahrt werden, was körperliche Züchtigung (in der Schule) ausschließt.

Mündigkeit kann – nach Montessori – nur erreicht werden, wenn Kinder ihre Potenziale entfalten können. Schule sollte also altersgemäße und anregende Lernumgebungen zur Verfügung stellen, und die Pädagogen sollten auch in der Lage sein, kindliche Entwicklung wahrzunehmen und entsprechende Angebote zu machen.

Ob Montessoris Ansatz allein ausreicht, um zur Mündigkeit zur erziehen und sie zu fördern, ist besonders dann fraglich, wenn Kinder sich individuell nicht mit bestimmten Lerngegenständen und -prozessen beschäftigen, die für die Herausbildung von Mündigkeit zentral sind (z. B. Informationsbeschaffung, kritische Auseinandersetzung mit Sachverhalten, Erwerb von Normen und Werten). Schule verfügt nur über begrenzte zeitliche Ressourcen und sie bewegt sich im Rahmen klarer Vorgaben über Lerninhalte und -abfolgen. Standards für das Erreichen bestimmter Berechtigungen, z. B. einer Studienberechtigung, sind vorgegeben. Kinder, die entsprechend dem Ansatz von Montessori im eigenen Tempo lernen, können also möglicherweise bestimmte Lerninhalte nicht im vorgesehenen zeitlichen Rahmen erreichen und damit auch bestimmte Berechtigungen nicht erwerben. Nach dem Montessori-Ansatz unterrichtete

Kinder haben also, sofern sie im Sekundarstufenbereich unterrichtet werden, unter Umständen nicht die gleichen Voraussetzungen wie andere Heranwachsende, gesellschaftliche Mündigkeit und berufliche Entfaltung zu verwirklichen. Um das zu vermeiden, sollten weiterführende Schulen, die nach dem Montessori-Ansatz arbeiten, ein erhöhtes Augenmerk auf die Entwicklung von Mündigkeit/gesellschaftlicher Partizipation und Berufsorientierung richten.

Auch **Hurrelmanns Ansatz der produktiven Realitätsverarbeitung** geht davon aus, dass das Subjekt zunehmend in der Lage ist „schöpferischer Konstrukteur seiner Wirklichkeit" zu werden. Er beschäftigt sich dabei in besonderem Maße mit der Jugendphase, da die Jugendlichen vielen Entscheidungen wie zum Beispiel der Partnerwahl und der Berufswahl ausgesetzt sind und von ihnen auch politische Partizipation erwartet wird. Der Begriff der produktiven Realitätsverarbeitung meint dabei, dass Mündigkeit nicht einfach durch Erziehende vermittelt werden kann, sondern dass sie ein Prozess aktiver Konstruktion der Kinder und Jugendlichen ist.

produktive Realitätsverarbeitung → Hurrelmann, s. S. 103

Hurrelmanns Ansatz der produktiven Realitätsverarbeitung zeigt in diesem Punkt Ähnlichkeiten mit dem Montessoris: Auch er sieht die Prozesshaftigkeit der Entwicklung, die Notwendigkeit der aktiven Auseinandersetzung mit Umwelt und ihren Aufgaben und vor allem die Bedeutung der Eigentätigkeit und des eigenen Handelns, betont aber deutlich die wechselseitige Beziehung zwischen Subjekt und gesellschaftlich vermittelter Realität.

Voraussetzung für Entwicklungsfähigkeit/Explorationsfähigkeit ist nach Hurrelmann ein kindliches Urvertrauen im Sinne Eriksons, aber auch das Erleben von Grenzen, was Erikson als Voraussetzung für das Erlernen von Impulskontrolle ansieht. Diese Fähigkeit ist auch im Ansatz der produktiven Realitätsverarbeitung nach Hurrelmann erforderlich, da Kinder sonst die verschiedenen Rollen wie Berufsrolle, Partnerschaftsrolle, Konsumentenrolle und Bürgerrolle nicht erlernen können. Beim Erwerb dieser Rollen erleben Kinder positive und negative Sanktionen. Deshalb können – entsprechend dem Ansatz Hurrelmanns – Kinder nicht sozialisiert werden, ohne Sanktionen und Einschränkungen zu erleben. Sie sind Momenten der Fremdbestimmung und stellvertretenden Entscheidungen ausgesetzt, z. B. durch Eltern oder Lehrkräfte. Entscheidend ist allerdings, wie und mit welchem Ziel solche Sanktionen erfolgen. Aus Hurrelmanns Sicht ist es entscheidend, dass Schule hier nicht strafend, sondern unterstützend handelt. Ob sich dieser Ansatz aus Sicht der Montessori-Pädagogik vertreten lässt, ist fraglich. Montessori fordert in ihrem Text ja ausdrücklich, auf Strafe zu verzichten, sieht aber gleichzeitig die Notwendigkeit, Gelegenheit für eigene Erfahrung zu bieten. Erfahrungen im Spiel, bei Auseinandersetzungen und in der Gruppe werden für ein Kind (zumindest zuerst) noch unbequem und

Entwicklungsfähigkeit → Hurrelmann, s. S. 43, 103

unbefriedigend sein. Es muss selbstständig mit Schwierigkeiten und Widerständen klarkommen, unterstützt durch Lehrkräfte. Auch aus Hurrelmanns Perspektive ist eine unterstützende Haltung der Erwachsenen bei der produktiven Realitätsverarbeitung notwendig, seine Position sieht Erzieher hier aber deutlich aktiver eingreifend, Grenzen setzend, Aufgaben gebend.

(Fazit) Insgesamt plädiere ich dafür, dass die Schule die Kinder und Jugendlichen in ihrer Entwicklung und in ihrem Potenzial unterstützt. In diesem Rahmen muss aber auch eine Auseinandersetzung mit Regeln und Rahmenbedingungen stattfinden, denn nur durch aktive Auseinandersetzung mit der Umwelt bzw. anderen Menschen kann auch ein Eintreten für „Friede unter den Menschen" (Z. 1f.), wie es Montessori nennt, gefördert werden. Dies könnte z. B. durch Beschäftigung mit Dilemmata-Situationen (nach Kohlberg) erfolgen, die die moralische Entwicklung und damit die Entwicklung der Mündigkeit und der produktiven Realitätsverarbeitung fördern können.

6.3 Ein Fallbeispiel analysieren

Fallanalyse/Kasuistik: Als Einzelfallanalyse eine Methode der strukturierten Erkenntnisgewinnung:
- Anamnese: Was ist die Situation?
- Exploration: Was war zuvor?
- Diagnose: Was ist das Problem?
- Lösung: Welche Hilfen sind möglich?
Zu unterscheiden ist zwischen allgemeingültigen und nur im Einzelfall gültigen Aussagen.

Eine wesentliche Aufgabe der Erziehungswissenschaft ist es, Erziehungs- und Bildungsprozesse wissenschaftlich zu beschreiben und zu erklären. Dabei ist die Kasuistik sehr hilfreich, um

- abstrakte Theorien oder Aussagen über große Gruppen verdeutlichen zu können (Veranschaulichung von individueller Entwicklung und pädagogischen Einwirkungen),
- Erziehungswirklichkeit aus der Perspektive unterschiedlicher Beteiligter zu betrachten (Multiperspektivität),
- gleichzeitig subjektive und affektive Aspekte bei der Betrachtung der Erziehungswirklichkeit einzubringen und sie mit Analyse und Reflexion zu verbinden (affektive und kognitive Auseinandersetzung),
- Theorien und Erklärungen an die pädagogische Praxis anzubinden (Verankerung),
- Fälle aus der Praxis strukturiert und systematisch zu reflektieren,
- am Einzelfall Grenzen und Möglichkeiten pädagogischen Handelns aufzuzeigen sowie
- die Komplexität von Erziehungswirklichkeit verdeutlichen, da ein Fall häufig mithilfe verschiedener Theorien gedeutet werden kann.

Wichtig ist der überlegte Wechsel zwischen der persönlichen Sicht auf den Fall (Betroffenheit und Einfühlung) und der analytischen und reflexiven Einschätzung des Falles:

- **Im Pädagogikunterricht** werden Fallbeispiele häufig einführend genutzt oder um einen Zusammenhang deutlich zu machen. Hier ist oft eher eine affektive Auseinandersetzung mit dem Fall gefragt.
- **Bei Leistungsüberprüfungen** wie Klausuren oder der mündlichen Abiturprüfung liegt der Schwerpunkt jedoch deutlich auf der Analyse und der strukturierten und begründeten Reflexion des Falles. Hier soll gezeigt werden, dass man bei der Fallanalyse das Fachwissen in Beziehung zu Erziehungspraxis setzen kann und dass man daraus mithilfe von Kriterien pädagogische Lösungen entwickeln und/ oder diskutiere kann.

Auch die Erziehungswissenschaft nutzt Falldarstellungen, um daran genauere **Aufschlüsse über Entwicklungen und Lernerfahrungen** zu gewinnen. Obwohl Fälle nicht einfach verallgemeinert werden dürfen, lassen sich aus der genauen Ergründung (qualitative Forschung, z. B. durch die Befragung Einzelner in biografischen Interviews) auch Hypothesen über Gruppen generieren, die dann an größeren Gruppen überprüft werden können (quantitative Forschung).

qualitative Forschung: Sehr detaillierte empirische Untersuchung kleinerer Gruppen.
quantitative Forschung: Empirische Untersuchung mit größeren Datenmengen und dem Ziel, allgemeingültige Theorien zu entwickeln.

Arten von Fallbeispielen

Der Begriff Fallanalyse wird im pädagogischen Umfeld oft auf die psychoanalytische Forschung Sigmund Freuds rückbezogen, der seine Erkenntnisse mithilfe der Psychoanalyse von Patienten gewann. Freud hat aus der Analyse seiner (überwiegend weiblichen) Patientinnen dann z. B. Grundannahmen über Entwicklungsverläufe abgeleitet.

Fallanalyse
→ Freud, s. S. 22

Fälle können in sehr unterschiedlichen Formen und in sehr unterschiedlichem Umfang dargeboten werden:
Möglich sind sowohl sehr knappe (reale wie fiktionale) Fälle wie auch komplexe wirklichkeitsgetreue Beschreibungen von Personen und Situationen. Die Begriffe Fallanalyse, Fallgeschichte, Fallstudie, Case-Study, Fallmethode, Fallbeschreibung, Falldarstellung, Fallbericht illustrieren die Vielfalt von Fallanalysen und werden häufig synonym verwendet, auch wenn dabei methodisch teils unterschiedlich vorgegangen wird. Es können Darstellungen aus der Medizin, der Literatur oder aus Filmen für Fallanalysen genutzt werden, obwohl diese nicht für erziehungswissenschaftliche Analysen erstellt worden sind.

Tipp

Um Grenzen und Möglichkeiten der Arbeit mit Fällen im Pädagogikunterricht einschätzen zu können, ist eine fachliche Einordnung der Falldarstellung wichtig.

Wie die Arbeit mit Fällen im Pädagogikunterricht und dann bei Klausuren angelegt ist, lässt sich mit der Unterscheidung der Begriffe Fallarbeit, Fallstudie und Fallbeispiel zeigen:

- Ein **Fallbeispiel** dient zur Illustration und Veranschaulichung einer bestimmten Theorie oder zeigt verschiedene Vorgehensweisen, z. B. im Bereich der Lerntheorie. Im Unterricht dient das Fallbeispiel zur Veranschaulichung von pädagogischen Situationen.
- Bei der **Fallarbeit** dient der Fall dazu, die Lösung eines Praxisproblems zu erarbeiten, um die pädagogische Handlungskompetenz zu steigern. Fallarbeit ermöglicht die genaue und mehrperspektivische Sicht auf einen Ausschnitt von Erziehungswirklichkeit und kann auf pädagogisches Handeln vorbereiten (Handlungspropädeutik). Ein Beispiel für Fallarbeit im Unterricht ist ein Rollenspiel einer sozialpädagogischen oder interdisziplinären Konferenz, in dem pädagogisch Tätige miteinander u. a. Lebenslage, Verhalten und Perspektiven für eine Person in einer spezifischen Situation untersuchen und reflektieren.
- Die **Fallstudie** dient der wissenschaftlichen Analyse eines Falles.

Dieses Vorgehen lässt sich in Klausuren nur schwer abbilden. Deshalb werden dort in der Regel (mit Ausnahme der Einführungsphase) längere Falldarstellungen präsentiert, die zuerst einmal strukturiert und knapp eingeordnet werden sollen. Dabei können folgende Fragen hilfreich sein:

Einordnung der Falldarstellung

Frage	Kriterium	Bedeutung für die Fallarbeit
Handelt es sich um eine erfundene (fiktionale) Falldarstellung oder werden reale Personen beschrieben?	Fiktional oder real?	Besonders fiktionale Darstellungen folgen in der Regel einem bestimmten Ziel/einer bestimmten Hypothese. Die Deutung ist deshalb oft nur aus einer bestimmten Perspektive möglich, für andere Deutungen fehlen Informationen und Anhaltspunkte.
Aus welchem Anlass wurde der Fall erstellt?	Entstehungskontext	Hier ist zu prüfen, ob es sich um einen pädagogischen Kontext handelt. Wenn keine pädagogische Perspektive gegeben ist, muss diese in der Regel erst hergestellt werden und sie enthält zahlreiche Deutungen, die als solche gekennzeichnet werden sollten.

Welchen Hintergrund/ welche Ausbildung haben die Autoren des Falles und ist dies zum Beispiel in Form von Fachterminologie erkennbar? Sind die Autoren in den Fall selbst einbezogen und, wenn ja, reflektieren sie ihre eigene Rolle innerhalb des Geschehens?	Perspektive und Betroffenheit der Autoren	Wenn die Urheber einer Falldarstellung z. B. ein bestimmtes Fachgebiet vertreten, kann man davon ausgehen, dass diese fachliche Perspektive die Auswahl des Materials und die Art der Präsentation prägt. Bei komplexeren Falldarstellungen kann auch die Rolle der Autoren reflektiert werden.
Mit welcher Absicht wurde die Falldarstellung verfasst?	Zielgruppe der Falldarstellung	Fälle, die sich an ein Fachpublikum richten, enthalten in der Regel Fachterminologie und verweisen auch auf als bekannt vorausgesetzte Kontexte und Theorien.
Lässt sich der Fall nur aus einer bestimmten Perspektive bearbeiten oder ist er offen für verschiedene Deutungen?	Komplexität der Falldarstellung	Eine reine, möglichst objektive Situationsbeschreibung bietet die größte Offenheit für Deutungen. Wenn in der Beschreibung bereits gedeutet wird und/ oder Fachterminologie zum Einsatz kommt, ist eine Interpretation bereits angebahnt.

Tipp

Für die o. g. Einordnungen werden bei einer Klausur im Abitur relativ wenige Punkte vergeben. Es lohnt sich jedoch, wenigstens einen Einleitungssatz zu verfassen.
Unbedingt jedoch werden sich die vorgestellten Überlegungen bei der Analyse des Falls als hilfreich erweisen, da sie zu einer differenzierten Wahrnehmung des Dargestellten verhelfen.

Fallbeispiele im Unterricht und in Klausuren

Im Unterricht werden in der Regel von der Einführungsphase bis zum Abitur zunehmend komplexere Fälle präsentiert. Aus einer Situation bzw. einer Folge von Situationen wird dann ein Fall für den Pädagogikunterricht, wenn die Situation pädagogisch von Interesse ist.

In der **Einführungsphase** können dies also Darstellungen sein, die z. B. den Begriff der Sozialisation veranschaulichen, indem Sozialisationserfahrungen beschrieben werden. Aufgabe ist dann, herauszuarbeiten, inwieweit es sich bei der im Fall dargestellten Situation um Sozialisation handelt (Fall*beispiel*). Mit Bezug auf die Lerntheorien könnten Lernsituationen zu Fällen werden, die sich z. B. durch eine bestimmte Lerntheorie besonders gut erklären lassen. Pädagogisch relevant kann auch sein, wie man aufgrund der bekannten Lerntheorien das Lernen in einem bestimmten Fall fördern kann (Fallarbeit).
Einfache Fallbeispiele lassen sich in der Regel recht vollständig mit einer bestimmten Theorie beschreiben und erklären, während komplexere Fallbeispiele einer Analyse bedürfen. Hier wird in der Aufgabe in der Regel aufgezeigt, aus welcher/welchen theoretischen Perspektive(n) der Fall analysiert werden soll.

In der **Qualifikationsphase** ist mit längeren, komplexeren Fällen zu rechnen. Hier geht es z. B. um Entwicklung im Kindes- und Jugendalter, um deviante Entwicklung oder um Jugendkriminalität oder Computersucht.
AFB I: Da das Material meist umfangreicher ist, besteht die erste Aufgabe in einer strukturierten Wiedergabe des Falles, welche die relevanten Aspekte zeitlich oder im Hinblick auf die Relevanz für eine pädagogisch bedeutsame Bezugstheorie ordnet. Diese Aufgabe soll auch auf späteres wissenschaftliches Arbeiten im Studium vorbereiten, da in der universitären Erziehungswissenschaft bei qualitativen Forschungsmethoden auch in größerem Umfang biografische Interviews oder andere Daten geordnet und strukturiert werden müssen.

Tipp

Bei Fallbeispielen im Umfang von zwei Textseiten erscheint die strukturierte Wiedergabe biografischer Informationen manchmal wie eine Wiederholung von bereits (im Text) Gesagtem. Sie wird jedoch in Abiturklausuren mit vergleichsweise vielen Punkten „belohnt" und sollte deshalb nicht vernachlässigt werden.

AFB II: Da in der Qualifikationsphase verschiedene Stufenmodelle bearbeitet werden, ist bei der Fallarbeit die Bezugnahme auf ein Stufenmodell sehr wahrscheinlich. Entwicklungstheorien wie Theorien kognitiver Entwicklung, moralischer Entwicklung oder psychoanalytische Entwicklungstheorien können in Beziehung zu einem Fall gesetzt werden

AFB III: Im Rahmen von Fallarbeit können hier Lösungsansätze wie z. B. die Erlebnispädagogik oder ein Täter-Opfer-Ausgleich bei Kriminalität in Bezug auf ihre Eignung für den dargestellten Fall diskutiert werden

Wissen

Pädagogische Perspektive auf Fallbeispiele am Beispiel von Lerntheorien
Pädagogisch ist zu prüfen, ob und inwieweit sich Lerntheorien eignen, um menschliches Verhalten/menschliches Lernen zu erklären.
Experimente mit Tieren zeigen grundlegende Lernprozesse auf, sind aber zu befragen, ob und inwieweit sie auf Menschen übertragbar sind, da diese in größerem Maße über ihre eigenen Lernprozesse reflektieren und individuelle Entscheidungen treffen können.

Unterschiedliche **Menschenbilder** der verschiedenen Lerntheorien helfen bei der pädagogischen Einordnung. Während behavioristische Lerntheorien den Menschen eher als funktionales, auf Reize reagierendes Wesen darstellen, sind kognitivistische Theorien sowie in noch höherem Maße konstruktivistische Theorien auf die eigene Konstruktionsleistung in Lernprozessen fokussiert. Theorien sozialen Lernens wie das Modelllernen betrachten Lernen als Ergebnis von Beobachten und sozialen Interaktionen.

>>

Aus den Menschenbildern lassen sich auch Schlüsse auf die pädagogischen Anwendungsbereiche einzelner Theorien ableiten. Behavioristische Ansätze fokussieren weniger die individuelle Entscheidungsfähigkeit und Selbstwirksamkeit. Sie erklären schnelle, reflexhaft wirkende, menschliche Verhaltensweisen wie Angst oder Freude, da der Situation häufig positive oder negative Erfahrungen vorausgegangen sind. >>Wissen
Theorien sozialen Lernens sind geeignet, um die Weitergabe sehr komplexer gesellschaftlicher Praktiken wie zum Beispiel kultureller Feierlichkeiten, Religion oder gesellschaftlicher Wertvorstellungen zu erklären, die sich durch Sanktionen wie Belohnung und Bestrafung in ihrer Komplexität nicht vermitteln lassen. Auch komplizierte Bewegungsabläufe zum Beispiel im Rahmen von Sportarten werden häufig durch Demonstration vermittelt.

Das Ziel der **Fallanalyse in Klausuren** ebenso wie in mündlichen Prüfungen ist eher die Wiedergabe und Anwendung von Theorien (AFB I bis II) und die Entwicklung oder die kriterienorientierte Beurteilung von pädagogischen Interventionen (AFB III).

Bei der Beurteilung oder Konzeptentwicklung sollte auf im Unterricht vermittelte Bezugstheorien zurückgegriffen werden, da die Folgerungen sonst sehr spekulativ bleiben.

Während im Unterricht auch oft Verständnis oder Einfühlung (affektive Lernziele) bedeutsam sind, ist bei einer Fallanalyse ein sachlicher Ton angebracht, der sich durch **Fachterminologie** und möglichst **objektive Sprache** kennzeichnet. Untersucht werden soll auch, ob in er Falldarstellung bereits bestimmte normative Vorannahmen enthalten sind. Diese sind zum Beispiel durch wertende Adjektive und Fachtermini die zu einer bestimmten Theorie gehören erkennbar.

Wenn der Eindruck besteht, dass der Fall aus der theoretischen und normativen Perspektive einer bestimmten Theorie entstanden ist, sollte im AFB I beim Nennen der Quelle eine Einordnung vorgenommen werden. Tipp
Im AFB II lässt sich der Eindruck als Hypothese formulieren und am Text durch Fachbegriffe oder Wertungen belegen.

Wenn im **AFB II** eine bestimmte Theorie oder eine Richtung von Theorien wie etwa psychoanalytische oder kognitive Entwicklungstheorien angewendet werden sollen, lautet die Aufgabe z. B.: „Setzen Sie den Fall XY in Beziehung zu einer psychoanalytischen Entwicklungstheorie".
Dabei werden nicht alle Aspekte des Falls eindeutig aus der Perspektive der Psychoanalyse interpretierbar sein. Es bleibt ein „Materialüberhang" des

Falls. Möglicherweise finden sich aber beispielsweise Hinweise auf kognitive Einschränkungen oder familiäre Konstellationen, die sich besser kognitiv oder systemisch deuten ließen. In diesem Fall ist es sinnvoll und Teil der Analyse, diese Einschränkungen auch zu benennen und knapp auf zusätzliche Bezugstheorien zu verweisen. Im Abitur können für diese Erkenntnisse Zusatzpunkte vergeben werden und auch im mündlichen Abitur wird dies gewürdigt.
Selbstverständlich sind auch die Bezugstheorien umfangreicher als der im Rahmen einer Klausur präsentierte Fall und es bleibt ein „Inhaltsüberhang" der Theorie, dann sind nicht alle Aspekte der Theorie im Fall repräsentiert. Auch dies kann benannt werden.

Wenn die Aufgabe im **AFB III** vorsieht, mögliche pädagogische Unterstützung für eine Person vorzuschlagen, ist der Fall insbesondere auf die im der Fallschilderung benannten Fähigkeiten der Person und auf mögliche unterstützende Personen zu befragen. Dieser ressourcenorientierte Ansatz ist typisch für (sozial)pädagogisches Denken und Handeln da davon ausgegangen wird, dass die Akzeptanz und Teilnahme bei pädagogischen Maßnahmen eher erreicht wird, wenn die Person mit ihren Fähigkeiten wahrgenommen und geschätzt wird anstatt ihre Defizite in den Mittelpunkt zu stellen.

Tipp

Nicht alle hier genannten Aspekte werden in jeder Klausur gefordert. Die Aufgabenstellung muss genau gelesen werden: Operatoren unterstreichen.

Vorgehensweise bei der Texterschließung

Überblick

Erschließungsmethoden für die Analyse eines Fallbeispiels

Erster Zugriff auf den Text (AFB I):

Wie soll das Fallbeispiel wiedergegeben werden?

- **Möglichkeiten der Wiedergabe:**
  z. B. chronologische Ordnung des Textes,
  Herausarbeiten von Ressourcen, von besonders belastenden Lebensereignissen,
  Darstellen einer (abweichenden) Entwicklung,
  Herausarbeiten wichtiger Bezugspersonen.
- **Knappe Einordnung des Materials:**
  Quellenangabe,
  Veröffentlichungskontext,
  Textform,
  Intention/Perspektive der Autoren, falls aus dem Material ersichtlich, aber ohne bereits selbst zu werten.

Genauere Untersuchung des Textes (AFB II):

Unter welcher Schwerpunktsetzung soll das Fallbeispiel analysiert werden?
Wenn **Bezug zu einer Theorie** hergestellt werden soll:
Aufgabenbezogene Darstellung relevanter Aspekte, Bezugnahme anhand von Textverweisen, Aufzeigen von Grenzen einer solchen Bezugnahme (Materialüberhang des Falls, Inhaltsüberhang der Theorie).

>>

Abschließende Betrachtung (AFB III):

>>Überblick

Soll eine pädagogische Intervention in Bezug auf ihre Wirksamkeit im konkreten Fall diskutiert werden? Soll zwischen mehreren Interventionen begründet abgewogen und ausgewählt werden? Oder sollen eigene Ideen für pädagogische Unterstützung entwickelt werden?
In jedem Fall darf man auf bereits in den anderen Aufgaben Geschriebenes Bezug nehmen und muss dies nicht doppelt formulieren. Es ist sinnvoll, Kriterien wie z. B. Förderung der Mündigkeit und der zunehmenden Handlungsfähigkeit (pädagogische Kriterien) zu benennen und dann aufgabenbezogen zu prüfen, inwieweit der eigene Vorschlag oder der vorgestellte Ansatz geeignet ist.

Die eigene Meinung ist hier erwünscht, es soll jedoch teilweise die Perspektive eines bestimmten Theoretikers eingenommen werden.
Auch dies darf selbst beurteilt werden, jedoch immer kriterienorientiert.

- Axiologische Kriterien sind z. B. die Frage nach Wertvorstellungen. Diese werden dann unter pädagogischer Perspektive zum Beispiel unter dem Aspekt der Mündigkeit geprüft.
- Technologische Kriterien können auch auf Kosten einer möglichen Maßnahme eingehen, es sollte auch hier ein pädagogischer Schwerpunkt erkennbar sein, also die Frage ob ein Ansatz erfolgversprechend ist, z. B. in Bezug auf die Förderung der Mündigkeit.

Trainingsbeispiel: Analyse eines Fallbeispiels

Beispiel

Jan van Loh: Johnny

Dr. Jan van Loh ist approbierter (staatlich anerkannter) Psychotherapeut für Kinder und Jugendliche sowie für Erwachsene. Er hat eine Praxis in Berlin und bietet dort tiefenpsychologisch fundierte Therapie an.

Johnny, zu Behandlungsbeginn gerade 18 Jahre alt geworden, erschien im Rahmen eines betreuten Einzelwohnens zur Therapie. Der Bruder mehrerer Halb- und Vollgeschwister machte gerade ein ganzjähriges Praktikum in einem technischen Handwerksberuf, nachdem seine ursprünglich angestrebte Ausbildung aufgrund häufiger Verspätungen in diesen Status hatte umgewandelt werden müssen. Als zweitjüngster Sohn seiner seit Jahren getrennt lebenden Eltern war er mit 15 gemeinsam mit seinem jüngeren Bruder von zuhause ausgezogen, nachdem es zu massiven, auch handgreiflichen Konflikten mit dem Stiefvater gekommen war, in deren Verlauf sich die Mutter stets auf die Seite ihres Partners gestellt hatte. Der Vater sei Alkoholiker und Johnny erklärte schon bald nach Therapiebeginn, dass er mit ihm nichts mehr zu tun haben wolle. Er selbst und sein jüngerer Bruder seien von einem Freund seines ältesten Bruders, der im Gefängnis saß, aufgenommen und betreut worden. Dieser kam jedoch bei einem Autounfall, der von einem anderen absichtlich herbeigeführt worden war, ums Leben. Während der kleine Bruder daraufhin in einem Heim untergebracht wurde, bekam Johnny eine eigene Wohnung und eine Lehrstelle vermittelt. Sehr schnell wurde deutlich, dass er nicht nur regelmäßig Horrorfilme konsumierte, sondern auch, dass er, früher noch mehr als heute, exzessiv Computerspiele spielte – vor

>>

>> Beispiel

allem Ego-Shooter[1] in militärischen Umgebungen und Strategiespiele. Ein Zusammenhang zwischen Schlafstörungen und Medienkonsumverhalten war für ihn nicht erkennbar. Er hatte einen sehr hohen Leidensdruck, gab sich kämpferisch, war jedoch vor allem bemüht, von seiner Familie unabhängig zu werden. [...] Im Zuge der sich stabilisierenden Beziehung[2] wurde deutlicher, dass er teilweise die Nächte spielend am Computer verbrachte und gar nicht schlief, aus Angst, am folgenden Tag zu spät zur Arbeit zu kommen. Im weiteren Verlauf gab Johnny auch zu erkennen, dass er die Computerspiele zum Aggressionsabbau ebenso nutze, wie er im Zuge des Spielens seine von großer Einsamkeit geprägte Gesamtsituation zu regulieren versuchte. In dem Maße, wie er sich zu dieser persönlichen, problematischen Situation im Rahmen der Therapie bekennen konnte, nahm seine Müdigkeit ab. Erstmals erwähnte Johnny nun einen Zeitpunkt in seinem Leben, den er im 13. bzw. 14. Lebensjahr ansiedelte. Damals hatte er sich aus Protest gegen die schlechte Behandlung durch seine Mutter zum Schlafen auf eine Parkbank gelegt, ohne von ihr jedoch die erhoffe, besorgte Zuwendung zu erhalten, als er am nächsten Morgen nach Hause kam. Zu dieser Zeit hatte er sich den Computer- und Konsolenspielen verstärkt zugewandt und sich von allen äußeren Verpflichtungen, auch von der Schule, abgewendet.

[1] Ego-Shooter: Computerspiele, die aus der Perspektive des Spielenden (= Ich) gespielt werden, der in einer dreidimensionalen Spielwelt virtuelle Gegner bekämpft.
[2] Gemeint ist die therapeutische Arbeitsbeziehung.

Aus: Jan van Loh: Digitale Störungen bei Kindern und Jugendlichen. Komplexe Störungen und Krisen. Klett Cotta Verlag, Stuttgart 2018. S. 185–186

Aufgabe 1

Aufgabe 1:
Geben Sie Johnnys bisherige Entwicklung strukturiert wieder und arbeiten Sie dabei besonders heraus, welche Bezugspersonen es bisher in Johnnys Leben gab und welche Probleme in der Therapie deutlich wurden.

Beispiellösung zu Aufgabe 1:
(Falldarstellung im Verlauf) Johnny befindet sich zur Zeit der Falldarstellung in Therapie, die vermutlich vom Verfasser des Buches durchgeführt wird, dem der Fall entnommen wurde (vgl. Vorspann zum Text). Er ist der zweitjüngste Sohn in einer Familie, in der es mehrere „Halb- und Vollgeschwister" (Z. 2f.) gibt und die Eltern seit Jahren getrennt leben (Z. 6f.). Seinen Vater bezeichnet er als Alkoholiker und er lehnt den Kontakt zu ihm ab. Bei seiner mit einem neuen Partner zusammenlebenden Mutter ist er im Alter von 15 Jahren ausgezogen, nachdem es massive, auch handgreifliche Konflikte mit dem Stiefvater gab (vgl. Z. 8f). Johnny gibt an, dass er in solchen Situationen keine Unterstützung durch seine Mutter erfahren habe (vgl. Z. 9f.).

Aufnahme fanden er und sein jüngerer Bruder bei einem Freund des älteren Bruders, der jedoch bald ins Gefängnis musste und später bei einem Autounfall ums Leben kam (Z. 14ff.). Der kleine Bruder kam in ein Heim (vgl. Z. 15f.) und Johnny konnte, vermutlich weil er bereits 18 Jahre alt war, eine betreute Einzelwohnung beziehen (vgl. Z. 16f.). Ihm wurde eine Lehrstelle vermittelt, die jedoch wegen seiner beständigen Verspätungen in ein ganzjähriges Praktikum umgewandelt wurde (vgl. Z. 3–6). Der Achtzehnjährige berichtete im Rahmen der Therapie, dass er schon lange Horrorfilme konsumiere und Ego-Shooter am Computer spiele (vgl. Z. 18–20). Aktuell verbringe er teilweise die Nächte mit Computerspielen, was Schlafstörungen bis hin zum Schlafmangel fördere und infolgedessen seine Ausbildungsfähigkeit beeinträchtige (Z. 26f.). Gemeinsam mit dem Therapeuten wird die Ursache erforscht: Die Falldarstellung geht davon aus, dass Johnny spiele, um Phasen der Einsamkeit zu bekämpfen und seine Emotionen, besonders Aggressionen, zu regulieren (Z. 27–30).
Durch die (tiefenpsychologisch fundierte) Psychotherapie wurde die Erinnerung auf ein Ereignis in Johnnys Kindheit gelenkt. So erlangte der Therapeut Kenntnis von einer Situation, in der Johnny im Alter von etwa 13 oder 14 Jahren die Nacht auf einer Parkbank verbracht hatte, um seine Mutter auf sich aufmerksam zu machen. Als die Mutter keine Reaktion zeigte, hat er sich verstärkt mit Computer- und Konsolenspielen beschäftigt und Schule und andere Verpflichtungen vernachlässigt (Z. 32–38).
Insgesamt zeigt sich bei Johnny eine Suche nach Bezugspersonen, die aber immer wieder von Beziehungsabbrüchen geprägt ist. Er konnte weder zu seinem Vater noch zu seiner Mutter eine Beziehung aufbauen, lebt(e) getrennt von seinen Geschwistern, und auch sein Ausbildungsplatz wurde in ein Praktikum umgewandelt, das er zu verlieren drohte. Die Therapie scheint jedoch ohne Abbrüche zu verlaufen. Neben der Beziehung zu Menschen wird auch sein Umgang mit Medien beschrieben, die im Gegensatz zu Personen jederzeit verfügbar sind und Leerstellen ausfüllen können.

(Zusammenfassung) Johnny hat Probleme, sein Leben in der eigenen Wohnung zu strukturieren, seine berufliche Ausbildung ist stark gefährdet, er hat Schlafprobleme und beschäftigt sich teilweise exzessiv mit Computerspielen. Bis auf den Therapeuten sind im Ausschnitt aus der Falldarstellung keine Personen genannt, die ihn in seiner Entwicklung unterstützen oder stabilisieren können.

Aufgabe 2

Aufgabe 2:
Analysieren Sie die Entwicklung Johnnys mithilfe der Ansätze von Rauchfleisch und Heitmeyer über (Jugend-)Gewalt.

Wissen

Udo Rauchfleisch (geb. 1942), Psychoanalytiker. Rauchfleisch will u. a. gewalttätiges Verhalten von jungen Männern erklären. Für ihn sind Gewalt, Aggression oder Dissozialität Folgen defizitärer Lebenserfahrungen (in der frühen Kindheit), sodass ein Mensch die Funktion seines Ich nicht sinnvoll ausbilden kann und Störungen, z. B. im Über-Ich, entstehen. Oft habe schon die Herkunftsfamilie gesellschaftliche Ausgrenzung infolge sozialer und wirtschaftlicher Probleme erfahren. Nur Integration in soziale Netze könne zu Verbesserungen führen.

Beispiellösung zu Aufgabe 2:

Abwehrmechanismen → Freud, s. S. 30

Johnny zeigt ein selbstgefährdendes Verhalten, da er aus Angst, am nächsten Morgen nicht rechtzeitig aufzuwachen, die Nächte spielend am Computer verbringt. Er hat Schlafprobleme und seine Ausbildung ist gefährdet, was die Beschäftigung mit Computerspielen noch erhöht. Johnny gefährdet jedoch keine anderen, realen Personen, wobei man das Spielen von Ego-Shootern als aggressiv bezeichnen kann.

narzisstische Kränkung: Das Selbstwertgefühl eines Menschen infrage stellen.

Aus psychoanalytischer Perspektive betrachtet (vgl. Rauschfleisch) ist Johnny nur virtuell aggressiv. Sein Verhalten kann man als Abwehrmechanismus interpretieren, weil Johnny in der Kindheit mehrere Beziehungsabbrüche erlebte. Daraus resultierende, tiefgreifende narzisstischen Kränkungen können zu einer Unfähigkeit geführt haben, soziale Beziehungen einzugehen. Als Ersatz für fehlende zwischenmenschliche Beziehungen nutzt Johnny Computerspiele, die für ihn problemlos verfügbar sind.
Da in der Familie Konflikte und Gewalt eine Rolle spielten (vgl. Z. 8ff.) und die Erfahrungen mit dem alkoholabhängigen Vater (vgl. Z. 10) vermutlich ebenfalls zu inneren Konflikten geführt haben, ebenso wie der tragische Tod des Freundes, der Johnny als jungen Mann aufgenommen hatte (vgl. Z. 14ff.), würde ein Psychoanalytiker untersuchen, ob sich bei Johnny in Abwehr dieser belastenden Erfahrungen eine dissoziative Störung entwickelt hat.
Weil Johnny in psychoanalytischer Betrachtungsweise zunächst eine eher unrealistische Selbsteinschätzung hatte, was sich an der mangelnden Einsicht bezüglich eines Zusammenhangs zwischen exzessivem Medienkonsum und Schlafstörungen zeigt (vgl. Z. 21), ist im Verlauf der Therapie das gemeinsame Ergründen von Ursachen der Medienabhängigkeit wichtig (vgl. Z. 27ff.). Ein Behandlungskonzept muss, will es Erfolg versprechen, die Ursachen der Verhaltensabweichungen ergründen, aber auch gleichzeitig den Alltag strukturieren, um Sicherheit zu geben. Dieser Aspekt wird in der Falldarstellung nur indirekt angesprochen, wenn auf das betreute Einzelwohnen (Z. 2) hingewiesen wird.

Aus soziologischer Perspektive betrachtet (vgl. Heitmeyer) ist deviantes Verhalten (bis hin zu Gewaltanwendung) ein Versuch der Kompensation von sozialer Desintegration und persönlicher Perspektivlosigkeit in der Gesellschaft. Ausgrenzungserfahrungen, die das Individuum bewältigen muss, rufen starke Verunsicherung hervor. Im Fall von Johnny ist die familiäre Situation mit den verschiedenen Geschwistern und Halbgeschwistern sowie der Trennung der Eltern kompliziert (vgl. Z. 6 – 10). Auflösungen von sozialen Beziehungen können zu Gefühlen der Ausweglosigkeit und zu Unklarheit über den eigenen Status führen. Heitmeyer interpretiert Gewalt als eine Möglichkeit, mit Verunsicherung umzugehen und subjektiven Sinn zu finden. Johnny zeigt jedoch kein unmittelbar gewalttätiges Verhalten, sondern er lebt seine Aggressivität in Computerspielen aus. Dies könnte als expressive Gewalt gedeutet werden, da man in Ego-Shooter-Spielen aus der Ich-Perspektive in militärischen Settings mit anderen kämpft (Z. 20f.). Man könnte aber auch von autoaggressiver Gewalt sprechen, da Johnny sich indirekt selbst schädigt.

expressive/autoagressive Gewalt
→ Heitmeyer, s. S. 21f.

(Fazit) Schließlich könnte man Johnnys Verhalten aus beiden fachlichen Perspektiven als Lösungsversuch für seine Probleme sehen, da er vielfachen Belastungen ausgesetzt war und bisher nicht gewalttätig geworden ist.
Nach dem psychoanalytischen Ansatz könnte man zur Problemlösung nach Alternativen zur Regulierung der Gefühlswelt suchen. Der soziologische Ansatz rückt die gesellschaftlichen Rahmenbedingungen in den Fokus. Johnny war, da er wenig Orientierung erfuhr, mit der Aufgabe der Individualisierung überfordert. Möglicherweise könnte ein strukturiertes Leben in einem verlässlichen sozialen Umfeld das Verhalten stabilisieren.

Aufgabe 3:

Beurteilen Sie vor dem Hintergrund ihrer bisherigen Ausführungen, ob sich aus der Entwicklungspsychologie Eriksons präventive und kurative Maßnahmen für Jugendliche wie Johnny ableiten lassen.

Aufgabe 3

Beispiellösung zu Aufgabe 3:

(individuelle, pädagogisch begründete kriterienorientierte Argumentation, neutral formuliert, ohne „ich") In dieser Aufgabe soll geprüft werden, ob sich aus Eriksons Theorie der psychosozialen Entwicklung Präventionsansätze für Jugendliche wie Johnny ableiten lassen.
Auch Eriksons Theorie ist in die psychoanalytische Tradition einzuordnen. Erikson akzentuierte das Freudianische Entwicklungsmodell neu. Dabei war für ihn die psychosoziale Entwicklung zentral. Er sah das Leben als Abfolge von zu bewältigenden Entwicklungsaufgaben. In seinem acht Entwicklungsstufen und die gesamte Lebensspanne umfassenden Modell ist es in jeder Phase die Aufgabe, eine Balance

Entwicklungskrisen
→ Erikson, s. S. 31

zwischen verschiedenen Polaritäten zu finden, im Fall der ersten Entwicklungsstufe ist dies die Entwicklung eines Urvertrauens. Im Fall von Johnny war es sicher problematisch, in der wechselnden und unberechenbaren Familienstruktur Vertrauen auszubilden. Die Falldarstellung sagt nichts über das erste Lebensjahr aus, aber es wird erwähnt, dass Johnny in späterem Alter Unterstützung durch die Mutter einfordert und diese nicht bekommt.

In der Therapie kann er nachträglich durch die verlässliche Beziehung zu einem Therapeuten versuchen, ein stärkeres Urvertrauen auszubilden (kurativ). Präventiv wäre in der ersten Phase eine Unterstützung der Familie denkbar gewesen, da der Vater Alkoholiker war und die Mutter Unterstützung für die Erziehung der Kinder bekommen hätte.

Eine weitere zentrale Entwicklungsstufe im Sinne Eriksons ist die Entwicklung von „Werksinn versus Minderwertigkeitsgefühl“, etwa vom sechsten Lebensjahr bis zur Pubertät. Hier ist das Kind auf Anerkennung für seine Leistungen angewiesen, um lernbegierig zu bleiben und Leistungen zu zeigen. Präventiv hätte Johnny hier vermutlich Unterstützung durch Bezugspersonen gebraucht, kurativ kann im Rahmen der Therapie eine Unterstützung seiner Bemühungen um Arbeit und Arbeitsfähigkeit erfolgen.

Eine weitere zentrale Entwicklungsaufgabe im Sinne Eriksons ist die „Balance zwischen Identitätsentwicklung und Identitätsdiffusion“. Diese findet in der Pubertät statt, in der sich Johnny gerade befindet. Da Erikson einen psychosozialen Ansatz vertritt, ist hier die Auseinandersetzung Johnnys mit seiner Rolle in Gleichaltrigengruppen und im Arbeitsleben zentral. Durch die starke Beschäftigung mit Computerspielen vermeidet Johnny eine direkte Auseinandersetzung. Hier könnte er aktuell ermutigt werden, einen Kontakt zu Gleichaltrigen zu suchen.

Insgesamt ist festzustellen, dass sich aus dem Modell Eriksons präventive und kurative Ansätze ableiten lassen. Dabei wird hier das Wechselspiel zwischen individueller Entwicklung und sozialer Umgebung betrachtet, woraus man mögliche Interventionen ableiten kann. Erikson geht auch davon aus, dass man frühere Fehlentwicklungen im späteren Verlauf noch (therapeutisch) bearbeiten kann, um eine für das Individuum gesündere Balance zwischen verschiedenen Ausprägungen zu finden.

Grenzen sind hier zu erwarten, weil die Familie und auch Johnny bis zum Tod des Freundes keine Hilfen in Anspruch genommen hatten und man versuchte, alle Probleme selbst zu lösen. Erst als die Brüder obdachlos wurden, ist der jüngere Bruder in einem Heim untergebracht worden und Johnny bekam einen Ausbildungsplatz und eine Wohnung vermittelt. Aus Eriksons Entwicklungsmodell lassen sich grundsätzlich Hilfsmöglichkeiten für die unterschiedlichen Entwicklungsphasen ableiten, es ist jedoch unklar, wann und wie die Familie bereit gewesen wäre, Hilfe anzunehmen.

Erschließungsmethoden für die Analyse eines Sachtextes

Erster Zugriff auf den Text (AFB I)

Informationen, um **Hypothese(n) über die Intention** des Textes aufzustellen sind:

- Titel des Textes:
- Autor-in/ ggf. Datum der Veröffentlichung:
- Möglicher Adressatenkreis/Zielgruppe
- Falls auffallend: erster Satz/letzter Satz

Genauere Untersuchung des Textes (AFB I bis II)

- Gliederung/Aufbau: Sinnabschnitte mit zentralen Gedanken/Thesen
- Theoretische Einordnung/Begrifflichkeiten
- (sprachliche) Wirkung/Intention
- ggf. Argumentationsaufbau und -bewertung

Abschließende Betrachtung (AFB II bis III)

- ggf. Ideologiekritik
- Einordnung unter Rückgriff auf die Hypothese(n):
  Lassen sich erste Hypothesen in Bezug auf den Text bestätigen?
  Wie wirkt der Text auf den angestrebten Adressatenkreis: Ist er in der Lage diese zu informieren bzw. zu überzeugen?

Beurteilung/ Bewertung des Textes (AFB III)

- **Sachurteil:** Wie ist der sachliche Gehalt des Textes zu beurteilen? Entspricht oder widerspricht der Text bestimmten Theorien? Wie sind diese einzuordnen? Was steht ihnen entgegen? Wie ist dies abschließend zu bewerten?
- **Werturteil:** Wie ist der Text aus pädagogischer Perspektive zu bewerten? Welche Werte und Normen werden vertreten? Wie sind diese einzuordnen? Was steht ihnen entgegen? Wie ist dies abschließend zu bewerten?

Erschließungsmethoden für die Analyse eines Fallbeispiels

Erster Zugriff auf den Text (AFB I):
Wie soll das Fallbeispiel wiedergegeben werden?

- **Möglichkeiten der Wiedergabe:** z. B. chronologische Ordnung des Textes, Herausarbeiten von Ressourcen, von besonders belastenden Lebensereignissen, Darstellen einer (abweichenden) Entwicklung, Herausarbeiten wichtiger Bezugspersonen.
- **Knappe Einordnung des Materials:** Quellenangabe, Veröffentlichungskontext, Textform, Intention/Perspektive der Autoren, falls aus dem Material ersichtlich, aber ohne bereits selbst zu werten.

Genauere Untersuchung des Textes (AFB II):
Unter welcher Schwerpunktsetzung soll das Fallbeispiel analysiert werden?

Wenn **Bezug zu einer Theorie** hergestellt werden soll: Aufgabenbezogene Darstellung relevanter Aspekte, Bezugnahme anhand von Textverweisen, Aufzeigen von Grenzen einer solchen Bezugnahme (Materialüberhang des Falls, Inhaltsüberhang der Theorie).

Abschließende Betrachtung (AFB III):

Je nach Aufgabe: Beurteilung der pädagogischen Intervention in Bezug auf ihre Wirksamkeit, begründete Einschätzung mehrerer Interventionsmöglichkeiten, Entwicklung eigener Ideen für pädagogische Unterstützung. Wichtig: Bezug zu anderen Aufgaben herstellen, Wiederholungen aber vermeiden.
Begründete Stellungnahme/eigene Position oder teilweise Einnahme der Perspektive eines bestimmten Theoretikers mit Berücksichtigung von

- **Sachurteil:** z. B. Hinweis auf Kosten einer möglichen Maßnahme.
- **Werturteil:** z. B. Überprüfung von Wertvorstellungen.

Glossar

Abwehrmechanismen
Fühlt sich das „Ich" bedroht oder in seiner Selbstbehauptung gefährdet, setzt es unbewusste Strategien zur Abwandlung oder Zurückdrängung libidinöser Triebimpulse aus dem „Es" ein, wenn sie sich in der gegenwärtigen Situation oder über Einschränkungen aus dem „Über-Ich" verbieten.

Adaption (auch: Adaptation)
Form der Anpassung oder Angleichung eines Individuums an seine Umwelt – möglich in zwei Formen: → Assimilation und → Akkomodation.

Adoleszenz
Auch: Jugendalter. Entwicklungsabschnitt, der mit dem Einsetzen der Pubertät beginnt und mit dem Eintritt ins Erwachsenenalter endet. Adoleszenz ist ein entwicklungspsychologischer Begriff und beschreibt die psychosoziale Veränderung während dieser Zeitspanne. Die Pubertät (zwischen dem 12. und 15. Lebensjahr einsetzend; kann als biologische Kategorie verstanden werden) bringt körperliche und hormonelle Veränderungen, die psychisch verarbeitet werden müssen.

Aggression
Jedes körperliche oder verbale Verhalten, das mit Absicht (Intention) die Schädigung eines anderen Organismus' oder von Sachen zum Gegenstand hat. Man unterscheidet zwischen instrumenteller Aggression (Angriff oder Verteidigung), destruktiver Aggression (Grausamkeit) und emotionaler Dysfunktionalität (unmotivierte Zornesausbrüche). Zum Entstehen von Aggressionen gibt es unterschiedliche Theorien: Sie ist
- eine Trieb- oder Instinktäußerung (vgl. Freud),
- eine Reaktion auf Frustration,
- das Ergebnis von Lernprozessen (vgl. Bandura).

Dem lerntheoretischen Ansatz folgend ist zu fragen, wie → Erziehung Aggressivität verringern und sozial-integratives Verhalten bestärken kann.

Akkommodation
Prozess, bei dem der Mensch die bestehenden Schemata als Reaktion an neue Erfahrungen bzw. an die Umwelt anpasst.

Allokation
Zuweisung von Heranwachsenden auf die unterschiedlichen und ungleichen Positionen (und Berufe) in der Gesellschaft. Nach Fends Beschreibung eine der zentralen Funktionen von Schule.

Ambiguitätstoleranz (Krappmann)
Identitätsfördernde Fähigkeit, mit Widersprüchen und Uneindeutigkeiten zurechtzukommen, die sich aus der → Interaktion mit anderen Individuen ergeben.

Analer Charakter
Beschreibung bestimmter Persönlichkeitsmerkmale Erwachsener aufgrund einer → Fixierung in der analen Phase. Hier kommt es zu extrem egoistischem Verhalten, Geiz, Pedanterie und Herrschsucht. Weitere Folgen einer extremen Sauberkeitserziehung können neurotisches Verhalten wie Ordnungsfanatismus und extremen Ekel vor Schmutz o. Ä. hervorrufen.

Anlage
Die genetische Ausstattung des Individuums, die beispielsweise Grundstrukturen der Psyche, der → Intelligenz oder der körperlichen Verfassung bestimmt.

Ängste
Angst vor der Triebstärke, Angst vor Forderungen des „über-Ichs", Angst vor äußeren Gegebenheiten (Realangst) sind Gründe für den Einsatz von → Abwehrmechanismen.

Äquilibration
Prozess, bei dem das Individuum → Assimilation und → Akkommodation ausbalanciert, um ein stabiles Gleichgewicht herzustellen.

Arbeitshemmung (Erikson)
Dimension der → Identitätsdiffusion. Der delinquente Jugendliche empfindet keine Befriedigung in dem Erbringen von → Leistung.

Assimilation
Prozess, bei dem die Umwelteindrücke an die bestehenden → kognitiven Schemata angepasst werden.

Autonomie
Selbstständigkeit, Eigenständigkeit, Selbstverwaltung, Unabhängigkeit.

Autorität
Auf Tradition oder → Leistung beruhender Einfluss einer Institution oder Person, aus der sich Ansehen, aber auch Verfügungsgewalt ableitet. Man unterscheidet Sachautorität (Expertise, Wissen), Amtsautorität und persönliche Autorität (z. B. durch Vertrauen, Erfahrung). Voraussetzung erfolgreicher Erziehung ist ein Autoritätsverhältnis zwischen Kind/Heranwachsendem und Erziehenden (Eltern, Erzieher/-innen, Lehrkräfte). Probleme ergeben sich, wo Amtsinhaber nicht über Sach- oder persönliche Autorität verfügen, denn dort kann Macht an die Stelle von Vertrauen treten und das Erziehungsverhältnis beschädigen.

Bedürfnis
Verlangen, Notwendigkeit oder Wunsch, einen Mangel zu beseitigen, z. B. durch Nahrung, Kleidung, Schlaf, Liebe, Wertschätzung. Der Mangel kann durch Personen, aber auch durch geeignete Objekte (Dinge etc.) behoben werden. Man unterscheidet primäre (biologische) Bedürfnisse (z. B. Hunger, Durst, Schlaf, Zuwendung) und sekundäre (sozio-kulturelle) Bedürfnisse, die jedoch erst dann entwickelt, werden wenn die primären Bedürfnisse erfüllt sind.

Befremdung
Emotionale Reaktion auf Begegnung mit Fremdem.

Begabung
Der Begriff umfasst sowohl die biologische Ausstattung eines Menschen (Potenzial) als auch seine Fähigkeit und Bereitschaft, diese zu nutzen (→ Bildsamkeit, Leistungsbereitschaft). Die individuelle Leistungsfähigkeit kann durch die Umgebung beschränkt oder entwickelt werden. Demnach sind Umwelteinflüsse möglichst begabungsfördernd zu gestalten (→ Intelligenz).

Behaviorismus
Verhaltenslehre, die u. a. lerntheoretische Gesetzmäßigkeiten zur Erklärung von → Verhalten anwendet (wichtigste Vertreter: Pawlow, Skinner, Bandura).

Beobachtung
1. Erfahrungswissenschaftliche Methode zur Erhebung von Daten (meist in Stichproben), um Annahmen zu überprüfen. Die Daten werden nicht durch direkte Auskunft, sondern indirekt vom Forscher erhoben (Beobachtung). Eine wissenschaftliche Beobachtung muss systematisch geplant, durchgeführt und ausgewertet werden.
2. Auch Erziehungshandeln setzt Beobachtung voraus, jedoch erfolgt sie oft unsystematisch. Zu beobachten sind das Verhalten des Erziehenden sowie das des Kindes, um ggf. zu Annahmen über die Wirkung von Erziehungsverhalten zu kommen.

Beobachtungslernen
(auch: → Lernen am Modell, Imitationslernen, sozial-kognitive Lerntheorie) Eine Möglichkeit, sich komplexe Verhaltensweisen durch Anschauung und Nachahmung anzueignen.

Bildsamkeit
Die Fähigkeit des Individuums, Selbstbestimmung und Bildung (durch Lernen) zu erreichen (→ Menschenbild).

Bildung
Als Begriff um 1800 von Wilhelm von Humboldt in die pädagogische Fachsprache eingeführt. Entfaltungsvorgang eines Individuums, umfassende Persönlichkeitsentwicklung (auch, aber nicht ausschließlich: infolge zielgerichteter Unterrichtung) mit dem Ziel individueller Handlungsfähigkeit und Welterschließung.

Bildung für nachhaltige Entwicklung
Bildung, die individuelles Handeln fördert, das die Regenerationsfähigkeit natürlicher Systeme anstrebt und eigene Handlungen mit Verantwortung für die zur Verfügung stehenden Ressourcen plant.

Binden (Hurrelmann)
Entwicklungsaufgabe: emotionale Ablösung von den Eltern, Gleichaltrige gewinnen an Einfluss, Ausbildung der eigenen Körper- und Geschlechtsidentität und Aufbau von Liebesbeziehungen.

Bindungstheorie (Bowlby, Ainsworth)
Individuation findet immer in Beziehungen statt. Gegenstand der Bindungstheorie sind Aufbau und Veränderung enger Beziehungen im Verlaufe des Lebens. Sie stellt ein Modell früher Bindungen zwischen Mutter und Kind bereit, wobei die Qualität bzw. Stabilität der Bindung über die Orientiertheit eines Kindes in der Welt entscheidet (→ Explorationsverhalten).

Chancengleichheit
Gleichheit von Chancen, also die Frage, ob alle im gleichen Maße Zugang zu einem Angebot oder einer Ressource haben.

Chancengerechtigkeit
Normative (wertende) Perspektive auf die Gerechtigkeit von Chancen, also die Frage, ob der Zugang zu einer → Ressource oder einem Angebot gerecht verteilt ist.

Coping
Coping beschreibt das Bemühen eines Individuums, mit den Anforderungen einer belastenden, möglicherweise überfordernden Situation zurechtzukommen, obwohl es eigentlich nicht über adäquate Anpassungsmöglichkeiten verfügt. Coping beschreibt nicht die mit Erfolg angewendete Bewältigungsstrategie.

Devianz
Verhalten eines Individuums, welches von einem als normal definierten Standard abweicht.

dysfunktional
Schädlich, einer Funktion abträglich, nicht die vorgesehene Absicht erreichend.

Empathie (nach Krappmann)
Fähigkeit, die Erwartungen der Interaktionspartner zu übernehmen. Hier nicht: Einfühlungsvermögen, sondern: kognitive Erkenntnis.

Enkulturation
Individueller „Erwerb" der eigenen Kultur durch → Sozialisation. Fortschreibung kultureller Grundlagen/Werten/Praktiken in der nächsten Generation, nach Fend Funktion von Schule.

Entwicklungsaufgaben
Bewältigungsziele, die sich aus dem Wechselspiel zwischen Reifung, gesellschaftlicher Anforderungen und individueller Zielsetzung ergeben. Die Bewältigung der Aufgaben ist aus sozialisationstheoretischer Perspektive entscheidend für individuelle Sozialisationsverläufe. Entwicklungsaufgaben beschreiben Zielvorstellungen einer Kultur, die ein Individuum hinsichtlich bestimmter Lebensphasen zu erreichen hat (vgl. Hurrelmann).

Entwicklungsdruck
Hohe Anforderungen der gestellten → Entwicklungsaufgaben ergeben so hohe Belastungen, dass die dem Individuum zur Bewältigung bereitstehenden → Ressourcen bzw. → Kompetenzen nicht ausreichen, um sie zu bewältigen.

Entwicklungskrisen
Widersprüche, die sich in den einzelnen Entwicklungsphasen zuspitzen. Erst die erfolgreiche Bewältigung dieser Krisen führt zu einer stabilen → Identität. (Erikson definiert spezifische, für die Entwicklung notwendige Krisen einzelner Entwicklungsstadien.)

Entwicklungstheorien
Theorien, die Veränderungen des Individuums in Abhängigkeit von der (Lebens-)Zeit und dadurch gegebenen inneren Voraussetzungen sowie den Kontextbedingungen beschreiben.

Entwicklungspsychologie
Teilgebiet der Psychologie, das die Entwicklung und Veränderungen des Menschen in verschiedenen Lebensabschnitten untersucht.

epigenetisches Prinzip (Erikson)
1. Entwicklungspsychologie: Annahme, dass die Entwicklung eines Menschen nach einem für alle Menschen gleichen Grundplan erfolgt, der in einzelne Stufen bzw. Entwicklungsaufgaben gegliedert ist. Erikson sieht die gesamte Entwicklung des Menschen einem Programm unterworfen, in dem in jedem Lebensabschnitt → Krisen entstehen, die gelöst werden müssen.
2. Biologie: Untersuchung der Frage, welche (Umwelt-)Faktoren die Aktivität eines Gens beeinflussen. Genetische Auswirkungen sind durch Umwelterfahrungen veränderlich. Sie können verstärkt oder behindert werden.

Epistemologie
Lehre von den Grundlagen des Wissens.

Erziehung
1. Gesamtheit allen erzieherischen Handelns, das Personalisation, Sozialisation und Enkulturation eines Menschen steuert. Prozess und Ergebnis der Einflussnahme auf die Entwicklung und das Verhalten Heranwachsender.
2. Unterstützung eines Menschen, damit dieser seine eigenen Fähigkeiten (→ Ressourcen) aktivieren und entwickeln kann.

Erziehungsstil
Gruppe von Merkmalen eines Erziehungsverhaltens, z. B. autoritär, demokratisch, permissiv (alles erlaubend), sozialintegrativ.

Erziehungsstil, autoritärer
Die Erziehenden geben die Ziele vor, ohne diese weiter zu begründen. Die Kinder/Heranwachsenden erhalten klare Rückmeldungen über das Erreichen der Ziele, die nicht verhandelbar sind. Auswirkung: Es besteht große Auftragsklarheit, aber eigene Initiative und gleichberechtigter Austausch sind kaum möglich.

Erziehungsstil, antiautoritärer
Die Erziehenden lehnen die Ausübung von Autorität ab. Antiautoritäre Erziehung fordert vom Erziehenden, sich mit eigenen Erfahrungen von → Autorität auseinanderzusetzen. Dem Kind gegenüber ist eine starke emotionale Zugewandtheit vorhanden.

Erziehungsstil, autoritativer
Die Erziehenden geben im Wissen darüber Orientierung, dass Kinder in jungen Jahren Regeln und Grenzen brauchen. Emotionale Zugewandtheit bewirkt, dass sich Kinder und später Jugendliche frei entwickeln können.

Erziehungsstil, demokratischer
Prägend für den demokratischen Erziehungsstil ist eine beiderseitige hohe Akzeptanz, eine gut funktionierende Kommunikation zwischen Kindern und Eltern und das bewusste Einbeziehen der kindlichen Wünsche und Bedürfnisse, die diese auch frei äußern und bewusst einbringen dürfen. Die Erziehenden geben Ziele vor und begründen diese. Die Heranwachsenden erhalten wertschätzende Rückmeldungen über das Erreichen der Ziele. Die Auswirkung ist, dass sie im Austausch verstehen, warum Ziele angestrebt werden und so eigene Initiative entwickeln.

Erziehungsstil, Laissez-faire-...
„Laissez faire" (frz.) bedeutet „machen lassen". Gemeint ist, dass die Erziehenden nur in sehr geringem Umfang mit Kindern und Jugendlichen interagieren und kaum Vorgaben machen. Diese sind gefordert, eigene Ziele zu entwickeln und erhalten wenig Orientierung. Es besteht die Gefahr von Verwahrlosung bzw. Überforderung.

Erziehungsziele
Gesellschaftlich verhandelte und festgelegte Wertvorstellungen für das Verhalten des Individuums. Wichtige Erziehungsziele von Schule sind: Mündigkeit, Freiheit und Moralität.

Erziehungswissenschaft
Wissenschaftliche Disziplin, die sich mit der Theorie und Praxis von Bildung und Erziehung auseinandersetzt.

Erziehungsbedürftigkeit
Da menschliche Säuglinge ohne ihre Eltern nicht überlebensfähig sind und die meisten sozialen Lernprozesse erst nach der Geburt stattfinden können, z. B. die Vermittlung von Regeln und sozialen Normen, besteht für den Menschen die Notwendigkeit von → Erziehung.

Ethnie
Gruppe, die sich durch gemeinsame Abstammung/Wertvorstellungen/kulturelle Praktiken definiert.

Ethnozentrismus
Bezogenheit auf die eigene Kultur, definiert die eigene kulturelle → Identität und hat so zunächst kulturbewahrende Funktion.

Ethnozentrismus, aufgeklärter
Erkennen des eigenen, quo Sozialisation unvermeidbaren → Ethnozentrismus.

Explorationsverhalten
Kindliches Verhalten zur Erforschung der Umwelt, getragen von Neugier.

Fähigkeiten, identitätsförderliche (Krappmann)
Grundfähigkeiten, um die Widersprüchlichkeiten und die Komplexität sozialer Anforderungen zufriedenstellend mit den eigenen Bedürfnissen ausbalancieren und situative Lösungen aushandeln zu können: Rollendistanz, → Empathie (role-taking), → Ambiguitätstoleranz, Identitätsdarstellung.

Fixierung (auch: Fixation)
Triebfixierung: Befriedigung der Lust erfolgt noch über Quellen, die nicht mehr dem Entwicklungsstand entsprechen. Fixierungen der jeweiligen Phase haben bestimmte Persönlichkeitseigenschaften im Erwachsenalter zur Folge (→ analer Charakter).

Frühpädagogik
Fachrichtung der → Erziehungswissenschaft, die sich mit der Altersgruppe der unter Sechsjährigen sowie mit den damit verbundenen Aufgaben der → Erziehung befasst und synonym mit den Begriffen Elementarpädagogik und Vorschulpädagogik verwendet wird.

Generativität (Erikson)
Fähigkeit, sich um eine neue Generation zu sorgen. Generativität betrifft Menschen in der Altersklasse von etwa 40 bis 65 Jahren und meint, die Liebe in die Zukunft zu tragen und sich um zukünftige Generationen zu kümmern.

Geragogik
Geragogik oder Alterspädagogik bezeichnet Arbeitsfelder, die sich mit Bildung im Alter oder Weiterbildung älterer Menschen beschäftigt. Im Zuge der Auffassungen lebenslangen Lernens erhalten didaktische Konzepte, Methoden und Inhalte in der Erwachsenenpädagogik besondere Beachtung.

Homöostase
Zustand ausgeglichener Harmonie des Systems.

Hospitalismus
Begriff für psychische und körperliche Schäden und Defizite, die Kinder entwickeln, wenn sie über längere Zeit und dort schlecht versorgt in Krankenhäusern oder Heimen untergebracht sind.

Humanismus
1. Auf das Bildungsideal der griechisch-römischen Antike seit dem 19. Jahrhundert begründetes Denken und Handeln im Bewusstsein der unveräußerlichen Würde des Menschen. Streben nach Menschlichkeit.
2. Optimismus, dass der Mensch die Fähigkeit hat, zu einer besseren Existenzform zu finden. Dieses Bildungsideal soll jedem die bestmögliche Persönlichkeitsentfaltung ermöglichen.

Identität (Erikson)
Gesamtheit der ein Individuum von allen anderen Individuen unterscheidenden Eigentümlichkeiten. Nach Erikson ist eine dauernde Ich-Identität die Summe der Erfahrungen und der erworbenen Ich-Qualitäten aus den vorangegangenen Entwicklungsstufen. Sie verfestigt sich im Jugendalter und überdauert die Folgephasen. Eine stabile Identität im Jugendalter ist demnach wichtige Voraussetzung für eine weitere positive Lebensführung.

Identität, balancierende (Krappmann)
Vermittlungsaufgabe zwischen gesellschaftlichen/sozialen Erwartungen und eigenen Zielen, Strategien zum Austarieren von Identität vor dem Hintergrund nicht zu erfüllender Erwartungen (z. B. durch strikte Trennung zwischen Privatleben und Beruf).

Identitätsdiffusion
Gefühl der Haltlosigkeit, der Unzulänglichkeit und anhaltenden Suche nach dem eigenen Selbstbild in sozialer Verortung.

Identitätstheorien
Theorien, die das Verhältnis von eigenem Gestaltungseinfluss und den Kontextbedingungen der Gesellschaft sowie die Anforderungen und Probleme bei der Konstruktion eines Selbstbildes in sozialer Verortung betrachten.

Individuation
Der Prozess der Entwicklung einer individuellen Persönlichkeit, mitsamt physischen, psychischen und sozialen Merkmalen. Auch: Ablösungsprozesse von den Eltern bzw. der Herkunftsfamilie.
- Überindividuation: Zu starke Abgrenzung von der Familie als System, zu geringe Bindung an das System. Mögliche Folge: Emotionale Unverbundenheit.

- Unterindividuation: Eine zu ausgeprägte is Bindung das System, mit der Vernachlässigung eigener Entwicklungsaufgaben als Folge.

Individuation, bezogene
Individualität und Gemeinschaft bedingen sich im System gegenseitig.

Inklusion
Strukturen und Rahmenbedingungen, in der alle nach ihren Möglichkeiten lernen können, ohne dass zunächst eine Norm definiert wird, Ausgangspunkt für das Lernen ist also der Lern- und Entwicklungsbedarf des Individuums.

Integration
Der Prozess der Anpassung an gesellschaftliche Anforderungen und das Einfinden in die jeweilige Gesellschaftsstruktur.

Integrität (Erikson)
Zustand der Akzeptanz der zurückliegenden Lebensphasen als Ganzes und zum eigenen Leben dazugehörig.

Intelligenz
1. Psychologie: Sammelbegriff für die kognitive Leistungsfähigkeit des Menschen, die Fähigkeit, für unterschiedliche Probleme Lösungen entwickeln zu können. Es gibt keine allgemein geteilte Definition der Intelligenz. Vielmehr schlagen die verschiedenen Intelligenztheorien unterschiedliche → Operationalisierungen des alltagssprachlichen Begriffs vor. Gemessen wird Intelligenz mit Intelligenztests. Es wird angenommen, dass Leistungsunterschiede in Intelligenztests auch Unterschiede der kognitiven Leistungsfähigkeit abbilden.
2. In den Erziehungswissenschaften wird der Begriff auch verwendet, um individuelles Lernpotenzial zu beschreiben, das entwickelt werden kann.

Intention
Zielgerichtetheit. Intentionale Erziehung meint, dass eine bestimmte Zielvorstellung mit der Erziehung verbunden ist.

Interaktion, soziale
Beziehung zu und Austausch mit anderen Menschen. Der Mensch ist ein primär soziales Wesen, ohne Beziehungen zu Mitmenschen kann er nicht leben.

Interaktionismus, symbolischer (Mead)
Es bestehen wechselseitige Beziehungen zwischen Individuum und Gesellschaft. Typischerweise findet menschliche → Interaktion/Kommunikation über „signifikante Symbole" statt, also Allgemeinbegriffe. Voraussetzung für das Gelingen von Kommunikation/Interaktion ist, dass die Bedeutung eines Symbols von allen Mitgliedern der Gesellschaft gleich interpretiert wird.

Interkulturalität
Bewusstes Zusammenleben mit anderen Kulturen und Bemühen um Austausch und Wertschätzung auf Augenhöhe.

Intimität (Erikson)
Aufbau von Freundschaften, Liebesbeziehungen und sexuellen Bindungen, die durch Verantwortung, Vertrautheit und Exklusivität gekennzeichnet sind.

Intra-Rollenkonflikt
Widersprüchliche Anforderungen im Hinblick auf eine soziale Rolle des Individuums.

Inter-Rollenkonflikt
Widersprüchliche Anforderungen im Hinblick auf unterschiedliche soziale Rollen des Individuums.

Isolation (Erikson)
Unfähigkeit, sich mit anderen Menschen auf echte, intime Beziehungen einzulassen.

Just Community
Die Idee der gerechten Schulgemeinschaft stellt eine praktische Umsetzung der von Kohlberg entwickelten Theorie der Moralentwicklung dar.

kognitiv
Bezogen auf das Wissen, Verstehen und Denken eines Individuums.

Kompensation
Ausgleich bei bestehenden Nachteilen oder Benachteiligungen.

Kompetenz
Fähigkeit zu einem bestimmten Handeln. Auch: Zuständigkeit für bestimmte Zusammenhänge.

Konditionieren (klassisches, operantes)
Formen des Lernens, in der Ereignisse, Stimuli (Reize) und Verhalten miteinander verknüpft werden (vgl. → Lerntheorie).

Konstruktivismus
Annahme, dass sich Lernen nur in selbst herleitendem (induktivem), methodisch konstruierendem Denken oder Handeln vollzieht, weil es sich nur dann in die je individuellen Strukturen vorhandenen Wissens einbettet und diese so erweitern kann (vgl. → neurobiologische Lernforschung).

Konsumieren (Hurrelmann)
Entwicklungsaufgabe: Erlernen eines Umgangs mit Wirtschafts-, Freizeit- und Medienangeboten. Dabei nehmen die Einflüsse Gleichaltriger (Peer-Group) eine zentrale Bedeutung ein.

Krise (Erikson)
Synonym für → Entwicklungsaufgabe.

Legitimationsfunktion
Nach Fend: Durch die Reproduktion von Normen und Werten führt Schule zur gesellschaftlichen Integration und damit zur Stabilisierung und Legitimation der bestehenden Gesellschaft. Die Legitimationsfunktion umfasst die Leistungen, die das Bildungssystem gegenüber dem politischen System wahrnimmt.

Leistung
(Anerkanntes) Lernergebnis nach Bewältigung einer (schulischen) Aufgabe/Anstrengung. Leistung umfasst viele Faktoren, darunter persönliche Fertigkeiten und Fähigkeiten, sachliche Rahmenbedingungen sowie soziale Anforderungen. Geraten Leistungsvorstellungen und -anforderungen aus der Balance, kann Über- oder Unterforderung eintreten, was → Stress auslösen kann.

Leistungsmessung
Erfassung des Ablaufs oder des Ergebnisses einer → Leistung. Im schulischen Umfeld erfolgt Leistungsmessung vorwiegend durch punktuelle Arbeiten/Klausuren/Prüfungen, die mit einer Note benotet werden. Pädagogisch sollen Bewertungen Lernprozesse anregen, deren Gelingen jedoch von vielfältigen Rahmenbedingungen abhängt, die nicht alle vom Lernenden zu beeinflussen sind. Eine wichtige gesellschaftliche Funktion der Leistungsbewertung ist Auslese. Aktuelle didaktische Ansätze stellen die individuelle Leistungsfähigkeit ins Zentrum der Bewertung, die helfen soll, eigene Fortschritte einzuschätzen – immer im Spannungsverhältnis zu den normativen Erwartungen.

Leistungsmotivation
Bestreben, das eigene Können und Wissen stetig zu verbessern und auf möglichst hohem Niveau zu halten. Einzelaspekte sind: Orientierung/Vergleich mit → Normen/anderen Menschen; Hoffnung auf Erfolg/Furcht vor Misserfolg; dauerhafte Anstrengungsbereitschaft. Der Wille, Leistung zu erbringen, setzt etwa im Grundschulalter ein.

Lernen
Allgemein: absichtlicher und beiläufiger Erwerb von geistigen, körperlichen, sozialen Kenntnissen, Fähigkeiten und Fertigkeiten.
Lernpsychologie: Prozess der relativ stabilen Veränderung des Verhaltens, Denkens oder Fühlens aufgrund von Erfahrung oder neu gewonnenen Einsichten.

Lernfähigkeit
1. Eigenschaft, Informationen speichern zu können und diese für eigene Zwecke zu nutzen.
2. Fähigkeit zur Eigenaktivität, Verarbeitung von Reizen, sich an verschiedene Umweltbedingungen anpassen und diese selbst mitgestalten (→ Lernen).

Lernstörung
Sammelbezeichnung für Störungen im Erwerb von Wissen, Kenntnissen und Erfahrung.

Lerntheorie
Von der Psychologie entwickelte Theorien über Lernprozesse.
- Kontiguitätslernen (z. B. Pawlow): klassische → Konditionierung;
- Verstärkungslernen (z. B. Thorndike, Skinner): operante Konditionierung, Assoziation zwischen Sinneseindruck (Reiz) und Handlungsimpuls (Reaktion), Lernen durch Versuch und Irrtum;
- kognitives Lernen (z. B. Wertheimer): produktives Denken, → kognitive Strukturen (Erwartungen, Einsichten) steuern das Verhalten;
- soziales Lernen (z. B. Bandura): Lernen durch Nachahmung in der Realität, Lernen am Modell (→ Beobachtungslernen).

Lernziel
Beschreibung des angestrebten Lerngewinns eines Lernenden bezogen auf einen bestimmten Inhalt. Entscheidend ist, wie ein Lernziel festgelegt und beschrieben sowie überprüft werden kann. Um ein Lernziel operationalisieren zu können, muss es möglichst konkret abgefasst sein.

Libido (Freud)
Psychoanalyse: Psychische Energie (Lebenstrieb), die mit den Trieben der Sexualität (Eros) verknüpft ist.

Literacy
Lese- und Schreibfähigkeit, die Text- und Sinnverständnis einschließt. Inzwischen auch als Verallgemeinerung für alle Kompetenzen verwendet, die dazu dienen, symbolische Systeme zu verstehen, zu benutzen und zu produzieren.

Magisches Denken
Erscheinungsform der kindlichen Entwicklung: Kinder nehmen in dieser Entwicklungsphase an, dass ihre Gedanken, Worte und Handlungen auf andere Ereignisse Einfluss nehmen können.

Mediatisierung
Steigender Einfluss des Medienwandels auf menschliche Kommunikation sowie Interaktion und die damit zusammenhängenden Folgen für Alltag und Leben, Wissensbestände, Identitäten und Beziehungen der Menschen sowie für Kultur und Gesellschaft.

Medienerziehung
1. Wissenschaftsgebiet: Wissenschaftliche Reflexion erziehungs- und bildungsrelevanter Ziele im Zusammenhang der Mediennutzung von Kindern und Jugendlichen.
2. Praxisfeld: Konkrete medienerzieherische Aktivitäten.

Medienpädagogik
Teildisziplin der → Erziehungswissenschaft, die sich mit dem erziehenden und bildenden Umgang mit Medien aller Art, von den Printmedien über Film und Kino bis zum Rundfunkwesen (Radio, Fernsehen) und den digitalen Medien beschäftigt.

Menschenbild
Vorstellung (z. B. in der Philosophie, Theologie oder Erziehungswissenschaft) über das Wesen des Menschen. Menschenbilder beschreiben nicht nur, was den Menschen ausmacht, sie beschreiben auch Eigenschaften, die Menschen von Nicht-Menschen (Tiere, Pflanzen, Maschinen) unterscheiden. So ist im Gegensatz zum Tier der Mensch nicht instinktgebunden, er ist frei in seinen Entscheidungen. Darum ist er fähig zu lernen, zum Kulturerwerb (z. B. Sprache). Folgen für die Erziehungspraxis: → Bildung zur Selbstbestimmung, Aufforderung zur Selbsttätigkeit, Weiterentwicklung im Sinne der Gesellschaft. Pädagogisches Handeln wird immer beeinflusst vom Menschenbild des Erziehenden.

Meritokratie
Prinzip, bei dem Amtsträger, Herrscher, Leiter oder Führungspersonen gemäß ihren erbrachten Leistungen ausgewählt werden. Meritokratie verspricht gesellschaftliche → Integration und sozialen Aufstieg durch individuelle Leistung.

Motivation
Gesamtheit von Beweggründen, die das Handeln oder die Entscheidung von Personen beeinflussen. Wie Motivation entsteht und wodurch sie beeinflusst wird, lässt sich unterschiedlich erklären:
- Biologen bzw. Psychologen gehen von Instinkt- oder Triebmodellen aus.
- Lerntheoretiker arbeiten mit Anreiz-Modellen.
- Kognitive Modelle nehmen zur Erklärung motivationaler Prozesse auch Interpretationen, Vergleiche und Vorwegnahmen des Ergebnisses in den Blick.
- Maslow zufolge gibt es eine Pyramide der Motivation: Ganz unten stehen die körperlichen → Bedürfnisse, gefolgt von Sicherheit, Liebe/Zuwendung, Geltung/Status/Anerkennung und an der Spitze Selbstverwirklichung.

Moratorium
Von Erikson geprägter Begriff der Lebensphase zwischen Kindheit und Erwachsenen-Identität, in der sich die allmähliche Ablösung von Eltern vollzieht. Der endgültige Abschied vom Kindheits-Ich wird aufgeschoben zugunsten einer Karenzzeit (Auszeit, Probierzeit), in der junge Menschen Rollenhandeln ausprobieren können.

Mündigkeit
1. Rechtliche Bedeutung: Volljährigkeit, Wahlrecht, strafrechtliche Verantwortlichkeit, Geschäftsfähigkeit.
2. Pädagogische Bedeutung: → Kompetenzen (Selbst-, Sach- und Sozialkompetenz), mit denen ein Mensch bereit und fähig ist, das eigene Leben sowie Beruf, Umwelt und Politik bewältigen zu können.

Multikulturalität
1. Das Vorhandensein von Einflüssen mehrerer Kulturen. Verschiedene Kulturen in einer Gesellschaft verschmelzen nicht miteinander, sondern bestehen gleichzeitig nebeneinander.
2. Von Toleranz geprägtes Nebeneinander der Kulturen in einer Gesellschaft.

Neurobiologische Lernforschung/Hirnforschung
Als Grundlage aller psychischen Prozesse wird die Signalübertragung zwischen Nervenzellen angesehen. Gedächtnisleistungen beruhen auf Veränderungen der Signalübertragung zwischen Nervenzellen. Neurobiologische Lernforschung beschäftigt sich damit, welche neuronalen Prozesse dem Lernen, der Wahrnehmung, der Aufmerksamkeit, dem Gedächtnis und der Sprache zugrundeliegen. Aus dem Befund, dass Wahrnehmung von jedem Individuum individuell konstruiert wird, folgen konstruktivistische Lernannahmen.

Neuroplastizität
Das zentrale Nervensystem (Gehirn/Rückenmark) kann sich funktionell, strukturell und adaptiv verändern, es ermöglicht also Lernvorgänge. In den ersten Lebensjahren ist diese Veränderungs- bzw. Anpassungsfähigkeit besonders hoch, sie besteht aber grundsätzlich bis ins hohe Alter.

Neurose
Länger andauernde seelisch bzw. psychosozial bedingte Gesundheitsstörung ohne nachweisbare organische Grundlage. Der Begriff wird heute meist spezifiziert in differenzierte Krankheitsbilder (z. B. Zwangsstörungen und Depressionen). Freud sieht unbewusste Prozesse als Ursachen von Neurosen.

Norm
Rechtlich oder moralisch in der Gesellschaft festgelegte Regel (Standard), die Verhaltenserwartungen, Maßstäbe oder Ordnungsprinzipien beinhaltet. Man unterscheidet
- statistische Normen (z. B. Durchschnitts- Mindest-, Höchstwerte),
- ideale Normen (z. B. Erziehungsziele) und
- funktionale Normen (z. B. → Verhalten).

Um Abweichungen von einer Norm bestimmen zu können, braucht man Kriterien. „Normalität" meint die Übereinstimmung mit Normen.

Ödipuskonflikt bzw. -komplex (Freud)
Seit Freud steht der griechische Mythos um Ödipus für eine Konstellation, in der der Junge in der phallischen Phase die Mutter erotisch begehrt und, aus Sicht des kleinen Jungen, in Rivalität mit dem Vater steht. Gemeint ist, dass sich die sexuellen Fantasien eines Kindes in der phallischen Phase auf das gegengeschlechtliche Elternteil richten. Den gleichgeschlechtlichen Teil möchte das Kind beseitigen. Die Folge solcher Gedanken sind Angst vor Bestrafungen und Schuldgefühle, unter deren Druck das Kind die Eltern als → Libido-Objekte aufgibt und sich mit dem gleichgeschlechtlichen Elternteil identifiziert. Auf dieser Grundlage bildet sich – nach Freud – das „Über-Ich“ aus.

Operationalisierung
1. Konkretisierung eines theoretischen Begriffs.
2. Messbarmachung eines theoretischen Modells (z. B. Intelligenz) durch Messverfahren und -instrumente.

Operator
Im Zusammenhang mit Klausuren/Prüfungen: Verb, das beschreibt, welche Handlung ausgeführt werden soll und welches Ergebnis dabei erwartet wird (z. B.: „Analysieren Sie …“, „Fassen Sie zusammen …“).

Organisation
Angeborene Tendenz, eigenes Verhalten und Denken in sinnvolle Systeme (kognitive Strukturen) einzuordnen (kognitive → Schemata).

Pädagogik
Sowohl das praktische, erzieherische Handeln, als auch die wissenschaftliche Reflexion von Erziehungsprozessen.

Parentifizierung
Begriff aus der Familientherapie: Übernahme elterlicher Systemaufgaben durch einen Jugendlichen.

Partizipieren
→ Entwicklungsaufgabe: Jugendliche entwickeln ein eigenes Werte- und Normensystem und erlangen so die Fähigkeit zur politischen Partizipation (Teilhabe).

Patchwork-Identität (Keupp)
In der Vergangenheit wurde die Bereitschaft, vorgefertigte Identitätsangebote anzunehmen, als ein wichtiges Merkmal der Lebensbewältigung betrachtet. Heute kommt es auf die Fähigkeit zur Selbstorganisation, zum „Selbsttätigwerden“ oder zur „Selbsteinbettung“ an, zu verstehen als individuelle Identitätsarbeit. → Identität herzustellen, ist so betrachtet eine Patchwork-Arbeit.

Personalisation
Prozess der Entwicklung der individuellen Persönlichkeit und bewusstes Erleben der eigenen Person.

Persönlichkeit
Gesamtheit der individuellen Ausprägung eines Menschen, z. B. durch Fähigkeiten, Fertigkeiten, Kenntnisse, Motive, Einstellungen, Verhaltensweisen, körperliche Merkmale, Gefühle, Haltungen.

PISA
Schulleistungsuntersuchung (Programme for International Student Assessment – Programm zur internationale Schülerbewertung/testung), koordiniert durch die OECD (Organisation für wirtschaftliche Zusammenarbeit und Entwicklung bzw. Organisation for Economic Co-operation and Development).

Prägung
In einer kurzen, genetisch festgelegten Zeitphase (sensible Phase) werden Reize der Umwelt dauerhaft in das Verhaltensrepertoire übernommen. Beim Menschen erfolgen, wenn überhaupt, Prägungsvorgänge nur in der Phase kurz nach der Geburt. Bei Tieren sind Effekte von → Prägung als Lernprozess nachweisbar.

Projektion (Freud)
Abwehrmechanismus/Psychologischer Mechanismus, bei dem unbewusst eigene Wünsche, → Triebe oder Erwartungen auf andere Personen oder Objekte übertragen werden.

Psychischer Apparat (Freud)
Modell des Seelenlebens, das als ein aus Einzelteilen bestehender Apparat gesehen wird. Gekennzeichnet durch die Interaktion der drei psychischen Instanzen „Es", „Ich" und „Über-Ich", die unterschiedlichen Prinzipien gehorchen. Ausschlaggebend für die „Arbeit" des psychischen Apparats sind die Triebwünsche aus dem „Es", welche die Interaktion der drei Instanzen veranlassen.

Psychoanalyse
Von Sigmund Freud begründete Lehre sowie Forschungs- und Heilmethode (Therapie). Grundlage ist die Annahme, dass bei Erleben und Verhalten bewusste und unbewusste seelische Prozesse zusammenwirken. Ziel ist es, psychische Störungen zu verstehen, um sie therapieren zu können.

Realität, innere
Nach Hurrelmann: Körperliche und psychische Grundstrukturen, Temperament, Grundlinien der Persönlichkeit.

Realität, äußere
Nach Hurrelmann: Konkrete, das Individuum umgebende, soziale und psychische Umweltbedingungen.

Reformpädagogik
Sammelbezeichnung für Bestrebungen, Schule, Unterricht und → Erziehung zu erneuern.
Historisch: Epoche von Bildungs- und Schulreformen in Europa und in den USA zwischen 1890 und 1933, die das Kind in den Mittelpunkt stellt.
Aktuell: Bestrebungen zur Reform von Erziehung, Schule und Unterricht, z. B. durch neue schulische Formen und Erziehungsfelder.

Regression (Freud)
→ Abwehrmechanismus: Rückfall in Erlebnis- und Verhaltensweisen einer früheren Entwicklungsstufe.

Resilienz
Psychische Widerstandsfähigkeit. Die Fähigkeit, Krisen durch Rückgriff auf → Ressourcen zu bewältigen und sie als Anlass für die eigene Entwicklung zu nutzen. Verwandte Konzepte sind der Erhalt von Gesundheit (Salutogenese), Strategien zur Bewältigung problematischer Situationen (→ Coping) sowie der Wille und die Fähigkeit zur Selbsterhaltung.

Ressourcen, personale
Die Fähigkeiten, die dem Individuum selbst entspringen, wie z. B. psychische Stabilität, Ehrgeiz, Neugierde, körperliche Gesundheit.

Ressourcen, soziale
Die Unterstützungen, die der Jugendliche aus seiner sozialen Umwelt erhalten kann, wie z. B. materielle Absicherung oder Rückhalt durch die Herkunftsfamilie.

Ressourcenorientierung
Ausrichtung an den Stärken/Fähigkeiten eines Menschen oder einer Situation, nicht an den Schwächen/Defiziten.

role-making (Mead)
Konkrete aktive Ausgestaltung einer sozialen → Rolle durch die Person, Prozess der Rollendarstellung. Ego verhandelt die an ihn gestellten Erwartungen und verhält sich in Abstimmung mit den zu beachtenden Komponenten.

role-taking (Mead)
Übernahme einer Rolle in einer Interaktionssituation bzw. Gruppe. Ego antizipiert, was Alter von ihm erwartet, versetzt sich → empathisch in dessen Perspektive.

Rolle
Bezeichnung für die gesellschaftlichen und kulturellen Erwartungen, die in einer sozialen Situation oder gebunden an einen sozialen Status an ein Individuum gerichtet sind.

Rollenkonflikt
Besondere Form sozialer Konflikte, wenn sich für einen Träger einer sozialen Rolle die Erwartungen seiner, in einer Situation relevanten, Bezugsgruppen widersprechen.

Sanktionen
Maßnahmen (positiv oder negativ) zur Beeinflussung des Verhaltens oder der Haltungen eines Interaktionspartners.

Schemata, kognitive
Wissensstrukturen bzw. komplexe Muster des Wahrnehmens, Denkens, und Bewertens, die dem Erleben und Verhalten eines Menschen zu Grunde liegen und eine Einordnung von Umwelteindrücken ermöglichen.

Selbstbeobachtung, peinigende (Erikson)
Dimension der Identitätsdiffusion. Der delinquente Jugendliche identifiziert sich (vordergründig) mit seiner Straffälligkeit, sodass er sich gefühlskalt gibt und Reue- und Schuldgefühle abwehrt.

Selbstkonzept
Durch Bewertungen und Beziehungsbotschaften im sozialen Raum sowie die individuelle Verarbeitung dieser Informationen bilden sich innere Vorstellungen in Bezug auf die eigene Person aus.

Selbstwertgefühl
Emotionale Einschätzung des eigenen Werts, umfasst: Selbstwert (wie bewerte ich mich und meine Fähigkeiten), Selbstbild (welches Bild habe ich von mir) und Selbstwirksamkeitserfahrung (wie nehmen ich und andere meine Handlungen wahr).

Separation
Aufteilung von Schüler/-innen oder Gruppenmitgliedern, um größtmögliche Homogenität in der Teilgruppe zu erreichen (z. B. um Lernprozesse erfolgreicher zu organisieren).

Sozialisation
1. Lebenslanger Prozess der Entwicklung eines Menschen in Auseinandersetzung mit seiner materiellen und sozialen Umwelt (→ äußere Realität) und seinen Anlagen und seinen körperlichen und psychischen Voraussetzungen (→ innere Realität).
2. Hineinwachsen der Menschen in die Gesellschaft und damit alle durch die Gesellschaft vermittelten Lernprozesse, durch die ein Individuum in der Kultur und Gesellschaft handlungsfähig wird. → Erziehung ist Teil der Sozialisation.

Sozialisationstheorien
Theorien, die alle Einflussfaktoren betrachten, mit denen sich ein Individuum bei seinem Heranwachsen in die Gesellschaft bzw. seiner Entwicklung zu einer sozialen Persönlichkeit konfrontiert sieht.

Sozialisationsinstanzen
Personen und Institutionen, die den Prozess der Sozialisation begleiten und dabei auf das Individuum Einfluss nehmen, wie z. B. Familie, Freunde, Ausbildungsstätten, Medien etc.

Stagnation/Selbstabsorption (Erikson)
(7. Stadium des Stufenmodells Eriksons) Gefühl, keinerlei Einfluss auf die Zukunft zu haben; sich nur um sich selbst zu kümmern, keine Fähigkeit zur Fürsorge.

Stigmatisierung
Ab-/Ausgrenzen von Individuen durch Zuschreibung einer Eigenschaft, die anders ist, als normativ erwünscht oder durch Diskreditierung von Merkmalen und Eigenschaften, die jemand hat. Oft ergibt sich ein Teufelskreis aus Stigmatisierung und abweichendem → Verhalten.

Stress
Besonderer Belastungs- oder Spannungszustand, der durch körperliche (z. B. Kälte, Lärm, Verletzung), biologische (z. B. Hunger, Durst), psychische (z. B. Angst, Überforderung) oder soziale Stressfaktoren (z. B. Mobbing, Rollendiffusion, Einsamkeit) verursacht sein kann. Es gibt drei Reaktionsphasen auf Stress:
1. Alarmreaktion,
2. Widerstandsphase und
3. wenn keine Linderung eintritt/erreicht wird, Erschöpfungsphase.

Sublimierung (Freud)
Abwehrmechanismus: Umsetzung von nicht erfüllten Triebimpulsen in sozial angesehenes Handeln (z. B. in musikalischen, künstlerischen oder sportlichen Bereichen).

Symptom, psychisches
Im Zusammenhang mit systemischer Therapie: Verhalten, z. B. eines Familienmitglieds, wird als Mittel aufgefasst, um auf das (Familien-)System Einfluss zu nehmen und es so zu stabilisieren.

Systemkräfte in Familien
1. zentrifugal: Nach außen wirkend, Ausstoßung, Vernachlässigung oder Isolation in einem System.
2. zentripetal: Nach innen wirkend, Bindung, Verstrickung und Verschmelzung eines Systems.

Test
Systematischer, methodischer (oft wissenschaftlicher) Ansatz, mit dem Fragestellungen z. B. aus Psychologie, → Erziehungswissenschaft und Soziologie untersucht werden. In der Psychologie finden sog. psychometrische Tests mit Fragen und Aufgaben Verwendung, die Wissen, Fähigkeiten oder Erfahrungen einer Person erfassen sollen.

Transition
Übergang, der in der Entwicklung eines Individuums bedeutsame Veränderungen mit sich bringt. Prozess des Übergangs, Bewältigung von Entwicklungsherausforderungen.

Triade
Im Zusammenhang mit systemischer Therapie: Betrachtungsweise/Modell zur Beschreibung von dynamischen Vorgängen in Beziehungen, Familien und Gruppen. Eine Triade ist ein System (Gemeinschaft, in der sich die einzelnen Elemente gegenseitig beeinflussen), das aus drei Individuen besteht und sich in drei Monaden (Einzelwesen in Beziehung zu sich selbst) und zwei Dyaden (je zwei Personen in Beziehung zueinander) unterteilen lässt (z. B. Familie: Mutter, Vater, Kind). In einem gesunden System sind Beziehungen von Respekt geprägt, jeder darf Situationen in der Familie kommentieren, jeder darf auch seine Wahrnehmung deutlich machen und es findet ein Austausch darüber statt. Es herrscht in gesunden Triaden kein Zwang zur Konformität. Paarbildungen innerhalb der Triade können problemlos stattfinden.

Triangulation
In der systemischen Therapie: Dysfunktionale Beziehung in einer Dreierkonstellation gegen einen Dritten, z. B. sich Verbünden gegen Dritte, Zusammenhalten gegen Dritte.

Trieb
Ein seelischer und/oder körperlicher Antrieb, der als dranghaft erlebt wird und auch ohne Vermittlung des Bewusstseins entstehen kann. Freud postulierte zunächst den Sexualtrieb als Grundtrieb, später einen Lebens- (Libido) und einen Todestrieb (Thanatos).

Umwelt
Soziale und physische Kontextbedingungen des Individuums.

Unbewusstes
In der Psychoanalyse: Bereich der menschlichen Psyche, der dem Bewusstsein nicht zugänglich ist (Freud).

Urvertrauen
Innere emotionale Sicherheit, die ein Kind in den ersten Lebensmonaten entwickelt; grundlegendes Sicherheits- und Geborgenheitsgefühl (1. Phase des Stufenmodells nach Erikson).

Verhalten
Sammelbezeichnung für alle beobachtbaren Aktivitäten, die ein Individuum ausführt, um sich mit sich selbst und in der Umwelt zurechtzufinden.

Verzweiflung und Ekel (Erikson)
Empfinden, wenn die zurückliegenden Lebenserfahrungen und der Lebenszyklus nicht akzeptiert werden können.

Stichwortverzeichnis

Bildquellenverzeichnis

|akg-images GmbH, Berlin: 148. |Alamy Stock Photo (RMB), Abingdon/Oxfordshire: Pictorial Press Ltd 22. |bpk-Bildagentur, Berlin: 133. |fotolia.com, New York: Georgios Kollidas 134. |Getty Images, München: JHU Sheridan Libraries/Gado 37; Lee Lockwood 62; Ted Streshinsky/LIFE Images Collection 31. |Grossmann, Gerald, Regensburg: 37. |Henkel, Christine, Dahmen: 56. |iStockphoto.com, Calgary: baona Titel; Grafissimo 133. |NS-Dokumentationszentrum der Stadt Köln, Köln: 143. |OKAPIA KG - Michael Grzimek & Co., Frankfurt/M.: Anderson, Bill / Science Source 54. |Picture-Alliance GmbH, Frankfurt/M.: dpa 91, 94, 158; dpa/R.B. Fishman 121; dpa/Tim Brakemeier 44; Uwe Anspach 186. |privat / Prof. Dr. Helmut Fend, Konstanz: 190. |Prof. Dr. Gerd E. Schäfer, Köln: Herbert Vogt für Theorie und Praxis der Sozialpädagogik 72. |Shutterstock.com, New York: Everett Historical 136. |Süddeutsche Zeitung - Photo, München: Regina Schmeken 47. |ullstein bild, Berlin: The Granger Collection, New York 69; Imagno / Austrian Archives 136.

Illustrationen: Bettina Kumpe, Ulf Marckwort